# NICARAGUA SECUESTRADA

## Gabriel Antonio Serrano V.

CBH
Books

Copyright ©2011 Gabriel Antonio Serrano V.
All rights reserved.
www.cbhbooks.com

Editors: F. P. Sanfiel and Ma. Virginia Gómez
Managing Editor: Manuel Alemán
Designer: Ricardo Potes Correa

Published in the United States by CBH Books.
CBH Books is a division of Cambridge BrickHouse, Inc.

Cambridge BrickHouse, Inc.
60 Island Street
Lawrence, MA 01840
U.S.A.

Library of Congress Catalog Number: 2011926135
ISBN 978-1-58018-014-6
First Edition
Printed in Canada
10 9 8 7 6 5 4 3 2 1

# Dedicatoria

A todas las personas interesadas en el bien, con el deseo más sano posible, les dedico esta obra. En ella les muestro el terrible daño y el atraso que le ocasiona al mundo la izquierda, sin importar bajo qué nombre o partido se esconda.

Solo combatiendo a la izquierda, camuflada en diferentes organizaciones, podremos detener esta guerra oculta que hacen para destruir al ser humano y construir un nuevo ser a la imagen de los caprichos de los tiranos.

La izquierda, aprovechándose de la sencillez e ignorancia de los pobres, está conquistando el poder para implantar la destrucción de todo lo que los buenos ciudadanos han construido a través de los siglos.

La envidia, el odio, el robo y el crimen priman entre sus principios fundamentales, los que practican en todas las sociedades que secuestran.

La lucha está establecida contra Dios, contra el capital y contra los estadounidenses. A nivel mundial, aunque lo disfrazan de diferentes formas, persiguen el mismo fin, como lo podemos comprobar en varios países que han logrado conquistar, como son España, Cuba, Nicaragua y Venezuela, entre otros.

Por ejemplo, en España, que había sido un país ejemplarmente católico, han logrado eliminar los crucifijos de las aulas de los colegios, ya no juran los cargos gubernamentales sobre la *Biblia* como lo habían hecho durante siglos, y se cree que más del 50% de los españoles son ahora personas sin religión, sin principios y sin moral.

El ataque que realiza la izquierda contra el capital y los estadounidenses es constante, no existe un día en que, ya sea por TV, radio, prensa o revistas, no los ataquen. El envenenamiento que realizan en los pueblos es permanente y denigrante.

Nos enfrentamos en una lucha absurda entre los "malos" y los "buenos", la droga, el terrorismo, el cinismo, la calumnia, la invasión de musulmanes extremistas de izquierda, principalmente en Europa, son armas que sin cesar utilizan con una desfachatez que no tiene nombre.

Cada día conquistan más países con sus promesas populistas para luego pisotear la Constitución de su país y adaptarla a sus necesidades para mantenerse en el poder por el mayor tiempo posible.

Espero que este libro pueda alertar al mundo del peligro en que vivimos; si seguimos tolerándolos, la pobreza jamás será erradicada mientras estas fuerzas malignas sigan dominando a nivel mundial.

Si bien es cierto que dentro del capitalismo han existido injusticias y gente que se ha aprovechado, también es cierto que existen leyes que se aplican y se respetan para corregir esos errores. Por el contrario, con la izquierda no hay solución, en el siglo pasado se apoderaban de los países con revoluciones sangrientas, en el presente siglo XXI han descubierto que con leyes creadas a su antojo, pueden dominar y hacer lo que quieran, las leyes las hacen para sus enemigos y las interpretan para sus amigos, quienes los apoyan.

*Una parte de los ingresos que produzca esta obra se dedicará a la lucha contra las izquierdas y los males que provocan a la humanidad.*

**El autor**

# Índice

# Prólogo

El propósito principal de este libro es dar a conocer, cómo un pequeño grupo de izquierdistas nicaragüenses, con el apoyo de otros gobiernos de izquierda del mundo, han tenido secuestrada a Nicaragua por más de 30 años (2010), con grandes probabilidades de que la sigan secuestrando por varias décadas más.

Cuando los **tiranos** se mantienen en el poder es porque tienen controladas las fuerzas armadas, el ejército y la policía, a través de la corrupción. Así como Nicaragua ha sido destruida con el apoyo de los regímenes de izquierda, a muchos otros países les podría suceder lo mismo, si no se combate heroicamente a estos indeseables de la sociedad, como lo ha hecho el noble y heroico pueblo de Honduras. Muchas personas comprenderán el daño que causan a la humanidad estos grupos escondidos, y disfrazados de formas diferentes, pero que tienen en común los mismos objetivos. Llámense: Izquierda Unida, Izquierda Moderada, Socialistas, o simplemente grupos terroristas como las FARC, el FMLN, la ETA, los sandinistas, los chavistas, los musulmanes extremistas de izquierda y tantos otros que existen en el mundo de hoy. En realidad son ellos el mayor peligro que tiene actualmente la humanidad.

Siento la obligación de alertar a la población mundial sobre la forma de operar de estos grupos que, en nombre de los pobres, se apoderan de un país para que unos pocos controlen a la mayoría del pueblo, llevándolos siempre de la pobreza a la miseria, que es donde realmente ellos pueden consolidar su poder para disfrutarlo por muchas décadas. Ellos ofrecen, con sus discursos populistas: trabajos, comidas, escuelas, salud y todo lo que pueda dar ilusión de mejoría, que nunca llegan a cumplir. Por el contrario, al tomar el poder se olvidan de todas sus promesas y lo único que les interesa es mantenerse en el mismo indefinidamente; además de llevar al país a la miseria, infunden el temor a través de sus fuerzas armadas y policiales, que por medio de la corrupción controlan, infiltrando organizaciones populares que les sirven para azuzar a gente de mal vivir, pagándoles para causar destrozos, crímenes, robos, controlar a cada ciudadano, etc.

Esto ha sido demostrado desde siempre por estos grupos extremistas en todos los países en que han llegado al poder. Basta mencionar el ejemplo de Rusia y los países de la órbita rusa, Cuba, Nicaragua y recientemente: Venezuela, Bolivia y Ecuador. A todos ellos los agruparemos en este libro con una sola palabra: "izquierda". Por lo general estos grupos se componen de gente socialmente resentida por diversas causas como fracasos económicos o amorosos, resentimientos sociales de ellos o de sus padres.

Este ha sido el caso del presidente de Ecuador, Rafael Correa, graduado en universidades de Estados Unidos. El presidente Correa, odia rabiosamente a Estados Unidos, donde vivió, quizá porque su padre estuvo preso durante tres años por traficante de drogas. Es así, como prefieren el robo al trabajo honrado. Crecen desde muy niños odiando a los que han logrado triunfar, a los que por el esfuerzo del trabajo han conseguido una vida mejor, convirtiéndose en presas fáciles de los "líderes populistas" que ofrecen quitar sus bienes al que ha logrado riquezas, para distribuirla entre todos ellos. Los fracasados, los resentidos, los que a pesar de todo, como el presidente Correa, tuvieron la oportunidad de vivir en un país desarrollado que les brindó cabida y una oportunidad de estudio y superación son, por lo general, quienes componen los grupos de izquierda.

Una vez que la izquierda conquista el poder, se asegura de destruir todas las fuentes de producción de la nación. Roban propiedades diversas en nombre de la revolución y de su pueblo, al que en realidad quieren tener dominado, desde viviendas hasta conglomerados productivos; exterminan a los miembros de las fuerzas armadas y policiales de su país que consideren que no serían leales a ellos. O bien como, fue el caso de Nicaragua, que destruyó el cien por ciento el ejército nicaragüense, para instaurar un ejército sandinista que, naturalmente, controla en su totalidad y a su antojo. Su objetivo a corto plazo es llevar a la población de la pobreza a la miseria extrema, a la que siguen ofreciendo un mejor futuro con el sacrificio que deben hacer en el presente. Entonces este pequeño grupo de izquierdistas, comienza a atemorizar a los ciudadanos mediante asaltos,

14

asesinatos, torturas, cárceles, etc., consiguiendo que, en su desesperación y temor, el pueblo los apoye incondicionalmente.

Lo importante es gobernar asegurándose de que la población les tema y es por ese motivo que cuando un país cae en manos de los grupos de izquierda, los que pueden, emigran. Esta Izquierda tiene a su favor los medios de comunicación mundiales que, por lo general, también son de la misma tendencia. ¡Y hay que ver cómo los protegen! Basta que un gobierno democrático los encarcele o sean abatidos por actos de terrorismo que hayan cometido, para que hagan un escándalo mundial. Hasta en mártires o héroes los convierten. Ahí tenemos el caso del "Che" Guevara.

Los Derechos Humanos y muchas otras organizaciones simpatizantes de estos grupos, también protestan al unísono. Si, por el contrario, es un ciudadano demócrata el que ha sido abatido a tiros por los izquierdistas o bien ha sido secuestrado, sus noticias solo están en páginas internas o en comentarios breves en televisión y radio prontamente olvidados. Por ejemplo, podemos citar los grupos terroristas de las FARC, los sandinistas o el FMLN, que cuando ellos asesinan o secuestran, apenas es noticia. Sin embargo, cuando sucede lo contrario, sus noticias y comentarios los pueden prolongar por muchísimo tiempo.

Cuando el ejército de Colombia logró darle muerte a uno de los secuestradores y criminales más grandes del continente, Raúl Reyes, los medios de comunicación aprovecharon cualquier detalle para comentar solapadamente en contra del presidente Uribe de Colombia. Muchos medios de comunicación lo atacaron despiadadamente. Por el contrario defendieron al presidente Correa, del Ecuador y a Hugo Chávez, de Venezuela, a pesar de la responsabilidad que ellos tenían y que fue corroborada hasta por el FBI y la Interpol. El presidente Uribe, además de ser considerado en la presente época, el mejor presidente en América Latina, ha luchado contra los secuestros, el narcotráfico y los crímenes vividos por ese noble pueblo de Colombia, al punto de que hoy, 2010, tenemos otra Colombia.

El poder mundial que tiene la izquierda es impresionante, no importa que se componga de pocos dirigentes en cada país. Hoy día las izquierdas que controlan sus países, utilizan métodos más modernos para robar propiedades y mantener atemorizada a la población. Todo lo hacen por medio de leyes que logran pasar en los Congresos controlados por ellos como son, entre otras, impuestos exorbitantes. Lo importante es que pueden cometer crímenes, aunque no conozcan a la persona que asesinan, basta que se los pida otro miembro de su temerosa organización para que lo hagan. Como fue el caso en que un comando sandinista, compuesto por argentinos, uruguayos y tupamaros, asesinaron al general Anastasio Somoza Debayle, en el Paraguay.

Gabriel Antonio Serrano Valdés

# Capítulo I

## Nicaragua antes de la *robo-lución* izquierdista

La revolución efectuada por los sandinistas fue más una *robo-lución* que una revolución y como todas las revoluciones de izquierda, secuestran al país para perpetuarse por muchas décadas, usufructuando todo lo que se roban y que jamás, por medio del trabajo honrado, lo hubieran logrado. Notarán, en los diferentes capítulos, que Nicaragua, antes de semejante tragedia, fue un país tranquilo, progresista y sobre todo lleno de esperanzas. Nicaragua estaba considerado uno de los mejores países de la región, conocido también como el granero de Centroamérica. Su moneda se mantuvo estable al cambio de 7 córdobas por 1 dólar por muchas décadas. Las empresas comerciales e industriales florecían exitosamente. En el campo bancario, también se llevaba el liderazgo, así lo reconfirmaron en el exilio jóvenes empresarios que formaron instituciones financieras de mucho éxito, principalmente en Centroamérica, después de la *robo-lución* nicaragüense.

El nicaragüense, antes de la revolución izquierdista, tenía un crédito impresionante a todos los niveles. Era interesante observar la confianza crediticia que tenían en el comercio y la industria; las empresas europeas y estadounidenses no requerían cartas de crédito para realizar sus ventas. Bastaba a las firmas europeas y estadounidenses recibir una orden de compra, y de inmediato se aprobaba la operación comercial. Esta deferencia que hacían con las empresas nicaragüenses, no se daba con el resto de los países de Centroamérica, y seguramente de Sur América. La deuda externa de

Nicaragua en 1979 ascendía únicamente a la cantidad de mil doscientos millones de dólares, y ya para esa época se exportaban más de mil millones por año. Contrastantemente, en la fecha que los sandinistas dejan el poder, en 1990, Nicaragua tenía una deuda de más de quince mil millones de dólares.

Esta exorbitante cifra da una idea del robo realizado por los sandinistas, además significaba que, por habitante, Nicaragua era el país más endeudado del mundo, a pesar de que en dicho país, durante los 10 años del sandinismo, no se realizó ninguna obra, más bien el país pasó de la pobreza a la miseria, cumpliéndose así la doctrina básica de las izquierdas.

El Banco Mundial estimó que Nicaragua, durante los 10 años de sandinismo, tuvo un retroceso de más de 70 años. A esto hay que agregar que la órbita de países comunistas entregó, en armamentos y otros productos, una cantidad que se estima llegó a varios millones de dólares.

La clase media existente antes de la revolución, estaba caracterizada por ser una clase media pujante, con trabajo y buenas remuneraciones, sobre todo si se comparaba con la de los otros países de Centroamérica. El sector de la construcción estaba en auge. El ingreso per cápita del nicaragüense estaba, antes de la revolución, en un promedio superior a los cien dólares, por encima de cualquier otro país de Centroamérica. Para el 2010, aún no llegan a alcanzar el promedio que tenían. Comparativamente, Costa Rica ha llegado a una cantidad superior a los nueve mil dólares, mientras el nicaragüense sigue por debajo de los mil dólares. Esto da una idea de la destrucción que ha logrado realizar el sandinismo, o sea, esa maldita revolución de izquierda.

Durante la época de los liberales, miles de casas fueron construidas para atender la demanda de la clase media. De igual forma se construyeron miles de casas para gente de escasos recursos. En la rama agrícola, Nicaragua fue el país que más algodón produjo durante las décadas de los 50 hasta los 70. Además fue la de más cultivos de granos básicos. En el sector minero, la producción de oro también fue la más alta de Centroamérica. En la rama industrial, se favorecían a las industrias básicas que verdaderamente aportaban un beneficio importante para el país.

Los Somoza nunca permitieron que se dieran concesiones de impuestos a industrias que no fueran básicas, como fue el caso de Costa Rica, donde se dieron concesiones de impuestos a decenas de empresas que terminaron perjudicando al pueblo. Posteriormente, Costa Rica eliminó esas concesiones corruptas que había asignado.

La seguridad pública era envidiable. Nicaragua fue, hasta la llegada de los sandinistas, un lugar sin ninguna clase de violencia o riesgo, no importaba a qué hora de la madrugada las personas quisieran transitar. Tanto dentro de las ciudades, como en el campo, había seguridad. Una persona podía transitar por las montañas y cuando se encontraba a un campesino, este le ofrecía su ayuda brindándole comidas, bebidas y hasta hospedaje, si era necesario. Es decir, en el campo se podía transitar sin armas de defensa, al contrario de casi toda América Latina.

Los estadounidenses eran sumamente apreciados por el pueblo de Nicaragua. Allí vivían, para ese entonces, decenas de extranjeros con propiedades agrícolas e industriales. Nicaragua tenía, así mismo, miles de estudiantes en las universidades de Estados Unidos. Esta nueva generación que regresaría al país, le daría un mayor crecimiento. De igual manera, se formó en Nicaragua el INCAE (Instituto Nicaragüense Centroamericano de Administración de Empresas) que dependía de la Universidad de Harvard, donde miles de nicaragüenses pudieron obtener su Maestría; lamentablemente durante la década de los sandinistas fue destruido, debiendo esta Universidad trasladarse a Costa Rica.

El nicaragüense fue, por lo general, un hombre tranquilo, de trabajo, honrado y con deseos de progresar. Sin embargo, como veremos en los siguientes capítulos, bastaron diez años de control sandinista para cambiar a muchos de ellos en hombres deshonestos, cínicos y peligrosos.

Los sandinistas sacan sus tentáculos fuera del país para lograr que otros pueblos del continente latinoamericano se hermanen con ellos, al igual que por tantos años lo ha hecho Fidel Castro desde Cuba.

Veremos, en capítulos siguientes, cómo han logrado tener éxito en América Latina y el mal que han logrado efectuar a la región. Hay mucho más que se podría decir de la estabilidad que tuvo Nicaragua.

No obstante, nos concentraremos en explicar, en los siguientes capítulos, el mal que realizan las fuerzas de izquierda, con el objeto de prevenir a todo aquel buen ciudadano que aprecie y ame a su país, para que no sea secuestrado y destruido como lo fueron Nicaragua, Cuba, Rusia y cualquier otro país del mundo que haya tenido la desgracia de caer en las manos izquierdistas, disfrazados muchas veces de socialistas, como es el reciente caso de la Venezuela de Hugo Chávez, con su socialismo del siglo XXI.

# Nicaragua en el centro de la tormenta izquierdista

Al triunfo de la revolución, Nicaragua tenía una población menor de tres millones de habitantes, pero su campo agrícola y ganadero crecía satisfactoriamente. Las perspectivas del país para su desarrollo turístico eran prometedoras, porque se estaban planificando las infraestructuras necesarias en carreteras, servicios municipales, hoteles, etc.; inclusive el multimillonario estadounidense Howard Hughes, estaba en Managua para realizar inversiones turísticas al ocurrir el terremoto que destruyó Managua en 1972.

Entre los proyectos que iniciaría Howard Hughes estaban el dragado del río San Juan para lograr que nuevamente Nicaragua recuperara la navegación que en siglos anteriores tenía, con el propósito de lograrse que la carga de contenedores, así como los yates que navegan por el Caribe fueran atraídos a llegar a través del río y el Gran Lago de Nicaragua a la antigua ciudad de Granada. Todo este progreso que se había logrado quedó truncado, aun a pesar de superar el tremendo terremoto sufrido en su capital.

Lamentablemente, Nicaragua continuaría secuestrada por varias décadas más, a pesar de que se habían logrado realizar algunas mejoras con los gobiernos liberales entre 1990-2007

Nuevas infraestructuras se acometieron durante la presidencia de Violeta Chamorro, Arnoldo Alemán y Enrique Bolaños, que trajeron al país algunos inversionistas esperanzados en que la izquierda no regresaría a gobernar. Pero en 2007, nuevamente los sandinistas tomaron la presidencia, mediante pactos indignos con el expresidente Arnoldo Alemán, y volvieron, como en la década de los ochenta, a controlar todos los poderes y como consecuencia de esto, las inversiones se paralizaron.

Nicaragua es hoy día un país sin futuro y condenado a la miseria por muchas décadas más. A pesar de que una inmensa mayoría de su población trabaja con mucho ahínco, no tiene ninguna esperanza. La juventud nicaragüense emigra a los países vecinos y, los que pueden, a Estados Unidos. Es difícil comunicar al mundo que la actual Nicaragua simplemente "no sirve", el sandinismo la exterminó y no se avizora ninguna solución. El nicaragüense, por lo general, sin percibir lo que sucede, cada día se empobrece más. La lucha del sandinismo continúa en busca de estrategias para que el país se mantenga en la miseria y sin futuro, lo mismo que hicieron los izquierdistas en Rusia, y hacen en Cuba, Venezuela, Bolivia y otros.

# Capítulo II

## La época de los Somoza
## (1937-1979)

La familia Somoza empieza a gobernar a Nicaragua con Anastasio Somoza García, quien toma el poder en el año 1937. Su primer mandato termina en el año 1947, y su segundo mandato lo hace de 1950 a 1956, siendo asesinado mientras andaba en campaña de reelección en la ciudad de León, en Nicaragua. Somoza García logró pacificar a Nicaragua, que se mantenía en constantes revoluciones, gobernándola con mano de hierro, y convirtiéndose en dictador. Construyó, con la ayuda de Estados Unidos, el ejército de Nicaragua. De la Academia Militar salieron buenos, regulares y, algunos pocos, indeseables militares.

Desde 1937 hasta 1979, cuando finaliza el período de los Somoza, se desarrollaron varios grupos políticos, entre otros, los izquierdistas, que se describían como "socialistas". Sin embargo, los principales partidos políticos de Nicaragua fueron dos, el Partido Liberal y el Partido Conservador. En la década de 1940, algunos liberales en desacuerdo con el general Somoza, organizaron el Partido Liberal Independiente. En las elecciones de 1947, resultó electo presidente el Dr. Leonardo Argüello, quien gobernó del 1.º de mayo de 1947 al 27 de mayo de 1950; no terminó su período porque fue destituido por el general Somoza García mediante un golpe de estado. La Asamblea nombró como sucesor a Benjamín Lacayo Sacasa, pero al no ser reconocido por Estados Unidos ni por los gobiernos centroamericanos, dejó el poder.

# Los primeros años

De 1934 a 1936, Somoza García, con la ayuda de Estados Unidos, asciende como jefe de la Guardia Nacional de Nicaragua, desde esa posición siempre aspiró al poder político que consiguió fácilmente después. Somoza García logró derrocar al presidente Juan Bautista Sacasa, primo hermano de su esposa Salvadorita Debayle Sacasa. Entre sus primeros actos estuvo dar a conocer su futura candidatura presidencial. Sin embargo, el entonces embajador de Estados Unidos, Bliss Lane, intermedió haciéndolo desistir, por un corto tiempo, de que no derrocara al presidente Sacasa, pero este era débil e indeciso, y estaba controlado por parientes ambiciosos e ineficientes. Este hecho favoreció la toma del poder por Somoza García.

Somoza García, se convierte en líder dentro de la Guardia Nacional y el presidente Sacasa ve que su posición era difícil contra Somoza; también Somoza, además de tener el respaldo de su Partido Liberal, recibió el apoyo del partido contrario, los conservadores con quienes, en diferentes etapas de su gobierno, realizó pactos que lo beneficiaron para mantenerse en el poder. El presidente Sacasa solicitó ayuda a Estados Unidos, a México y a los países centroamericanos, para resolver la situación provocada por Somoza, pero no tuvo éxito.

Se recuerda que Somoza fomentó la huelga de choferes, que protestaban por la falta de gasolina, en contra del gobierno del presidente Sacasa. Él logró resolver la situación, prometiendo a los huelguistas que la Guardia Nacional se encargaría de la distribución de la gasolina, y garantizándoles justicia en sus demandas económicas. Al lograr finalizar la huelga de choferes, Somoza ganó popularidad. Muchos de los huelguistas propusieron que tomara el poder.

Somoza García era un hombre muy hábil, agradable y de conversación convincente, hablaba inglés perfectamente, conocimiento importante en sus relaciones con Estados Unidos, además, con mano dura, logró pacificar a Nicaragua, que constantemente vivía en guerra, principalmente entre conservadores y liberales. Somoza, con el respaldo de la mayoría del pueblo de Nicaragua; entre ellos sus mismos adversarios políticos, los conservadores, quienes simpatizaban con él y lo apoyaban, logra la presidencia el primero de enero de 1937. Hay informaciones de que el 18 de mayo de 1936 se reunió con los dirigentes conservadores, entre ellos el general Emiliano Chamorro y el Dr. Carlos Cuadra Pasos, a quienes les propuso que si lo respaldaban en el derrocamiento del Doctor Sacasa, les daría a cambio participación en el nuevo gobierno que él instauraría el primero de enero de 1937. Aparentemente esta propuesta le fue rechazada.

A principios del mes de junio de 1936, Somoza tomó la fortaleza de León, y al regresar a Managua fue recibido como un héroe en la estación ferroviaria de Managua por una multitud que se estima en aproximadamente 3000 personas. A pesar de esta victoria, declaró que se comprometía a mantenerse leal al gobierno, y manifestó que el presidente Sacasa podría terminar su período presidencial bajo su tutela. Sacasa no aceptó, y fue derrocado y montado en un barco con destino a Estados Unidos.

## El general Augusto César Sandino

Hay muchas versiones sobre la ejecución del Gral. Sandino, incluyendo la del escritor estadounidense James Saxon Shilders, traducida al español de su libro *Sailing South American Skies*, editado en 1936, por la Casa Farrar & Rinehart Inc., de New York. El Gral. Sandino se fortaleció por sus fechorías en la región norte de Nicaragua. Su popularidad internacional fue debido a su lucha contra el ejército estadounidense, que había sido enviado a Nicaragua para ayudar a pacificar el país. El presidente Sacasa logró firmar la paz con Sandino y para celebrarlo, lo invitó a una cena en la casa presidencial. Aprovechando estas circunstancias, el Gral. Somoza García, a cargo ya de la Guardia Nacional, dio la orden de aprenderlo al regresar de la cena y ejecutarlo, acto que Somoza García justificó por la paz de Nicaragua. Hay quienes admiten que Sandino fue un asesino, y que su ejecución era necesaria, al igual que hay otros que piensan que no se debió haber ejecutado, especialmente después de la firma de la paz con el presidente Sacasa.

El presidente Sacasa finalmente envió al Congreso su renuncia el 6 de junio de 1936. En el documento informó que la guardia se rebeló contra su autoridad, y manifestó que su renuncia era irrevocable y depositaba el poder en manos del ministro de gobernación Julián Irías, quien enseguida lo depositó en el médico Dr. Carlos Brenes Jarquin. El 11 de diciembre de 1936, fue dado a conocer el resultado final de las elecciones, donde Somoza García había ganado la presidencia.

# La Segunda Guerra Mundial
# y los Somoza

La Segunda Guerra Mundial convirtió a Nicaragua en un punto clave en América Latina para la defensa de Estados Unidos, tanto por la proximidad al canal de Panamá, como por su situación geográfica en el continente. Los estadounidenses, desde entonces, fueron los principales aliados de los Somoza (1939-1944). Estados Unidos compró a Nicaragua, para su abastecimiento de guerra, materias primas como el caucho, maderas, oro y otros productos. Somoza García vinculó a Nicaragua a la guerra mundial bajo la hegemonía de Estados Unidos. Somoza García, aprovechándose de la Segunda Guerra Mundial, expropió en Nicaragua los bienes de ciudadanos alemanes, los cuales fueron adquiridos en subastas públicas a precios irrisorios, donde él era prácticamente el único ofertante. Nicaragua, al igual que muchos países del mundo, sufrió una dura contracción económica, Somoza logró, con mano fuerte, mantenerse en el poder, logrando estabilizar la economía del país con la ayuda de Estados Unidos.

# El dictador Somoza García

Somoza García astutamente logró consolidar su poder con el apoyo incondicional de Estados Unidos. Su control sobre el ejército y el Partido Liberal, lo logró mediante inteligentes alianzas con el sector productivo y capitalista de Nicaragua. En 1944, la oposición conservadora, aliada a diferentes grupos, logró montar un movimiento abiertamente contra la reelección de Somoza. Al mismo tiempo, se da la lucha por la universidad única, autónoma y popular, formándose la primera célula de estudiantes marxistas en la universidad, quienes mantienen una continua agitación contra la dictadura. Finalmente, se logra que Somoza no participe en las elecciones de 1947.

Entre los logros positivos del general Somoza García y sus hijos, que después de su muerte gobernaron, está el haber logrado mantener la moneda más estable de Centroamérica. En los años 40 se mantuvo en 5 córdobas por 1 dólar, y de los años 50 hasta un poco antes de la revolución de 1979, se mantuvo a 7 córdobas por 1 dólar. El general Somoza promulgó, en 1945, el

Código del Trabajo, en el que se establece el conjunto de normas jurídicas que regularían las relaciones entre patrones y trabajadores. El Código del Trabajo ayudó al general Somoza García a que la clase obrera sintiera respeto y admiración hacia él, además, con la mejoría de la situación económica después de la Segunda Guerra Mundial, sus relaciones con sus opositores, los conservadores, se hicieron más estrechas, facilitando todo esto su permanencia en el poder. Él luchó violentamente contra el partido de izquierda, a quienes consideraba comunistas peligrosos y siempre los logró desintegrar, esto, naturalmente, en las esferas izquierdistas no gustaba.

Fue así que el 21 de septiembre de 1956, Somoza García fue baleado en León, Nicaragua, cuando andaba en campaña de reelección, por Rigoberto López Pérez, muriendo días después en Panamá, a donde acudió para ser intervenido quirúrgicamente. Los sandinistas, burlándose de la sociedad nicaragüense, han construido un monumento al asesino del general Somoza García, en una de las rotondas de la ciudad de Managua.

En las elecciones de febrero de 1947 es electo como presidente el Dr. Leonardo Argüello, quien es juramentado como tal el 10 de mayo de 1947, pero su período fue de solamente 26 días, porque Somoza García logró que el Congreso lo declarara incapaz de gobernar el país, asilándose el Dr. Argüello en la embajada de México. A continuación se designa a la presidencia a Don Benjamín Lacayo Sacasa. Este desempeña el cargo hasta el 15 de agosto de 1947, fecha en que es electo el Dr. Víctor Manuel Román y Reyes, quien desempeñará la presidencia hasta el 8 de septiembre de 1950.

Somoza García, siempre se quedó al frente del ejército, y por consiguiente lograba mantener su poder. Nicaragua, sufrió una de las más graves y peligrosas crisis económicas en 1949, sin embargo, logró sobreponerse a pesar de haber sido una crisis mundial. Esta crisis provocó más descontentos contra el régimen de Somoza García, a quien muchos ya lo consideraban un tirano, especialmente después del golpe militar que derrocó al presidente Dr. Leonardo Argüello.

El 26 de febrero de 1948, Somoza consigue hacer un pacto con el Dr. Carlos Cuadra Pasos, dirigente del Partido Conservador; de esta forma logra calmar a la comunidad internacional y mantener las ayudas financieras de los organismos bancarios de Washington; además se estableció que para 1951 se efectuarían las nuevas elecciones libres. Los conservadores, en base al pacto con el Dr. Carlos Cuadra Pasos, obtienen la representación minoritaria en las cámaras, en los bancos, en los autónomos y en las comisiones de vigilancia, es decir se lograba la participación del Partido Conservador, aunque sea, en las minorías en el gobierno liberal somocista. También se logra la amnistía para los presos políticos, sin embargo este pacto no fue bien visto por los conservadores.

En la década de los cincuenta se alcanza en Nicaragua un impulso impresionante en la agricultura, especialmente en las siembras de algodón, que llegan a convertirse en el principal ingreso de exportación del país. El Banco Nacional de Nicaragua, se convierte en la principal ayuda financiera de los sembradores de algodón, además se inician los primeros bancos privados de Nicaragua, entre ellos: el Banco de América, promovido por el grupo Pellas; y el del Banco Nicaragüense, promovido por el Dr. Eduardo Montealegre, con un grupo de capitalistas.

El 3 de abril de 1950 Somoza García, por parte del Partido Liberal, logra firmar otro pacto con su principal oponente del Partido Conservador, que preside el general Emiliano Chamorro. El pacto aseguraría la victoria de Somoza García en las próximas elecciones. Con el pacto, Somoza García despeja los inconvenientes para lograr un nuevo período presidencial que se iniciaría en 1951. La nueva Constitución, de acuerdo con el pacto, indicaba que podría haber reelección. En lo económico se obtuvo la suspensión de los controles al comercio, definiéndose la Libertad de Comercio, que se registraría en la nueva Constitución política de acuerdo al pacto suscrito por los partidos Conservador y Liberal. La cuota de poder para el Partido Conservador se establece en todos los niveles administrativos y de gobierno: en la Cámara de Diputados, en la Cámara del Senado, en los bancos, en los entes estatales, en los entes autónomos, en los tribunales, entre ellos, el del Trabajo, en el Consejo Nacional de Elecciones, en la Corte Suprema de Justicia, en la Corte de Apelaciones, etc.

Se determina, en la Constitución de la República, que el partido que obtuviera mayor número de votos ganaría la presidencia de la República y la lista completa de sus candidatos propietarios y suplentes a la Asamblea Nacional Constituyente. El partido perdedor ganaría los 17 primeros candidatos de su lista con sus respectivos suplentes. Tomando la promesa al presidente electo, se elegirían los magistrados del Poder Judicial. Al elegirlos se daría representación a las minorías, para integrar la Corte Suprema de Justicia con tres magistrados propietarios, un suplente del partido de la mayoría, dos propietarios y un suplente del partido de la minoría.

Los enemigos políticos de Somoza García lo acusaban de poseer un inmenso capital que, en realidad, cuando salieron al exilio con el triunfo de la revolución sandinista, se comprobó que la mayor parte del capital de la familia Somoza se encontraba en propiedades agrícolas dentro de Nicaragua, y todas fueron robadas por los altos jefes del sandinismo. En el exterior la fortuna de los Somoza no alcanzó la suma de los doscientos millones de dólares, como comprobaron varios medios de información.

En el año 1954, se produjo la primera crisis del pacto entre liberales y conservadores, el general Emiliano Chamorro, presidente del Partido Conservador, ordenó a los conservadores retirarse de los puestos públicos que gozaban, sin embargo, la mayoría de ellos no aceptaron y se quedaron en sus posiciones avalando así al partido de la minoría. En 1954, se presentó la necesidad de derrocar al presidente Jacobo Arbenz, por llevar a Guatemala hacia el comunismo, Estados Unidos solicitaron ayuda a Somoza García, por ser uno de sus principales aliados que pudiera cooperar desde Nicaragua en el derrocamiento del presidente Arbenz. De esta manera se establece un programa de ayuda militar enviando a Nicaragua un numeroso cargamento de armas, que se debería entregar a los contrarrevolucionarios guatemaltecos que se preparaban con la ayuda de Nicaragua, para invadir a Guatemala.

Según informaciones de aquella época, aviones de Estados Unidos con bandera nicaragüense lograron bombardear sitios estratégicos de Guatemala, consiguiendo el derrocamiento de Arbenz quien se asiló en México. Desde entonces cada vez que los estadounidenses habían tenido problemas en América Latina, siguieron utilizando a la familia Somoza; como fue la invasión a Cuba, que salió de Nicaragua, en la que, lamentablemente, el presidente Kennedy no dio, al final, el respaldo a que se había comprometido.

Posteriormente, cuando Allende, como presidente de Chile, estaba instaurando el comunismo en su país, desde Nicaragua se prepararon a miembros del ejército chileno, que no fueron necesarios utilizar porque Allende se suicidó durante el asalto a su palacio presidencial. Todas estas acciones en defensa del continente latinoamericano, demuestran el compromiso de Somoza con la política externa estadounidense. El 4 de abril de 1954, aprovechando la llegada al poder en Costa Rica de José Figueres, con tendencias izquierdistas, y que había logrado formar la Legión del Caribe para luchar contra las dictaduras de América Latina, logran los enemigos de Somoza García hacer una revuelta que fue derrotada por el ejército de

Nicaragua en 24 horas. José Figueres nombró a varios nicaragüenses como jefes de la revolución, entre ellos al excapitán del ejército de Nicaragua Agustín Alfaro, a Jorge Cárdenas, al teniente Guillermo Duarte, a Pablo Leal, a Adolfo Báez Bone y otros. La mayoría de ellos murió en combate según reportaron los diarios afines al gobierno del general Somoza García.

Tanto Somoza García como sus hijos Luis y Anastasio (Tacho) favorecieron principalmente al campesinado nicaragüense, ellos sostenían que todos los demás nicaragüenses podían defenderse y progresar con el trabajo, pero el campesino debería ser favorecido con prebendas especiales, como instituyó que todo campesino que tuviera su tierra podía acceder a préstamos en el Banco Nacional de Nicaragua. Los Somoza lograron construir 100 silos en diferentes ciudades de Nicaragua con el objeto de que el campesino pudiera guardar sus cosechas y venderlas cuando los precios subieran. Contrataron en Argentina por más de 20 años, a la famosa institución Latino Consultant, con el objeto de que enseñara a los nicaragüenses a manejar el ganado, tanto en su inseminación, como en enfermedades, pastos y hasta saber cortar la carne y por consiguiente cocinarla.

Gracias a este programa, Nicaragua tomó el liderazgo centroamericano en ganadería, de allí nacieron los famosos restaurantes de carnes Los Ranchos, de mucho éxito en Miami, Houston y, naturalmente, en Nicaragua. En realidad los campesinos aprendieron a cocinar la carne. Antes de la revolución sandinista se podía comer carne en cualquier parte de la República, hasta que los sandinistas terminaron con este privilegio de que antes disfrutaba el campesinado.

Los Somoza eran bien queridos por el campesinado, la mayoría de ellos conservaban fotografías de cualquiera de los Somoza. Los sandinistas, sin la ayuda del complot internacional, jamás pudieran haber tomado el poder, debido a que los mismos campesinos se encargaban de delatarlos. Las relaciones de Nicaragua con su vecino de Costa Rica, se comenzaron a deteriorar cada vez más, porque Somoza García le dio apoyo a los enemigos del presidente Figueres, como respuesta a lo hecho por Figueres, o sea, haber ayudado a los nicas rebeldes. Sin embargo, esto no progresó, porque Estados Unidos paró a Somoza en sus intenciones de derrocar a Figueres.

El 29 de septiembre de 1956, muere en Panamá el general Somoza García víctima de las balas que recibe del asesino Rigoberto López Pérez, que también murió en el atentado ocurrido en la fiesta del club de obreros en León, Nicaragua, donde participaba el Gral. Somoza en su campaña de reelección. Después de la muerte del general Somoza García, el Congreso Nacional, por unanimidad de votos, eligió como presidente de la República a su hijo mayor, el Ing. Luis Somoza Debayle, para terminar el período de su padre. El primero de mayo de 1957, Luis Somoza Debayle tomó posesión como presidente de Nicaragua hasta 1963. La ceremonia de la toma de posesión fue en el Estadio Nacional. Al terminar su discurso, tuvo que informar a la nación, que Honduras había invadido a Nicaragua matando a varios nicaragüenses que se encontraban en Mokoron, sitio fronterizo, que Nicaragua no había querido entregar a Honduras y, como consecuencia, los dos países se encontraban en guerra. El ejército de Nicaragua repelió con valentía dicha invasión. La primera reacción del pueblo de Nicaragua fue, que esta pretendida invasión fue un acto para distraer al pueblo por la continuidad de la familia Somoza en el poder. Sin embargo, posteriormente se comprobó que, en efecto, la junta militar que gobernaba en Honduras, desarrolló una serie de actos para alterar el estatus fronterizo existente entre los dos países. Nicaragua protestó contra todos esos actos y pidió la intervención de la OEA, la que consiguió de inmediato el cese al fuego y, posteriormente, Nicaragua se vio obligada a aceptar el fallo de la Corte Internacional que favoreció a Honduras.

Luis Somoza fue criticado por haber aceptado el fallo de la Corte Internacional, sin embargo las obligaciones internacionales imponían aceptar ese fallo, a pesar de que importantes abogados nicaragüenses y extranjeros habían defendido la causa de Nicaragua.

Durante la presidencia de Luis Somoza, Fidel Castro envió armas para atacar a Nicaragua, los cargamentos de armas llegaban por el vecino país de Costa Rica, acto seguido, Nicaragua rompió relaciones con Cuba y protestó ante Costa Rica. Sin embargo, Cuba continuó enviando armas, aunque Costa Rica denunció que había descubierto en Punta Llorona, Costa Rica, un cargamento de armas. La primera alerta sobre el peligro que significaba Fidel Castro en Cuba, la dio el presidente Luis Somoza Debayle, desde Nicaragua a los países de América Latina y a Estados Unidos.

Nicaragua logró, en la reunión celebrada en Punta del Este en enero de 1962, que se excluyera a Cuba del sistema interamericano, porque era incompatible la adhesión de los países latinoamericanos al bloque comunista. Luis Somoza, durante su gobierno, logró manejar extraordinariamente bien la economía del país. Nicaragua creció como uno de los mayores productores agrícolas; principalmente en el campo del algodón, los granos básicos, la ganadería, etc. Y se construyeron industrias básicas como la Playwood, la fábrica de Toxafeno, la industria de sacos para café, la de algodón y de granos básicos entre otras. Sin embargo, los precios internacionales de los principales productos de exportación cayeron, como fue el del algodón y el del café, afectando la economía de su gobierno hasta la siguiente década de los sesenta.

A Luis Somoza le tocó asistir a la reunión de presidentes que se celebró en marzo de 1963 en Costa Rica, con el presidente de Estados Unidos de América, John F. Kennedy, quien propuso en esa reunión la Alianza para el Progreso. Esta significaba una estrategia nueva en la cooperación económica de parte de Estados Unidos. En dicha reunión también se propuso impulsar la unión centroamericana, propiciada ya por Luis Somoza. Él fue el más entusiasta, por su convencimiento de la necesidad de la integración centroamericana, como una de las mejores formas para mejorar las condiciones económicas de los países centroamericanos. Logró también que en Managua se presentara el tratado de integración económica centroamericano y en su último discurso al Congreso, el 15 de diciembre de 1963, calificó el tratado como el paso más trascendental que hayan dado los países centroamericanos después de la independencia de Centroamérica.

Luis Somoza, con el objeto de evitar la "mal vista" continuidad de la familia en el poder, objetada por la comunidad internacional, consiguió que su partido fuera el que continuara en el poder a través del Dr. René Schick, jefe y candidato del Partido Liberal, quien ganó finalmente las elecciones presidenciales, entregando Somoza, al Dr. René Shick, la banda presidencial en 1962.

Durante el gobierno de Luis Somoza se logra integrar la primera célula sandinista, compuesta por Carlos Fonseca Amador, Silvio Mayorga, Tomás Borge, Osvaldo Madriz y el guatemalteco Heriberto Carrillo. Todos ellos comenzaron a hacer fechorías en territorio nicaragüense y la mayoría de ellos fueron apresados.

El Dr. René Shick, muere de un ataque del corazón en la casa presidencial, lo sustituye el Dr. Lorenzo Guerrero quien termina el período del Dr. Shick. La historia deberá reconocer al presidente Luis Somoza Debayle, por haber querido cambiar la imagen de dictadores que heredaron de su padre. En todas las oportunidades que le correspondió actuar como presidente, puso de manifiesto su brillante inteligencia, su amor por Nicaragua y sus firmes convicciones democráticas. A la muerte del Dr. Lorenzo

Guerrero en 1966, lo sustituye una Junta de Gobierno compuesta por dos liberales y un conservador, ellos fueron: el Dr. Alfonso Lovo Cordero y el general Martínez, por parte de los liberales, y el Dr. René Paguaga, por parte de los conservadores.

## La última etapa de los Somoza

La Junta de Gobierno comenzó a gobernar en Nicaragua, sin embargo, el 22 de diciembre de 1972 aconteció el terrible terremoto que destruyó por completo su capital, Managua. Como consecuencia de esta tragedia, con más de veinte mil muertos, según informes de prensa, el Congreso le dio plenos poderes al general Anastasio Somoza Debayle para que se ocupara de manejar la situación, quedando así relevada la Junta de Gobierno a un segundo término.

El Gral. Somoza Debayle, fue un militar de carácter inflexible, se graduó en la célebre universidad militar de West Point, hablaba perfecto inglés, y siempre fue un gran amigo de los estadounidenses, igual que lo habían sido su padre y su hermano Luis. A pesar del terrible terremoto sufrido en su capital, Nicaragua obtiene sus más grandes logros económicos, tanto en la agricultura, como en la ganadería, la industria y el comercio. El país se desarrollaba bajo la dirección del Gral. Anastasio Somoza Debayle, quien ganó las elecciones de forma transparente y con un amplio margen en 1974.

El Gral. Somoza Debayle continuó la tradición familiar, siendo un brazo protector de Estados Unidos en las luchas contra el terrorismo en América Latina, como lo demostró con la invasión que salió de la costa atlántica de Nicaragua para Cuba. Somoza Debayle fue un verdadero luchador en contra de los comunistas. Tenía completamente claro que el país que tomaran lo destruían, implantando regímenes de terror, donde asesinaban y robaban en el nombre del pueblo. Además, siempre que tomaban un país, lograban sus objetivos de controlar a los pueblos al llevarlos de la pobreza o la riqueza a la miseria, como en efecto sucedió en Rusia, Cuba y decenas de países de la órbita comunista.

Los Somoza dejaron a Nicaragua con una de las deudas externas más bajas y controladas a nivel mundial. Nicaragua tenía una deuda externa de solamente mil doscientos millones de dólares. En 1990 en que los sandinistas pierden la presidencia —no los demás poderes—, entregan Nicaragua a doña Violeta Chamorro, que gana las elecciones gracias a los esfuerzos del presidente Ronald Reagan, con una deuda externa de más de quince mil millones de dólares. Los sandinistas, además, recibieron de los países comunistas más de diez mil millones de dólares quedando el país con la deuda más grande a nivel mundial por número de habitantes. Los sandinistas no realizaron ninguna obra, más bien destruyeron obras de importancia ya realizadas en la época de los Somoza.

Durante los gobiernos de los Somoza, Nicaragua impulsó su infraestructura de carreteras, promovió fuentes de producción y créditos bancarios para el campesinado; la agricultura y la ganadería recibieron las máximas facilidades y apoyo de sus gobiernos liberales. Somoza acusó en varias ocasiones a Venezuela, México, Costa Rica, Panamá y por supuesto a Cuba, de estar apoyando a los sandinistas que destruirían a Nicaragua, como en efecto sucedió. El *Prensa Libre*, de Guatemala, publicó el 26 de mayo de 1979, declaraciones de Somoza en las que acusaba a esos países de estar apoyando a terroristas comunistas, para destruir a Nicaragua.

En 1977 la situación económica de Nicaragua se podría decir que era excelente, porque sus exportaciones subían año tras año. El comercio y la industria, con la reconstrucción de Managua, se encontraban en completo auge. Somoza tuvo un infarto y fue necesario llevarlo a Estados Unidos, logrando recuperarse de la afección cardíaca. Sin embargo, no aprovechó el momento para retirarse de la presidencia y seguir desde su ingenio azucarero Montelimar, descansando y asesorando a su Partido Liberal, que era lo que la mayoría de los nicaragüenses deseaba. Los sandinistas, por supuesto, se robaron el famoso ingenio azucarero Montelimar.

El Gral. Somoza Debayle dedicó sus esfuerzos principalmente en el desarrollo agrícola del campesino, tanto él, como su hermano Luis, consideraban que la riqueza de Nicaragua se basaba principalmente en sus tierras agrícolas y ganaderas. Durante su período de gobierno, en Nicaragua siguió creciendo la producción de algodón, de café, de granos básicos y de la ganadería. Es interesante conocer que durante los gobiernos liberales, el crecimiento económico fue permanente, salvo cuando la sequía afectaba las cosechas del país. El terremoto de Managua en 1972, le causó mucho desprestigio internacional al país, por supuestos robos realizados por los militares y empleados de su gobierno a las donaciones que se recibían de la comunidad internacional.

En 1978 una célula sandinista asesinó al periodista Pedro Joaquín Chamorro, acérrimo enemigo de los Somoza. Esta muerte causó grandes revueltas en Managua, y se culpó al Gral. Somoza y a su gobierno como responsables del asesinato. A partir de ese asesinato, se iniciaron huelgas en toda Managua, y muchos capitalistas dieron su apoyo a los sandinistas, que ya tenían el respaldo de la Internacional Socialista integrada por el presidente de Venezuela Carlos Andrés Pérez, gran amigo de la familia de Violeta Chamorro.

Además, se sumaron apoyando a los sandinistas: el presidente de México, López Portillo; el presidente de Costa Rica, Rodrigo Carazo; el hombre fuerte de Panamá, el Gral. Omar Torrijos; Felipe González, presidente de España; otros presidentes de la Comunidad Europea, de América del Sur, y por supuesto, Fidel Castro, de Cuba. Todos ellos obedeciendo órdenes del presidente estadounidense Jimmy Carter, que estaba decidido a derrocar a Somoza. No sopesaron la inestabilidad que crearían en la región, al colocar un régimen de izquierda en Nicaragua, no importándoles que los sandinistas hubieran sido entrenados en Cuba y Rusia, que además eran terroristas y enemigos de Estados Unidos.

En el segundo semestre del año 1978 los sandinistas aumentaron sus asaltos a bancos, y sus incursiones a pueblos y ciudades, asesinando y causando el terror entre sus habitantes. Fue durante 1978-1979 cuando realizaron crímenes nunca antes vistos en Nicaragua, como lo fue el del Jefe de Emigración, Gral. Pérez Vega, a quien un comando sandinista lo asesinó brutalmente en casa de una sandinista que se había hecho su amante para asesinarlo.

En dicha casa, cuando el Gral. Pérez estaba desvistiéndose, salieron los sandinistas que estaban escondidos, lo torturaron ensartándole alfileres en sus ojos, arrancándole la lengua, cercenándole sus partes. Los asesinos fueron tan sádicos, que grabaron los gritos de dolor que se escuchaban del General. Luego reprodujeron cientos de casetes, que distribuyeron entre la ciudadanía, para que los militares cogieran miedo por lo que les podía pasar si no colaboraban con el Frente Sandinista.

# Los Cínicos

Nicaragua fue despiadadamente atacada, por los presidentes de Venezuela, México, Panamá, Costa Rica, Cuba y Estados Unidos. A ninguno de ellos les importó los actos de terrorismo que se cometían en Nicaragua, ni sus nexos con el terrorismo internacional a través de Cuba. A los presidentes de España, Venezuela, México y otros más, se les podía entender, porque pertenecían a la Internacional Socialista, organización de la izquierda mundial. A este grupo, los nicaragüenses que no apoyaban a los terroristas, les llamaron los Cínicos, y mucho se escribió sobre ellos por algunos pocos periodistas que no eran de izquierda. Todos los integrantes de los Cínicos sabían perfectamente que los sandinistas entrenados en Cuba, Rusia y en algunos países musulmanes extremistas de izquierda, eran terroristas, y que la revolución llegaba desde Cuba a Panamá y desde Panamá a Costa Rica, este último país fue el cuartel general de todos los terroristas que participaron en la destrucción de Nicaragua.

El grupo de los Cínicos, una vez entregado el poder a los sandinistas, lucharon incansablemente para derrotar a El Salvador, e instalar también un régimen comunista en dicho país. Sin embargo, El Salvador se salvó gracias al gran presidente Ronald Reagan, republicano de Estados Unidos, quien le ganó las elecciones al presidente Carter, parando de inmediato toda la barbaridad que estaba haciendo este último en América Latina y el Medio Oriente. Carter propició la caída del Sha de Irán, que era el balance que tenían los estadounidenses en esa región. De esa forma, les abrió paso a los musulmanes extremistas de izquierda, que terminaron secuestrando a 52 estadounidenses y tomando la embajada de Estados Unidos por casi un año. En el capítulo del presidente Carter, abordaremos con más detalle su actuación. En el capítulo de El Salvador, veremos por qué, para los comunistas, era imperativo tomar ese país.

Cuba entrenó a los guerrilleros sandinistas con el firme propósito de convertir a Nicaragua en otro país de la órbita comunista y lograr acciones guerrilleras en los demás países de América Latina. El primer compromiso que cumplieron los sandinistas fue darle entrenamiento, armas y dinero a la guerrilla salvadoreña, así como también a la temible FARC de Colombia, quienes se entrenaron en las montañas de Nicaragua, y se alinearon de inmediato para facilitar las vías de acceso para invadir con drogas a Estados Unidos.

Existen fotos publicadas en varios periódicos donde se ven al comandante de la revolución Tomás Borge recibiéndola, fue así durante el período del presidente Carter que se logra invadir de drogas a Estados Unidos. Esto salió publicado en varios diarios de América Latina.

En realidad, fue tanta la publicidad que las izquierdas de diferentes países latinoamericanos desarrollaron contra Somoza, que al mundo no le importó que Nicaragua fuera ensangrentada y por consiguiente secuestrada por un régimen de terror como han sido todos los gobiernos comunistas que han llegado a controlar cualquier país.

El presidente de Estados Unidos, Jimmy Carter, tenía toda la información del servicio secreto de Estados Unidos, sin embargo, no le importó darles apoyo a los enemigos de su país. Él conoció el famoso himno de los sandinistas que en una de sus partes dice: "luchemos contra el gringo enemigo de la humanidad", al igual que el presidente Carter, muchos senadores del Partido Demócrata, dieron también su respaldo a este grupo de terroristas, como lo podremos ver en los capítulos que siguen.

Aunque los diarios de Nicaragua publicaban que el Gral. Somoza, aún poco antes de caer, decía que sus tropas ganarían, era innegable que su situación era imposible de sostener. Su suerte estaba echada. Sus principales aliados: Estados Unidos y la OEA solicitaban su renuncia. El presidente Carter había bloqueado a Nicaragua, de esa forma no podía recibir las municiones que le enviaban de Israel y de otros países amigos. Carter paralizó varios embarques de armas, con lo cual el ejército se quedó sin municiones y, como consecuencia, abandonó sus armas. El Gral. Somoza Debayle nunca pensó que siendo tan amigo de los estadounidenses, estos lo pudieran traicionar. Todo esto lo escribió antes de ser asesinado por un comando sandinista, el libro se llama *Nicaragua traicionada*.

La situación de Nicaragua se tornó completamente en una guerra, donde cada día caían soldados del ejército de Nicaragua y de los sandinistas. Allí reinaba la total confusión. Muchos civiles fueron injustamente ejecutados por los sandinistas, porque decían que eran aliados del ejército de Nicaragua. Miles de nicaragüenses murieron injustamente en esta guerra que se dio, por el respaldo de los países de la Internacional Socialista y del presidente Jimmy Carter de Estados Unidos.

Es importante señalar que la OEA demandaba la renuncia de Somoza, aun sabiendo la estrategia que perseguía el presidente Carter conjuntamente con la Internacional Socialista. Prácticamente el mundo entero estaba contra Somoza, los tambores de los medios de comunicación no daban la más mínima justificación a la defensa que hacían el ejército y el presidente Somoza, para que Nicaragua no cayera en manos de la izquierda. Pero todo fue en vano: La sangre de los nicaragüenses derramada defendiéndose valientemente contra la amenaza comunista fue traicionada.

Nicaragua fue entregada a Cuba y Rusia con el beneplácito de países "supuestamente" amigos de Nicaragua. La posición de los demócratas estadounidenses fue clara: afuera Somoza, no importa que entren los comunistas.

El embajador de Estados Unidos, Pezzullo, desde que llegó a Nicaragua su posición fue completamente a favor del sandinismo, seguramente las instrucciones del presidente Carter fueron específicamente esas. Pezzullo no presentó credenciales al Gral. Somoza como presidente de Nicaragua, él esperó para hacerlo a la nueva Junta de Gobierno controlada por los sandinistas. El complot realizado por los países de la Internacional Socialista, conjuntamente con Estados Unidos, fue impresionante. Muchas personas en el mundo, nunca han llegado a comprender al presidente Carter.

La destrucción del ejército de Nicaragua fue del 100% por el apoyo del embajador. Casi todos los militares fueron a prisión, donde los sandinistas mataban, selectivamente, a muchos de ellos. "Colaboración completa con el Frente Sandinista", así lo reportaron algunos medios de comunicación en su época. Finalmente el presidente Carter elogió a "Ocho Países", por su actitud en la OEA. Los sandinistas, desde antes y después de tomar el poder, no descansaron de sus amenazas contra los estadounidenses. Llegaron al colmo de que en la época de Carter, y con dinero de Estados Unidos, imprimieron nuevos libros que entregaron en las escuelas, donde se podía leer, "Luchemos contra el gringo, enemigo de la humanidad, aprendamos a matarlos".

Rendición total, era la que pedía Estados Unidos, al presidente Somoza. El presidente Carter también comunicó a Somoza, estando ya en su exilio en Miami, que lo correría de Estados Unidos, si no lograba que el resto del ejército de Nicaragua entregara el poder a los sandinistas. Efectivamente, a las 24 horas lo estaba sacando de Estados Unidos, obligándolo a contratar un yate, que lo llevara a aguas internacionales, mientras conseguía en qué país se le podría dar asilo. Ya en la época del presidente Reagan (republicano) que tenía indiscutiblemente una claridad de pensamiento para saber que los izquierdistas son enemigos de Estados Unidos, el exsecretario de Estado, Henry Kissinger, acusó a Carter de entablar las peores relaciones con los amigos de Estados Unidos, como lo hizo con el Sha de Irán y después con el presidente Somoza. Con una situación como la que vivió el sacrificado pueblo de Nicaragua, no tenía salvación, debía quedar en las temibles manos de la izquierda mundial, dirigida por unos comandantes, que eran más criminales y ladrones que revolucionarios.

Indiscutiblemente, en Nicaragua, durante la época de los Somoza, se vivió un período de paz y progreso, lográndose desarrollar su fuerza principal en la agricultura y ganadería. Nicaragua se distinguió en Centroamérica al convertirse en el primer productor de granos básicos, de igual forma se distinguió en la ganadería, así como alcanzó la mayor producción de algodón, convirtiéndose esta última en la principal entrada de divisas que tenía el país.

Los dos hermanos Somoza impulsaron aún más los pasos de su padre, al darle el mayor énfasis en sus gobiernos a los agricultores y campesinos, que lograron alcanzar las mejores fuentes de financiamiento y enseñanza agrícola que existieron en esa época en Centroamérica. Luis Somoza trabajó arduamente para cambiar la imagen de dictadores que tenía la familia Somoza, lo cual logró haciendo que el Dr. René Shick lo sucediera en la presidencia. Lamentablemente él murió de un infarto a una temprana edad. Su hermano Tacho fue siempre percibido como un militar que difícilmente entregaría el poder, y que más bien sería un dictador de línea dura, sin embargo no fue así, y por eso perdió contra los sandinistas. Tacho, tratando de cambiar la "imagen familiar" cometió los errores de soltar de las cárceles a los cabecillas sandinistas que se habían apresado cometiendo diversas acciones de terrorismo en diferentes partes de Nicaragua.

El Gral. Somoza Debayle fue derrotado en 1979. Lamentablemente, no llegó a conocer, oportunamente, que en Cancún a finales de 1977, se habían reunido: el presidente de México, José López Portillo; el presidente de Venezuela, Carlos Andrés Pérez; el presidente de Costa Rica, Carazo Odio y de Panamá, el hombre fuerte, como lo llamaban, Omar Torrijos con un representante de Gaddafi y otro de Fidel Castro, para conspirar contra él. En esa reunión promovida por la Internacional Socialista, convencieron a Fidel Castro de que de nada le servía continuar con la "lucha popular prolongada" que se estableció en El Salvador, ya que si tomaban el poder, los estadounidenses utilizarían nuevamente a Somoza para combatirlos y expulsarlos.

Consecuentemente, era más conveniente primero derrocar a Somoza, y después seguir con El Salvador, el país más importante de América Latina, para Rusia y los grupos de izquierda, como lo explicaremos en el capítulo de El Salvador, por su importancia en América. Fidel Castro, contaba para esta misión con un pequeño grupo de sandinistas que ya estaban entrenándose en Cuba y Rusia. En esa reunión, López Portillo, Carlos Andrés Pérez y el representante de Gaddafi, acordaron aportar cada uno cinco millones de dólares al grupo sandinista, para que de inmediato compraran las armas y los medios de comunicación de Latinoamérica.

Rápidamente, los medios de comunicación convirtieron a Somoza en un monstruo, y a los sandinistas, en un grupo de buenos muchachos que luchaban por liberar a Nicaragua. Consiguieron, de esta forma, que a la opinión pública no les importara que el armamento lo enviara Cuba y Rusia vía Panamá a Costa Rica, donde en este último país los sandinistas instalarían su cuartel general y sus bases operativas para atacar a Nicaragua.

## Somoza le envió las últimas armas a Batista en 1959, él tenía claro que Fidel Castro era comunista

La invasión a Bahía de Cochinos en 1961 salió de Puerto Cabezas. Nicaragua, mostrándose como un gran defensor de la libertad de Cuba, dio toda clase de respaldo a los cubanos que se asilaron en Nicaragua. Sin embargo, el presidente Carter logró confiscar todos los refuerzos que, en armas, enviaban países amigos a Nicaragua. Entre los más importantes, confiscaron el último envío de armas que Israel y Brasil hicieran al Gral. Somoza. Prácticamente, Carter logró ponerle un embargo a Nicaragua, quedándose el ejército de Nicaragua sin municiones, para poder seguir combatiendo a los sandinistas quienes sí recibían su armamento de Cuba vía Panamá y Costa Rica.

Muchos nicaragüenses, al ver la situación en que se encontraba el país, especialmente en las ciudades que fueron tomadas por los sandinistas como fue León, prefirieron abandonar sus casas huyendo a Estados Unidos y a países vecinos, principalmente Costa Rica y Honduras. Tristemente para la historia nicaragüense, Somoza se vio obligado a abandonar a Nicaragua en la madrugada del 19 de julio de 1979. Salió en un pequeño avión privado para seis pasajeros, que Nicaragua había comprado años antes, con destino a la ciudad de Miami ya que el presidente Carter le había prometido darle asilo en Estados Unidos. Sin embargo, a las 24 horas de estar en Miami, lo obligó a abandonar Estados Unidos, por lo que a Somoza no le quedó otra alternativa que rentar un yate y esperar en alta mar, qué país lo podía recibir.

Una vez que cayó Somoza, los sandinistas cometieron miles de asesinatos. Pusieron en prisión a miles de nicaragüenses, incluyendo miembros del ejército de Nicaragua quienes supuestamente estarían protegidos por la Cruz Roja Internacional. Mataron a cuanto militar consideraron conveniente, a pesar de que la Cruz Roja Internacional les había prometido protección a su integridad. Muchos nicaragüenses fueron salvajemente torturados. Se construyeron sótanos donde apenas se respiraba aire, para encerrar a los prisioneros. La rapiña sandinista no se hizo esperar, comenzaron a robarse las principales residencias, desmanteló las propiedades agrícolas, las fábricas, los comercios, saquearon los bancos, robaron todo el oro del Banco Central de Nicaragua y de las minas. En la época que llegaron al poder, el oro llegó a valer más de ochocientos dólares la onza.

El oro fue entregado por los sandinistas a la embajada de Costa Rica, quienes en camionetas cerradas lo transportaban, una parte para Costa Rica y la mayor parte para Panamá. Este dato fue proporcionado, confidencialmente, por la persona que en Panamá se encargó del transporte, y me informó que "por este trabajito" logró ganarse la pequeña regalía de más de dos millones de dólares. Los costarricenses que habían ayudado a los sandinistas, encontraron el gran botín en Nicaragua, pues se llevaron los mejores automóviles, el mejor ganado, obras de arte, oro y prácticamente todo lo que quisieron, ya que los sandinistas sentían la obligación de gratificarlos por la ayuda que les habían proporcionado.

Nicaragua jamás hubiera sido secuestrada sin la ayuda de Costa Rica. Los diarios del mundo daban la noticia de que Somoza había caído y que los sandinistas habían tomado el poder. Las izquierdas del mundo, celebraban el acontecimiento de que un país más, caía en la órbita comunista.

El terrorismo estaba listo para continuar avanzando, primero en América Latina, derrocando gobiernos democráticos, para después seguir con Estados Unidos, principal objetivo de las izquierdas del mundo. El "mundo entero celebraba la caída de Somoza", colocaban en grandes titulares a través del la prensa pagada por las izquierdas, muchos se unían a estas celebraciones, entre ellos los del Partido Demócrata de Estados Unidos, y por supuesto el propio presidente de Estados Unidos, Jimmy Carter, "autor intelectual" de la caída de Somoza, quien facilitó el triunfo de los sandinistas, al igual que lo hizo en Irán, al entregarle el poder a los musulmanes extremistas de izquierda enemigos de Estados Unidos.

"Cayó Somoza", fueron los titulares en casi todas partes del mundo, los países con gobiernos de izquierda celebraron su caída. El tiempo se detuvo a partir del momento en que Nicaragua quedó secuestrada. El reloj que marcaba el avance económico y el bienestar social de una nación pujante y trabajadora, se paralizó. Nicaragua, al triunfar la revolución, tenía una población aproximada de tres millones. Más de ochocientos mil nicaragüenses se vieron forzados a salir del país, refugiándose muchos de ellos en los países vecinos como Costa Rica, Honduras, Guatemala, Estados Unidos. Las propiedades de estos nicaragüenses que huyeron, fueron robadas. Ya en el poder, los sandinistas lograron sacar leyes, para que las propiedades de todo aquel ciudadano nicaragüense que permaneciera más de seis meses fuera del país, quedaran automáticamente confiscadas, por conveniencia revolucionaria. De allí es que los nicaragüenses la llamaron *robo-lución* y no revolución.

## Comando sandinista asesina al Gral. Somoza en Paraguay

Un comando sandinista preparado, para actuar con internacionalistas principalmente de Argentina, asesinó al Gral. Somoza Debayle, mientras viajaba en su automóvil blindado con un amigo estadounidense, su chofer y un guardaespaldas, todos murieron. Los asesinos le dispararon utilizando un cohete llamado bazuca, para asegurar que penetraría su auto blindado. Se comenta que el Gral. Somoza, por economía, no llevó a su gente de seguridad. Solo usaba un par de ellos, porque se sentía seguro de la protección ofrecida por el gobierno del Paraguay. Lo que no calculó Somoza fue que en la doctrina de las izquierdas, lo más importante es eliminar a todo aquel que pudiera ser un riesgo para sus propósitos.

Los sandinistas sabían que Somoza había dicho que regresaría a las montañas de Nicaragua, para salvar a su pueblo de la bota comunista y los que conocieron al Gral. Somoza aseguran que este hubiera regresado a salvar a Nicaragua. En ese momento, Nicaragua quedó despedazada y sin esperanzas de poder salvarse porque los sandinistas, astutamente, destruyeron por completo el ejército, para formar un nuevo ejército completamente sandinista. De esta forma controlan al pueblo nicaragüense a su voluntad.

Fácilmente, la era sandinista podría durar más de cien años, si es que no ocurre un milagro que revierta el sufrimiento del pueblo. Por lo general los países que han caído en las garras de la izquierda, son gobernados por más de setenta años como mínimo. En la presente época, hacen estrategias al estar cerca de las elecciones, como hacer correr mucho dinero entre la empresa privada y el pueblo. Lo que no comprenden estos empresarios y menos el pueblo, es que, pasadas las elecciones, la izquierda tiene que continuar con su doctrina de destruir el sistema capitalista. Nicaragua para el 2010 lleva ya más de 31 años de estar secuestrada y Cuba, más de cincuenta, solo para mencionar dos países del continente Latinoamericano.

El impulso que dieron los Somoza a Nicaragua, prácticamente, se destruyó una vez que los sandinistas secuestraron a Nicaragua el 19 de julio de 1979. Todo el desarrollo agrícola, que fue el más importante del país, de inmediato fue destruido por las fuerzas izquierdistas, como plan de conveniencia utilizado por la doctrina marxista. De igual forma fueron destruidos los comercios, los bancos, las industrias y todo lo demás, en el nombre de los pobres. Era imperativo llevar a la población lo antes posible a la miseria, como acto de seguridad en la continuidad del poder, cosa que han logrado a la perfección. Los sandinistas tuvieron el respaldo de varios países, algunos de ellos como fue el caso de México, con López Portillo. Algunos medios de comunicación dieron noticias de cómo Nicaragua estaba siendo agredida por la izquierda.

El presidente de México, López Portillo, con el cinismo que le caracterizaba, dio su respaldo a los grupos de izquierda para que actuaran en Centroamérica.

López Portillo con Carlos Andrés Pérez, hicieron todo lo posible para que El Salvador cayera en manos de la izquierda, al igual que lo habían logrado con Nicaragua. Cuando Ronald Reagan gana la presidencia de Estados Unidos, tanto López Portillo como Carlos Andrés Pérez hicieron toda clase de esfuerzos para que El Salvador cayera, sin embargo el presidente Reagan no se los permitió, más bien reforzó la democracia en El Salvador y les concedió toda clase de apoyo. En otras palabras, la izquierda no pudo avanzar en la época del presidente Reagan.

# Capítulo III

## Nicaragua secuestrada

EL 19 de julio de 1979, Nicaragua quedó legítimamente secuestrada gracias a la ayuda conferida por el presidente demócrata de Estados Unidos, Jimmy Carter y la participación directa de Fidel Castro, presidente de Cuba; Carlos Andrés Pérez, presidente de Venezuela; José López Portillo, presidente de México; Rodrigo Carazo, presidente de Costa Rica; y el hombre fuerte de Panamá, el general Omar Torrijos. Una sangrienta revolución donde los sandinistas, con la anuencia de Estados Unidos, recibían las armas de Cuba dirigidas a Panamá para luego ser enviadas a Costa Rica, donde se encontraban los campamentos revolucionarios sandinistas.

El presidente Carter impuso un bloqueo a Nicaragua con el objeto de fiscalizar el armamento que países amigos, como Israel, le enviaban al ejército nicaragüense. Al igual que ha sucedido en la mayoría de los países tomados por las izquierdas, controladas por unos pocos oportunistas, Nicaragua cayó con una sangrienta revolución. Los sandinistas, conjuntamente con la izquierda internacional, tomaron ventaja de que en Estados Unidos estuviera en el poder un amigo de las izquierdas, Jimmy Carter. Ellos se aprovecharon de las debilidades que pudiesen existir provocadas por gobiernos anteriores, como fue el caso de Nicaragua, donde la familia Somoza logró perpetuarse en el poder por casi cuarenta años. De esta forma con el respaldo de la Internacional Socialista, de Rusia y Cuba, consiguieron el apoyo de los presidentes de Estados Unidos, Jimmy Carter, Venezuela,

México, Costa Rica, Panamá y del Gral. Gaddafi, todos ellos enfocados en derrocar al Gral. Anastasio Somoza Debayle para instaurar un régimen comunista en Nicaragua.

Tanto el presidente de Estados Unidos, Jimmy Carter como los demás presidentes que colaboraron en la destrucción de Nicaragua, sabían perfectamente que los sandinistas eran un pequeño grupo entrenados en Cuba y Rusia, dispuestos a realizar labores de terrorismo para tomar el poder en Nicaragua. Asesinaron a miles de nicaragüenses antes, durante y después de la revolución. En las informaciones del Centro Carter se pueden leer comentarios donde dicen que además del soporte proporcionado por Fidel Castro, desde Cuba; Carlos Andrés Pérez, presidente de Venezuela; Omar Torrijos, de Panamá; Rodrigo Carazo, de Costa Rica; José Figueres, también de Costa Rica, quien fuera el mayor enemigo que tuvieron los Somoza en Centroamérica y José López Portillo, quien fue funesto en la historia de Centroamérica. En el mismo informe relatan que las armas llegaban desde Cuba a Costa Rica vía Panamá. Aquí el informe textual del Centro Carter:

> *Before the triumph of the Revolution, we received aid primarily from Cuba. Cuba had always supported the sandinista struggle. Later on, as we developed the struggle in our country, Cuba was able to give us much more support. When the governments of Carlos Andres Perez in Venezuela, Omar Torrijos in Panama and Rodrigo Carazo in Costa Rica coincided in power, it became easier to bring in weapons from Havana through Panama, and then from Havana directly to Costa Rica, which of course assisted us greatly in overthrowing Somoza's dictatorship.*

> *Antes del triunfo de la revolución, recibimos ayuda principalmente de Cuba. Cuba siempre ha apoyado la lucha sandinista. Más tarde, cuando desarrollamos la lucha en nuestro país, Cuba fue capaz de darnos mucho más apoyo. Cuando los gobiernos de Carlos Andrés Pérez en Venezuela, Omar Torrijos en Panamá, y Rodrigo Carazo en Costa Rica coincidieron en el poder, se hizo más fácil el ingreso de armas de La Habana a través de Panamá, y luego desde La Habana directamente a Costa Rica que, por supuesto, nos ayudó en gran medida en el derrocamiento de la dictadura de Somoza.*

*[Weapons] arrived by air, on airplanes which transported the weapons to Panama. In Panama, the Cuban weapons would be added to some weapons that Panama and Venezuela were giving us, and then they were taken to Costa Rica. In Costa Rica, we would receive the weapons and bring them into the country clandestinely. I would say that that was the way the logistics worked. Most of the weapons were rifles, some artillery (especially antiaircraft artillery), some mortars, but above all it was rifles, which were what the population most needed, because people wanted to fight but they had no arms. ...*

*[Las armas] llegaron por vía aérea, en aviones que transportaron las armas hasta Panamá. En Panamá, las armas de Cuba se sumarían a algunas de las armas que Panamá y Venezuela nos daban, y luego fueron trasladadas a Costa Rica. En Costa Rica, nosotros podríamos recibir las armas e introducirlas en el país clandestinamente. Yo diría que esa fue la forma en que funcionó la logística. La mayoría de las armas eran fusiles, algunas piezas de artillería (especialmente la artillería antiaérea), algunos morteros, pero sobre todo fusiles, que era lo que la población más necesitada, porque la gente quería pelear, pero no tenían armas...*

*Before that time, we received invaluable support from the late Costa Rican leader Jose Figueres, and his help was crucial for the first stage of our insurrection in october 77. During our preparations for the insurrection, we were able to count on some weapons which had been left over from Figueres's revolutionary struggle in the Forties; he gave us several dozen rifles, and some machine guns (which I think included a .30-caliber one and a .50-caliber one). We also got some weapons from the United States, because some of our comrades worked in the solidarity [movement] in the United States and had connections there, so they found a way of buying weapons in the United States and bringing them to Nicaragua via Mexico.*

*Antes de aquel momento recibimos el apoyo inestimable del último líder costarricense José Figueres, y su ayuda fue decisiva para la primera etapa de la insurrección en octubre del 77. Durante los preparativos para la insurrección, pudimos contar con algunas armas que se habían quedado de la lucha revolucionaria de Figueres en los años cuarenta, él nos dio varias docenas de rifles y algunas ametralladoras (que creo que incluía una calibre .30 y una calibre .50). ¡Conseguimos también algunas armas de Estados Unidos, porque algunos de nuestros compañeros trabajaron en el [movimiento] de solidaridad en Estados Unidos y tenían contactos allí, así que encontraron la forma de comprar armas en Estados Unidos y traerlas a Nicaragua a través de México.*

Más clara no puede ser la intervención de Estados Unidos durante la presidencia de Jimmy Carter, como él mismo declara en las documentaciones que se encuentran en el Centro Carter. Lo que Carter no revela en su informe es que entregaría Nicaragua a un grupo de terroristas enemigos de Estados Unidos y que, por ende, llegarían a cooperar con Rusia y Cuba en todo aquello que pudiera afectar a Estados Unidos, como fue la introducción en Estados Unidos de grandes cantidades de drogas como jamás había sucedido antes.

Desde que los sandinistas tomaron el poder, de inmediato le comenzaron a dar soporte logístico, de armas y de entrenamiento, a los guerrilleros del FMLN que estaban tratando de hacer lo mismo con El Salvador, de igual forma sirvieron las montañas de Nicaragua para entrenamiento de los terroristas de las FARC. Ahora Nicaragua tendrá que pagar las consecuencias de su secuestro por muchas décadas, porque es casi imposible que un país que haya sido capturado por una izquierda, esta deje el poder antes de muchísimas décadas. Por lo general, duran más de setenta años y sus consecuencias, más de cien años.

Lo anterior les ha sucedido a todos los países que han sido capturados por esta infame doctrina que se sustenta con la miseria, porque saben llevar a los países de la pobreza a la miseria. Únicamente, el pequeño grupo de izquierdistas que controla el país y que por lo general son menos de cien, son los que se benefician de todas sus riquezas y prebendas, cualquier país secuestrado por una izquierda tiene esa experiencia. Una vez que los sandinistas tomaron el poder, Nicaragua se hundió en la miseria más profunda. Miseria que jamás en la historia del país se había vivido. La riqueza agrícola, ganadera y todo lo que se había logrado alcanzar en muchísimas décadas, fue destruida con el objeto de cumplir con las reglas izquierdistas que, "para gobernar es imperativo mantener a la población en la miseria". Es en la miseria donde estos regímenes se solidifican, es donde les es más fácil infundir el temor, es con el hambre, con lo que fácilmente manejan a los pueblos.

Cuando tomaron el poder los sandinistas, injustamente fueron asesinados los presos políticos, los militares y todos aquellos nicaragüenses que consideraban sus enemigos. En las cárceles contiguas al aeropuerto Internacional de Managua, que se instalaron en las bodegas de la zona franca supuestamente protegidas por La Cruz Roja, se calcula que tenían más de diez mil personas presas entre militares y allegados a los Somoza, y que poco a poco iban asesinando a muchos de ellos. En la Costa Atlántica de Nicaragua, asesinaron a más del 80% de los poblados que no cooperaron con ellos durante la revolución. Este crimen ha sido considerado de lesa humanidad, y aún sigue pendiente en las cortes internacionales. Donde no ha progresado en las cortes internacionales, porque la izquierda es la que controla muchas de estas instancias judiciales. Los sandinistas construyeron cárceles por todo el país, debajo de la tierra, dirigidas por los cubanos y los rusos; en estas cárceles torturaban hasta prácticamente asesinar al preso, fueron muy pocos los que lograron salir con vida de estas monstruosas cárceles.

## Los comandantes terroristas

Daniel Ortega, Humberto Ortega, Bayardo Arce, Tomás Borge Henry Ruiz, Víctor Tirado, Luis Carrión, Joaquín Cuadra, y Jaime Weelock fueron los nueve comandantes sandinistas que el presidente Jimmy Carter, Carlos Andrés Pérez, José López Portillo, Omar Torrijos, Rodrigo Carazo, Felipe González y, naturalmente, el líder principal de todos ellos, Fidel Castro, así como otros miembros de la Internacional Socialista apoyaron, para ensangrentar a Nicaragua, y dejarla secuestrada por muchísimas décadas. Los nombres de estos sandinistas, no deben ser olvidados para que algún día sean juzgados. Ellos torturaron y asesinaron cobardemente, a civiles indefensos y desarmados. De 1979, fecha en que tomó el poder el sandinismo, hasta 1990, año en que se ven obligados a realizar "elecciones libres" supervisadas por la comunidad internacional, se calcula que asesinaron más de veinte mil personas, entre ellos a muchos campesinos a quienes acusaban de estar protegiendo a la contrarrevolución apoyada por el presidente Ronald Reagan. Los sandinistas, en el poder, infundían pavor a la población, sus comandantes siempre decían: "¡No retrocederemos!".

Es interesante el pronunciamiento de los sandinistas donde culpan a los estadounidenses de la pobreza de Nicaragua. Los sandinistas patalearon, cuando el presidente Reagan canceló toda la ayuda, que les había concedido el presidente Carter. Acusaron a Estados Unidos de su política del garrote y de que la habían empleado desde siglos pasados. Los sandinistas hacían campaña en todos los medios de comunicación, responsabilizando a EE. UU. de quitarles el pan a los nicaragüenses. Decían que "los círculos reaccionarios de Estados Unidos nos amenazan y planean una agresión contra nosotros, pero el Frente Sandinista está listo con su pueblo para repelerlos". Con el cinismo que les caracteriza, los medios de comunicación informaban, que un pequeño país como lo es Nicaragua, estaba siendo atacado por el país más grande del mundo, por el simple hecho de que escogimos vivir en paz sobre bases justas de progreso y felicidad.

Debido a la presión de la contrarrevolución, apoyada por el presidente Reagan de Estados Unidos, gana las elecciones supervisadas en 1990, la UNO (Unión Nacional Opositora) por absoluta mayoría, llevando a doña Violeta Chamorro como candidata. En 1990, cuando los sandinistas pierden la presidencia, Nicaragua fue entregada completamente destruida; todas las fuentes de producción del país estaban en caos total, la corrupción estaba en los grados más altos. El Banco Mundial consideró que el país había retrocedido 74 años. La moneda de 7 córdobas por dólar, que se había mantenido por casi 40 años, llegó a más de 150 000 córdobas por un dólar. La comida del nicaragüense era escasa, los sandinistas habían logrado que Nicaragua dejara de ser el granero de Centroamérica. Nicaragua fue declarada el país más pobre del continente americano, inclusive más que Haití. El robo, el cinismo y todas las trampas necesarias para perpetuarse en el poder, continuaban desarrollándolas los sandinistas, a pesar de haber perdido la presidencia.

La continuidad del sandinismo y, por consiguiente, la desgracia de Nicaragua, se debe a que doña Violeta, comete el error histórico e imperdonable de aceptarles la amnistía, que ellos se habían recetado pocas semanas antes de entregar la presidencia. También los deja con el ejército y la policía que eran 100% militantes sandinistas. Cometió también el error de haberlos dejado con todo lo robado, y ofrecerles a los afectados, bonos, en vez de haber firmado un decreto que restituyera a sus legítimos dueños, sus

47

propiedades. Los sandinistas nunca, en los más de treinta años (2010) que llevan controlando a Nicaragua, han perdido el control en la Corte Suprema de Justicia, el ejército, la policía y el Poder Electoral, así como otros poderes de menos importancia. Lo lógico que debía haber hecho doña Violeta, si quería impartir justicia, era que las propiedades robadas regresaran a sus legítimos dueños y, si quería compensar con algo a los secuestradores, les hubiera dado a ellos los bonos, eliminando ladrones y terroristas.

También cometió el error de haberles dado a los sandinistas, en nombre de la "paz", gran parte de la ayuda que recibió Nicaragua de los países donantes. Daniel Ortega, cuando perdió las elecciones dijo: "gobernaremos desde abajo", y lo ha cumplido a cabalidad; el pobre pueblo nicaragüense no llegó a comprender lo que significaban esas palabras. En efecto, así han gobernado los sandinistas, en todos los gobiernos posteriores, porque tanto doña Violeta, como el Dr. Arnoldo Alemán y el Ing. Enrique Bolaños que les sucedieron en la presidencia, tuvieron únicamente el control de la presidencia, pero NO el control de los principales poderes del Estado.

Todos estos nuevos gobiernos, fueron chantajeados, y atacados con las turbas sandinistas; lo importante para los sandinistas era mantener el terror entre los nicaragüenses. Asesinaron al líder de la contrarrevolución Coronel Enrique Bermúdez y a muchos otros combatientes por la libertad, poco a poco fueron asesinando a cada uno de los más importantes.

## Augusto César Sandino

El sandinismo viene de Augusto Calderón Sandino, mejor conocido como Augusto Cesar Sandino, quien luchó en la Revolución Constitucionalista Liberal de 1926. Al no ser tomado en cuenta el Gral. Sandino, directamente en las pláticas de paz del Espino Negro, en Tipi Tapa, Nicaragua, entre el coronel Henry L. Stimson, representante personal del presidente de Estados Unidos, Calvin Coolidge y el general José María Moncada, jefe del Ejército Constitucionalista Liberal, que puso fin al eterno conflicto entre los liberales y los conservadores; el 14 de mayo de 1927 se levantó en armas para luchar contra sus correligionarios liberales cuando estos llegaron al poder y contra los marinos estadounidenses.

De acuerdo con lo pactado, entre el coronel Stimson y el general Moncada, los marinos abandonarían a Nicaragua el 2 de enero de 1933, que fue al día siguiente a la toma de posesión del Dr. Juan Bautista Sacasa como presidente de Nicaragua. El 21 de febrero de 1934, Sandino fue pasado por las armas en Managua, por la Guardia Nacional de Nicaragua, que dirigía el entonces coronel Anastasio Somoza García, al regresar de una cena en la casa presidencial adonde había sido invitado por el presidente Sacasa para celebrar la firma de la paz.

Cuarenta y cinco años después, nueve izquierdistas más un mexicano, secuestran a Nicaragua levantando la bandera de Sandino, haciéndose llamar cada uno de ellos comandante, ellos son:

| | |
|---|---|
| *Daniel Ortega Savedra* | *(Se proclama presidente)* |
| *Humberto Ortega Savedra* | *General de Ejército* |
| *Tomás Borge Martínez* | *Ministro del Interior* |
| *Jaime Wheelock Roman* | *Ministro de Agricultura* |
| *Henry Ruiz* | *Ministro de Planificación* |
| *Luis Carrión Cruz* | *Ministro de Economía* |
| *Bayardo Arce* | *Vocero Internacional* |
| *Joaquín Cuadra Lacayo* | *Jefe del Estado Mayor* |
| *Carlos Núñez Téllez* | *Pte. de la Asamblea Nacional* |
| *Víctor Tirado López* | *Mexicano* |

El grupo sandinista se caracteriza por los asesinatos cometidos contra sus adversarios, por robos, por su cinismo y por ser una de las organizaciones más temibles de América Latina. Los sandinistas, llamados y clasificados como terroristas, tuvieron entrenamiento en Cuba y Rusia principalmente. Durante todos esos años tuvieron sometida a Nicaragua a sus crímenes, asaltos, robos y cuanta barbaridad podían realizar en nombre de la revolución. Una vez que alcanzaron el poder con la ayuda de países supuestamente amigos de Nicaragua, se dieron licencia para asesinar, despiadadamente, a miles de nicaragüenses inocentes. Fue una pena que Jimmy Carter, de EE. UU.; Carlos Andrés Pérez, de Venezuela; José López Portillo, de México; Rodrigo Carazo Odio, de Costa Rica; Omar Torrijos, de Panamá y, naturalmente, el líder principal de todos ellos, Fidel Castro, hayan logrado destruir a Nicaragua.

Antes de tomar el poder, los sandinistas cometieron muchísimos crímenes, no solamente contra miembros del ejército, sino también contra la población civil. Entre sus tácticas guerrilleras estaban apoderarse de una casa, con la familia adentro, después se aseguraban de que llegara el ejército, para ellos disparar desde la casa secuestrada. Una vez establecido el fuego cruzado salían de la casa por detrás y dejaban a la familia adentro con el propósito de que el ejército, durante el fuego cruzado, la matara, de esa forma lograban que los medios de comunicación sacaran la noticia de que el ejército había masacrado a una familia inocente.

Todos esos crímenes cometidos durante estas acciones terroristas, motivó que el pueblo de Nicaragua no les diera su respaldo, más bien los delataban a la Guardia Nacional. Como consecuencia de esas acciones, el presidente Anastasio Somoza Debayle tuvo presos a casi todos los principales jefes sandinistas; pero cometió el error, por las presiones internacionales de los países que respaldaban la Internacional Socialista, de "jugar a la democracia" y los soltó.

El presidente Carter fue el principal responsable de la destrucción de Nicaragua. Irónicamente los sandinistas pusieron un reclamo de diecisiete mil millones de dólares a Estados Unidos en las Cortes de la Haya en concepto de reclamaciones, por los daños que supuestamente realizó la contrarrevolución. Increíblemente, el fallo fue favorable a Nicaragua. En realidad este reclamo debió haber sido por una cantidad superior y ser, más bien, por los daños ocasionados por el presidente Carter, que dicho sea de paso, es considerado el peor presidente en la historia de Estados Unidos.

Los sandinistas, al igual que cualquier izquierda, siempre tenían sus células en las universidades, donde alumnos y profesores cooperaban con ellos. Adoctrinaban a los estudiantes con las teorías marxistas y, por supuesto, les inculcaban que los responsables de la pobreza eran los capitalistas y los estadounidenses, con esto lograron que muchos estudiantes y sacerdotes, incluyendo a muchos de los sacerdotes jesuitas, se les unieran. Los jesuitas desde sus púlpitos respaldaban la revolución en el nombre de los pobres.

Todos los crímenes cometidos por estos terroristas, que se autonombraron sandinistas, eran espeluznantes y por consiguiente aborrecidos por el pueblo de Nicaragua. Sin embargo, la ayuda internacional que recibieron de los países gobernados por presidentes afines a la Internacional Socialista, les permitió tomar el poder al lograr que el presidente de Estados Unidos, bloqueara cualquier ayuda que Nicaragua pudiera recibir. El ejército de Nicaragua se quedó sin municiones para defenderse, el embargo cumplía su propósito. Consecuentemente, el ejército se desbandó y los sandinistas, que recibían sus armas desde Cuba a Panamá y de Panamá a

Costa Rica, tenían la protección y autorización del presidente de EE. UU., Jimmy Carter, para recibirlas.

Son interesantes las declaraciones que han hecho algunos sandinistas, vanagloriándose de que eran menos de mil, cuando entraron victoriosos a tomar a Nicaragua. Los pocos medios o periodistas de derecha, se cansaron de dar informaciones de que los sandinistas eran terroristas, y que no debían recibir el respaldo de Estados Unidos, Venezuela y México. Pero que va, ya la izquierda había seleccionado a Nicaragua y esta debería caer en sus manos a cualquier costo.

Cuando toman el poder, gran parte del pueblo de Nicaragua se les une, como el ganado espantado, que juntos corren destruyendo lo que encuentran a su paso. Todos los que conformaban la Junta de Gobierno, estaban a favor de los crímenes y de los actos terroristas, que los sandinistas efectuaban en nombre de la revolución. Es así que, realmente, gran parte del pueblo se les une y se autodeclaran también sandinistas. El pueblo no logra comprender que ellos serían los primeros en sufrir la miseria, que sufrirán al perder a sus hijos arrebatados, aún siendo menores de edad, para ser enviados a pelear a las montañas de Nicaragua contra la revolución apoyados por el presidente Reagan. Esta unión del pueblo, sucede en cualquier pueblo donde los izquierdistas toman el poder, como más tarde le pasó a Venezuela y le ha pasado a otros países del mundo.

Existe mucho resentimiento entre los nicaragüenses de que algunos miembros de la iniciativa privada, se hayan prestado para que los sandinistas tomaran el poder, y lograran instalar un gobierno de corte marxista, que es lo que hoy día tiene Nicaragua. Muchos tontos o idiotas nicaragüenses, —como los califican en su libro *El regreso del idiota*, Álvaro Vargas Llosa, Carlos Alberto Montaner y Plinio Apuleyo—, decían: "después de Somoza cualquier cosa".

Esa actitud de algunos nicas no fue justa, porque si en algo sí fueron claros los sandinistas, desde que combatían a los Somoza, y por supuesto muchísimo antes de tomar el poder; fue de que eran marxistas-leninistas y de que acabarían con el sistema capitalista y la burguesía nicaragüense. A los sandinistas, hay que reconocerles que siempre que cometían un asesinato, asalto o cualquier acto de terrorismo dejaban, además de su bandera roja y negra del Frente Sandinista, un escrito en el que manifestaban que "eran izquierdistas", y que acabarían con el capital y los elementos productivos del país. Ellos los llamaban "burguesía", en sus comunicados y no mintieron. Fue a algunos miembros del sector privado nicaragüense a quienes no les importó estas acciones con tal de eliminar a los Somoza del mando presidencial. Muchos nicaragüenses han dicho que la revolución fue traicionada, que fueron engañados. Esto es una gran mentira, si algo hay que reconocerle a estos terroristas, es que siempre dijeron la verdad de todo lo que le harían a Nicaragua.

Los sandinistas, tuvieron la suerte de que en Cancún, en el año 1977, se reunieron varios miembros de la Internacional Socialista, entre ellos: José López Portillo, Presidente de México; Carlos Andrés Pérez, Presidente de Venezuela; Omar Torrijos, el hombre fuerte de Panamá; Daniel Oduber, ex-presidente de Costa Rica; Rodrigo Carazo, presidente de Costa Rica; y un representante del Gral. Gaddafi. En esa reunión se discutió la sugerencia de la Internacional Socialista, de que aunque el objetivo principal era tomar El Salvador, se debería apoyar a un pequeño grupo de nicaragüenses que se agrupaban bajo la bandera de Sandino y se entrenaban en Cuba y Rusia.

En esta reunión acordaron entregar al grupo de los sandinistas, quince millones de dólares que pusieron entre López Portillo, Carlos Andrés Pérez y el Gral. Gaddafi. Fidel Castro recomendaba al grupo sandinista, porque estaban dispuestos a realizar actos de terrorismo en Nicaragua, o en cualquier parte que se necesitara y, que además, se debía aprovechar al presidente Carter, y a varios gobiernos socialistas que ayudarían para secuestrar a Nicaragua, país de mucha importancia debido a los lazos de los Somoza con Estados Unidos. Efectivamente, con estos quince millones de dólares, procedieron los sandinistas, con otros nicaragüenses todavía no públicamente identificados con ellos, a recorrer Latinoamérica.

El objetivo principal era comprar a periodistas de los países que les interesaban para que les "hicieran el juego" para desprestigiar a los Somoza. Hay que recordar lo importante que fue, por muchas décadas, la familia Somoza para Estados Unidos. Siempre que existía un problema en América Latina, los Somoza eran los que salían al frente, como se recuerda en el caso de Guatemala, cuando el presidente Arbens, 1946, quiso imponer un régimen comunista, fue desde Nicaragua que se combatió hasta derrocarlo. Otro ejemplo es la invasión a Bahía de Cochinos, en Cuba, la cual también salió de Nicaragua.

Cuando en Chile estaba el presidente Allende instalando un régimen de terror y, por consiguiente, comunista, en Nicaragua se entrenaban muchos militares, sin embargo, en Chile no fue necesaria ninguna participación de

Nicaragua debido a que el presidente Allende se suicidó y el Gral. Pinochet logró salvar a Chile.

Se proponían hacer de Somoza un monstruo y de los sandinistas unos muchachos que peleaban contra el monstruo, y que además no se le diera importancia a las armas que llegaban de Cuba para ensangrentar a Nicaragua. Fue así, como la prensa de muchos países, escondió la verdad acerca de que los sandinistas eran auténticos terroristas, y más bien aplaudían todos sus crímenes, que siempre justificaban. La prensa mundial, incluida la de Nicaragua, les dio un respaldo total, nunca les importó los crímenes y fechorías que estos terroristas hacían, solo publicaban todo aquello que le podía beneficiar al sandinismo. Los terroristas en Nicaragua lograron dos objetivos importantes que les dio mucho prestigio internacional, como fue el crimen que cometieron contra el Dr. José María Castillo, presidente del Banco Nacional de Nicaragua.

El 15 de enero de 2009, el diario *La Estrella de Nicaragua*, publicó la foto y los comentarios sobre el asesinato del Dr. Castillo. Este repudiable hecho se produjo en la casa del Dr. Castillo, gracias a que una de sus pequeñas hijas, a temprana edad, se incorporó al sandinismo. El Dr. Castillo ofrecía en su residencia, el 27 de diciembre de 1974, una cena al embajador de Estados Unidos, cuando entraron varios sandinistas armados con ametralladoras, y lo mataron. Durante toda la noche y hasta el día siguiente, cuando lograron que Somoza les pusiera un avión hacia Cuba, junto a los sandinistas que tenían presos, más cinco millones de dólares, tuvieron a los rehenes; entonces los soltaron y se dirigieron a Cuba. La hija mayor del Dr. Castillo se casó con Lenin Cerda, considerado uno de los más sanguinarios del Frente Sandinista y brazo principal de Daniel Ortega.

El siguiente objetivo importante fue el asalto al Palacio Nacional de Nicaragua, donde secuestraron a más de mil personas. Somoza tuvo que pagarles otros cinco millones de dólares y soltarles a más sandinistas presos. Somoza también fue obligado a publicar en varios periódicos de América Latina, incluyendo los de Nicaragua, las proclamas sandinistas, que en algunas de sus partes decían: "acabaremos con el sistema capitalista, la burguesía y las injusticias del país". Entre los presos que fueron liberados, se encontraban los hermanos Ortega Saavedra, Tomás Borge y muchos más.

Años más tarde, los terroristas de las FARC entrenados en las montañas de Nicaragua, repitieron el mismo asalto en el palacio de Bogotá, Colombia, con la diferencia de que el ejército colombiano mató a todos los que se encontraban en el palacio. Esta acción le pareció aceptable al pueblo colombiano y al mundo, sin embargo, cuando el asalto al palacio de Nicaragua, Somoza, por jugar a la democracia y calmar los ánimos del continente, no actuó y los dejó libres, aceptándoles sus condiciones.

Muchos interesados en justificar los actos de terrorismo cometidos por los sandinistas, señalan que el sandinismo es efecto directo del somocismo. Tal aseveración solo podría tener relativa veracidad, si los sandinistas fueran un movimiento nacionalista, democrático y restaurador de las libertades por las que decían combatir y, por supuesto, no haber instalado un régimen con un tirano a la cabeza. Pero, al ser parte del terrorismo internacional y más bien fichas importantes, para la desestabilización de América Latina en su lucha contra Estados Unidos, no tiene justificación afirmar que el somocismo sea el culpable.

Por eso es inaceptable que un nicaragüense pueda justificar su simpatía, su soporte o su participación con estos izquierdistas, argumentando que fueron engañados. Quienes los han respaldado, en cualquiera de las formas que sea, lo han hecho con premeditada decisión, y son responsables del inmenso daño que le han causado a Nicaragua. Miles de asesinados en el secuestro de Nicaragua, robos en todo el país, y más de ochocientos mil nicaragüenses en el exilio; jamás se podrán justificar, es el acto más cruel, por el que ha pasado la historia de Nicaragua. No se debe olvidar que los sandinistas lograron tomar a Nicaragua, debido a un complot bien organizado por la Internacional Socialista conocida como la IS.

En esa época, la IS era llamada por muchísimas personas la Internacional del Terror. Esta, en violación de todo derecho, intervino en Nicaragua, imponiendo por la fuerza de las armas, que ella misma suministró, el gobierno más cruel, despiadado y antinacionalista en la historia de Nicaragua. Como cualquier otro país tomado por la izquierda, Nicaragua deberá sufrir por muchísimas décadas las consecuencias de estos malditos regímenes.

Cuando los sandinistas logran apoderarse de Nicaragua, le crean al pueblo ilusiones que nunca cumplen, mantienen el cinismo como su mejor estrategia política, el terror como su fuente de represión, el caos como seguridad del control ciudadano. Por lo general, los países que caen en manos de las izquierdas, sufren las consecuencias de estos por más de cien años, son muchísimos países los que pueden dar testimonio.

Nicaragua, a pesar de haber sido una tierra de vigor y gloria, gracias a que el nicaragüense se formó con buenos sentimientos y grandes pensamientos, hoy ha sido llevado a la más ingrata situación.

# La importancia de El Salvador

Es importante conocer que para Rusia y Cuba, el país de mayor importancia en toda América Latina era El Salvador; debido a su pequeño tamaño, con un territorio de solo veinte y tres mil kilómetros cuadrados, pero con una población de más de seis millones de habitantes en 1979. El Salvador es el más poblado por kilómetro cuadrado de Latinoamérica. Militarmente hablando, Rusia y Cuba podrían haber entrenado y desarrollado fácilmente miles de terroristas en un corto período de tiempo, cosa que es más difícil y más costosa de lograr en países con mayor extensión territorial y con menos densidad de población como era el caso de Nicaragua. Con una cantidad tan alta de terroristas listos para actuar en cualquier país, es fácil comprender el porqué de la importancia de El Salvador para Rusia y Cuba.

A Dios gracias, pierde las elecciones el presidente demócrata Jimmy Carter, y gana el que sería considerado uno de los mejores presidentes, no solamente de Estados Unidos, sino también del mundo, el presidente republicano Ronald Regan. Al presidente Regan, desde que toma la presidencia de Estados Unidos, se le ve su claridad de pensamientos y conocimiento del mal que hacen al mundo las izquierdas, por consiguiente, su gobierno hace un giro de 180 grados con respecto al del presidente Carter, y sale a defender la democracia, el sistema capitalista y a ambicionar la paz. De esta forma, no permite que El Salvador caiga en las garras del comunismo, a pesar de los esfuerzos realizados tanto, por el expresidente Carter, como por los miembros de la Internacional Socialista.

Argentina, por ejemplo, desde principios del siglo pasado, dejó de ser "La Gran Argentina" considerada una de las cinco potencias del mundo. Bastó la llegada de la izquierda con Juan Domingo Perón, para que cien años más tarde siga sufriendo sus consecuencias.

El pueblo ruso, al igual que los pueblos de sus países satélites, ha sido uno de los que más ha sufrido bajo un régimen comunista. Más de cuarenta millones de personas fueron asesinadas durante los más de 70 años de gobierno comunista. Vivir en la Unión Soviética era prácticamente vivir dentro de una gran cárcel, de la misma forma que hoy vive el pueblo cubano. La desmotivación del ser humano, el alimento del odio de clases, la lucha contra el capitalismo y los estadounidenses, son siempre condimentos imprescindibles dentro de estos regímenes izquierdistas.

# La época sandinista 1979-1990

Desde que los sandinistas secuestraron el poder en 1979, hasta que supuestamente lo perdieron con las elecciones de 1990, cuando gana la UNO, con doña Violeta viuda de Chamorro al frente, llevaron a Nicaragua de un país próspero, considerado el más desarrollado en muchísimas áreas de Centroamérica, al país más pobre de América Latina, ganándole inclusive a Haití. Además, convirtieron a Nicaragua en el país más endeudado, per cápita, del mundo.

Cuando derrocaron al presidente Somoza en 1979, Nicaragua tenía una deuda externa de solamente mil doscientos millones de dólares. Cuando los sandinistas dejan el poder en 1990, Nicaragua tenía una deuda externa de más de quince mil millones de dólares. Convirtiendo a Nicaragua en el país con mayor deuda externa del mundo, y si a esto le agregamos otros quince mil millones de dólares, aproximadamente, que recibieron de los países comunistas, prácticamente Nicaragua recibió treinta mil millones de dólares en solo diez años.

Si se hubieran dividido treinta mil millones de dólares, entre tres millones de habitantes que tenía el país en esa época, resulta que cada nicaragüense pudiera haber tenido:

*Escuelas cada 2 kilómetros*
*Varios hospitales de primera categoría en cada ciudad*
*Casa propia con aire acondicionado*
*Un automóvil Mercedes Benz para cada familia*
*Y mucho más*

Sin embargo, lo que sí lograron hacer de forma magistral los sandinistas, fue llevar al país de la pobreza a la miseria, y hacer que se refugiaran más de ochocientas mil personas en diversos países. En Nicaragua, durante los diez años del primer término que gobernaron con todos los poderes, no se realizó ninguna infraestructura, no hubo ningún desarrollo agrícola o ganadero, más bien, por el contrario, estos fueron destruidos a un nivel impresionante.

En una publicación de *El Nuevo Herald*, del 4 de abril de 1985, se puede leer la defensa que hace el presidente Reagan de su política de combatir a los sandinistas. En dicho artículo, el presidente, muy diplomáticamente, dijo en su entrevista, que "la gente que va allí y vuelve con opiniones favorables a ese gobierno totalitario, es porque no va a los países vecinos a hablar con los nicaragüenses refugiados".

Naturalmente, Reagan se refería a los demócratas, que no solo lo atacaban, a pesar de la destrucción que había hecho el presidente Carter, sino que también les daban total respaldo a los sandinistas aun viendo los resultados del desastre sandinista. En realidad, Nicaragua pasó de ser un país pobre, a un país en la miseria. Lograron hasta destruir las tierras más fértiles del país, por no cultivarlas. Cuando un terreno agrícola pasa muchos años sin cultivarse, esta se apelmaza, consecuentemente las semillas no crecen con buenos resultados, para componer esto hay que subsolarlas, lo que costaba cientos de millones de dólares, que el país no disponía.

Durante la época de los diez años de sandinismo, hubo escasez de toda clase de productos, de tal forma, que las amas de casa mantenían en sus autos bolsas plásticas vacías con el objeto de que cuando oyeran decir que "había leche o salsa de tomate", por ejemplo, llevar su bolsa para que se la llenaran. Otra cosa que causó repugnancia en la sociedad nicaragüense fue la prostitución de niñas de 10 años en adelante. La miseria y la humillación sufrida por los nicaragüenses han sido impactantes.

La desgracia de Nicaragua la tendrá que sufrir el pueblo por muchas más décadas, para el 2010 ya tiene 31 años de estar secuestrado el país. La educación que los sandinistas enseñan en las escuelas públicas es contra el sistema capitalista y los estadounidenses. Cada niño está creciendo convencido de que el sistema capitalista y los estadounidenses son los culpables de la situación de pobreza en que viven.

Los informes del Banco Mundial indican que Nicaragua tenía un ingreso per cápita en 1977 de 1 569.00 dólares, y en 1990 cuando entregan el poder los sandinistas, este era únicamente de 280 dólares. Para el año 2006, con solo el control de la presidencia, se logró llegar a un poco menos de mil dólares, pero desgraciadamente todos los demás poderes se mantienen controlados por los sandinistas.

Después de julio de 1979, el país se hundió en la pobreza más profunda, de tal forma que ningún gobierno posterior al sandinismo ha podido solucionar, debido a que los principales poderes como son el Judicial, el ejército, el Poder Electoral, la Asamblea y otras instituciones importantes del gobierno están secuestrados. Ellos saben que de esa manera mantienen controlado el país, podrán perder la presidencia, pero nunca esos poderes, para así gobernar como lo dijo Daniel Ortega "desde abajo".

En 1990, cuando doña Violeta gana las elecciones, encontró a Nicaragua convertida en un país completamente destruido y en ruina total. En ese momento regresan decenas de miles de nicaragüenses de los más de ochocientos mil que salieron al exilio durante la época sandinista, de 1979 y 1990. Ningún terremoto, huracán, guerra o desgracia acontecida sobre Nicaragua, incluyendo la época de William Woker, se puede comparar con la destrucción, el sufrimiento y la miseria dejada por los diez años de sandinismo. Lo triste es que al tener secuestrado los principales poderes del Estado, el sufrimiento del pueblo de Nicaragua se prolongará por muchas décadas más.

Los sandinistas, durante la década en que controlaron totalmente Nicaragua, despilfarraban el dinero a lo grande, tanto dentro de Nicaragua como en sus viajes por Europa. El champán, los vinos, los finos licores, los hoteles de primera y sobre todo una corte de varios acompañantes, fueron la tradición durante su época, mientras tanto, el pueblo vivía la peor miseria que registra su historia.

La conducta tirana de Daniel Ortega sobre el pueblo de Nicaragua, no solamente lo llevó a atropellar, robar y asesinar a nicaragüenses inocentes, sino que también cometió actos salvajes dentro de su propia familia, como fueron las acusaciones que hizo su propia hijastra Zoilamérica.

Su hijastra, puso en diferentes juzgados una acusación por la violación de que fue objeto por más de 20 años, desde que tenía la temprana edad de 11 años; cuando perdió su virginidad en las garras del canalla Ortega. Las bajezas más espantosas que se puedan hacer a una pequeña niña, quien por temor se vio obligada a mantener en silencio el criminal acto por largos años, hasta que su médico psiquiatra la convenció de que pusiera judicialmente sus denuncias. En los diferentes juzgados de Managua, el 22 de mayo de 1998, se introdujeron las denuncias de Zoilamérica; sin embargo, la justicia nicaragüense, por estar secuestrada por los sandinistas, no le dio cabida a su demanda. Posteriormente su médico fue asesinado, y nunca se ha esclarecido su muerte. Zoilamérica, también presentó su demanda ante la OEA, los Derechos Humanos y varias instituciones más, que lamentablemente tampoco ejercen justicia contra semejante criminal. Este caso salió en todos los diarios del mundo, pueden leerlo hasta en España, en *El País* de Madrid, de fecha 29-06-08.

# Daniel no necesita ser presidente

Alonso Luna Doña, periodista sandinista, escribió para *El Nuevo Diario* de Nicaragua el 1.º de febrero de 2005 (antes de que anunciara que aspiraría nuevamente a la presidencia) que es necesario enumerar seis tesis básicas, que sirvan de referencia para comprender por qué dijo Daniel Ortega, cuando perdió la presidencia contra doña Violeta, "gobernaremos desde abajo cuando no tengamos la presidencia". El periodista Alonso Luna en sus afirmaciones expresadas en diferentes diarios afirma que se ajusta al realismo político que practica el expresidente de Nicaragua y Secretario General del Frente Sandinista, comandante Daniel Ortega Saavedra. A continuación la exposición del periodista Luna y las observaciones que hago a sus tesis:

*Tesis No. 1: Los sandinistas cuando perdieron las elecciones contra doña Violeta Chamorro, particularmente su líder Daniel Ortega, dijeron en 1990 que "gobernarían desde abajo".*

Eso lo han cumplido fielmente, la práctica así lo demuestra. Por ello, en otras ocasiones afirmé que los sandinistas habían "ganado-perdiendo" en diferentes procesos electorales.

## Observaciones a la Tesis N.º 1

Tiene razón al afirmar el periodista de *El Nuevo Diario*, que los sandinistas "gobiernan desde abajo" tal como lo afirmó el mismo Daniel Ortega en varias ocasiones, esto es debido, principalmente, a dos razones básicas:

La amnistía e indulto que les aceptó doña Violeta, cuando ganó la presidencia y al criminal pacto que realizó con ellos Arnoldo Alemán, líder del Partido Liberal, cuando fue presidente de Nicaragua.

El gravísimo error de doña Violeta de haberlos dejado con su ejército, cuando el presidente Bush le comunicó, por medio del agregado militar de la embajada, que tanto la Unión Europea como EE. UU., estaban dispuestos a respaldarla, para que eliminara el ejército, pero ella no quiso y más bien dijo que ella lo arreglaría.

Sigue diciendo el periodista de *EL Nuevo Diario*:

*Tesis N.º 2: El personaje político nicaragüense que tiene, concentra y administra de mejor manera los factores o instrumentos de poder básicos (dinero, conocimiento, carisma, elocuencia, fuerza y organización), es Daniel Ortega. A esta fortaleza, se le agrega, un excelente manejo de su imagen pública, enviando mensajes de acuerdo a las circunstancias y sector de interés específicos.*

## Observaciones a la Tesis N.º 2

Aquí olvida el periodista que una de las cualidades que tienen las izquierdas de cualquier parte del mundo, es el cinismo, que caracteriza muy afinadamente los miembros del Frente Sandinista y, en especial, a su comandante Daniel Ortega. Los nicaragüenses mantenemos presente que como no importan los crímenes y robos, así como la violación cometida a su hijastra desde los 11 años, ya que él logra burlar la justicia, porque él mismo la controla.

Sigue diciendo el periodista de *El Nuevo Diario*:

*Tesis N.º 3: Históricamente los sandinistas han demostrado inteligencia y oportunismo político para generar alianzas tácticas y estratégicas, cuyos resultados lo han acercado al control real, relativo y casi absoluto del poder (en determinados momentos), en correspondencia con sus posibilidades y las realidades derivadas del espectro político nacional.*

## Observaciones a la Tesis N.º 3

Si doña Violeta no hubiera aceptado la amnistía e indulto que ellos se otorgaron, como lo esperaban los nicaragüenses y la comunidad internacional, así como no permitirles quedarse con lo que habían robado, es seguro que estarían liquidados como partido. Además, doña Violeta comete otro gran error al entregarles, en nombre de la paz, millones de dólares recibidos de los países amigos de Nicaragua. Es fácil, como dice el periodista: "demostrar inteligencia y oportunismo político" para generar alianzas estratégicas con algunos adversarios corruptos, como lo fue el expresidente Arnoldo Alemán, que les dio más poder del que ya les había dado doña Violeta Chamorro y su yerno Antonio (Toño) Lacayo.

*Tesis N.º 4: El partido político que ha demostrado mayor capacidad de adaptación al juego democrático en Nicaragua, es el sandinismo. Posee y controla con destreza y habilidades comprobadas, las tres caras del poder: de iniciativa, de veto (o barreras en contra de las iniciativas de la otra parte) y poder de cooptación para formar o influenciar la conciencia de las masas en función de sus propósitos político-partidarios.*

Ejemplo clásico de esto fue que por la falta de tacto, soberbia y prepotencia imperial y del propio presidente Bolaños, es que se dio y fortaleció las alianzas entre el Partido Liberal (PLC) y el FSLN, hasta llegar a los acuerdos tripartitos firmados el 12 de enero de 2005.

## Observaciones a la Tesis N.º 4

Nicaragua se encuentra secuestrada desde 1979 cuando tomaron el poder; consecuentemente demostrar mayor capacidad de adaptación al juego democrático nicaragüense como afirma el periodista, no es válido. A cualquier persona o país secuestrado no le queda más remedio que aceptar las imposiciones de sus secuestradores. Obsérvese a Rusia, con más de setenta y cinco años; a Cuba, con más de cincuenta años y a la misma Nicaragua, con más de treinta años. Si Nicaragua no estuviera secuestrada, estoy seguro de que no existiría el sandinismo. Los liberales corruptos, que más bien deberían ser llamados "liberales sandinistas", pactaron por prebendas que recibieron de los sandinistas. Ellos se han amparado en la teoría de la alterna habilidad en el poder, en el "equilibrio de las fuerzas" en los distintos poderes del Estado, reformando la Constitución y creando un sistema de gobierno parlamentario. Eso es irreversible, independientemente de los acuerdos firmados recientemente con el presidente Bolaños (2001-2006).

Efectivamente, entre los acuerdos del Frente Sandinista con los liberales sandinistas liderados por el expresidente Alemán, consiguieron, para que los sandinistas pudieran ganar la presidencia, bajar de un 45 a un 35% la cantidad de votos requeridos. En todas las encuestas salía que los sandinistas nunca llegarían a obtener más de un 32% de los votos. Ese fue el momento en que los sandinistas con "liberales/sandinistas" robaron las elecciones del futuro y, lamentablemente, ni la oposición y mucho menos el pueblo, llegaron a comprender su significado. Lamentablemente, por la ingenuidad y la poca experiencia política del nicaragüense, y por la idiotez de muchos, no se logró advertir lo que

significaba esa nueva ley. En muchos países del mundo, las protestas con manifestaciones, huelgas, etc. no les hubieran permitido pasar semejante fraude.
Continúa diciendo el periodista de *El Nuevo Diario*:

> *Tesis N.° 5: La teoría moderna de resolución de conflictos o crisis cer-*
> *tifica que hay tres fórmulas para resolverlos:*
> *Ganar-ganar, ganar-perder y perder-ganar. Es basado en estos princi-*
> *pios que las fuerzas políticas mayoritarias del país (el PLC "Partido*
> *Liberal Constitucionalista" y el FSLN) se han unido y han avanzado*
> *de manera acelerada.*

En síntesis, los sandinistas tienen el poder real en Nicaragua, han recuperado y consolidado su relación con la alta jerarquía de la Iglesia Católica
y sus vínculos con grupos económicos de poder, relevantes en el país.

## Observaciones a la Tesis N.° 5

Efectivamente, han consolidado el poder al apoderarse nuevamente de
la presidencia. Además han logrado, a gran velocidad, crear una unión con
todos los países izquierdistas y que por supuesto son enemigos de Estados
Unidos. Apoyan a organizaciones de secuestradores y criminales como es la
organización terrorista de las FARC de Colombia, están al lado de Irán, no
importándoles el peligro mundial que significa ese país.

Sigue diciendo el periodista:

> *Tesis N.° 6: "No obstante, siguen teniendo en su contra a parte de los*
> *grupos económicos nacionales poderosos. Siguen "satanizados" por*
> *el gobierno de Estados Unidos que a su vez influye y decide el actuar*
> *de los organismos financieros multilaterales y también determinan la*
> *posición de diversos países y organismos internacionales". Termina*
> *diciendo el periodista de El Nuevo Diario "Por ello afirmo que por*
> *lo menos en las actuales condiciones socio-políticas y económicas*
> *nacionales e internacionales, Daniel, en cuanto representante del*
> *sandinismo, no puede, no quiere y no necesita ser presidente de*
> *Nicaragua. Daniel gobierna desde abajo y por arriba, en medio y a los la-*
> *dos, influyendo y decidiendo en los aspectos totales de la vida nacional".*

## Observaciones a la Tesis N.º 6

Es interesante este artículo de *El Nuevo Diario* porque refleja los pensamientos sandinistas y la realidad de Nicaragua que se encontrará secuestrada por muchísimas décadas más. Si el PRI en México, que nunca fue tan perverso, destructivo y ladrón como han sido los sandinistas, se mantuvo más de setenta años en el poder, los sandinistas podrán, al paso que vamos los nicaragüenses, superar los cien años en el poder. Solamente quitándoles sus dos principales brazos, el ejército y el Poder Judicial es que el sufrimiento de los nicaragüenses no superará los cien años. Un movimiento armado en las condiciones en que se encuentra Nicaragua y el mundo, es prácticamente imposible, por medio del voto, tampoco será posible, porque pueden perder la presidencia, pero mientras tengan el ejército y la Corte Suprema de Justicia, seguirán teniendo el control de Nicaragua; además no dejarán de robar en las elecciones. Rescatar a los nicaragüenses de su secuestro, es casi imposible, sobre todo como lo escribieron en su libro *El Regreso del Idiota*, Vargas Llosa, Carlos Alberto Montaner y Plinio Apuleyo; hay muchos idiotas y tontos útiles en los países que gobiernan esta clase de indeseables.

Resumiendo, podemos decir que los sandinistas lograron en su primera etapa de 1979 a 1990 lo siguiente:

*Secuestrar al país por las armas con la ayuda de gobiernos izquierdistas, como el de Jimmy Carter de USA., Fidel Castro de Cuba, Carlos Andrés Pérez de Venezuela, López Portillo de México, Carazo Odio de Costa Rica, Omar Torrijos de Panamá, Felipe González de España, Gral. Gaddafi de Libia y de Rusia con todos sus aliados.*

*Lograron sembrar el odio entre los nicaragüenses, incluyendo dentro de las propias familias.*
*Suprimieron las libertades, y un pueblo sin libertad es un pueblo sumiso.*

*Implementaron la corrupción a todos los niveles, desde entonces Nicaragua ha quedado como uno de los países más corruptos de América Latina.*

*Consiguieron que Nicaragua pasara de ser un país pobre a ser un país miserable.*

*La comida, las medicinas y todo lo necesario para una vida normal, simplemente desaparecieron, entrando el nicaragüense a la peor época jamás vivida en su historia, durante los famosos primeros 10 años de sandinismo.*

*Establecieron los Comités de Barrios con el control ciudadano, manzana por manzana para mantener atemorizada a la población.*

*La tortura, la muerte, acechó terriblemente en el país durante la década de los ochenta.*

*El cinismo fue la característica más importante desarrollada por el sandinismo, logrando perfeccionarlo al igual que lo hace cualquier izquierdista.*

*Abrieron las fronteras para recibir a internacionalistas criminales que se refugiaron en Nicaragua, donde muchos de ellos recibieron entrenamiento en las montañas para después regresar como guerrilleros a sus países.*

*Dieron entrenamiento en las montañas de Nicaragua a la temible organización criminal de las FARC de Colombia y al FMLN de El Salvador.*

*Trataron de derrocar la democracia en El Salvador aprovechándose del soporte que daba el presidente Carter y todos los presidentes de izquierda para destruir ese país y poner un régimen de izquierda igual al de Nicaragua. No pudieron destruir El Salvador gracias a que Carter perdió las elecciones que las ganó el presidente Ronald Reagan, quien estaba muy seguro del peligro que significaba para el mundo el terrorismo escondido en las garras del comunismo.*

*Más de ochocientas mil personas salieron de Nicaragua, exilándose principalmente entre los países fronterizos, Honduras y Costa Rica, una cantidad superior a los trescientos mil llegaron a Estados Unidos con fuerte presencia en Miami, Florida.*

Como consecuencia de todo este desastre, Nicaragua sufre una guerra producida por la contrarrevolución donde mueren entre sandinistas y libertadores apoyados por el gran presidente Reagan, más de veinte mil personas, la mayoría de ellos asesinados por el Frente Sandinista, por considerar que algunos campesinos apoyaban a la contrarrevolución. Los datos exactos de los muertos, los sandinistas nunca los han querido mostrar, sin embargo fuentes de ellos mismos, anónimamente informaron que fueron más de veinte mil los muertos.

Los sandinistas con los arreglos que aparentemente realizaron con doña Violeta y su yerno Antonio Lacayo, aprovecharon para saquear el país y muchos de ellos lograron enriquecerse a niveles nunca antes vistos en Nicaragua. A este robo del sandinismo se le llamó "la piñata", y se quedaron con bancos, industrias, las mejores tierras agrícolas y ganaderas, el comercio, los edificios y los mejores terrenos de la capital.

Lamentablemente, doña Violeta, en nombre de la "paz", no anuló los decretos que se habían recetado los sandinistas de amnistía e indulto, por todos los crímenes y robos cometidos. El pueblo de Nicaragua no advirtió lo que significaban estas acciones de doña Violeta y menos aún, logró entender que esos indultos o amnistías significaban dejar secuestrada a Nicaragua por más de cien años.

## Los sandinistas se roban el país

Sin importarles el respeto a la propiedad, al ser humano, a los derechos humanos, los sandinistas se robaban cuantas casas, haciendas, ganado, maquinaria, industrias, comercio, bancos, etc., simplemente a base de terror sacaban a sus legítimos dueños de sus propiedades, hubo muchos que por no abandonarlas los asesinaron o bien los pusieron en prisión. Se podría decir, sin temor a equivocaciones, que el robo sandinista fue de proporciones gigantes y prácticamente robaron todas las propiedades que quisieron. Para perfeccionar sus robos fueron al Registro Público de la Propiedad y arrancaron las páginas de muchas de las propiedades robadas y procedieron a registrar nuevos asientos con sus nombres, lo que 30 años después sigue causando grandes problemas.

En la nueva era sandinista (2007 al 2012), donde vuelven a controlar la presidencia, utilizan nuevos métodos para apropiarse de las propiedades, esto lo hacen con la "ley en la mano", inventan impuestos o alguna infracción de la propiedad que desean, el gobierno procede a intervenirla, y después la sale comprando el sandinista favorecido.

Inversiones de estadounidenses que compraron propiedades para desarrollos de playas y de otras actividades, durante los períodos presidenciales de doña Violeta Chamorro, Dr. Arnoldo Alemán y Enrique Bolaños, también se las han robado, simplemente estudian el camino legal y conveniente para proceder con el robo.

Algunos ciudadanos nicaragüense-estadounidenses que les han ofrecido bonos por sus propiedades y estos no lo han aceptado, proceden, cuando se enamoran de esa propiedad, a amenazar a sus legítimos dueños; les recuerdan que tienen hijos, nietos o alguna actividad de mayor importancia en el país que pudieran salir perjudicados. ¿Existen "derechos humanos" en contra de la izquierda? No. ¿Existe alguna institución en el mundo donde acepten y tramiten algo contra los izquierdistas? No. ¿Dónde está el famoso juez español Baltasar que ha perseguido injustamente a defensores de sus patrias como lo fueron el Gral. Pinochet y el generalísimo Francisco Franco? Ambos salvaron sus países de la izquierda. Por qué no actúa contra ningún izquierdista de los que han cometido miles de asesinatos injustos como han sido los casos de Cuba y Nicaragua para no hablar de más países. ¿Dónde está ese hipócrita de Baltasar?

Esta indolencia mundial o simplemente **"los idiotas"** o **"los tontos útiles"** están acabando con el mundo al darles su respaldo, "sus votos" a cualquier izquierdista que lo que desea es secuestrar a su país. El heroico pueblo de Honduras deberá por siempre ser admirado mundialmente por haberse opuesto a las pretensiones del izquierdista presidente de ese país Manuel Zelaya. El presidente que lo sustituyó Roberto Micheletti pasará a la historia como un héroe, como un hombre ejemplar y de firmes convicciones en su lucha contra la izquierda, a pesar de haber sido atacado por todos los países del mundo, incluido Estados Unidos y la comunidad Europea.

La lucha contra el capital, la lucha contra los estadounidenses es mundial y lamentablemente no se detiene. Cada día al haber más hombres que fomenten las izquierdas, los enemigos de la humanidad se reproducirán como cucarachas en un basurero.

El mundo perderá sus avances logrados, retrocederá. En la injusticia, solamente hay desasosiego, intranquilidad, asesinatos, cárceles y naturalmente, más hambre. Hoy la izquierda unida bajo los lemas de socialistas, luchan por construir un gobierno mundial socialista, donde todas las naciones sean controladas por una cúpula que dirija el nuevo mundo de igualdad sin capitalismo. Parecieran ciencia ficción estas pretensiones de los socialistas, sin embargo están trabajando para lograrlo poco a poco.

Nicaragua será auténticamente liberada el día en que el nicaragüense llegue a comprender que el país no necesita ejército, que el supergasto que representa el ejército debe ser invertido en la educación del pueblo; y los sandinistas al no tener el respaldo del ejército, perderán todos sus poderes.

En ese momento iniciaremos nuestra verdadera revolución social para lograr lo bueno, no lo malo que es lo que siempre han buscado las izquierdas. En Nicaragua, sin ejército, tendríamos de inmediato, "seguridad jurídica" pieza clave para el verdadero desarrollo del país. Nicaragua, a partir del momento en que no tenga ejército, tendría políticos sanos, un Estado de Derecho con instituciones confiables y, sobre todo, eficientes. En otras palabras, saldríamos de nuestra miseria y de nuestra condena a sufrir por muchas y largas décadas, cuando el propio sufrimiento de varias generaciones llegue a demostrar que nuestro país no necesita de un ejército.

# Es imprescindible cambiar
## el ejército por escuelas

El diario *La Prensa,* de Nicaragua, el día 21 de abril de 2010, publicó varias fotos de las agresiones de las turbas sandinistas contra la población. Bajo titulares como "policía y ejército Cómplices de las Turbas", las fotos demuestran la complacencia de la policía y el ejército con las turbas sandinistas. Las turbas sandinistas, con la complacencia de la policía y el ejército, atacaron a miembros de la Asamblea Legislativa en el hotel Holiday Inn. No pudiéndose reunir en el local de la Asamblea, por estar las turbas impidiendo el acceso a dicho centro, se fueron a reunir al hotel Holiday Inn, donde las turbas llegaron posteriormente. Dirigiendo las turbas se encontraba Rafael Solís, presidente de la Corte Suprema de Justicia, quien quería evitar ser sustituido, tanto él como el resto de los magistrados sandinistas, a la orden de Daniel Ortega y sus cómplices. El período por el cual fueron electos venció y la oposición al sandinismo quería evitar que siguieran en dicha Corte realizando robos y atrocidades contra la justicia. A todos ellos se les venció el período de cinco años, dos o tres veces ya renovados, sin embargo al no aceptar la Asamblea volverlos a confirmar, Ortega, violando la Constitución del país, envió un decreto presidencial para que se mantuvieran en sus puestos.

El pueblo nicaragüense, así como miembros del cuerpo diplomático acreditados en Nicaragua, pudieron constatar la complacencia de la policía y el ejército en los ataques que las turbas hicieron a los miembros de la Asamblea donde fueron heridos muchos de ellos. Los huéspedes del hotel salieron huyendo con diferentes destinos, algunos de ellos, directamente al aeropuerto internacional para tomar el primer vuelo disponible. Estas acciones de la policía en complicidad con el ejército demuestran que el sandinismo se sustenta por el respaldo que tienen de esas instituciones. En otras palabras, los sandinistas tienen apoyo para realizar toda clase de atropellos a la población sin ninguna posibilidad de defensa o de justicia. Ojalá que algún día el nicaragüense pueda llegar a comprender que la única forma de liberarse del secuestro en que nos encontramos, es sustituyendo al ejército por escuelas.

*El Nuevo Herald,* del 22 febrero de 1986, publicó un artículo sobre el presidente Reagan durante su visita a Granada. Entre otras palabras dijo el presidente, que en la causa de la libertad, todos los países debemos estar juntos, y si lo hacemos podremos ayudar a la liberación de Nicaragua. Lamentablemente, cuando el gobierno del presidente George Bush I, le ofreció a doña Violeta de Chamorro, quien había ganado las elecciones, que EE. UU.., conjuntamente con la Comunidad Europea, la respaldaban para que eliminara el ejército sandinista, ella se opuso, alegando que ella controlaría la situación. Muchos piensan que Antonio Lacayo su yerno, con alguna de sus hijas, Carlos Andrés Pérez y Óscar Arias, estuvieron de acuerdo con ella para que tomara esa decisión.

El presidente Reagan fue un verdadero luchador por la liberación de Nicaragua, él comprendió el daño que significaba para el país y la región de Latinoamérica, dejar a los sandinistas con poder. Lamentablemente, además del error de doña Violeta muchos nicaragüenses no alcanzaron a comprender lo que significaba, que los sandinistas se quedaran con su ejército y, por consiguiente, con el control de la policía.

Posiblemente si en su momento el nicaragüense hubiera llegado a comprender lo que significaba esa terrible decisión de doña Violeta, hubiera luchado para que el ejército no fuera aceptado en la nueva Nicaragua. Los sandinistas estaban derrotados, y tenían que aceptar que un nuevo ejército sin sandinistas se tenía que formar en Nicaragua, entonces el mundo entero hubiera respaldado esa decisión.

Los sandinistas seguirán utilizando lo que se llama en buen español, el "terrorismo de estado", aprovechándose del nicaragüense inocente que no se da cuenta del peligro que los acecha bajo el yugo sandinista. Nicaragua ha sido saqueada por ellos, consecuentemente la vida del nicaragüense se volverá mediocre, no importa cuánto dinero tengan, día a día, sin darse cuenta, seguirán empobreciéndose, porque esto es una condición *sine qua non*, que las izquierdas deben lograr para mantenerse en el poder.

# Capítulo IV

## Los cínicos y su responsabilidad en América Latina

Jimmy Carter, presidente de Estados Unidos; Carlos Andrés Pérez, presidente de Venezuela; José López Portillo, presidente de México; Rodrigo Carazo Odio, presidente de Costa Rica; Felipe González, presidente de España; Omar Torrijos, el hombre fuerte de Panamá; Fidel Castro, tirano de la isla de Cuba. Este grupo de presidentes, conjuntamente con los medios de comunicación, fueron los responsables de ensangrentar a Nicaragua, y dejarla secuestrada por varias décadas, por el grupo terrorista conocido como Frente Sandinista de Liberación Nacional (FSLN). Todos ellos sabían que los sandinistas eran terroristas entrenados en Cuba y Rusia, que su doctrina y compromiso era instaurar la izquierda, el comunismo, en Nicaragua y extenderlo a otros países del continente latinoamericano. Consecuentemente, los sandinistas estaban preparados para realizar cualquier tipo de acción, como en efecto lo hicieron, al utilizar las montañas de Nicaragua para darle entrenamiento a los guerrilleros de las FARC de Colombia y del FMLN de El Salvador.

Como acción inmediata empezaron a enseñar en las escuelas nicaragüenses, que los capitalistas y estadounidenses eran los "enemigos de la humanidad". En todas las radios de la República era obligación tocar varias veces al día, el himno sandinista, el que en su parte más importante dice: "luchemos contra el gringo, enemigo de la humanidad".

Al grupo de los cínicos, la historia los tendrá que marcar por el deliberado daño que le hicieron a la seguridad del continente americano. Son responsables de la tragedia del pueblo de Nicaragua y de los próximos países que caigan como es ahora el caso de Venezuela, Bolivia, Ecuador y posiblemente Honduras, si es que la comunidad internacional continúa en sus esfuerzos por destruir su democracia, dirigidos por José Miguel Insulza de la OEA.

El presidente Carter es también responsable de las desgracias del Medio Oriente, al haber entregado el poder a los musulmanes extremistas de izquierda, enemigos de Estados Unidos, cuando propició el derrocamiento al Shah de Irán, el 11 de febrero de 1979. El Shah de Irán era el balance que tenían Estados Unidos y Europa en esa conflictiva y difícil área. El Shah de Irán poco a poco iba cambiando a su pueblo a la cultura Europea. Como resultado de la acción del presidente Carter, Estados Unidos y Europa perdieron el balance que tenían en esa zona y, desde entonces, se convirtió en una región de conflictos que finalmente se ha degenerado en guerras con la participación de Estados Unidos y algunos otros países europeos. Irán sigue siendo una de las principales preocupaciones en el mundo, por propiciar el terrorismo a nivel mundial y estar trabajando en el desarrollo de bombas nucleares. Irán ha jurado hacer desaparecer del mapa a Israel.

Al igual que el Gral. Somoza, el Shah de Irán fue un fiel colaborador de Estados Unidos, y a ambos se les dijo que se les daría asilo en Estados Unidos, sin embargo, una vez en suelo estadounidense, el presidente Carter procedió a sacarlos del país. El Gral. Somoza antes de ser asesinado logró publicar su libro: *Nicaragua traicionada,* el cual vale la pena leer para conocer los detalles de la traición y cómo actuaron los Demócratas al mando del presidente Carter.

A Carter no le importó que el Shah de Irán se encontrara muy enfermo de cáncer, y que el Gral. Somoza no tuviera a dónde ir; a ambos les dio 24 horas para salir de Estados Unidos. El Gral. Somoza se vio obligado a rentar un yate, para gestionar desde aguas internacionales hacia dónde se podía dirigir. Finalmente, seleccionó el Paraguay, donde meses más tarde un comando sandinista, compuesto por tupamaros y argentinos, lo asesinó en 1980. El Shah murió en Egipto el 27 de julio de 1980, después de peregrinar por Panamá y varios otros países del mundo.

Los lectores recordarán como Costa Rica, con Panamá, Venezuela y México, dieron apoyo incondicional al grupo terrorista de los sandinistas.

Estos países cooperaron con los sandinistas en sus robos, asesinatos y, en fin, en todo aquello que les ayudara a tomar el poder; lo importante era eliminar a Somoza, el hombre de confianza de los estadounidenses y acérrimo enemigo de los comunistas.

Muchos costarricenses y nicaragüenses recordarán que la hacienda La Lucha, del expresidente de Costa Rica, José Figueres (q. e. p. d), además de servir de entrenamiento a las izquierdas, de allí salió el grupo que asaltó y secuestró a más de mil personas en el Palacio Nacional de Nicaragua. Como consecuencia de ese secuestro, el presidente Somoza se vio obligado a entregarles cinco millones de dólares y a publicar en todos los diarios de América Latina el manifiesto de los sandinistas. También fue obligado a sacar de las cárceles a los jefes sandinistas que tenía presos, todos ellos salieron en buses custodiados por el entonces arzobispo de Nicaragua, Miguel Obando y Bravo, con destino a Cuba, donde los esperaba su jefe, Fidel Castro.

En Costa Rica, los sandinistas caminaban por las calles con el respaldo de los costarricenses, ocuparon su suelo como el santuario de protección para realizar todas sus fechorías en Nicaragua, el botín de los asaltos realizados a bancos, lo invertían allí en empresas comerciales, empresas agrícolas, etc.

Una vez que tomaron el poder, los sandinistas pagaron millones de dólares a muchos costarricenses por su cooperación, entre ellos al expresidente Rodrigo Carazo, que recibía el dinero a través de su hijo que posteriormente murió en un accidente. Para Costa Rica era importante la destrucción de Nicaragua, porque de esa forma lograrían tomar de inmediato el liderazgo centroamericano como en efecto sucedió. Durante las épocas de los Somoza les fue imposible a los costarricenses tener el liderazgo, porque Nicaragua se mantenía como el país más próspero y desarrollado de la región. A Nicaragua se le llamaba antes de la revolución, el granero centroamericano.

Costa Rica se benefició a lo grande al secuestrar los sandinistas a Nicaragua porque, de la noche a la mañana, lograron adherir a sus negocios las necesidades de más de tres millones de nicaragüenses. Este fenómeno hace de Costa Rica, en un corto período, el país más próspero y desarrollado de la región; los nicaragüenses no advierten que la desgracia de ellos, era casualmente la suerte para Costa Rica. Los sandinistas les permitieron a los costarricenses llevarse ganado, oro, autos, maquinaria de construcción y muchas más cosas que los nicas habían tenido que abandonar al tomar los sandinistas el poder.

Cuando el presidente Ronald Reagan, de Estados Unidos, decretó el embargo contra Nicaragua para salvarlos del comunismo, Costa Rica no cooperó y, más bien, se convirtió en el principal proveedor de Nicaragua, logrando los costarricenses hacer grandes fortunas a causa de la desgracia de los nicaragüenses. Nicaragua, no solamente fue destruida principalmente por esos países supuestamente "amigos" de los nicaragüenses, si no que durante los diez primeros años, que tuvieron secuestrada a Nicaragua, los gobiernos y parte de la prensa de esos países, los seguían respaldando y protegiéndolos para evitar que el nuevo presidente de Estados Unidos, Ronald Reagan salvara a Nicaragua de estos enemigos de la libertad.

Fue increíble el respaldo de esos países refugiados en la Internacional Socialista, a los que muchos llaman la Internacional del Terror. Los países controlados por ellos como eran Costa Rica, Venezuela, Panamá, México, España y otros más de todo el mundo, todos a la vez, orquestadamente, atacaban cualquier intento de liberación de Nicaragua por parte de la contrarrevolución apoyada por el presidente Reagan.

Es más, le concedieron el Premio Nobel de la Paz al presidente de Costa Rica, Óscar Arias, feroz defensor de los sandinistas, por la supuesta "paz" lograda en Centroamérica; mentira falaz y muy perjudicial porque contribuyó a dejar a Nicaragua secuestrada, aun después de la supuesta primera era sandinista (1979-1990). Los sandinistas continuarán gobernando el país por muchísimas décadas, ellos mantendrán el control total del ejército y de los principales poderes.

Cuando en 1990 perdieron la presidencia les dijeron a los medios de comunicación, "gobernaremos desde abajo"; la pérdida de la presidencia no significa que perdamos el control del país. Nadie se imaginó que estas palabras de los sandinistas, "gobernaremos desde abajo", eran parte del pacto que, seguramente, habían hecho con el futuro primer ministro de doña Violeta Chamorro, su yerno Antonio Lacayo.

Doña Violeta les concedió amnistía, les permitió que su ejército se mantuviera sandinista y que la policía se construyera bajo la dirección de ellos. Les acepta a los sandinistas que todo lo que se habían robado, no regresaría a sus legítimos dueños, a quienes ofrece bonos a largo plazo para así compensarlos de sus pérdidas. Además les acepta que se queden con industrias, bancos, etc., que estaban en poder del gobierno, es decir convierten a Nicaragua en una verdadera piñata. Piñata, es una expresión nicaragüense utilizada en cumpleaños de niños donde del recipiente que quiebran salen dulces, los niños se tiran sobre ellos para agarrar lo más que puedan.

En 1990 los sandinistas perdieron las elecciones porque fueron forzados a darlas por la presión de la contrarrevolución apoyada por los republicanos de Estados Unidos. Lamentablemente, los demócratas en el Congreso de Estados Unidos junto a los países controlados por la Internacional Socialista, se oponían al presidente Reagan en su apoyo de liberar a Nicaragua, como consecuencia de esto, la contra no logró llegar hasta Managua y destruir el ejército sandinista.

De inmediato Óscar Arias y Carlos Andrés Pérez, entre otros, convencieron a los sandinistas de que, aunque perdieran en las elecciones, ellos siempre se podrían quedar con el ejército y algunos poderes con el objeto de gobernar "desde abajo". Lo más importante en esa época era producir el efecto de paz para que la contrarrevolución se lograra paralizar y los sandinistas no fueran derrotados por las armas.

La izquierda mundial observaba el peligro de que el presidente Reagan, con su apoyo a la contrarrevolución, lograra derrocar al sandinismo con lo que ella perdería los avances logrados en Nicaragua. Costa Rica hubiera sido el país que más se hubiera perjudicado, por eso luchó para que los sandinistas no fueran destruidos.

El grupo de los cínicos comprendió que si Reagan seguía avanzando en su apoyo a la contrarrevolución, las izquierdas retrocederían en sus avances. Los costarricenses, muy inteligentemente, se dieron cuenta de que la caída de los pueblos centroamericanos a la izquierda, les favorecería a ellos como los únicos confiables para el mundo internacional. La caída de Nicaragua les ha proporcionado su mejor ingreso, por lo que veremos siempre a la izquierda costarricense de forma solapada cooperando con los grupos izquierdistas, especialmente al Premio Nobel de la Paz, Óscar Arias.

Desgraciadamente para Nicaragua, el cínico de Carlos Andrés Pérez logra ganar nuevamente las elecciones en Venezuela. Carlos Andrés, conjuntamente con Óscar Arias y José López Portillo, convencen a los sandinistas de que vayan a elecciones, de lo contrario el presidente Reagan, con su apoyo a la contrarrevolución, acabaría con ellos.

Es así que en Nicaragua se forma una coalición de catorce partidos políticos llamada UNO, Carlos Andrés presiona al grupo de la coalición de poner a la Sra. Violeta Chamorro, de familia conservadora en la presidencia de Nicaragua. El yerno de doña Violeta fue nombrado por ella como Primer Ministro, dándole toda clase de poderes para negociar con los sandinistas la entrega de la presidencia. Dentro de los arreglos que negoció su yerno, Antonio Lacayo, con los jefes sandinistas, fue prometerles que doña Violeta ratificaría la amnistía e indultos que recientemente ellos se habían decretado, de esa forma sus crímenes y robos quedaban perdonados.

Los hijos de doña Violeta, con la excepción de Pedro Joaquín, han sido activos sandinistas que han formado parte en las diferentes actividades que mantienen secuestrada a Nicaragua. Para desgracia de los nicaragüenses, doña Violeta ha sido muy amiga de Carlos Andrés Pérez y Óscar Arias, quienes influenciaron en ella a favor de los sandinistas. El pacto consistía en garantizar a los sandinistas la amnistía, dejarles su ejército y las propiedades robadas. La nueva policía sería seleccionada por los mandos sandinistas, además ellos se quedarían con los controles de la Corte Suprema de Justicia y otros más.

Por esos pactos es que se atrevió a decir Daniel Ortega a los medios de comunicación, "gobernaremos desde abajo". También doña Violeta les aseguró que lo robado por ellos quedaría siempre en poder de ellos y que a los afectados se les entregarían bonos a muy largo plazo. Entre otras cosas de importancia que negoció su yerno Antonio Lacayo, fue que una gran cantidad de sandinistas quedarían en sus puestos dentro del nuevo gobierno.

La famosa piñata (robo de propiedades), que se recetaron los sandinistas antes de entregar el poder, también se les respetaría, consecuente mente lo que no se habían robado, de inmediato procedieron a robarlo con la aceptación del nuevo gobierno, quien siempre se excusó diciendo que lo permitía en nombre de la paz.

Antes de las elecciones, simplemente se habían tomado las propiedades a la fuerza, no tenían ningún documento legal que los respaldara. Fue así que el famoso grupo de los cínicos logró su objetivo de instalar un régimen de izquierda que, poco a poco, se comprometían a extenderlo en otros territorios de América Latina, como en efecto lo han hecho en Venezuela, Bolivia, Ecuador y, recientemente, en El Salvador.

Al expresidente Carter no le ha bastado haber destruido a Nicaragua poniendo en riesgo toda la región de América Latina con sus ayudas a los regímenes de izquierda, enemigos de Estados Unidos. Carter decía con frecuencia a los medios de comunicación "que no se debería ver una invasión cubana en cada revolución o evolución de los países americanos". En otras palabras consideraba a los enemigos de EE. UU., que podrían ser sus amigos y protegerlos.

El presidente Carter fue el protector de los sandinistas y el que les facilitó el camino para la destrucción de Nicaragua. Carter o su Centro Carter, como se llama hoy, en cualquier elección donde está corriendo la izquierda, él llega como observador, más bien por sus diferentes actos yo diría, como asesor; sin embargo si es un gobierno de derecha el que corre, no asiste.

Tampoco ha medido las consecuencias del impacto mundial que ha significado derrotar al Shah de Irán, que era el equilibrio de Estados Unidos y Europa en el Medio Oriente. Lo peor que le puede pasar a un país en elecciones donde tengan candidatos de izquierda, es la presencia del Centro Carter, que solamente servirá para apoyar y aconsejar a la izquierda para que ganen.

En una imagen de archivo tomada el 12 de mayo del 2002, publicada por Cristóbal Herrera de la AP, el 8 de mayo de 2009 en *El Nuevo Herald*, aparece el entonces gobernante de Cuba, Fidel Castro, junto al expresidente estadounidense Jimmy Carter en la Habana. La complacencia del expresidente Carter, no puede ser más elocuente en dicha foto.

El peligro de la humanidad es la complacencia y, por consiguiente, la aceptación que tienen algunos presidentes de Estados Unidos y de otros países por tiranos como Fidel Castro, Daniel Ortega, Hugo Chávez y sus camarillas de los otros países latinoamericanos.

Las izquierdas se apoyan con una hermandad jamás vista en ninguna otra tendencia política, la organización mundial de socialistas es la más grande del mundo.

El 8 de mayo de 2009, *El Nuevo Herald* publicó que Castro y Carter coinciden en derogar el embargo que Estados Unidos ha puesto a Cuba.

Fidel Castro arremetió también contra los Derechos Humanos y la OEA a las que calificó de "basura pura porque se dedica a la chismografía contrarrevolucionaria"; desde entonces realiza sus mayores esfuerzos para lograr que la OEA sea controlada por simpatizantes de la izquierda, cosa que ha venido consiguiendo gracias al apoyo de los petrodólares de su amigo Hugo Chávez.

El expresidente Carter ha seguido haciendo daño a muchos países, al presentarse como observador en las elecciones de candidatos de izquierda.A Nicaragua, Venezuela y a muchos otros países más, ha ido con el propósito de respaldar a los grupos enemigos de Estados Unidos, es decir a los partidos de izquierda. Por supuesto no se presentó a las elecciones del heroico pueblo hondureño, en 2010, porque sabía que la derecha triunfaría.

Cuando el expresidente Carter estaba en la Casa Blanca, muchas personas creían que respaldaba a las izquierdas porque era un tonto o un inocente que no sabía que las izquierdas eran enemigas de Estados Unidos.

Cuánto engaño, el presidente Carter sabía perfectamente lo que estaba haciendo, lo hizo con un profundo conocimiento de causa; sabía que si destruía al Shah de Irán, en el Medio Oriente y a Somoza, en Nicaragua, ambas regiones tendrían posibilidades de volverse comunistas como en efecto ha sucedido. Para esta clase de personajes su doctrina es lo más importante.

Estados Unidos es el país más poderoso del mundo, conoce cualquier enemigo de él, por eso no tiene justificación el que habiendo Carter recibido la información, cuando subió a la Casa Blanca, de quiénes eran sus enemigos, no le haya importado destruir los equilibrios de su país en regiones tan conflictivas como Irán y Nicaragua.

El daño hecho por el presidente Carter a Nicaragua se estima en más de cincuenta mil millones de dólares y aún hay que seguir agregando a esta cuenta por los perjuicios que seguirá teniendo el pueblo de Nicaragua al estar secuestrado.

Ojalá que otros países que aún no han caído en la izquierda, no se dejen engatusar por estos personajes maestros del cinismo; recordemos la famosa época de Contadora, grupo izquierdista formado para lograr que el presidente Reagan no acabara con los sandinistas.

El grupo de Contadora luchó hasta lo imposible para que el presidente Reagan no combatiera a los sandinistas, finalmente, en el cambio de poderes de Estados Unidos, cuando Reagan terminó su segundo período, el presidente Busch se vio obligado aceptar las condiciones de la izquierda para que Nicaragua fuera a elecciones.

Fue así como, prácticamente, tuvieron un final feliz, pues después de tantos esfuerzos por liberar a Nicaragua, la izquierda internacional volvió a ganar al lograr que los sandinistas se quedaran con su ejército.

# Capítulo V

## Presidencia de doña Violeta
## (1990-1996)

Presionados por la contrarrevolución apoyada por el gran presidente republicano de Estados Unidos, Ronald Reagan, logran algunos miembros de la Internacional Socialista como el presidente de Costa Rica, Óscar Arias; el presidente de Venezuela, Carlos Andrés Pérez y algunos más, convencer a los sandinistas de que vayan a elecciones, de lo contrario serían derrotados por la contrarrevolución que apoyaba el presidente Reagan.

La contrarrevolución que fue llamada la contra, gracias al decidido apoyo del presidente Reagan, permitió las elecciones limpias y con observadores internacionales. Desgraciadamente para Nicaragua, Carlos Andrés Pérez logró ganar nuevamente las elecciones en Venezuela, en Costa Rica estaba de presidente Óscar Arias, ambos mandatarios colaboradores fundamentales del sandinismo y, además, miembros de la Internacional Socialista.

Mientras tanto, en Nicaragua, con la presión del gobierno de Estados Unidos apoyando a la contra, entra en pánico la Internacional Socialista temiendo que el avance logrado por la izquierda fuera militarmente detenido. La derrota de los sandinistas significaba perder las montañas de Nicaragua donde se entrenaban los terroristas de las FARC y el FMLN, además era el refugio de cientos de terroristas de diferentes países del mundo que ya se encontraban en Nicaragua, y la ruta de la droga donde Nicaragua era uno de los principales colaboradores.

Es entonces que se forma en Nicaragua un partido único de todas las fuerzas opositoras, compuesta por catorce partidos políticos y que llaman Unión Nacional Opositora, UNO. El candidato que se suponía elegir era al Ing. Enrique Bolaños, por su clara oposición a los sandinistas, rectitud y honestidad.

Sin embargo, Carlos Andrés Pérez y Óscar Arias logran convencer a los estadounidenses de que la mejor opción sería poner a la Sra. Violeta Chamorro, de familia conservadora y simpatizante del sandinismo. Corazón Aquino estaba dando excelente resultado como presidenta en las Filipinas, ¿por qué no doña Violeta? Con esos respaldos e influencias la contra acepta y queda elegida doña Violeta como candidata de la UNO y, por supuesto, gana las elecciones con mucha facilidad, pues el pueblo ya estaba hastiado de la miseria y arbitrariedades que vivían con el sandinismo. Las elecciones fueron supervisadas por la comunidad internacional y los sandinistas fueron derrocados por más del 80%.

La emoción de los nicaragüenses con esta victoria fue única, se decía que se estaba escribiendo una nueva historia de libertad en Nicaragua. En su primer discurso, doña Violeta, a las tres y media de la madrugada, dijo: "No hay vencedores ni vencidos". Doña Violeta, como cariñosamente se le llama, conjuntamente con sus hijos, son considerados por muchos nicaragüenses, como simpatizantes del sandinismo, con la excepción de su hijo Pedro Joaquín. Doña Violeta nombró como Primer Ministro a su yerno Antonio Lacayo quien fue "el hombre fuerte de su gobierno", y que posteriormente, se declaró sandinista y fue candidato a la vicepresidencia con Daniel Ortega.

Miles de nicaragüenses habían muerto luchando por la liberación del país, no querían que Nicaragua continuara siendo un santuario para el refugio de muchos terroristas y menos quedarse como un país de la órbita de la izquierda. Entre los pactos que fueron concedidos por doña Violeta al sandinismo, fue el dejarles su ejército y permitirles que crearan una policía sandinista, también se acordó que el hermano de Daniel Ortega que era el jefe del ejército, el Gral. Humberto Ortega, se quedara por dos años más como jefe del ejército. Entre los acuerdos también figuró el dejarles las propiedades que habían robado, así como también el control de empresas del Estado, que posteriormente se desmantelaron quedándose los sandinistas con sus activos, incluido el histórico Ferrocarril del Pacífico de Nicaragua, que vendieron como hierro viejo.

Los sandinistas, al ver que pierden las elecciones, realizan el robo más grande de propiedades. Para robarlas, procedieron a arrancar y romper las hojas de los libros del Registro Público de la Propiedad, hicieron nuevos asientos registrales a sus nombres causando el caos más grande en la historia de Nicaragua. Los nicaragüenses esperaban que doña Violeta firmara un decreto donde todas las propiedades robadas regresarían a sus legítimos dueños, sin embargo no lo hizo, por el contrario, los legitimó y sacó un programa de bonos para los afectados.

Lo lógico hubiera sido que si quería premiar o gratificar a los sandinistas, les hubiera dado los bonos a ellos. Además el nicaragüense recién llegado después de diez años de exilio, sentía miedo de reclamar sus propiedades, porque sabían que los sandinistas podían asesinarlos. Esta acción de los sandinistas con doña Violeta se considera en Nicaragua como el robo más grande de la historia de Nicaragua.

Lo que la historia y el pueblo de Nicaragua no le perdonarán jamás a doña Violeta, es el haberle concedido a los sandinistas la no anulación del decreto de amnistía e indulto que ellos mismos se habían recetado antes de entregar la presidencia. La amnistía y el indulto les cubrieron todos los delitos cometidos: crímenes y robos. Esto trajo como consecuencia que Nicaragua quedó legítimamente secuestrada. Todos los poderes de la República, excepto el de la presidencia, continuaron prácticamente en manos de los sandinistas. Jamás el pueblo de Nicaragua, que en más de un 80% estaba en contra del sandinismo, se imaginó los arreglos que fueron pactados para las elecciones. Nicaragua siguió siendo traicionada, como muy bien lo escribió en su libro *Nicaragua traicionada,* el Gral. Somoza Debayle antes de ser asesinado.

Cuando Daniel Ortega perdió las elecciones, lo primero que dijo a los medios de comunicación fue: "gobernaremos desde abajo", palabras que en ese entonces el pueblo nicaragüense no llegó a comprender. Naturalmente, esa afirmación de Ortega era producto de los pactos realizados con Antonio Lacayo, antes de entregar el poder, este último se encargó de todas las negociaciones con el sandinismo, avalado por doña Violeta.

El hijo de doña Violeta, Carlos Fernando Chamorro, era miembro importante dentro de la cúpula sandinista, dirigía el principal periódico sandinista, *Barricada,* trinchera que, con lujo de violencia revolucionaria calumniaba y atacaba ferozmente a los luchadores por la libertad.

Doña Violeta llega al poder con el entusiasmo de casi todo el pueblo nicaragüense, así como de la comunidad internacional, sin embargo, su favoritismo hacia la consolidación del sandinismo, según ella, en "nombre de la paz", poco a poco desencantó al nicaragüense, principalmente por lo siguiente:

*1. Aunque es cierto que fueron los sandinistas quienes promulgaron el 13 de marzo de 1990 la ley N.º 81, concediéndose amplia e incondicional amnistía; se esperaba y se exigía que ella la hubiera anulado, porque los crímenes y robos no podían quedar impunes.*

*2. Al no revertir la ley N.º 81, queda aceptada la amnistía por todos los crímenes y fechorías cometidas contra la población nicaragüense.*

*3. Con esta decisión de doña Violeta, es que el sandinismo perfecciona el "secuestro de Nicaragua".*

*4. El sufrimiento del pueblo que se esperaba ya no iba a continuar, se mantendrá por muchísimas décadas, para el 2010 ya Nicaragua lleva treinta años de estar secuestrada y por supuesto sufriendo.*

*5. Los sandinistas, con el poder militar y policial, mantienen la Corte Suprema de Justicia, el Poder Electoral y muchos otros poderes.*

*6. Los sandinistas siguen con licencia para matar y robar, sus crímenes y robos no son ni ligeramente cuestionados; el cinismo y la calumnia para destruir, seguirán como método efectivo para atemorizar a la población.*

*7. La famosa piñata, como llaman los nicaragüenses al gran robo realizado a sus propiedades, es legalizada por doña Violeta a favor de los sandinistas, ella decreta que las propiedades robadas se queden con los sandinistas y los afectados deben aceptar bonos a 15 años de plazo.*

**8. La comunidad internacional concedió préstamos y donaciones por más de cuatro mil millones de dólares durante la presidencia de doña Violeta; se calcula que entregó, "en nombre de la paz", más del 50% a los sandinistas.**

**9. Doña Violeta aceptó que los sandinistas desmantelaran y vendieran como hierro viejo, el histórico Ferrocarril del Pacífico de Nicaragua con todo su tendido de rieles que recorrían gran parte del país.**

**10. Centenares de sandinistas fueron contratados para trabajar en su nuevo gobierno, por consiguiente, en las instituciones del gobierno se sentía la presión sandinista en contra de los nicaragüenses que regresaban del exilio.**

**11. No aceptó del presidente Bush, que había sucedido al presidente Reagan, de Estados Unidos, el respaldo que le ofreció conjuntamente con la Comunidad Europea para eliminar el ejército sandinista.**

**12. Tampoco aceptó llevarlos a la justicia.**

El precio de la amnistía e indulto que les concedió, permitirá al sandinismo mantener secuestrada a Nicaragua por muchísimas décadas, al igual que ha pasado en cualquier país que haya sido tomado por las izquierdas. El sufrimiento, la inseguridad, el miedo y, por supuesto, la miseria serán elementos cotidianos en el vivir de varias generaciones que tendrán que conformarse con una vida mediocre y sin futuro; desgraciadamente, este es el precio que se paga cuando un país cae en poder de la izquierda.

Estos líderes que se disfrazan bajo el nombre de los pobres, en el populismo "democrático"; en realidad no son más que izquierdistas colaboradores de la desestabilización y la pobreza mundial.

Por otra parte, doña Violeta, acérrima enemiga de los Somoza, formó su gobierno con muchos individuos que fueron miembros o simpatizantes del sandinismo, entre ellos su yerno Antonio Lacayo.

El escritor estadounidense David Close escribió en su libro *Los años de doña Violeta* que doña Violeta, a los pocos meses de tomar el poder, rompió con la UNO que la había llevado a la presidencia, porque la estaban cuestionando por sus actuaciones a favor del sandinismo.

Doña Violeta para calmar los ánimos y que los sandinistas se quedaran con lo que habían robado, estableció el sistema de bonos para compensar a los legítimos dueños de las propiedades que les estaban robando. Estos bonos, al menos a los no allegados a doña Violeta, no cubrían los valores reales de las propiedades, sin embargo en su gobierno se argumentó que se debían aceptar en nombre de la paz. Por otra parte los que llevaron sus reclamaciones con abogados que siempre prometían su recuperación, perdieron su tiempo y dinero, al final no les quedó más opción que recibir los bonos aunque estos representaban para la gran mayoría, un veinte por ciento o menos del valor real de sus propiedades.

Al estar la Corte Suprema de Justicia y los jueces de toda la Nación controlados por los sandinistas, las recuperaciones son imposibles, a no ser que se proceda pagándole a algún sandinista allegado a la familia gobernante y que, por supuesto, la propiedad no esté apropiada por uno de los sandinistas que componen el pequeño grupo de secuestradores importantes. Por otra parte los sandinistas seguían gobernando "desde abajo" como ellos mismos lo dijeron, consecuentemente, continuaron asesinando a todos aquellos que pudieran llegar a ser obstáculos para sus propósitos.

Durante el período de doña Violeta, aprovecharon para asesinar a los principales dirigentes de la contra, entre ellos al comandante Enrique Bermúdez. Los sandinistas sabían que la amnistía que se había decretado estaba aceptada por doña Violeta y que el ejército y la policía estaban controlados por ellos en un 100%. Nadie, por miedo, se atrevía públicamente a señalarlos directamente como responsables de las muertes de centenares de personas, entre ellas, la del comandante de la contrarrevolución, Enrique Bermúdez que fue cobardemente asesinado saliendo del hotel Intercontinental Managua, el día 16 de febrero de 1991.

Los sandinistas seleccionaron a cada uno de los excombatientes de la contra que debían asesinar y poco a poco lo lograron, en algunos casos les causaban un accidente. Más de una docenas de miembros de la contrarrevolución fueron asesinados en los primeros dos años de gobierno de doña Violeta. También lograron asesinar al comandante Bravo, segundo en línea de la contra y excepcional luchador contra los sandinistas. En este asesinato simularon un accidente automovilístico para evitar las reacciones que se produjeron cuando asesinaron a tiros al comandante Bermúdez. Muchos de los otros miembros de la contra que asesinaron los justificaban diciendo que peleaban contra el ejército sandinista.

Doña Violeta siempre decía, haremos una investigación, el nicaragüense comprendió que era por hablar que lo decía, porque si las Fuerzas Armadas, la policía y la Corte Suprema de Justicia eran sandinistas, no existía en el país ningún recurso para apresar a los criminales que eran sandinistas. Ellos asesinaron a civiles, como fue el caso del médico siquiatra de la hijastra de Daniel Ortega, quien la convenció de que hiciera la denuncia de la violación de que había sido objeto desde los 11 años. También fue asesinado el periodista Carlos Guadamuz (q. e. p. d.), exsandinista que se les había rebelado, solo para mencionar dos casos ampliamente conocidos en Nicaragua.

Con el cinismo clásico de la izquierda, amenazan de muerte a cualquiera que puedan considerar enemigo peligroso, como hicieron con Carol Munguía, corresponsal del diario *La Prensa*, según información publicada el 25 de febrero de 2005 por esta misma fuente. La extorsión la practican principalmente contra los pocos capitalistas existentes en el país; si no contribuyen con ellos, pueden montarle un operativo de calumnias, de impuestos fabricados en la mentira, y hasta la amenaza de muerte que puede llegar a los hijos, nietos, etc.

El Poder Popular es la mejor licencia que tienen las izquierdas para, en nombre de los pobres, cometer crímenes y toda clase de fechorías; lastimosamente respaldados por la mayoría de los medios de comunicación del mundo. Los famosos Comités de Barrios, fue otra de las estrategias que realizaron para controlar a cada ciudadano, cuadra por cuadra, es decir utilizaron los mismos sistemas recomendados por Fidel Castro en Cuba y por los rusos.

El expresidente Arnoldo Alemán, quien sucedió a doña Violeta, pactó también con los sandinistas, les concedió más poder y la posibilidad de que pudieran retornar a la presidencia a través del voto. Él, en el pacto realizado con los sandinistas, les aceptó bajar de un 45% a un 35% los votos necesarios para ser presidente. Los sandinistas siempre habían tenido escasamente el 32%. Es en este acto que los sandinistas logran robarse cualquier elección que ocurriera en el país, la sencillez o idiotez del nicaragüense no logró advertir el peligro que esto implicaba en el futuro de Nicaragua.

Un presidente que luchó contra la corrupción fue el Ing. Enrique Bolaños, quien recibió la presidencia de Arnoldo Alemán. El Ing. Bolaños trató por todos los medios de componer el país, pero le fue imposible, todos los demás poderes incluyendo el ejército y la policía estaban en manos de los sandinistas.

En realidad, con la amnistía aceptada por doña Violeta, los sandinistas tenían todo a su favor, incluyendo licencia permanente para matar y robar. Estos, para mantener la presión y el miedo en la comunidad nicaragüense, con mucha frecuencia montaban actos de terrorismo con tontos útiles en diferentes partes del territorio nacional. Quemaban buses, llantas, rompían comercios, etc. En la capital, Managua, por ejemplo, se han apoderado de todas las hermosas rotondas construidas por gobernantes liberales.

En cada rotonda, para reprimir cualquier intento de manifestación ciudadana, colocaron a decenas de malhechores con armas blancas, palos, machetes, etc., con el objeto de intimidar y parar a los manifestantes. Los sandinistas le permitieron a doña Violeta que devolviera algunas de las propiedades que le habían robado a sus amigos y familiares, y a quienes no se les pudieron regresar sus propiedades, se les indemnizó generosamente.

El hijo sandinista de doña Violeta, Carlos Fernando Chamorro, se había robado también una casa que no quería devolver, hasta que su legítimo propietario, pistola en mano, logró sacarlo de la casa. El resto de los ciudadanos hacían largas colas esperando presentar sus reclamaciones por las propiedades robadas. Muchos ciudadanos se vieron obligados a recibir bonos del Estado para lograr algún pago por sus propiedades, ya que como explicamos antes, los sandinistas no aceptaban retirarse de sus propiedades y ante la imposibilidad de justicia, no les quedaba más alternativa que aceptar los bonos.

Los sandinistas para quedarse con las propiedades robadas, lograron, en los Registros Públicos, arrancar de los libros de la propiedad, las hojas de inscripción de las propiedades que deseaban robarse e hicieron nuevos asientos registrales en dichos libros, con sus respectivos nombres, por lo que el sistema de registro de la propiedad es un completo caos en la Nicaragua de hoy. Conociendo esta situación doña Violeta, no los condenó, más bien les legalizó muchísimas propiedades estratégicas que se habían robado.

Hoy los hijos de doña Violeta, que participaron en la destrucción de

Nicaragua conjuntamente con los sandinistas, están sufriendo su propia medicina al ser atropellados por los que fueron sus camaradas. Ellos se han distanciado del Frente Sandinista porque le están dando apoyo a su cuñado Mundo Jarquin, disidente también de los sandinistas, que hoy persigue la presidencia de Nicaragua en el partido sandinista renovado.

Algunos sandinistas fueron nombrados ministros en el gobierno de doña Violeta, entre otros Francisco Mayorga quien más tarde fuera llevado a la cárcel en tiempos de la presidencia de Alemán, por haber estafado en el Banco del Café, siendo presidente, a miles de nicaragüenses.

Lamentablemente doña Violeta "en nombre de la paz", condenó a los nicaragüenses a vivir secuestrados por muchas décadas, entre sus errores más graves están:

*Concede amnistía e indulto a los sandinistas por todos los crímenes, robos y fechorías realizadas al pueblo de Nicaragua, esto les permite seguir asesinando y robando por muchas décadas más.*

*Acepta que el ejército y la policía estuvieran integrados solamente por sandinistas.*

*Les acepta que se queden con todo lo robado y además les entrega dinero fresco que estaban dando Estados Unidos y la Comunidad Europea para ayudar a Nicaragua.*

*Acepta que la Corte Suprema de Justicia quede bajo el control sandinista, consecuentemente las estructuras judiciales de todo el país quedaron en poder de ellos.*

*Acepta que los sandinistas como lo dijo Daniel Ortega, gobiernen "desde abajo".*

Como resultado de estos cinco graves errores cometidos por doña Violeta, Nicaragua ha quedado como un país en ruinas, que en el 2010 lleva más de treinta años de sufrimiento, miseria y se ha convertido en el país con más miseria de América, después de Haití.

El período de doña Violeta fue más un periodo de acomodación a favor del sandinismo, que uno de recuperación de la justicia. Fue un periodo de frustración para miles de nicaragüenses que observaban la continuidad del poder de los sandinistas; por lo que el miedo a expresarse libremente se apoderó nuevamente del nicaragüense.

Se sabía que los sandinistas tenían ojos y oídos por todas partes y que eso era peligroso, porque los podrían mandar a asesinar o bien impedir cualquier acción legal que necesitaran realizar.

Es así como durante el periodo de doña Violeta que los sandinistas logran su estabilización, que posteriormente solidifican aún más con los pactos que realizaron con el Dr. Alemán quien, más tarde, también fue presidente de Nicaragua y un continuo aliado de los sandinistas.

El famoso líder del Congreso Republicano de Estados Unidos Jesse Helms, advirtió con un mensaje a su Congreso:

"Doña Violeta no debe ser recibida en Washington hasta que Nicaragua tenga un auténtico cambio".

En su mensaje dirigido al presidente de EE. UU., dijo lo siguiente:

"Señor Presidente, es importante evaluar la realidad de lo que sucede en Nicaragua en la actualidad:

*1. El gobierno de Nicaragua continúa con la represión sobre su propio pueblo.*

*2. Los excombatientes de la libertad que tratan de integrarse a la vida civil, continúan siendo masacrados.*

*3. Según la Agencia Internacional para el Desarrollo, la privatización de las entidades estatales se ha hecho con muchas irregularidades.*

*4. Las tierras confiscadas no han sido devueltas a sus dueños.*

*5. Los opositores políticos continúan siendo intimidados, amenazados, encarcelados y torturados sin el debido proceso judicial.*

*6. El ejército sandinista continúa subvirtiendo a sus vecinos, enviando armas a las guerrillas comunistas de El Salvador que están tratando de derrocar al gobierno democrático, electo por el pueblo, del presidente Alfredo Cristiani.*

**7. *Nicaragua aún está gobernada por la Constitución sandinista, que atrinchera a los funcionarios sandinistas y al ejército sandinista dentro del sistema de gobierno de doña Violeta.***

**8. *Todas las Cortes de Nicaragua todavía están controladas por los sandinistas.***

El senador Helms, en su mensaje al Congreso, les dijo: "nada de esto debería sorprender a nadie porque los hermanos Ortega todavía controlan los poderes". Me llegan informes, agrega en otra parte del mensaje, que el pueblo de Nicaragua está frustrado, desilusionado y deprimido. No fueron las urnas para votar por la presidencia de la Sra. Chamorro, fueron simplemente para que los sandinistas retuvieran el poder real.

"Ciertamente nunca esperaron que la Sra. Chamorro, por ninguna razón, tolerara la continuación del reino de terror sandinista".

Esta claridad del mensaje del senador Helms refleja la auténtica realidad donde desgraciadamente doña Violeta solidifica las bases del sandinismo para que puedan gobernar por varias décadas.

En muchos países que han caído bajo regímenes de izquierda, el sufrimiento de sus pueblos ha llegado a superar los cien años, el pueblo de Nicaragua lleva más de 30 años. Y es posible que le queden muchas décadas más de sufrimiento, sobre todo por la forma estúpida de conducirse la oposición que, en realidad, muchos de ellos están comprados por los sandinistas.

La mayoría de los nicaragüenses estamos convencidos de que las acciones de doña Violeta en nombre de la paz, desgraciaron a su pueblo por muchos años. El pueblo votó en contra de estas lacras humanas, no para facilitarles el camino para mantener a Nicaragua secuestrada.

Las elecciones, los esfuerzos de la contra con sus muertos, la cooperación directa y de frente que dio el presidente Reagan para que se consiguiera la libertad de Nicaragua, quedó truncada por las diferentes acciones que aceptó conceder doña Violeta a los sandinistas, tal y como lo expresa el senador Jesse Helms.

Los nicaragüenses deberían leer continuamente, para recordarlos, estos ocho puntos que el senador Helms le escribió en su momento al Congreso de Estados Unidos.

# Los hijos sandinistas de doña Violeta

### Antonio Lacayo Oyangure

Fue el principal miembro en el gobierno de doña Violeta, funcionó con el cargo de Primer Ministro, está casado con su hija mayor. A Antonio Lacayo fue a quien le tocó negociar con los sandinistas todos los pactos que afianzaron el secuestro de Nicaragua. Él permitió que el ejército sandinista quedara en la nueva estructura que se estaba formando en la nueva Nicaragua. Negoció para que los sandinistas se quedaran con todo lo robado, dándoles bonos a los afectados. Naturalmente todos estos acuerdos fueron aceptados y rubricados por doña Violeta.

### Carlos Fernando Chamorro

Tercer hijo de doña Violeta, feroz sandinista en la primera década que los sandinistas gobernaron y destruyeron a Nicaragua. Fue el director, durante los diez primeros años, del periódico que llamaron los sandinistas, *Barricada,* desde donde se ensañó contra el sector privado, hasta lograr su destrucción. Se dedicó a desarrollar al máximo la doctrina de la izquierda con el cinismo y las calumnias que fueron levantadas a infinidad de nicaragüenses. Se robó una residencia en Managua por muchos años, hasta que su legítimo dueño lo fue a sacar de dicha propiedad pistola en mano.

Poco a poco, después que los sandinistas no pudieron sostener económicamente el periódico *Barricada* y este fue cerrado, él se ha presentado con otra cara de periodista, como enemigo de los sandinistas, muchos nicaragüenses se preguntan, ¿se le puede creer?

### Mundo Jarquin

Es el otro yerno de doña Violeta, aunque participó durante la fatídica época de los diez años que destruyeron a Nicaragua, es considerado buena persona y con sinceridad, en su actual posición política en contra del presidente Ortega y su camarilla, dirige el partido de los sandinistas arrepentidos y en contra de Ortega.

# Ejército por escuelas

Desgraciadamente para Nicaragua, solamente por las armas podría adquirir nuevamente su libertad; y esta acción no es posible en las condiciones en que se encuentra el mundo; además, los sandinistas, año tras año, irán comprando más armas para ir fortaleciendo su capacidad de represión.

Consecuentemente, la única posibilidad para lograr la libertad de Nicaragua, sería que el nicaragüense pudiera llegar a comprender que el país no necesita defenderse de ningún agresor externo que lo pueda invadir, y que si esto sucediera, el mundo entero nos defendería como la sucedería a Costa Rica, que no tiene ejército. Por consiguiente, la única posibilidad de acabar para siempre con el secuestro y sus dictadores es sustituyendo el ejército por escuelas. Con escuelas en lugar de ejército, no solamente se adquiriría la libertad de Nicaragua, sino que también sacaríamos de la miseria al sufrido pueblo nicaragüense.

El pueblo nicaragüense ya observó al heroico pueblo de Honduras que logró mantener su libertad y democracia, a pesar de más de seis meses de sufrimiento que injustamente le proporcionó la comunidad internacional, y que los sigue afectando aún con el nuevo gobierno democráticamente electo. Honduras se salvó de las garras de la izquierda, porque no tiene un ejército controlado por estas lacras humanas, ojalá que nunca caigan en estas garras.

Fue un gran sacrificio para todo el pueblo de Honduras, pero al final triunfaron. Algo similar se tendría que hacer en Nicaragua, con una huelga de brazos caídos hasta lograr que el ejército sea proscrito en nuestra Constitución. Sin ejército, los sandinistas ya no podrían controlar la Corte Suprema de Justicia, el Poder Electoral o la Asamblea, prácticamente estarían derrotados sin haberse disparado un solo tiro.

El pueblo nicaragüense, aun los considerados como "tontos útiles" porque no logran comprender que los sandinistas son causa y efecto de su miseria, a lo mejor pueden llegar a comprender que ellos y todos los nicaragüenses pasaríamos a mejor vida, utilizando más de los sesenta millones de dólares que se gasta en el ejército, en la educación de sus hijos. La condena que impuso doña Violeta a su pueblo se podría rebajar en varias décadas con la acción heroica de suprimir las Fuerzas Armadas.

Es absurdo que un país en la miseria mantenga gastos millonarios en mantener un ejército que solo sirve para garantizar la continuidad del sandinismo. Nicaragua sin ejército podría formar una policía auténticamente profesional, bien pagada y de respeto ante el pueblo, por supuesto, NO sandinista.

El ejemplo del pueblo hondureño de sacrificarse por más de seis meses a pesar de que todo el planeta quería que se instaurara un régimen de izquierda en Honduras, es un ejemplo que podríamos seguir los nicaragüenses para luchar porque el ejército sea proscrito en el país. Si Nicaragua cambia ejército por escuelas, se salva del sandinismo, de los tiranos y de la miseria.

El nicaragüense que llegue a comprender que solamente eliminando el ejército y la policía actuales, Nicaragua será libre, la ayuda mundial que realizan las izquierdas ha sido y seguirá siendo peligrosísima, recordemos al famoso grupo de Contadora, cómo luchó a favor de que los sandinistas no fueran derrotados por la contrarrevolución.

# Capítulo VI

## La izquierda y su maldito destino

Las izquierdas se disfrazan de muchísimas formas, entre ellas de: Socialistas, Social Demócratas, Internacional Socialista, Comunistas, Tupamaros, FARC, Frente Sandinista de Liberación Nacional (FSLN), Farabundo Martí para la Liberación Nacional (FMLN), Izquierda Unida, terroristas, etc. Todos ellos persiguen la destrucción del capitalismo, de las monarquías y de los estadounidenses, que representan el símbolo del capital.

En el siglo pasado tomaban a los países por medio de revoluciones sangrientas, como lo fue en la misma Rusia y todos los demás países del Este, donde se calculan que mataron a más de cuarenta millones de personas. En América Latina, tanto en Cuba como en Nicaragua y otros países han asesinado a decenas de miles de ciudadanos inocentes. Los asesinatos, los robos y las injusticias que cometen los hacen, según ellos, en nombre de los "pobres", cuando en la realidad, la pobreza la convierten en miseria, estatus principal que persiguen para llevar sus revoluciones y consolidar sus poderes para gobernar por muchas décadas.

En este nuevo siglo XXI, han encontrado el "populismo" como el método ideal a través del voto para apoderarse de los países de forma "legal". Han encontrado que tanto Estados Unidos como cualquier gobierno de derecha, tienen que aceptar el voto como auténtico estandarte de la democracia, no importando los engaños y falsedades de sus actuaciones. Aunque han sido electos por la mayoría de los votos en algunos casos; en otros roban para conseguir el poder. Los países que reconocen estos gobiernos elegidos democráticamente por el voto, se lavan las manos cuando estos nuevos gobernantes, rompen la Constitución de su país y hacen violaciones constantes para engañar a un pueblo sin educación.

Una vez obtenida la presidencia, comienzan a socavar el orden constitucional y democrático, atemorizar a la población asesinando a sus adversarios, o bien atacándolos con calumnias, con impuestos ilógicos; ellos tienen las Fuerzas Armadas y el Poder Judicial que respaldan sus acciones. Los líderes que llegan a controlar un país forman siempre un pequeño grupo que difícilmente llegan a cien personas, tienen siempre en común los siguientes rasgos:

*Resentidos sociales*
*Fracasados personal o familiarmente*
*Cínicos*
*Envidiosos*
*Terroristas*
*Ladrones*
*Corruptos*

Es muy difícil, por no decir imposible, encontrar un izquierdista que sea un hombre de éxito, un hombre que con su trabajo honrado se dedique a mejorar la vida de sus familiares y de los demás. Tienen en común un solo objetivo: destruir para controlar, la destrucción les asegura, con unos pocos, controlar todo un país. No les importa fabricar calumnias, asesinar y causar cualquier desgracia con tal de controlar el país. Su filosofía, su obsesión es "destruir el sistema capitalista", al que consideran su enemigo principal.

Sus discursos populistas ofreciendo a los pobres ilusiones, trabajo, justicia, casas, en fin el poder popular que tan fácilmente predican para entusiasmar a una población que llevan de la pobreza a la miseria. En Nicaragua los sandinistas lo llaman ahora en el 2010, que tienen nuevamente la presidencia, "pueblo presidente". Son tan cínicos que utilizan a Dios para confundir a los tontos útiles, por ejemplo, en un cartel que Daniel Ortega ha mandado a instalar por cientos en toda Nicaragua, dice: "Cumplirle al pueblo es cumplirle a Dios", y se puede leer en la parte de abajo del lado derecho, una de sus frases predilectas: "Poder ciudadano".

Los izquierdistas se han dado cuenta de que a través del voto, tienen licencia para destruir, asesinar, robar y conducir su nación a la miseria como factor imperativo para controlarla por muchas décadas. No les importa violar la Constitución de su país, lo importante es hacer cualquier clase de trampa para perpetuarse en el poder.

Utilizan grupos de tontos útiles a quienes llaman "poder popular" o "poder ciudadano" para hacer sus consultas que ya tienen previamente decididas y llenas de trampas. La envidia corroe el alma de los izquierdistas, su tiempo lo disponen principalmente para construir el mal, la corrupción, el engaño, la calumnia; son verdaderos expertos en destruir lo que tocan. Por ejemplo la Internacional Socialista, que dependiendo de su directiva algunas veces es más destructiva que otras, como lo fue en la época en que quedó secuestrada Nicaragua en 1979. Tienen la organización política más grande del mundo, esto da una idea del control político que tienen las izquierdas a nivel mundial. ¿Qué tenemos los que militamos en la derecha? Absolutamente nada, solamente miedo al ataque de las izquierdas.

Usan a sus seguidores como tontos útiles para obtener por medio del voto "democrático", el poder; ellos saben que los pobres son la mayoría en cualquier país y son "carnada fácil" como los llaman. Naturalmente existen países que aunque tengan una población importante de pobres, no son tontos útiles y defienden sus democracias, como ha sido recientemente, el acto del heroico pueblo de Honduras al defender su Constitución; hoy admirados en el mundo por su gran ejemplo.

Winston Churchill ya lo decía: "El socialismo es la filosofía del fracaso, el credo de la ignorancia, la prédica a la envidia, y su virtud inherente es la distribución igualitaria de la miseria". Yo podría agregar al pensamiento de Wiston Churchill: "La izquierda es maligna porque engendra la miseria y el dolor humano". No existe país en el mundo que haya sido tomado por la izquierda y no tenga en su historia decenas de años de sufrimientos y miseria.

Si algunos izquierdistas quieren poner de ejemplo a España y a Chile, hay que reconocer primero que el generalísimo Franco, salvó a España de haber sido conducida por los rojos españoles hacia otra Rusia. Además, logró desarrollar bases sólidas tanto con el ejército como en la sociedad civil, causa principal por la que los socialistas no han podido destruir el sistema democrático y monárquico español.

94

Hay muchísimos españoles que participan en las filas del socialismo sin comprender que los rojos españoles, lo que querían en España era hacer otra Rusia. Si llegaran a comprender por un instante lo que significó el sufrimiento de los pueblos izquierdistas, conocidos como comunistas, creo que la mayoría de ellos, si son personas sanas de juicio, con deseos de que su familia y el país mejoren, se harían grandes defensores de la derecha española. Tanto en la época del gobierno socialista de Felipe González como en el de Zapatero, en la presente época 2007-2012, los socialistas luchan solapadamente por destruir bases importantísimas del pueblo español.

Ellos luchan por destruirles su religión, ya lograron prohibir los crucifijos en los colegios, aceptar los matrimonios entre homosexuales, la píldora del aborto, etc. Solapadamente luchan por destruir la monarquía española, sin importarles que sea un prestigio de la humanidad, tal y como lo representan el resto de las pocas monarquías europeas que aún quedan. Una gran mayoría en el mundo considera de más valor a las monarquías, que lo que representan los pozos de petróleo. Un guía turístico en Jordania decía:

"Aquí no tenemos petróleo como en Yemen, que fue tomada por un tiempo por la izquierda y tienen un sufrimiento y una miseria preocupantes, aquí tenemos trabajo, miramos con entusiasmo el trabajo que en paz nos brinda la monarquía".

Es interesante observar que en Jordania no hay izquierdas, no tienen en su población el deseo que produce la izquierda en la destrucción del ser. Ellos aman a su Rey, respetan las leyes y todos juntos luchan por desarrollar su país contra la pobreza, creen en el sistema capitalista como la mejor fuente para mejorar.

Yemen, país fronterizo con Jordania, fue tomado por muchas décadas por los comunistas, es hoy día un país completamente destruido, atrasado, con una miseria y una criminalidad espantosas. Apenas hoy están logrando salir del sufrimiento que tuvieron en la época en que los izquierdistas controlaban su país, se pronostica que aún le quedan varias décadas de pobreza y sufrimiento, a pesar de su petróleo.

Si nos referimos a Chile, otro de los países que han sido gobernados por socialistas, tenemos que reconocer que el Gral. Pinochet salvó a Chile del comunismo. Allende caminaba a pasos agigantados, sin importarle el sufrimiento y la destrucción que estaba ocasionándole al pueblo chileno.

95

Los chilenos que vivieron la época de Allende, la recuerdan como la peor época vivida en la historia de Chile. Gracias a Dios, han sido las bases sólidas, tanto en las leyes como en las doctrinas inculcadas al gran ejército chileno, que los socialistas no han podido destruirla.

Hoy Chile, después de 20 años de gobiernos socialistas, en las elecciones de enero de 2010 ganó un magnífico hombre de derecha, Sebastián Piñero, pronto veremos un verdadero cambio positivo para el pueblo de Chile que muy seguramente influirá en los demás países latinoamericanos.

Los socialistas, solapadamente, persiguen y aplauden el terrorismo, como la mejor arma que han descubierto para utilizar y masificar en el siglo XXI. El terrorismo pronto acabará con la paz del mundo, ellos lo consideran el método más económico, efectivo y fácil para desestabilizar a sus enemigos; el capital y los estadounidenses. Recientemente debido al accidente aéreo donde murieron más de noventa personas, conjuntamente con el presidente polaco en las cercanías Katyn, se revivió nuevamente la matanza que ordenara Stalin a más de veintidós mil polacos.

El comunismo o la izquierda disfrazada de Socialistas, Izquierda Unida, FARC, Frente Sandinista, FMLN, Socialismo del siglo XXI, etc., no les ha bastado que su doctrina haya asesinado a millones de personas en diferentes partes del mundo y que sus políticas hayan sido un fracaso y un desastre mundial. Sus políticas han servido únicamente para empobrecer a los pueblos que logran secuestrar, a pesar de estos fracasos siguen activos persiguiendo:

# Un mundo socialista sin Dios

Los ataques que están haciendo los medios de comunicación de izquierda en contra de la Iglesia Católica, son impresionantes, algunos periodistas o entrevistadores de televisión, sugieren la destitución de su Santidad Benedicto XVI. Es probable que algunos izquierdistas no estén involucrados en crímenes, sin embargo, cuando suceden estos crímenes, se observa en muchos de ellos que justifican las acciones del asesino o terrorista. Con mucha frecuencia se les escucha decir, "esto es producto de las injusticias del capital, de la injusticia de los gringos" etc. etc., y si se observa a la prensa mundial, lamentablemente de izquierda, la mayoría, veladamente está dando informaciones con inclinación favorable a los que cometieron los crímenes o tratan de no darle importancia a estos actos cometidos.

Cuando un país pasa de la pobreza a la miseria es porque la izquierda ha tomado su control, su destino, basta ver los países de la Europa del Este, los países árabes, Cuba, Nicaragua, Venezuela, Bolivia y Ecuador. Entre los primeros objetivos de una izquierda está la desestabilización económica por medio de la corrupción. Controlan las Fuerzas Armadas, la Corte Suprema de Justicia y algunos otros poderes principales del Estado, pero fundamentalmente el más importante es las Fuerzas Armadas con la Corte Suprema de Justicia. Los principios democráticos, las tierras productivas, las industrias, los sistemas financieros y por supuesto la familia y la sociedad productiva son prioridad absoluta para destruir.

Lo que mucha gente olvida es que con la derecha las injusticias se corrigen con leyes, pero con la izquierda, es imposible. Lamentablemente, una vez que el país es controlado por las izquierdas, es indispensable por la propia seguridad de la familia, cambiar la cultura de vida, de lo contrario corremos un alto riesgo en ser asaltados, violados, mutilados, extorsionados y hasta asesinados.

Aunque nos sintamos presos en nuestra propia casa y nos aislemos del mundo, será mejor que tomar los altos riesgos que significan los procesos que la izquierda tiene que desarrollar para mantenerse por largos períodos al mando del país. No les importa que su país vaya a la ruina, como ha sucedido en casi todos los países del mundo que cayeron bajo gobiernos de izquierda.

El éxito de las izquierdas para asegurar el control total de un país por décadas, es llevarlo lo más pronto posible a la miseria, destruir su moralidad y por supuesto su religión. No existe país en el mundo que haya sido controlado por las izquierdas donde no hayan repetido la misma fórmula. Cuando los sandinistas secuestraron a Nicaragua el 19 de julio de 1979, a pesar de dos años (1977-1979) de lucha contra los sandinistas, Nicaragua seguía siendo el país con mayores recursos de Centroamérica. La economía nicaragüense se mantenía muy bien, a pesar de las presiones internacionales para derrocar el régimen de los Somoza.

Bastaron menos de dos años de la administración sandinista para destruir casi todas las fuentes de producción; la agricultura, la ganadería, las minas de oro, el comercio, la industria, la banca, etc., solo bastaron esos primeros años para cumplir los objetivos de la doctrina izquierdista, de pobreza a miseria.

El diario *La Prensa* de Nicaragua, el día 18 de febrero de 2009 informaba que los sandinistas nuevamente habían llevado a la población de pobres a ser más pobres.

La doctrina de "Pobreza a Miseria" que ya utilizaron en la década de los ochenta cuando gobernaron con todos los poderes, nuevamente la están utilizando en el periodo 2007-2011, de esta forma cumplen con los requisitos establecidos en los principios de las izquierdas. Son cientos de países los que han sufrido en el mundo esas consecuencias. Lamentablemente, después de derrumbarles en 1990 su maligno sistema de gobierno, donde escucharon con el voto el repudio que se les tiene, persisten en continuar tratando de mantenerse en el poder por varias décadas más a través de trampas con "opositores" corruptos.

En Rusia y otros países, continúan luchando por desestabilizar nuevamente su país, en algunos casos lo han logrado como fue el tonto caso de Nicaragua donde finalmente a base de corrupción, pactando con sus supuestos enemigos, logran nuevamente recuperar la presidencia.

Todos los regímenes de izquierda que se instalan son dictatoriales, por supuesto, el hurto está entre su principal objetivo. Del siglo pasado podemos recordar la época de Adolfo Hitler que subió al poder con abrumadora mayoría a pesar de que ya se le conocían sus características, su elocuencia cautivó a los alemanes. Hitler inmediatamente inició un gobierno dictatorial, con la aprobación de muchísimo pueblo alemán; lo mismo ocurrió con Benito Mussolini y es lo mismo que ocurre hoy en tantos países que han sido conquistados por los ofrecimientos populistas de las izquierdas, todas estas atrocidades las pueden realizar por el respaldo de los ejércitos.

Las izquierdas generalmente lograban controlar el país por medio de revoluciones sangrientas, aprovechándose de verdades a medias y de un cinismo que no tiene paralelo en la historia de la humanidad. Hoy lo que necesitan son los votos de los tontos útiles, ellos saben que en algunos países son presas fáciles de caer. Obtienen colaboración de los países controlados por socialistas que al final es la misma maldita izquierda.

Son expertos en trabajar las 24 horas del día, planeando todas sus acciones, se unen estrechamente entre ellos aun sin conocerse o ser de otros países, incluso que no hablen sus idiomas, como lo demuestran los rusos, los árabes, chinos, etc., entendiéndose por señas con los nicaragüenses, cubanos, etc. Por el contrario, los hombres productivos y preocupados por crear trabajos, y construir un mundo mejor, no tienen el tiempo para combatirlos. Es más, sin comprender el daño que a sí mismos se hacen; entregan publicidad de sus productos o servicios a medios de comunicación que constantemente están atacando el capitalismo.

En Estados Unidos muchos jueces, legisladores y educadores, son simpatizantes activos de las izquierdas del mundo y, por ende, dentro de su mismo país. El gran problema es que muchos legisladores con poder político y económico, respaldan a muchos grupos terroristas que existen en diversos países del mundo bajo la bandera de la izquierda. Ha habido presidentes en *f* como lo fue Jimmy Carter que propició el derrocamiento del Sha de Irán que era el balance que tenía EE. UU. en el medio Oriente, para entregar el poder a los musulmanes extremistas de izquierda, enemigos de Estados Unidos. De igual forma Jimmy Carter, lo hizo con Nicaragua donde le entregó el poder a los sandinistas, quienes son feroces enemigos de Estados Unidos, él olvidó, por completo, las buenas relaciones de muchos años de EE. UU. con los Somoza y con el Sha de Irán.

Las izquierdas llegan al poder en el mundo representando la solidaridad, la justicia y la virtud como valores y cualidades socialistas. Luchan ferozmente por la abolición del capitalismo. Acusan a los capitalistas de abusadores de las masas trabajadoras. Mantienen sus presiones a cualquier costo hasta lograr sus objetivos. Sin embargo, en la realidad, en todo el mundo las izquierdas han sido responsables de asesinatos, corrupciones y de toda clase de fechorías, causando más sufrimientos que cualquier otra ideología. Las izquierdas se especializan en destruir todo lo que tocan, son profesionales en terrorismo que, por supuesto, sus altos jefes dirigen para que sean los tontos útiles los que se encarguen de realizar semejantes monstruosidades.

Juval Aviv, quien fuera guardaespaldas de Golda Meir, de Israel, persiguió a los terroristas palestinos que secuestraron y mataron a los atletas israelíes durante los Juegos Olímpicos de Munich, él ha rendido muchos informes de esta nueva arma que tienen las izquierdas y que apenas se le comienza a dar una ligera importancia. Juval Aviv fue el agente israelí en cuya experiencia se basó la película "Munich".

Muchos izquierdistas estadounidenses se han encargado de apoyar gobiernos de izquierda en diferentes países del mundo. No han medido las consecuencias del sufrimiento que han provocado en esas naciones. En Cuba han simpatizado con la tiranía disfrazada de socialista, no importándoles que Fidel Castro, a quien consideran su héroe, tenga montado por cincuenta años un Estado policiaco totalitario que intimida y esclaviza a su pueblo. Castro ha hecho de Cuba una prisión, ha logrado construir tiranías en Nicaragua y también las está construyendo en Venezuela, con Hugo Chávez; en Bolivia, con Evo Morales y en el Ecuador, con Rafael Correa.

Castro con Ortega, Chávez, Correa y Morales, conjuntamente con las FARC, son un respaldo peligroso para lograr objetivos imposibles de pensar; como ejemplo tenemos el mismo caso de Honduras, donde han logrado, con la ayuda de Óscar Arias y José Miguel Insulza de la OEA, poner al mundo en contra de la auténtica democracia de Honduras. Ninguno de ellos descansará hasta lograr, "en nombre de la paz", mediante elecciones o con cualquier esfuerzo o descuido, que la izquierda gobierne al pueblo hondureño.

El presidente Lula, quien durante su periodo presidencial no ha afectado a su país ni al mundo, es seguro que antes de salir de su mandato, haga algo para contribuir con las izquierdas del universo. Es en su último período donde aprovechará para respaldar la doctrina de las izquierdas, de momento ya le brindó su apoyo a Irán, a pesar de estar reconocido mundialmente como país terrorista. Le ha dado apoyo al derrocado presidente izquierdista Manuel Zelaya, al concederle que utilice la embajada de Brasil para socavar la democracia en Honduras.

También las FARC recibirán toda la ayuda del famoso trío izquierdista, Chávez, Fidel y Ortega, aprovechándose de la OEA, las Naciones Unidas y otros medios, para lograr que se incorporen a un gobierno democrático para, desde allí, conquistar el poder. Muchos demócratas estadounidenses podrían ser convencidos, por estos temibles hombres del mal, de que la paz de Colombia se lograría insertando a los terroristas de las FARC en un nuevo gobierno; para esta clase de gente, nada es imposible. Nunca debemos olvidar lo que un presidente demócrata de Estados Unidos, puede llegar a realizar en favor de las izquierdas, además hay muchísimos senadores posiblemente con mayor disposición para favorecer a la temible FARC, siempre debemos recordar los casos de Irán y Nicaragua ejecutados por el presidente Carter.

Hay que recordar también que a pesar de todos los esfuerzos del presidente Bush, republicano, para que se firmara el tratado con Colombia, el país de mayor ayuda para Estados Unidos, los demócratas lo bloquearon. Es probable que habiendo algunos izquierdistas en el Congreso demócrata en EE. UU.., pudieran ejercer presiones con el presidente Barack Obama para que "en nombre de la paz", presione para que los colombianos acepten la integración de las FARC en un nuevo gobierno. Con Álvaro Uribe o alguien con sus convicciones, sería imposible, sin embargo, es probable que con un gobierno ideológicamente flojo, llegaran a conquistar la presidencia, esto sería realmente posible. De igual forma podríamos ver otros países de América Latina cayendo hacia la izquierda y prácticamente, se convertirán en países inservibles, donde el Estado será el que controle al ciudadano, con la posible excepción de Chile.

El 6 de mayo de 2007 fue publicado en *El Nuevo Herald*, un artículo de Andrés Oppenheimer donde informa que los inversionistas extranjeros están perdiendo el interés en América Latina, y que las inversiones han decaído dramáticamente. Las izquierdas se nutren de toda la inmensa red mundial de cínicos y bandidos quienes controlan, con unos pocos bien organizados, a todo un país. Tienen la colaboración permanente y gratuita de los medios de comunicación mundial que en su mayoría son izquierdistas; basta que algo suceda a un izquierdista para que toda la prensa mundial al unísono, toque sus tambores de protesta.

Recientemente, sucedió el caso del terrorista de las FARC, Raúl Reyes, con su seudónimo de guerrillero "Tiro Fijo" que fue abatido por el ejército de Colombia en territorio ecuatoriano, debido a que las FARC tenían allí uno de sus campamentos subversivos. Los medios de comunicación pasaron más de un año refiriéndose al caso y, veladamente, atacando al presidente Uribe de Colombia, poniéndose del lado de Chávez y Correa, aun sabiendo que hasta la Interpol y el FBI confirmaban la participación de ellos con las FARC.

Los izquierdistas son tan cínicos que, por ejemplo, el gobierno sandinista de Daniel Ortega, en Nicaragua, concedió "asilo" a dos terroristas que Colombia reclamaba. Ortega convocó a la prensa internacional y local, para que escucharan y vieran a los terroristas internacionales, y demostrarle al mundo que él considera a los terroristas héroes en la lucha por la libertad. Él fue, en la época de Carter, conjuntamente con los países controlados por la Internacional Socialista, quien ayudó a secuestrar a Nicaragua e iniciar su cooperación destructiva con los demás países de América Latina.

Las izquierdas culpan al capitalismo de racistas, porque según ellos discriminan a la población de los pobres. Ellos no reconocen que en los sentimientos del hombre es donde nacen y viven estas inconformidades provocadas, en gran parte, por los medios de comunicación, y las astucias de los izquierdistas. Sus tácticas no les fallan, poco a poco logran envenenar a la población.

Lenin ya lo dijo, que los medios justifican la mentira, el cinismo o cualquier otro método para lograr la victoria del "socialismo", y podemos agregar sin temor a equivocarnos, incluido el crimen cada vez que este sea necesario, como en efecto ya lo han practicado. Muchas izquierdas se esconden como socialistas, pero en verdad tanto los socialistas como las izquierdas son iguales y altamente peligrosos para el desarrollo y la lucha contra la pobreza en el mundo. Winston Churchill quien se enfrentó a Hitler de Alemania y a Stalin de Rusia, cuando se refería a ellos, decía: "los dictadores cabalgan sobre tigres hambrientos que no se atreven a desmontar".

Eso es lo que le ha pasado a Fidel Castro, Daniel Ortega, Hugo Chávez y ahora también quieren cabalgar Evo Morales de Bolivia, Rafael Correa del Ecuador y muchos otros izquierdistas. Los izquierdistas son en realidad tiranos, dictadores, corruptos y no se inmutan en mandar asesinar a cualquiera que les quiera impedir sus objetivos, todo lo hacen según ellos, en nombre de los pobres. Es imperativo que el mundo empiece a comprender el daño que le hacen a la humanidad las izquierdas disfrazadas de socialistas, izquierda unida, FARC, FSLN o bien con otros nombres. El éxito de las izquierdas está en infundir el miedo dentro de la población utilizando secuestros, asesinatos, robos, corrupción, etc. Cuando logran desarrollar estos factores, podemos predecir que el país queda secuestrado por muchas décadas.

Es casi imposible salir de semejante tragedia en menos de cien años, al menos así ha sido demostrado por los países que han sido secuestrados por las izquierdas. Las izquierdas controlan, usando el populismo, a las masas, que ingenuamente caen en las siempre falsas e incumplidas promesas; les prometen que las riquezas de los burgueses pasarán a manos de los pobres, más estos no saben que de pobres pasarán a ser miserables. Lo más triste de toda esta situación es que logran cambiar al ser humano que conquistan, convirtiéndolo en un ser despreciable, de instintos malos y dispuesto a cualquier fechoría, de igual forma, los países quedan prácticamente inservibles. Personalmente, considero que aunque ha habido injusticias y aprovechamientos en gobiernos de derecha, también es cierto que es mejor, pero por mucho, estos gobiernos que los de izquierda.

Los dirigentes izquierdistas como lo indiqué antes, ya se dieron cuenta de que dentro de la democracia existe una gran falla que los favorece para atrapar a un país sin necesidad de revoluciones y es el llamado "voto popular". Llenan de ilusiones a personas que no saben ni leer, les prometen trabajo, hospitales, educación, casas, etc., que nunca llegan. Estas sencillas personas llegan a pensar "que nada tienen que perder" dándose tardíamente cuenta de que entraron a una vida de engaño llena de miseria y más sufrimientos para ellos y sus futuras generaciones. Solamente, las élites militares y sus dirigentes, gozan de las riquezas que por el esfuerzo del trabajo y el sacrificio nunca hubieran logrado. Es decir, unos pocos controlan la gran mayoría de la riqueza del país. Siembran en la población el pánico, los mantienen controlados por organizaciones de la temible izquierda maldita. Le piden a la población "sacrificio", por un mañana mejor, que nunca llega.

La misma España, por ejemplo, se ha dedicado a quitar todas las esculturas de Franco, han montado películas, escritos, juicios, etc., sobre todo lo hecho por Franco. Los socialistas no hablan de que Franco los salvó de ser un país controlado por los rusos, los rojos españoles asesinaron a miles de personas por no comulgar con el comunismo; ellos querían que España fuera otra Rusia. ¿Qué sería de España, si Franco no la hubiera salvado? Siempre que las izquierdas toman un país, se nota de inmediato que apenas toman el poder, este empieza a retroceder en todos sus aspectos.

Veamos a la misma España; cuando gobernó Felipe González, esta retrocedió, los robos que se hicieron, por ejemplo, entre el gobierno español y el gobierno sandinista, fueron de millones de dólares. El sistema que utilizaban para robar era muy sencillo. España le concedía un crédito a Nicaragua por alguna cantidad de millones de pesetas, estos créditos se concretaban por medio del supuesto "sector privado", que tenía que comprar productos españoles; en Nicaragua, los sandinistas formaban empresas fantasmas que recibían el crédito. El comprador tenía que pagar un 20% de prima que no pagaba, la industria española lo daba por recibido. La empresa nicaragüense no pagaba el crédito concedido, entonces la industria española, procedía a hacer el reclamo al gobierno español, que sí le pagaba el restante 80% que los sandinistas no pagaban, de esa cantidad, ambos contratantes se repartían la suma acordada. Por supuesto que los precios pactados eran inflados. Me imagino que con Cuba deben haber sido gigantescos los robos.

Recientemente, tenemos nuevamente al gobierno socialista de Rodríguez Zapatero quien recibió el poder de un excelente presidente de derecha, José María Aznar, quien le entregó España en condiciones óptimas. En pocos años, Rodríguez Zapatero ha logrado desmejorarla, aún en sus valores morales. Un juez español en esta época de Rodríguez Zapatero, recientemente prohibió que existieran crucifijos en las escuelas públicas, sin importarle que España haya sido uno de los países con profunda fe religiosa. La religión ha sido y seguirá siendo vital para la formación del ser humano, ahora con este gobierno socialista, se permite en España el matrimonio entre personas del mismo sexo; recientemente en Barcelona desfilaron miles de personas desnudas como un ejemplo de las nuevas libertades conseguidas.

Otra ventaja que tienen los grupos de izquierda es que manejan millones de dólares que los distribuyen según consideren que deben atacar o controlar a un determinado país. El propósito que persiguen es unirse entre ellos, aunque no se conozcan o hablen el mismo idioma, es realmente un ejemplo que deberíamos aprender los que rechazamos estas doctrinas totalitarias que tanto daño han hecho y siguen haciendo a la humanidad. Los gobiernos que tanto hablan de la pobreza y que desean encontrar fórmulas que solucionen esta problemática mundial, olvidan que uno de los problemas más grandes son la inseguridad e inestabilidad que han causado y siguen causando las izquierdas. Cómo puede ser posible desarrollar empresas o infraestructuras que requieren inversiones de largo plazo, si los inversionistas están amenazados por confiscaciones, robos e impuestos creados para afectarlos directamente.

En los países de izquierda más del 50% del tiempo productivo se utiliza para defenderse de las injusticias que constantemente producen los izquierdistas. Observemos dos países completamente distintos: Rusia y Nicaragua:

*1. Rusia, sufrió hasta el punto de casi perder al ser humano. Cada habitante ruso vivió en la miseria y con injusticias sufridas por muchas décadas. Los crímenes, dejaron en cada habitante una huella que muy difícilmente será borrada en varias generaciones. Rusia, al caer el Muro de Berlín y abrirse a la verdadera democracia, empezó a conocer lo que había al otro lado del mundo. Poco a poco han mejorado dejando atrás la miseria y los sufrimientos vividos por tantos años injustamente. Se incorporan al mundo de países democráticos, el progreso de estos pueblos que ahora no están 100% dominados por las izquierdas los ha hecho mejorar, hoy ríen, tienen ilusiones, disfrutan de placeres, se alimentan mejor, etc.*

*2. Nicaragua, durante la primera época de los sandinistas, 1979 a 1990, el pueblo sufrió hambre, represión, crímenes, terror, como nunca habían existido en la historia del país.*

Se considera que el sandinismo, fue peor que la época vivida con el filibustero Willian Woker cuando se declaró presidente de Nicaragua; peor que la época de los terremotos y por consiguiente de cualquier otra catástrofe o gobierno habida en la historia del país. Los sandinistas en 1990 pierden la presidencia pero no los demás poderes, conservando entre otros, los dos más importantes: el ejército, la policía y la Corte Suprema de Justicia. Nicaragua, en 1990, con solo lograr uno de los poderes, la presidencia, comenzó una rápida recuperación. Hay que recordar que el Banco Mundial declaró que el país, en los diez años de sandinismo, había retrocedido setenta y cuatro años. Con solo haber recuperado la presidencia, el pueblo nicaragüense vuelve a tener esperanzas, trabajo y sale poco a poco de la miseria.

En el 2002 Daniel Ortega declaró que quería de nuevo la presidencia, no le había bastado gobernarla desde abajo. Para lograr sus objetivos, logró realizar un pacto con Arnoldo Alemán Lacayo expresidente de la república y jefe del Partido Liberal que lo había llevado al poder. Alemán pactó con Ortega para que únicamente fuera necesario un 35% de los votos, y no el 45%, para alcanzar la presidencia.

El pobre o inocente pueblo nicaragüense no advirtió lo que significaba que la Constitución fuera modificada para que el sandinismo volviera a tener la presidencia, si lo hubiera comprendido, habría realizado manifestaciones y toda clase de protestas hasta evitar que semejante crimen se ejecutara. Los sandinistas, en todas las encuestas, habían salido aproximadamente con un 32%, es decir encontrar la forma para robarse un 3% no les sería difícil.

En 2007, los sandinistas, con unas aparentes "elecciones libres", nuevamente adquieren también la presidencia, es decir, ya tienen todos los poderes y controles del Estado. Ortega aplica nuevamente las infalibles reglas de la izquierda que le dieron su éxito en la década de los ochenta y, de forma acelerada, está llevando al país otra vez de la pobreza a la miseria. Sistemáticamente, ahuyentan la inversión extranjera, se pelean con los países donantes y aterrorizan a la población con actos salvajes.

Las elecciones municipales de 2008 se las robaron descaradamente y, por supuesto, las protestas de la población fueron silenciadas sacando sus turbas asesinas, disfrazadas de población civil.

Al igual que en la época de los ochenta, cuando los sandinistas gobernaron a su antojo utilizando las montañas de Nicaragua para dar entrenamiento a grupos terroristas, entre ellos los de las FARC de Colombia y los del FMLN, de El Salvador; es seguro que en esta nueva era las volverán a utilizar, ya que el terrorismo es considerado por estos regímenes como algo fundamental. Para Irán, Cuba y ahora Venezuela, las montañas de Nicaragua son imprescindibles, ya que se conectan con las de Honduras por lo que esta sería la mejor opción para atacar, con terroristas, a EE. UU..

A Honduras no la podían perder, pues sus montañas son el complemento ideal para entrenar terroristas, además es fronteriza con el país más poblado del continente, El Salvador, gobernado ahora por la izquierda del FMLN, además es la mejor vía que hoy utilizan los narcotraficantes para enviar la droga a Estados Unidos. Lamentablemente, para Chávez, el presidente Roberto Micheletti, de Honduras, le impidió las pretensiones que tenía con el exgobernante Miguel Zelaya.

Hay nicaragüenses que han detectado que están llegando al país muchísimos iraníes, los cuales no necesitan visa para entrar, y una vez en territorio nicaragüense son transportados a lugares desconocidos. Mientras la verdadera democracia del mundo no combata con todas sus fuerzas, de frente y sin miedo a las izquierdas, como las combatió el presidente Ronald Reagan, el mundo se irá empobreciendo cada vez más, los costos se incrementarán en todos los niveles, las izquierdas seguirán siendo el azote del mundo moderno con la complacencia de la prensa mundial.

Cómo hacen los izquierdistas, para lograr que sucesos importantes, como fue el primer atentado contra las torres gemelas en Nueva York, donde los musulmanes extremistas de izquierda participaron con pasaporte nicaragüense, no se le diera la importancia del caso, ¿qué pasó con los medios de comunicación?, ¿dónde quedaron las investigaciones periodísticas? Por ejemplo, en las Torres Gemelas, en el World Trade Center, se realizó un primer atentado en los sótanos el 23 de febrero de 1993, se conoció en su momento que fueron llevados a cabo por musulmanes extremistas de izquierda, algunos de ellos con pasaporte nicaragüense. Es evidente que en esta conexión de terroristas estaban involucrados los sandinistas. El ejército sandinista es quien controla la inmigración y, además, es el único organismo que expide y extiende los pasaportes.

Internacionalmente, fueron señalados los musulmanes extremistas de izquierda como responsables, en muchos artículos por periódicos de derecha; sin embargo, no se le dio la importancia debida y se olvidó rápidamente este grave acontecimiento que, posiblemente, si se hubiera investigado más a fondo, se podría haber evitado el acto terrorista que después llevaron a cabo el 11 de septiembre 2001. Las fuerzas del mal son controladas por unos pocos, pero estos controlan a muchos.

La gran pregunta es: ¿cómo es posible que solo unos pocos puedan controlar a una inmensa mayoría? La demagogia se está convirtiendo en una gran enfermedad de tolerancia por parte de la democracia. Quienes la practican se están volviendo un poder político increíble porque adquieren la técnica del engaño y del cinismo, características innatas en cualquier izquierdista. Nunca se debe olvidar que los izquierdistas, los socialistas, los de izquierda moderada, etc., están considerados en el mundo como "maestros del engaño, como los maestros del mal".

Son muchos los líderes mundiales de importancia que se prestan al juego de las izquierdas, como lo fue el mismo presidente Carter cuando, como demócrata, ganó las elecciones en Estados Unidos. Lo primero que hizo Carter, además de destruir la economía de Estados Unidos, fue desestabilizar el Medio Oriente, al entregar a los enemigos de Estados Unidos el poder que tenía el Sha de Irán. De igual forma desestabilizó a América Latina, al entregar el poder en Nicaragua a los sandinistas.

Las izquierdas saben que estos presidentes que juegan a la democracia y a los Derechos Humanos, son sus mejores aliados para conseguir sus propósitos de desestabilización, y se aprovechan de ellos, para lograr avanzar en sus estrategias malignas. Las izquierdas saben que con cada país que controlen y logren llevarlo a la miseria, ellos avanzan en sus objetivos de desestabilizar al mundo. Es una pena que una inmensa mayoría del pueblo estadounidense y mundial culpe al presidente George W. Bush (hijo) de ser el responsable de las guerras en el Medio Oriente cuando, en realidad, fue el presidente Carter el verdadero responsable de esta tragedia, cuando entregó a Irán y por consiguiente esa región a sus enemigos.

Los países de izquierda con mucha facilidad logran firmar acuerdos que llaman de "seguridad y defensa"; recientemente Hugo Chávez, de Venezuela y Evo Morales, de Bolivia, firmaron un acuerdo de este tipo. Esto ocurrió el 26 de mayo de 2006. Estos acuerdos, que no son más que para desestabilizar regiones, cuando conviene a los intereses de ellos, como sucedió cuando el ejército colombiano logró abatir al jefe guerrillero de las FARC, Raúl Reyes, alias Tiro Fijo: Hugo Chávez y Rafael Correa enviaron tropas a sus respectivas fronteras con la intención de atemorizar a Colombia y también lograron hacer un escándalo mundial a favor de la izquierda.

Además del perjuicio económico que le causaron a sus respectivos países así como también a Colombia, la prensa izquierdista mundial no dejó de atacar al presidente Uribe por más de un año, aún sabiendo los inhumanos secuestros y la clase de terrorista que fue Raúl Reyes de las FARC. Por lo general, los pueblos manejados por gobiernos de izquierda están siempre llenos de miedo, de terror, miedo a ejercer y reclamar sus derechos, miedo a perder sus empresas, casas, fincas, haciendas, su trabajo, etc. Ellos saben que si se declaran enemigos o simplemente no simpatizantes de la izquierda, estos gobiernos pueden levantarles calumnias y falsificaciones legales, o cualquier otra cosa para destruirlos a ellos y sus familiares.

Los funcionarios públicos que colocan en las oficinas colectoras de impuestos, son funcionarios sin principios, sin profesionalismo, simplemente siguen órdenes de sus jefes, para afectar a todos aquellos ciudadanos que sospechen que son sus adversarios. Vivir dentro de un país de izquierda, es deprimente, desesperante, asfixiante, aunque también es cierto que cuando las familias, por diferentes razones, no pueden salir de su país, estos pueblos que se quedan, escapan de la opresión, volcándose al alcohol, salen a restaurantes, a reuniones y tratan de llevar una vida ficticia y algunas veces hasta irresponsable. Sin que lo puedan advertir de inmediato, la mayoría de la población se va empobreciendo cada día más. También se pierde con mucha frecuencia la salud, y muchos, en su desesperación, se suicidan.

En las grandes masas, especialmente de América Latina, nos encontramos con una inmensa mayoría de su población, que además de vivir en extrema pobreza, no saben leer, consecuentemente son víctimas fáciles de los discursos de los candidatos populistas. Estos líderes del mal, nunca llegan a resolverles los problemas de la extrema pobreza y más bien los llevan a la extrema miseria. Lamentablemente las izquierdas tienen fuertes aliados en diferentes partes del mundo, algunos actúan solapadamente y otros de frente, es fácil encontrar importantes colaboradores como son algunos senadores demócratas de Estados Unidos y de Europa.

Desde que el presidente de Estados Unidos Ronald Reagan, conjuntamente con su Santidad Juan Pablo Segundo y Mijail Gorbachov, derrumbaron el comunismo en Rusia, las izquierdas prepararon nuevas y modernas formas de desestabilizar el mundo como han sido la droga y el terrorismo, armas terribles y fundamentales para el éxito de toda la izquierda. Ya no se necesita ganar guerras, basta aprovecharse de "tontos útiles" que existen dentro de Estados Unidos y de otros países importantes en el mundo, para conseguir sus propósitos.

Las izquierdas no son solución para combatir la pobreza, sin embargo, se empeñan en ofrecer su programa ideológico como solución, a pesar de que en ningún lugar del mundo que haya sido controlado por ellos, lo han podido lograr. Lo que si logran exitosamente es llevar a sus pueblos de la pobreza a la miseria, en esto si son verdaderos maestros. Hay que reconocerle a las izquierdas, su tremenda habilidad para el engaño, para el cinismo, son muchos los que justifican sus actuaciones en nombre de los pobres, por eso cada día más, los gobiernos populistas son un azote para la humanidad. Los pobres seguirán siendo aún más pobres y los costos de producción aumentarán considerablemente, más por los riesgos políticos que por otros factores.

La humanidad ha sido testigo de la inmensa pobreza que los jerarcas del comunismo mantuvieron en Rusia y siguen manteniendo en Cuba, Nicaragua y tantos otros países del mundo, que han caído en sus garras. Si analizamos a Venezuela, por ejemplo, donde los precios del petróleo casi llegaron a $150 el barril de crudo y que, además, ha sido uno de los países más ricos del continente latinoamericano, a pesar de ello, podemos observar la pobreza, los crímenes, los robos y las arbitrariedades del gobierno de Chávez, al punto de que ya es un país destruido por la famosa doctrina de la izquierda. Los altos jefes del partido viven despilfarrando fortunas, que solo ellos pueden disfrutar; los altos jefes de las izquierdas fortalecen sus capacidades militares, trabajan organizando desastres que puedan consolidar su poderío, ellos saben que si un país sale de la pobreza es porque ellos dejaron de existir.

En el mes de febrero de 2010, en Costa Rica, salió a la luz en los medios de comunicación un gran escándalo: el hijo de Daniel Ortega fue sorprendido a gran velocidad en un automóvil europeo con valor superior a los doscientos mil dólares y que había sido introducido ilegalmente en el país. Daniel Ortega no tenía ni un céntimo cuando secuestra a Nicaragua, sin embargo, hoy en día, su fortuna se considera superior a los setecientos millones de dólares, y lo que aún le falta por robar. Las izquierdas limitan o aniquilan la libertad, a cambio ofrecen bienestar económico que en la realidad de una vida, nunca llega al pueblo, sino solo a sus élites. El éxito de las izquierdas está en destruir la moral del ser humano, destruir la iniciativa privada, la que consideran su peor enemigo porque casualmente produce riqueza y mayor bienestar que cualquier sistema de izquierda; las cúpulas de las izquierdas lo saben y por eso atacan ferozmente su desarrollo.

Los pueblos deben ser informados de que por muy imperfectos que sean los gobiernos democráticos, incluyendo los regímenes autoritarios o aun dictatoriales, jamás llegan a los extremos de pobreza y sufrimiento que imponen los regímenes de izquierda. La ventaja de la derecha es que siempre se puede mejorar, en la izquierda, eso es imposible. En América Latina tenemos los ejemplos de Cuba y Nicaragua, en este último país, aún con una familia que su mayor mal fue gobernarlo por cuatro décadas, no se puede comparar la Nicaragua de la época de los Somoza con la de la época de los sandinistas. Durante la época de los Somoza, la economía de Nicaragua creció, su moneda fue estable por décadas, había seguridad jurídica, seguridad en las calles, carreteras, caminos de fincas, etc., había esperanzas, ilusiones y más. Nicaragua era considerada el granero de Centroamérica, el país más desarrollado del área, en cambio los sandinistas la han transformado en el peor país de América Latina, no solamente destruyeron su economía y la seguridad jurídica, sino también las esperanzas e ilusiones del nicaragüense. Los informes del Banco Mundial y de muchas otras instituciones del mundo, califican de desastrosos los diez años de sandinismo.

Hoy Nicaragua se considera un país que, lamentablemente, no sirve, poco a poco, los sandinistas, con las leyes que están logrando pasar en el Congreso controlado por ellos, se apoderarán de los bienes que aún no se han robado y que naturalmente les interese. No necesitan, como en la década de los ochenta, robarse las propiedades usando las fuerzas armadas, cuando se apoderaron de casas, haciendas, industrias, etc. En esta nueva era de los sandinistas, les basta aplicar impuestos absurdos a las propiedades que desean robarse. Uno de los altos jefes sandinistas conversaba con un amigo y le decía: "haremos las leyes para nuestros enemigos, pero las interpretaremos para nuestros amigos". Dando su explicación, este sandinista ponía de ejemplo: "Si en un determinado sector desearan apoderarse de alguna propiedad, simplemente le ponen a todo ese sector un impuesto alto, que seguramente no podrían pagar sus legítimos dueños, sin embargo los vecinos que fueran afectados con esos impuestos no los pagarían si son amigos y cooperadores del sandinismo". Estas leyes maquiavélicas son una realidad en las cabezas de estos personajes. En Nicaragua han acabado con la economía, las inversiones se han paralizado, el nicaragüense que se conocía como responsable, trabajador, pacífico y amable, hoy, muchos de ellos, son lamentablemente lo contrario de lo que fueron.

Es una pena que cuando uno se pone a pensar cómo es posible que exista tanta desinformación en la población, tanto veneno contra los hombres y las organizaciones productivas de derecha; llegamos a una triste conclusión: son los mismos hombres y organizaciones productivas de derecha, las que aceptan publicitar, en programas con periodistas de tendencia izquierdista, ellos mismos son tolerables con barbaridades que con frecuencia realizan los sandinistas.

Los espacios los aprovechan para desinformar a la población, envenenando a esa gente humilde, que se convierte en presas fáciles de ellos. Hoy día la mayoría de la prensa mundial defiende causas de extremistas y terroristas que realizan, en nombre de lo que llaman "la libertad de los pueblos", sus criminales atentados. Hay que tener siempre presente que la mayoría de los izquierdistas, son gente con resentimiento social, ya sea por problemas matrimoniales, familiares, haraganería, corrupción, etc. Estos malvados consideran la izquierda como la única fuente para justificar sus fracasos, por eso se apegan a ella como garrapatas en un animal.

En el reciente caso de Honduras es palpable cómo los medios de comunicación han favorecido, a toda costa, a Manuel Zelaya, sabiendo que deseaba perpetrarse en el poder al estilo de Chávez, Ortega y los Castros. A las izquierdas siempre les gusta engañar por el camino del "diálogo" ellos saben que los resultados están siempre a su favor, y en algunas negociaciones aceptan retroceder dos pasos pero logran avanzar diez, el cinismo permite a tontos útiles darles un voto de confianza, en estas reuniones.

El 24 de noviembre de 2009, *El Nuevo Herald* publicó la visita del presidente de Irán a Brasil, durante la cual el presidente Lula plantea que no se debe aislar a Irán, que hay que dialogar con los iraníes y que, por supuesto, tienen el derecho de tener sus plantas de uranio con fines "pacíficos". Esta acción del presidente Lula confirma, una vez más, cómo utilizan el mensaje del "diálogo" para, poco a poco, lograr sus propósitos.

Algo curioso es que los izquierdistas son tratados muy respetuosa, e inclusive, tímidamente por la democracia; en cambio, la izquierda ataca sin piedad a la derecha, faltándoles el respeto en muchas ocasiones. Hay miles de izquierdistas que se han arrepentido de pertenecer a esas tendencias, y revelan todos los peligros que ellos significan como, por ejemplo, el Sr. Joaquín Villalobos de El Salvador, cuya carta podemos leer en el Capítulo XII, "El Salvador". Los izquierdistas están siempre planeando cómo controlar su país y una vez controlado, ayudan y dan todo el soporte para que otros populistas tomen el poder de otros países. Ellos van por la obtención del todo, y no les importa atropellar hasta a su madre.

Hemos sido testigos, en países controlados por las izquierdas como son los casos de Rusia, Cuba, Nicaragua, etc., de cómo los hijos delatan a sus padres y los padres a sus hijos; para ellos la revolución está primero que los hijos o que los padres. Dejan de valorizar principios morales y, por supuesto, para la mayoría de ellos, Dios no existe. Combaten ferozmente a la Iglesia para asegurarse de que la población se vuelva atea; algunos líderes izquierdistas, para demostrar que están cambiando y confundir a sus pueblos, se acercan a la Iglesia en actos de verdadera hipocresía.

El gran problema de la derecha, es que muchos de ellos dan espacio a las izquierdas en diálogos que siempre pierden; los medios de comunicación se encargan de ofrecer las noticias favoreciendo a las izquierdas. Los políticos izquierdistas creen que todo se arregla con el paternalismo, prometiendo a las clases trabajadoras, lo que nunca puede llegar a lograr. Sus discursos son elocuentes y cargados de promesas llenas de cinismo, saben que lo que ofrecen, aun pudiéndolo cumplir, no lo hacen, porque significaría el fin de sus mandatos.

La Venezuela de Hugo Chávez es un ejemplo, su socialismo del siglo XXI, ha recibido miles de millones de dólares con el famoso petrodólar. El petróleo subió de unos cuarenta dólares a casi ciento cincuenta dólares el barril. Pero esos millones de petrodólares, no se invirtieron en el mejoramiento de Venezuela; por el contrario, se utilizó toda esa riqueza para extender su malvada política del siglo XXI. Entregaron miles de millones de dólares a países como Cuba, Argentina, Nicaragua, Bolivia, Ecuador y Honduras. Compraron miles de millones de dólares en armamento sofisticado, listos para combatir a Colombia o cualquier otro país que los confronte. Sin embargo, al pueblo venezolano solo le han dejado más hambre y más necesidades; es increíble pero esta ha sido la cruda realidad para ese grandioso pueblo. Ahora los grupos de izquierda han encontrado la panacea de echar la culpa al sistema financiero estadounidense por la problemática crisis mundial existente desde 2009.

Los medios de información de izquierda tocan sus tambores propagandísticos para hacer ver que el capitalismo no sirve, que es la doctrina del socialismo, o la izquierda, la que funciona. Los líderes de izquierda encuentran soporte en los medios para propagar sus ideas y, aunque pueda ser cierto, que los bancos estadounidenses y los del resto del mundo tienen culpa por falta de regulaciones al sistema, también es cierto que es mil veces mejor el capitalismo que la teoría de las izquierdas o de lo que muchos llaman socialismo.

Como decía Wiston Churchill, "su virtud inherente es la distribución igualitaria de la miseria". Las planificaciones inteligentes en las izquierdas, no existen. Ellos se basan más en estudios para controlar las fuentes de producción para robar y destruir a sus adversarios, que en programas que mejoren las condiciones de su pueblo. Por lo general, los países controlados por estos indeseables seres humanos, se estancan y retroceden, como le sucedió a Rusia y a los países de la órbita rusa, Cuba, Nicaragua, entre otros. Ellos simulan sorprenderse porque la miseria en su país no cambia y culpan al modelo capitalista y a la globalización, y son expertos en los contubernios políticos e intelectuales a todos los niveles, sus tentáculos fácilmente están introducidos en diversos gobiernos de derecha en muchísimos países del mundo.

El hecho de llamar socialistas a estos modelos, para apartarlos

113

de los crueles comunistas o izquierdistas, no es más que un tapujo para esconder el verdadero "yo", de los mismos, o sea, la izquierda. Si hacemos un análisis profundo, observaremos un común denominador en todos los países con alta pobreza: son controlados por la izquierda, sus pueblos viven en zozobra, atemorizados. Consiguen producir miedo en los empresarios que, con justa razón, no quieren perder lo que con grandes esfuerzos les ha costado conseguir. Sus amenazas y locuras no dejan trabajar a la gente en paz. Es imperativo que se llegue a comprender que las izquierdas lucharán a todo trance hasta conseguir el poder. Lamentablemente, muchos hombres democráticos aceptan, por temor, dialogar con ellos. Con el diálogo lo único que hacen es reforzarlos para conquistar sus objetivos. Es casi imposible para un demócrata ganarle a un izquierdista a través del diálogo, sobre todo si se llega a comprender que los medios estarán listos para publicitar a favor de la izquierda. Las democracias tienen mucha defensa moral, pero no física, es casi imposible para un demócrata involucrarse en crímenes para conseguir sus propósitos, en cambio a los izquierdistas no les importa apoyar los actos criminales que realizan sus correligionarios.

El mundo tiene que llegar a comprender que las izquierdas son un gran basurero, que se multiplican como cucarachas y no es uniéndose a ellas o dándoles espacios que se puede arreglar la problemática mundial. La única forma es concientizándonos los hombres de bien, del costo que significa al mundo el aceptar esta clase de indeseables, que solamente persiguen su lucro personal secuestrando a su país y ofreciendo a los desposeídos una mejor calidad de vida que nunca llega.

Lech Walesa, Premio Nobel de la Paz, es uno de los que vivió en su país, Polonia, en un régimen de izquierda; su ejemplo y lucha permitieron liberar a su patria en 1980, sometida casi por 100 años a la injusticia que han vivido los países conquistados por Rusia. En muchas ocasiones se ha referido diciendo "yo soy la mejor prueba de que el comunismo cayó porque era un sistema malo", Polonia es ahora un país libre, con ilusiones, esperanzas y progreso.

A principios del mes de noviembre de 2008, en una entrevista televisada que reprodujo la AP, Walesa le advirtió al presidente Hugo Chávez que sus ideales eran malos para el pueblo de Venezuela. A Chávez no le importaron los comentarios de Walesa, simplemente no lo dejó entrar al país. Lo que sí le importa a Chávez es cómo su pequeño grupo, logra someter a Venezuela a su antojo como si fuera el gallinero de su casa. Así como este gran hombre, el Sr. Walesa, que vivió en su país oprimido por muchísimas décadas, y tuvo el valor de luchar contra los izquierdistas, hay muchos más en diversos países luchando contra estas lacras humanas, con la desventaja de que los medios de comunicación, en vez de ayudarlos, los atacan. Son tan cínicas las izquierdas que, desinformando las realidades, las utilizan con sus propósitos armamentistas para atemorizar a sus pueblos.

Recientemente se publicó en *El Nuevo Herald*, del 7 de noviembre 2008 un artículo de Beatriz Lecumberri (AFP) donde se informa que Venezuela le seguirá comprando armas a Rusia y China, para proteger su petróleo de Estados Unidos, según palabras del general Jesús González, a cargo del Comando Estratégico Operacional. El general afirmó que enemigo de Venezuela es todo aquel que quiera poner un pie en su territorio, y no duda que los estadounidenses quieran venir a buscar petróleo, por lo que tienen que estar preparados. ¿Un absurdo verdad? Sin embargo en base al favoritismo de los medios de comunicación y al cinismo que emplean las izquierdas, el pueblo lo llega a creer.

En la realidad no es este General el que quiere comprar todo este armamento, esto es una política tradicional de las izquierdas. Hugo Chávez sabe que al igual que lo consiguió en Cuba Fidel Castro y Daniel Ortega en Nicaragua, él puede, con un pequeño grupo de militares, controlar todas las riquezas del país, para eso está su ejército. Atacan a Estados Unidos como la fuerza que hay que vencer y con esta cancioncita, gozan y se nutren las izquierdas. La derecha tiene que tener presente, que existe una intensa envidia contra los estadounidenses por parte de los socialistas o izquierdistas, esto es fácil de percibir en muchos pueblos del mundo, por ejemplo el español.

Hay que recordar cómo el falaz presidente de Venezuela, Hugo Chávez, en la reunión de presidentes que se efectuó en la ONU, llamó al presidente de Estados Unidos, "Diablo", y dijo, además, que el local de la ONU hedía a azufre porque había estado el presidente Busch dando su discurso. El irrespeto, el cinismo y la vulgaridad son propias de la mayoría de las izquierdas, esto da una idea de la clase de personas que son. A Chávez no le gustó cómo habló el presidente Bush, él no sabe que los presidentes republicanos se caracterizan por la claridad de pensamiento en cuanto a comprender el daño que le están haciendo al mundo las izquierdas y sobre todo ahora que han perfeccionado su nueva arma: el terrorismo.

Hay mucho odio contra los estadounidenses. Los envidian por los logros que han tenido y porque la mayoría del pueblo estadounidense, desde niño, es educado para servir, trabajar y defender sus valores patrióticos como lo han demostrado en las diferentes guerras en que han participado. Generalmente este odio visceral contra los estadounidenses es demostrado principalmente por los partidos socialistas, que son realmente partidos de izquierda.

El caso de los españoles de la izquierda de Rodríguez Zapatero, desde que tomó el poder en España, culpan de todo lo que sucede en el mundo a los estadounidenses. Cuando Rodríguez Zapatero tomó el poder en España, lo primero que hizo fue eliminar las tropas españolas que se distinguían con otros países democráticos luchando contra el terrorismo en la guerra liderada por Estados Unidos contra Irak. De esta forma envió su señal de apoyo a las izquierdas del mundo que, conjuntamente con los medios de comunicación de izquierda, aplaudían su actuación. Los aplausos no eran por salvar vidas españolas, eran para dar su respaldo a los grupos de izquierda. Hay que recordar que, lamentablemente, España tiene un alto porcentaje de izquierdistas.

Zapatero se dedicó a hablar mal del presidente Busch y después se lamentaba de que Busch no lo invitara a visitar Estados Unidos a una reunión de los países industrializados. Finalmente las presiones internacionales y la intervención del presidente de derecha de Francia, logró que Busch lo aceptara en dicha reunión, toda esta situación les hizo pasar vergüenza a los españoles, por culpa de la doctrina de Rodríguez Zapatero.

Los izquierdistas son peligrosos, son la causa de la pobreza y el sufrimiento en el mundo, y mientras esto no se llegue a comprender en toda su magnitud, el mundo seguirá siendo víctima del terrorismo, de la injusticia y, por supuesto, de la miseria. Analicemos algunos actos de terrorismo, que en su momento fueron noticia, cometidos por izquierdistas que a su vez han sido respaldados por gobiernos socialistas o simpatizantes de las izquierdas.

## Actos terroristas cometidos por sandinistas

Un comando sandinista, en diciembre de 1977, tomó la residencia del Dr. José María Castillo, presidente del Banco Nacional de Nicaragua, cuando este daba al embajador de Estados Unidos una fiesta con un grupo de amigos. Afortunadamente, el embajador se había marchado minutos antes de que entraran los asaltantes, sin embargo asesinaron al dueño de la casa Dr. José María Castillo, y mantuvieron secuestradas a varias decenas de personas entre hombres y mujeres, por más de 10 horas. Pidieron al Gral. Somoza cinco millones de dólares para no matar a los rehenes y que sacara de las prisiones a varios sandinistas que tenían capturados. Lograron todo lo que querían, más un avión que los transportó a Cuba, a donde el cardenal Obando, jefe de la iglesia católica de Nicaragua, los acompañó en señal de protección.

## Otros asaltos y crímenes sandinistas

En 1978 el Comandante Cero (Edén Pastora) con otro grupo de asaltantes del Frente Sandinista, entró al Palacio Nacional de Nicaragua, y secuestró a más de mil personas que en ese momento trabajaban allí. El propio Congreso de la República estaba en sección, quedando todos secuestrados. En este caso, el Gral. Somoza prefirió pagarles otros cinco millones de dólares y publicar en los diarios de América Latina, lo que exigían los sandinistas: sus proclamas comunistas, para evitar así que corriera sangre inocente de las más de mil personas secuestradas. También en este caso lo obligaron a que les entregara más presos sandinistas y a que los sacaran a todos en un avión de nuevo para Cuba, siempre acompañados por el entonces obispo, Monseñor Obando.

Entre 1977 y su victoria el 19 de julio de 1979, los sandinistas cometieron más de seis mil asesinatos, incluidos los de la zona atlántica, donde aún tienen pendiente una acusación por lesa humanidad, Daniel Ortega y otros miembros del Frente Sandinista. Durante el primer período del secuestro de Nicaragua, entre 1979 y 1990, los sandinistas cometieron muchísimos crímenes más, así como también lograron entrenar y dar soporte a otros grupos terroristas entre los que estuvieron el FMLN de El Salvador y las FARC de Colombia, entre otros.

## Cometidos por el FMLN
## (Farabundo Martí para la Liberación
## Nacional)

Este grupo de El Salvador, es considerado uno de los más sanguinarios existentes en América Latina. Ellos secuestraron a más de trescientos salvadoreños en la década de los ochenta. Miles de salvadoreños tuvieron que huir de su país por el respaldo que les daban los presidentes: Jimmy Carter, de Estados Unidos; José López Portillo, de México, Carlos Andrés Pérez, de Venezuela; Rodrigo Carazo, de Costa Rica; Omar Torrijos, de Panamá y los países musulmanes extremistas de izquierda enemigos de Estados Unidos.

Los medios de comunicación de izquierda insistían en que El Salvador le debía entregar el poder al FMLN, sin embargo no lo pudieron conseguir porque, para suerte de los salvadoreños, los demócratas perdieron las elecciones en EE. UU. A Dios Gracias, un hombre de una extraordinaria claridad de pensamiento, el republicano Ronald Reagan, ganó las elecciones y, desde su primer día, combatió a todos los grupos de izquierda del mundo. Indiscutiblemente, el presidente Reagan con su claridad de pensamiento sabía que las izquierdas son, por definición y acción, enemigos del mundo libre y, por consiguiente, de Estados Unidos.

## Cometidos por las FARC
## (Fuerzas Armadas Revolucionarias de
## Colombia)

Las FARC constituyen un grupo terrorista de Colombia, altamente sanguinario, que han secuestrado a miles de personas, asesinado a otros miles y causado la mayor tristeza y opresión en todo el pueblo colombiano. Este grupo es apoyado por Castro, Chávez, Ortega, Correa y Morales, y fue apoyado por el depuesto presidente de Honduras Manuel Zelaya. Colombia se salva, al llegar a la presidencia Álvaro Uribe, hombre con claridad absoluta del sufrimiento que le ha causado a Colombia este grupo de subversivos, además firme combatiente contra la droga, un hombre de la categoría del presidente Reagan.

Este grupo de secuestradores y asesinos de las FARC ha recibido el apoyo de presidentes izquierdistas en diversas partes del mundo. También los medios de comunicación izquierdistas los han apoyado.

## Cinco hombres peligrosos manejan los destinos de América Latina

¿Qué bien le pueden hacer estos personajes izquierdistas a sus pueblos: Hugo Chávez, Rafael Correa, Daniel Ortega, Fidel Castro con el apoyo del presidente Mahmad Ahmadinejad, de Irán? ¿Qué buscan todos ellos? Es fácil de adivinar, ¿no les parece? Estos son los dirigentes del mundo que planifican la destrucción de Estados Unidos para acabar, de una vez por todas, con el sistema capitalista. El presidente Mahmad Ahmadinejad ha viajado más de diez veces a Nicaragua, y unas seis, posiblemente, a Venezuela, Ecuador, Bolivia y Cuba, ¿por qué?

¿Cuál es el especial interés del presidente de Irán en esos países? ¿Qué le puede ofrecer a Irán, por ejemplo, Nicaragua? Solamente, sus montañas para entrenar miles de terroristas y facilitar su territorio para la conquista de Honduras. Las montañas nicaragüenses son perfectas para esconder y entrenar terroristas, como ya lo hizo el Frente Sandinista en la década de los ochenta, cuando se aprovecharon del presidente Carter y dieron entrenamiento a la guerrilla colombiana de las FARC y al FMLN de El Salvador. Hoy la nueva meta es que los terroristas iraníes y latinoamericanos que se entrenen en suelo nicaragüense, lleguen a Estados Unidos para realizar actos terroristas; sin embargo, les hace falta una pieza importantísima para lograr su objetivo: las montañas de Honduras. Por consiguiente, este país será ferozmente perseguido hasta que caiga en manos de la izquierda. ¿Será que este grupo de terroristas está considerando que el nuevo presidente demócrata de Estados Unidos, Barak Obama sea otro Jimmy Carter? ¿Permitirá el avance de las izquierdas en otros países del hemisferio?

Siempre debemos tener presente que la izquierda es embustera y cínica. Quieren, escondidos dentro del socialismo o de otros partidos de izquierda, representar los valores de solidaridad y justicia, abogando por la abolición del capitalismo, al que califican de causante de los mayores daños a la humanidad. Ellos no advierten que, además, son los responsables de más asesinatos y destrucción que cualquier otra ideología. Lamentable-mente, la izquierda norteamericana tiene muchos congresistas que sim-patizan con los regímenes tiranos disfrazados de socialistas. En América Latina, para no ir muy lejos, tenemos los regímenes de Cuba y Nicaragua; Fidel Castro es el ídolo de gran parte de la izquierda norteamericana, Da-niel Ortega el líder de Centroamérica, estos dos bastardos tienen influencia en los medios de comunicaciones, y son los que están al acecho de todos los demás países.

Hugo Chávez, Evo Morales, Rafael Correa y Cristina Fernández de Kirchner, de Argentina, y Michelle Bachelet, que a Dios gracias ya dejó la presidencia en Chile, ven en Fidel Castro, no al tirano que tiene a Cuba convertida en prisión, sino al líder que ha vencido a Estados Unidos con más de cincuenta años en el poder. No se comprende, a nivel mundial, por qué le ha convenido a Estados Unidos tener un vecino tan peligroso para toda la región a 90 millas de su territorio, por qué tanta tolerancia y protección hacia Cuba, aun sabiendo que son causa de la destrucción de varios pueblos latinoamericanos e impulsadores de la entrada de droga a Estados Unidos.

Los izquierdistas, sin importar de qué país procedan, persiguen, to-dos, la destrucción del capitalismo y la destrucción del ser humano. No importa cómo lo consigan, ya sea por asesinato, calumniando a las perso-na, por medio del cinismo, etc., lo importante para ellos es no apartarse de su objetivo hasta lograrlo. Trabajan las 24 horas del día, y tienen a la mayoría de los medios de comunicación a su favor, sus propósitos siempre serán los mismos, "unos pocos controlando el pueblo".

Es muy cierto que dentro del capitalismo ha habido abusos y que muchos presidentes de derecha se convirtieron, en el siglo pasado, en dic-tadores, lo cual fueron hechos reprochables, sin embargo, aun con todos esos abusos, nunca se llegó a igualar al daño que provocan las izquierdas. Para justificar su socialismo, sus revoluciones, sus partidos de izquierda, etc., aducen que todos los atropellos que cometen lo hacen en el nombre de los pobres, en nombre del socialismo, jamás reconocen que entre sus propósitos principales está llevar a los pueblos de la pobreza a la miseria, la mejor fórmula que utilizan para manejar el país a su antojo.

El capitalismo abusivo se frena con leyes justas, por eso no se justifica que para mejorar a los pobres, haya que destruir el capital y todos sus medios productivos. Por ejemplo, el izquierdista Daniel Ortega, en

Nicaragua en el 2008, cerró más de treinta mil puestos de trabajo de la zona franca, alegando que los usuarios de dicha zona no proporcionaban un trato justo a los trabajadores; perfecto, "qué bueno es Daniel Ortega, preocupándose por la mejoría de su pueblo", podrían pensar los tontos que no lo conocieran. Sin embargo su objetivo principal fue aprovecharse de esas consecuencias para dejar sin trabajo a esas treinta mil personas.

Lo lógico hubiera sido, si quería cerrar esas plantas, es haber tenido otras opciones de trabajo para los más de treinta mil trabajadores que trabajaban en esas plantas. Lo que hizo el Frente Sandinista fue, dejar en la miseria a esa pobre gente, al cerrar las plantas y no tener otra opción de trabajo. Lo que debían haber hecho los sandinistas, si no hubieran querido dejar a esa pobre gente sin trabajo, es que ellos, como gobierno, hubieran puesto inspectores que garantizaran el buen trato a los trabajadores.

Son ya decenas de países los que habiendo caído en manos de las izquierdas, sus pueblos han tenido que sufrir este terrible sistema por muchos años. En ellos, las estructuras morales, económicas, culturales, etc., han sido destruidas hasta sus máximas consecuencias.

Lo más triste es que la destrucción continuará cuando uno de estos tiranos izquierdistas deja el poder, por cualquier circunstancia, porque el daño realizado a la población, difícilmente se puede reparar en las primeras generaciones. Tenemos el caso de Rusia, donde después de haber caído el comunismo, que duró un poco más de 75 años, siguen los izquierdista socavando la incipiente democracia.

En la misma Nicaragua, donde los sandinistas llevan ya más de treinta años de control, se puede vislumbrar fácilmente la destrucción moral y económica que han llevado a cabo, lo cual les permitirá permanecer en el poder por muchas décadas más con toda seguridad.

Es cierto que algunos países han logrado escapar de ese calvario de tantos años. Esto ha sucedido gracias a la acción de hombres leales y dispuestos a salvar a su amada patria; este fue el caso de España, donde el generalísimo Franco, derrotó a los rojos que querían anexarse a la doctrina marxista de los rusos. Los rojos o socialistas españoles querían construir en España una nueva Rusia.

El caso de Chile fue otro que logró salvarse de los izquierdistas cuando el general Augusto Pinochet decidió salvar a Chile y alejarla del sufrimiento y del hambre en que la tenía el presidente Allende. En realidad son pocos los hombres con claridad de pensamiento listos a sufrir cualquier sacrificio con tal de salvar a su patria.

Recientemente, hemos tenido el caso del presidente de Honduras Roberto Micheletti, quien tuvo que luchar contra todos los países del universo para no permitir que los hondureños cayeran en las garras malvadas de la izquierda, Nicaragua era ya suficiente ejemplo para ese heroico pueblo.

El 29 de enero de 2009 *El Nuevo Herald* publicó que los líderes de izquierda sudamericanos se reunieron en Brasil para acusar al capitalismo de ser el responsable de la crisis económica mundial. Estos fueron acogidos como héroes por unos cien mil activistas del Foro Social Mundial (FSM) en una ciudad del Amazonas. Estos líderes de izquierda exigen una revisión del capitalismo. Solamente los bobos pueden creer en sus palabras, lo que realmente persiguen es cómo destruir el capitalismo, para imponer ellos su doctrina del "socialismo del siglo veintiuno". Manejando grandes masas de "tontos útiles" pueden confundir al predicar que es el capital la causa del hambre y del deterioro en el mundo.

Cada día, la auténtica democracia tendrá más enemigos, cuando en realidad es la izquierda la que está amenazando al capital de diferentes formas, no los deja desarrollarse con la tranquilidad que necesita cualquier empresario para progresar. Cualquier verdadero desarrollo se construye a largo plazo; pero la tranquilidad para esto no la hay en muchos países latinoamericanos. La izquierda se mantiene amenazando a los empresarios, y a las clases productivas del país. El acecho de la izquierda no ha parado en más de cien años a la clase emprendedora, el cinismo ha sido parte de la estrategia de la izquierda, como lo demuestran en esta reunión en Brasil, donde culpan al capitalismo de la responsabilidad de la crisis.

En ningún momento mencionan los estragos que hizo el petróleo a nivel mundial, cuando lo tuvieron casi a los ciento cincuenta dólares por barril, incluido el nuevo líder de las izquierdas Hugo Chávez de Venezuela. Como siempre los promotores de esta reunión de izquierdistas han sido los presidentes de Cuba (ausente por la enfermedad de Fidel), Venezuela, Nicaragua (ausente por crisis dentro de su país), Bolivia, Ecuador y Brasil. Todos ellos a grito partido, con el cinismo que les caracteriza, denunciaron al capitalismo como causante de la crisis económica mundial. El presidente venezolano dijo que el FSM es "un nido de esperanza", porque la miseria y la pobreza están creciendo, el desempleo aumenta por culpa del capitalismo global, sostuvo ante los miles de personas que asistieron al evento. El presidente Lula da Silva, de Brasil, refiriéndose a Estados Unidos, dijo que le resultaba "imposible imaginar que un país en donde hace 40 años mataron a Martin Luther King, eligiera ahora a un presidente negro", en referencia a Barack Obama. "Esto", dijo Lula, "significa que las cosas están cambiando. No con la velocidad que quisiéramos, pero están cambiando", también dijo que la guerra de Irak es el legado que el expresidente Bush deja a la humanidad, esto fue también publicado en *El Nuevo Herald*. Por supuesto que ninguno de estos izquierdistas reconocerá la barbaridad cometida contra el pueblo estadounidense, cuando mataron a más de tres mil personas en el ataque que hicieron los terroristas contra las torres gemelas en Nueva York.

La actuación protectora que siempre dio Saddam Husein a los terroristas y las posibilidades que el centro de inteligencia americana indicaba de grandes posibilidades de armas nucleares en Irán, fueron suficientes motivos para que el presidente Bush, diera su consentimiento para atacar a Irak. Cualquier presidente al menos republicano, hubiera actuado como el presidente Bush. Para animar a los miles de izquierdistas que se reunieron en Brasil, el presidente ecuatoriano Rafael Correa, les cantó la canción clásica de protesta "Comandante Che Guevara", los demás presidentes coreaban también la canción, todos ellos recibieron fuerte aclamación y el que más, naturalmente, fue el líder de todos ellos, Hugo Chávez.

Hugo Chávez en su discurso populista gritaba, "tenemos que continuar batallando para derrotar el capitalismo mundial", la idea de estos izquierdistas es construir más gobiernos populistas y revolucionarios que formen parte del socialismo del siglo veintiuno, Chávez decía, que "es el capitalismo el que destruye a la humanidad, combatámoslo". Chávez dijo que hay que llevar el FSM a Suiza donde se debaten problemas mundiales para que conozcan los europeos y el mundo las ventajas del socialismo del siglo veintiuno inventado por él.

Decía también que hay que salir de las trincheras fortaleciendo las ideas y lanzar así una ofensiva ideológica política en todo el mundo. Será que a Chávez no le basta América Latina sino que también quiere otras partes del planeta? Chávez considera que el FSM debe luchar abiertamente, contra las pretensiones de los neoliberales sobre todo ahora que los tiempos han cambiado con la crisis mundial, es un momento histórico para aprovechar que el mundo cambie de estrategia e ideología, pasando a la ofensiva. En su discurso se puede apreciar el cinismo, cuando dijo: "pasemos a la ofensiva", como si no fuera allí donde siempre han permanecido. Las izquierdas no se detienen, los asesinos son protegidos por los gobiernos de izquierda, como ha sucedido en Nicaragua desde que los sandinistas la secuestraron en la década de los ochenta.

# El asesino de Aldo Moro vive protegido en Nicaragua

Los asesinos del estadista italiano Aldo Moro, ejecutado hace 30 años (9 de mayo de 1978) por un comando de las Brigadas Rojas, han salido casi todos de la cárcel, pese a que la mayoría no se ha arrepentido del drama que conmocionó Italia. Alessio Casimirri, importante miembro de las Brigadas Rojas, quien asesinó al estadista Aldo Moro y realizó actos de terrorismo en la década de los setenta, se escapó de Italia a Libia, después siguió a Cuba para luego residir en Nicaragua. Él llegó en la década de los ochenta, cuando los sandinistas secuestraron a Nicaragua.

Los sandinistas, no solo lo acogieron y lo escondieron, sino que también le cambiaron el nombre, lo hicieron nicaragüense, le dieron dinero para que pusiera un flamante restaurante que es concurrido, frecuentemente, por los sandinistas y algunas otras personas de la sociedad nicaragüense, que no conocen el caso o bien se hacen los tontos. Su compañera, Annalaura Braghetti, entonces de 23 años, copropietaria del apartamento en el que permaneció secuestrado Aldo Moro en Roma, fue detenida en 1980, condenada a cadena perpetua y obtuvo la libertad condicional en el 2002. Alessio Casimirri, quien ostenta desde los años ochenta la nacionalidad nicaragüense y la protección total de los sandinistas, es el último miembro de las Brigadas Rojas que las autoridades italianas esperan capturar. Su exesposa Rita Algranati que vivió también en Nicaragua protegida por los sandinistas, viajó a Egipto donde fuera capturada en compañía de Mauricio Falessi, miembro también de las Brigadas Rojas, cuando intentaban abordar un avión en el Cairo, Egipto, según informaciones periodísticas italianas.

Casimirri, quien tranquilamente radica en Nicaragua con su flamante restaurante y es productor del programa de televisión "La Nicaragua Sumergida", fue el asesino principal del exprimer ministro de Italia, Aldo Moro, líder de la Democracia Cristiana. Se le acusa por el asesinato de otros políticos y funcionarios prominentes, realizó actos de terrorismo donde murieron algunas personas y otras fueron heridas; según informaciones, Casimirri es un terrorista y asesino a sueldo. La justicia italiana lo busca desde hace más de 30 años, sin embargo el gobierno de Italia no ha podido conseguir que los sandinistas, que controlan a Nicaragua desde julio de 1979, se lo entreguen. El embajador de Italia en Nicaragua, Mauricio Fratini, dijo que su gobierno se encuentra satisfecho y considera que la captura de Algranati, exesposa de Casimirri, es una victoria, después de una búsqueda incesante.

La batalla que aún consideran les hace falta ganar es la extradición de Casimirri, la que se dificulta por ser nacionalizado nicaragüense y estar protegido por los sandinistas, además Casimirri se casó con la nicaragüense Raquel García, militante también del Frente Sandinista. Casimirri es considerado como uno de los pocos buzos expertos del país, empresario de restaurantes y de programas de televisión, se estima que su caso ha servido de jurisprudencia en el caso de varios políticos nicaragüenses.

El gobierno de Italia, cuando los sandinistas perdieron durante tres elecciones la presidencia de Nicaragua, trató, con los presidentes Violeta Chamorro, Arnoldo Alemán y Enrique Bolaños, de que Nicaragua les entregara a Casimirri, sin embargo, ninguno de esos presidentes pudo hacer nada, porque la Corte Suprema de Justicia de Nicaragua y el Ejército no se lo permitían. El embajador de Italia destacó que las conversaciones habían sido a todos los niveles en la Corte Suprema de Justicia (CSJ), donde se encuentra una solicitud de extradición que todavía no se ha resuelto.

Hay un precedente de que en 1999 fue desestimada una petición similar, con la cual los sandinistas le dieron protección a otro asesino buscado internacionalmente, sin embargo, el gobierno de Italia seguirá agotando todas las vías legales porque lo considera un derecho que tiene el pueblo de Italia, de que los asesinos paguen sus culpas, y por eso seguirán gestionando la extradición del terrorista Alessio Casimirri. Los tramites que hicieron los sandinistas, para conferirle la nacionalidad nicaragüense, fueron corruptos y no transparentes, él se nacionalizó con un nombre falso, causa suficiente para que, la justicia nicaragüense, lo entregue al gobierno de Italia. El embajador italiano cree, que como no existe un tratado de extradición entre Italia y Nicaragua, la justicia nicaragüense se está aprovechando de esas circunstancias, para que un terrorista de la calaña de Casimirri ande tranquilamente por toda Nicaragua.

Con la protección que brinda Nicaragua a los terroristas, muchos internacionalistas podrían aprovecharse para realizar más actos de terrorismo en cualquier parte del mundo. Casimirri, en Italia junto a otros integrantes de las Brigadas Rojas, pusieron bombas, y realizaron muchos otros actos de terrorismo, él puede ser uno de los entrenadores, que Irán y Cuba, pueden seleccionar para entrenar a terroristas que puedan viajar después a EE. UU. a realizar sus macabros actos.

Aunque parezca irrisorio, Daniel Ortega, quien controla a Nicaragua a su completo antojo y voluntad, el 15 de diciembre de 1993 acusó a la CIA y al FBI de Estados Unidos, de querer revisar en Nicaragua, las listas de árabes y otros extranjeros que son buscados internacionalmente, y que viven en Nicaragua. Declaró Ortega que era "contra los derechos humanos" lo que perseguían la CIA y el FBI. Insistió en que doña Violeta Chamorro, quien era presidente de Nicaragua en esos momentos, no lo permitiera, sin embargo, cuando los terroristas árabes realizaron el primer atentado en las Torres Gemelas de Nueva York, (Word Trade Center), fueron capturados con pasaporte nicaragüense, emitidos durante el gobierno de doña Violeta, por el ejército sandinista, que controlaba el Departamento de Inmigración.

Durante la presidencia de doña Violeta Chamorro, España logró que los sandinistas le permitieran deportar a tres vascos españoles, quienes eran buscados por la justicia española, gracias a la cooperación entre ambos países y porque, en ese entonces, España tenía un gobierno de derecha con el presidente Aznar.

## Nicaragua, paraíso de los terroristas

El 19 de abril de 2008, los medios de comunicación nicaragüenses dieron cobertura nacional, porque el presidente sandinista Daniel Ortega, haciendo gran alarde, dio protección a la terrorista mexicana Lucía Morett, y a dos miembros más de las FARC, buscadas por el gobierno de Colombia. El opositor nicaragüense del Partido Liberal Leonel Teller, decía, que estaban alarmados, porque nuevamente Nicaragua se convertiría en el paraíso del terrorismo internacional, como lo fue en la década de los ochenta, cuando los sandinistas controlaban, como ahora (2007-2012), la presidencia con todos los poderes. Ortega declaró, en esa ocasión a los medios de comunicación, cuando les presentaban a las terroristas mexicanas y colombianas; que Fernando Morett el padre de la mexicana, Lucía Morett, María Álvarez, y Pamela Dávila, la activista de los Derechos Humanos, habían trabajado en Nicaragua en la década sandinista de los años ochenta. También informaba, que los mexicanos en la época de José López Portillo, como presidente de México, les habían ayudado a tomar el poder en Nicaragua. El prestigioso médico y político nicaragüense Dr. Emilio Álvarez Montalván, calificó la acogida del terrorista Fernando Morett, con las otras tres terroristas, como un caso similar al del terrorista italiano Alessio Casimirri al que los sandinistas le dieron asilo y la ciudadanía nicaragüense.

El diputado opositor al Frente Sandinista, Javier Vallejos del movimiento Vamos con Eduardo, recordó que en la década de los ochenta, Nicaragua "fue nido de terroristas y guerrilleros", que solo venían a Nicaragua a tomar oxígeno, a entrenarse y a regresar a sus países de origen para causar desastres. También, durante esos días, fueron señalados los movimientos de la ETA de España, cuyos miembros se refugiaban y entrenaban en Nicaragua. En el 2008, explotó, en el barrio de Santa Rosa, en Managua, un refugio de armamentos que tenían la ETA, conjuntamente con los sandinistas y los miembros del FMLN de El Salvador. Los medios de comunicación de Nicaragua han estado diciendo; "tampoco en Argentina, de nada parece servir la definición de crimen de lesa humanidad, porque no han querido extraditar al español Lariz Iriondo, acusado de pertenecer a la organización terrorista española ETA", pareciera que ahora Argentina y Nicaragua podrían ser paraíso de refugio de terroristas.

Daniel Ortega, el 1.º de febrero de 2006, tuvo el descaro de decir que, el neoliberalismo es un genocidio, que los acusa como los mayores causantes de las desgracias del mundo, cuando el Sr. Ortega, del Frente Sandinista, ha dado protección a terroristas de la ETA, de las FARC, al asesino del italiano Aldo Moro y a muchos otros provenientes de los países de izquierda.

# Los ataques permanentes de la izquierda mundial

Nunca vemos manifestaciones en París, Londres, Barcelona, México, Buenos Aires, Caracas, Managua y muchas ciudades más del mundo, en contra de las dictaduras y el barbarismo de los regímenes islámicos. Nunca se pronuncian contra la dictadura birmana. ¿Por qué no hay manifestaciones en contra de la esclavitud de millones de mujeres, que viven sin ningún amparo legal? ¿Por qué no protestan por la utilización de niños bombas, en los conflictos donde el Islam está implicado? ¿Por qué nunca se han conmovido por las víctimas de los actos terroristas en Israel y los ataques del 9-11 en Estados Unidos? ¿Por qué no protestan contra los secuestros, los crímenes de las FARC y contra los sandinistas por tener secuestrado a todo un país como lo es Nicaragua? ¿Por qué será, que los grupos izquierdistas, solo protestan cuando algún o algunos izquierdistas son combatidos por sus lamentables actos? Los grupos de izquierda protestan, porque Israel tenga el derecho de defenderse y de existir. Será, porque Israel es uno de los firmes aliados de los estadounidenses, que cree en la verdadera democracia, y que fomenta el trabajo en la mejoría de su pueblo y no el bandolerismo, que es lo usual en los grupos izquierdistas.

¿Por qué será, que la izquierda mundial, está empeñada en luchar contra las democracias sólidas del planeta, que han causado los mejores estándares de vida a sus ciudadanos? ¿Por qué no luchan contra las peores dictaduras como: la de Rusia en su momento, la de Cuba, la de ciertos países islámicos, la de Palestina, la de Nicaragua, de Venezuela y muchos otros países que, con el engaño, están llevando a sus países al precipicio del que muy difícilmente se puede salir?

Las izquierdas gritan con mucha fuerza, constantemente, en sus pronunciamientos que están a favor: de la libertad de los pueblos, de la justicia, de la paz, de crear trabajos, de mejorar a los pobres y de propiciar la igualdad ciudadana. Cuánta mentira, y cuánto cinismo, porque en la realidad cuando dicen:

**Libertad de los pueblos:** *Han demostrado siempre todo lo contrario, como por ejemplo: durante la época comunista de los rusos; en Cuba, donde su pueblo ha perdido hasta los más mínimos principios de libertad y viven, prácticamente, dentro de una cárcel; en Nicaragua, donde por más de treinta años, han mantenido a su pueblo secuestrado, donde el robo, el cinismo y el miedo, son sus herramientas de todos los días. ¿por qué hablan de la libertad de los pueblos con tanto cinismo?*

**Justicia:** *Otra gran mentira que predican. Todos los países, que han caído en manos de las izquierdas, saben que lo primero que* *hacen los izquierdistas es controlar el ejército, y corromper el sistema judicial para controlarlo a su completo antojo y, así, cometer los mayores atropellos.*

**Paz:** *Controlan rápidamente el ejército para hacer lo que ellos quieran, los arman con nuevas adquisiciones, que realizan justificando sus compras de armamento para defenderse de las invasiones que le puedan hacer los estadounidenses o sus vecinos. En realidad, la mayoría de esas nuevas armas las necesitan para tener atemorizada a la población.*

**Crear trabajo:** *Otra gran mentira, lo primero que tienen que hacer las izquierdas cuando llegan a controlar un país, es desestabilizarlo por medio de las confiscaciones, atemorizar a los inversionistas; sacan leyes que desestimulen al sector privado, fomentan el exilio de miles de ciudadanos y rompen todo aquello que pueda ser productivo. Las izquierdas existen si logran bajar a sus pueblos de la pobreza a la miseria, porque si hay progreso, ellos dejan de existir, y lo saben muy bien.*

**Mejoramiento del pobre:** *Siguen las mentiras, no existe un pueblo en el mundo, que con la doctrina de la izquierda, haya salido de la pobreza, más bien entran a una etapa de miseria. Solamente el grupo pequeño de los que controlan el país, entre ellos algunos militares, políticos, los profesionales y adeptos al régimen, que realicen todos los trabajos sucios que se necesiten, son los únicos que gozan de todas las riquezas y prebendas, el resto de la población debe de sacrificarse.*

**Igualdad ciudadana:** *Significa más mentiras, en los regímenes izquierdistas, el pueblo en la miseria, tiene una gran diferencia con el pequeño grupo que controla el país, estos últimos son los amos del mismo, con derecho a riquezas, y a llevar a las cárceles o a la muerte, a sus oponentes.*

# Los medios de comunicación apoyan a los izquierdistas

A todo lo anterior hay que agregar que los medios de comunicación, en su mayoría, promueven y respaldan a las izquierdas. Ellos se encargan de defender cualquier causa que beneficie a los grupos izquierdistas. Por otra parte atacan ferozmente a la auténtica democracia a la que, solapadamente, están directa o indirectamente afectando a través de sus manipulaciones.

En el conflicto árabe-israelí, por ejemplo, en realidad no informan, más bien hacen propaganda a favor de la causa palestina, violando los principios del código deontológico del periodismo.

Lo mismo hacen cuando se refieren a Daniel Ortega, Hugo Chávez, Fidel Castro, etc., cuando los terroristas atacan con sus misiles a Israel, casi no hay información, pero cuando Israel se defiende, se convierte periodísticamente en una masacre y cualquier enfrentamiento es un genocidio. Por supuesto que la prensa no le da importancia a la injerencia de Irán o Siria en el suministro de armas al grupo terrorista de los palestinos.

Algo similar ha sucedido con muchos de los acontecimientos ocurridos en América Latina como fue cuando el presidente Reagan luchaba contra el grupo sandinista que desestabilizaría a toda la región de América Latina como en efecto sucedió.

Cuando el ejército colombiano dio muerte a su líder principal Raúl Reyes alias Tiro Fijo, de las FARC, los medios de comunicación mantuvieron la noticia por más de un año y siempre trataron de afectar al presidente Uribe de Colombia, considerado el mejor presidente de América Latina durante su mandato.

Al mismo presidente George W. Bush, lo atacaron hasta que lo acabaron políticamente, entre los demócratas y los medios de comunicación. Lo atacaron porque fue un fuerte combatiente contra las izquierdas.

A principios del año 2009 la izquierda española expulsó a uno de sus militantes porque abrió una página Web en defensa de Israel. Para la izquierda española, Irán, Libia, Venezuela, Nicaragua, Bolivia y Ecuador son pueblos oprimidos por el imperialismo.

En Barcelona, el ayuntamiento socialista decidió celebrar el 60 aniversario del Estado de Israel con una semana de solidaridad con el pueblo palestino. A esta reunión fue invitada Leila Khaled, famosa terrorista de los años setenta y actual líder del Frente de Liberación de Palestina que es una organización considerada terrorista por la Unión Europea.

Muchos españoles aducen que la política exterior del presidente Zapatero está a favor de la izquierda y en cuanto a Oriente Medio, su actitud es inequívocamente proárabe. Hay españoles que sostienen que Zapatero, en privado, está a favor del grupo terrorista de los palestinos y la política de su ministro Moratinos va en esa dirección. El hecho de que Zapatero se pusiera una kefia en palestina, estando en plena guerra, no es una casualidad, y se ha interpretado como preferencia al grupo palestino. Lamentablemente la izquierda española, al igual que ha estado desde siempre contra Estados Unidos, está también contra Israel porque tienen los mismos principios de los estadounidenses y estará contra cualquier país de tendencia democrática progresista.

## Chávez, Correa y Ortega dicen que sus revoluciones jamás darán un paso atrás

Recientemente se publicó en el *Diario Las Américas* (02-04-2009), "Los presidentes de Venezuela, Hugo Chávez; Ecuador, Rafael Correa y de Nicaragua, Daniel Ortega, coincidieron en que los procesos de cambio 'revolucionarios' en sus países, jamás darán un paso atrás".

Correa, en uno de sus discursos eufóricos declaró: "La revolución latinoamericana jamás dará un paso atrás y venceremos".

Estos delincuentes, que es el título menor con que se les puede llamar a Chávez, a Ortega y, muy pronto, a Correa, pondrán todos sus esfuerzos no solamente en destruir a sus países, sino también a otros países donde desgraciadamente el populismo utilizado por las izquierdas siga endulzando los oídos de los pobres que, lamentablemente además, son mayormente las principales víctimas.

Todos estos izquierdistas dieron su apoyo a la izquierda salvadoreña para que ganen las próximas elecciones presidenciales que se realizaron en el mes de abril de 2009, Chávez les envió millones de dólares para sus campañas, y los sandinistas mantienen en entrenamiento a miles de salvadoreños.

La izquierda salvadoreña ganó las elecciones, por supuesto, sin embargo, el presidente elegido, Mauricio Funes, no es un militante del FMLN, su actuación hasta julio de 2010 se considera aceptable, está

Gabriel Antonio Serrano V.

casado con una brasileña y según ha informado a los medios de comunicación, es un gran admirador de la forma en que el presidente Lula ha manejado el Brasil.

No hay marcha atrás repiten Chávez, Ortega, Correa y Morales en cada discurso que ofrecen a sus seguidores. Hay que crear el socialismo del siglo veintiuno, dice Chávez, "debemos luchar contra los estadounidenses que son los enemigos de la humanidad", dice Daniel Ortega y así sucesivamente todos estos malos ciudadanos no pierden ocasión para que sus pueblos se confundan mientras ellos consolidan su poder. Lamentablemente, los pueblos se dan cuenta muy tarde de que viven en la miseria y de que todo ha sido una gran farsa.

## Visita de Michelle Balchelet a Cuba

El 13 de febrero de 2009 *El Nuevo Herald* publicó la visita que la presidenta de Chile Sra. Bachelet, realizó a Cuba, para entrevistarse con su líder Fidel Castro. Michelle Bachelet (socialista), a pesar de todas las injusticias que se realizaron durante su gobierno contra el general Pinochet, a quien acusaron de dictador; fue a visitar al mayor dictador que ha existido en la historia de América Latina: Fidel Castro; y aseguró que vio a Fidel "muy bien, muy ágil, siempre activo". Fidel, dijo la Bachelet, "tiene tanta información, que una se impresiona, porque conoce los detalles más importantes", ella calificó la entrevista de "muy grata, muy importante y de muy alto nivel".

La presidenta chilena, en su discurso en Chile, dijo que "como siempre, Fidel está muy interesado en los temas de Chile, manejando mucha información, estadísticas, interesado por conocer el desempeño de áreas en las cuales hemos sido muy exitosos. Hemos conversado, dijo la presidenta sobre las relaciones comerciales, la crisis internacional y sus implicaciones para la región, así como sobre el modelo chileno.

La presidenta chilena informó que desea más comercio bilateral con Cuba. También condenó el embargo económico de Estados Unidos a la isla. "Cuba y Chile", dijo la presidenta, "tenemos mucho por hacer para 'proteger' a nuestros pueblos"; además, recordó los efectos sobre la cultura que tuvo la represión de la dictadura militar "truncado brutalmente" por la dictadura de Pinochet, en 1973. "Revertir al silencio brutal sobre las ideas, sobre la creatividad, no fue fácil", expresó.

Qué cínica la señora Bachelet, hablando mal de Pinochet con el dictador más criminal del siglo veinte: Fidel Castro. La presidenta agregó que quería "reconocer el honor que Cuba nos ha conferido al invitarnos como un país principal".

Es indiscutible que el cinismo de los socialistas es impresionante, sin embargo, la presidenta de Chile recibió su merecido: Fidel Castro condenó y le reclamó a Chile por la causa boliviana, al referirse a que Bolivia no tiene costas porque los capitalistas chilenos se la robaron.

La empresa privada y algunos funcionarios chilenos le reclamaron a la presidenta Bachelet por su viaje a Cuba donde fue prácticamente irrespetado el pueblo chileno. Los medios de comunicación de derecha, también le reclamaron a Fidel que, al condenar a Chile, aumentaba las tensiones entre ambos países.

Un extraordinario artículo fue escrito por el Sr. Adolfo Rivero Cano en *El Nuevo Herald* del 13 de febrero de 2009, en el que se refiere al Gral. Pinochet, como alguien que estaba comprometido con la modernización de Chile, salvándola de la izquierda asesina y destructiva que era el camino por donde el presidente Allende conducía a Chile.

El Sr. Rivero Cano se pregunta en su artículo: "¿Por qué los socialistas chilenos y la Izquierda Internacional abominan tanto al Gral. Pinochet? ¿Por represor? ¿Por antidemocrático?

Mentira, si realmente así fuera, esos feroces críticos tendrían que ser igualmente hostiles a la dictadura de Fidel Castro y a la de Daniel Ortega que han sido infinitamente más represivas y antidemocráticas".

Por eso es que es bochornosa la visita de la presidenta socialista de Chile a Cuba, abrazándose con Fidel, con su hermano Raúl y con muchos otros asesinos de Cuba.

"Lo que los socialistas chilenos realmente detestan es que Pinochet haya estimulado la empresa privada y que eso haya convertido a Chile en el país más desarrollado de América Latina", dijo en su artículo el extraordinario escritor don Adolfo Rivero Caro.

Podríamos agregar que Pinochet dejó sentadas unas bases tan sólidas que les será muy difícil a los socialistas destruirlas para llevar a su país al desastre que es lo que ellos buscan, además el ejército chileno ha sido imposible de corromper en todos los intentos que han hecho los socialistas, por lo que saben que con ellos no se juega. Dios ha de querer que los chilenos lleguen a comprender que el mal de la humanidad lo representan las izquierdas no importando dentro de qué partido se escondan, siempre serán los mismos.

Indiscutiblemente que los izquierdistas se protegen a nivel mundial, ellos saben que los medios de comunicación, en su mayoría son de izquierda y esa es la razón por la que una presidenta socialista como la señora Bachalet legitima, con su visita, a la isla secuestrada de Cuba. Cualquier ayuda entre ellos, es válida, sin importarles el daño que le hacen a su país y a los cubanos apresados en la isla.

Los izquierdistas admiran a Fidel por haber logrado mantener secuestrado a su país por más de cincuenta años, esa es la verdadera admiración a Fidel, esos son los motivos por los cuales Fidel dirige y ha logrado destruir a muchos países latinoamericanos como Nicaragua, Venezuela, Bolivia y algunos más que seguirán en el futuro.

El *Diario Las Américas* publicó el 3-13-09 la presentación del libro *El comunismo no se adapta a la naturaleza humana* por el gran defensor y escritor de la auténtica democracia, Carlos Alberto Montaner.

Carlos Alberto Montaner es uno de los pocos periodistas que ha defendido el sistema democrático a pesar de que la mayoría de los medios de comunicaciones del mundo están en manos de izquierdistas, los escritos de Montaner son realmente un ejemplo que edifica el mejoramiento del ser humano. El libro fue presentado ante el expresidente del gobierno español José María Aznar, otro gran paladín que lucha contra las fuerzas izquierdistas que pretenden destruir el mundo.

Montaner informa en su libro que entre las causas profundas del desplome del comunismo está el conflicto entre el colectivismo y la represión del ego, también se refiere a que la desaparición de los estímulos materiales, como recompensa a los esfuerzos, provoca un distanciamiento creciente de las personas con el sistema. Montaner habla en su libro sobre la falta de solidaridad colectiva y el debilitamiento del bien común en las sociedades comunistas y que "las tendencias naturales de los seres humanos no van en esa dirección porque "cuando todo es de todos, nada es de nadie".

También se refiere a otros de los motivos del fracaso del sistema comunista y que es la ruptura de los lazos familiares, porque lo que hacen es crear "establos" para colocar a las personas que deben obedecer las instrucciones del Estado. Consecuentemente cosechan hombres y mujeres "parásitos" cuyo principal elemento de cohesión es el miedo y la consecuencia, es la mentira.

Además, agrega Montaner, que la desaparición de las tendencias competitivas de los seres humanos y la necesidad de libertad e información, ha sido otro factor que ha ocasionado el derrumbe del Muro de Berlín en 1989 y que espera que algún día suceda en Cuba.

## Encarnizados choques en Teherán, Irán

El 20 de junio de 2009, los medios de comunicación informaban que la izquierda iraní se había robado las elecciones descaradamente, que la población iraní salió a la calle a protestar, y que las Fuerzas Armadas y la policía izquierdista enviadas por el régimen habían causado muertos y miles de heridos. El presidente de Irán, Mahmud Ahmadinejad, desfachatadamente, con su pequeño grupo que infunde el terror, se robó las elecciones en Irán. Lamentablemente de nada le servirá, al secuestrado pueblo iraní, haber salido valientemente a las calles por varios días a protestar, a pesar de sus muertos y heridos causados por las represiones del régimen iraní.

Este ha sido el desafío más grave, desde la Revolución Islámica de 1979, apoyada por el presidente demócrata Jimmy Carter, quien al eliminar al Sha de Irán que era el balance de Estados Unidos en el Medio Oriente, dejó a un país que lleva ya más de 30 años secuestrado por la izquierda musulmana.

Ironías de la vida: el presidente demócrata Jimmy Carter fue el que ayudó a la izquierda iraní a llegar al poder; y hoy Irán es una de las principales amenazas para los estadounidenses. Los que creemos en la libertad, en la empresa privada, en la religión y en los principios familiares debemos tener cuidado con cualquier grupo de izquierda, ya que ellos siempre están al acecho, y no descansan en su tarea de acabar con el sistema capitalista.

Por ejemplo, los presidentes Carter, López Portillo, de México; Carlos Andrés Pérez, de Venezuela y los demás presidentes miembros de la Internacional Socialista, además de haber entregado a Nicaragua a la izquierda asesina, hicieron hasta lo imposible para entregar también a El Salvador. Este país se salva, porque Carter pierde su reelección contra el candidato republicano Ronald Reagan quien paró, de inmediato, todas las acciones izquierdistas de Carter.

El presidente Reagan, de inmediato, se puso a combatir a los grupos izquierdistas que habían puesto la seguridad de Estados Unidos, y del mundo, en peligro. Gracias a sus grandes esfuerzos, El Salvador se salvó, la lucha que realizó para salvarlo fue titánica, sobre todo en contra de los propios demócratas, quienes insistían para que El Salvador también cayera en las garras de los comunistas.

Las izquierdas no descansan, luchan día por día, hora por hora para conquistar sus malos propósitos. Lucharon, unidos, para derrocar a Honduras, recibieron el respaldo de Óscar Arias, presidente de Costa Rica y de José Miguel Insulza, de la OEA.

El 30 de junio de 2009 publicó, *El Nuevo Herald,* la fotografía de Hugo Chávez, Evo Morales, Rafael Correa, Daniel Ortega con el izquierdista y derrocado presidente de Honduras Miguel Zelaya, para hacer planes que lo llevaran a obtener nuevamente la presidencia.

Fue impresionante el esfuerzo que hicieron todos estos izquierdistas para lograr que la OEA y las Naciones Unidas, (presididas por el sandinista Miguel D'Escoto), lograran el acuerdo para sancionar al heroico pueblo de Honduras, que con gran valor no permitió, que Manuel Zelaya, repitiera en Honduras lo que Ortega, Chávez, Morales y Correa, han logrado en sus respectivos países. En Nicaragua, por ejemplo, que ya lleva más de treinta años secuestrada por los sandinistas, nunca la OEA ni las Naciones Unidas han salido en defensa de los nicaragüenses; en realidad, ocurre todo lo contrario, estas organizaciones trabajan para beneficiar y apoyar a las izquierdas del mundo.

Igualmente da pena el cinismo y el descaro de Raúl Castro, de Ortega y de Chávez, quienes han estado falsificando los conceptos de democracia, e implantando su nueva fórmula, que es ganar las elecciones a cualquier costo, después controlar el ejército, y luego proceder a desmantelar la Constitución democrática, con el supuesto apoyo de las "mayorías". La filosofía de las izquierdas se basa y sustenta en el pobre; ellos hacen creer al mundo que se establece el bienestar del pobre, cuando le quitan sus bienes y libertades al rico, lo que no dicen es que nunca le entregan esas riquezas y libertad al pobre, sino que se quedan con ellas.

En los países dominados por la izquierda, como Rusia, los países de

Europa del Este, Cuba, Nicaragua, Venezuela, etc., se ha demostrado que todo lo que recibe una persona, sin haberlo trabajado, sin haberlo sudado, lo desperdicia, lo destruye, no lo valora; esa persona se vuelve incapaz de administrarlo, en todo el sentido de la palabra. Los dirigentes izquierdistas saben que los pobres se hunden más con las prácticas que ellos ejercen, casualmente, por eso, es que destruyen las fuentes de producción y, por supuesto, a los que les ha costado, con su esfuerzo, lograrlo. La filosofía de ellos no cambia; para gobernar y controlar un país por largo tiempo, es imperativo llevar a los pueblos de la pobreza a la miseria. Los países que han sufrido por causa de las malditas izquierdas, han demostrado que una gran cantidad de sus ciudadanos se vuelven personas haraganas, sin ilusiones, sin ambiciones y, por lo general, hasta se vuelven peligrosos. Se acostumbraron a que el Estado se haga cargo de ellos, lo único que tienen que hacer es asistir como borregos a las manifestaciones, que son para "defender a su revolución" o, más bien, a su *"robo-lución"*. Hoy tenemos en toda América Latina la amenaza de la doctrina de Hugo Chávez de Venezuela: el Socialismo del Siglo XXI.

# La temible izquierda latinoamericana

A Hugo Cávez, Daniel Ortega, Evo Morales, Rafael Correa y Manuel Zelaya hay que tenerlos siempre presentes, olvidarlos, es peligroso. Estos son los supuestos líderes latinoamericanos que tienen secuestrado a sus respectivos países, con la excepción de Manuel Zelaya, quien también quiso realizar las mismas estrategias de los demás gobernantes, pero el noble y heroico pueblo de Honduras lo derrocó.

Hace más de 20 años que cayó el famoso Muro de Berlín, con lo cual se demostró que la doctrina comunista ha servido solamente para el aprovechamiento de sus nefastos líderes, con una pequeña cúpula que necesitan para lograr sus maquiavélicos planes; como le ocurrió al pobre pueblo ruso, que sufrió por más de setenta y cinco años, las más brutales torturas y asesinatos, y donde más de cuarenta millones de personas fueron asesinadas por el marxismo y sus seguidores. El marxismo, que siempre ofrecía el paraíso, no resistió enfrentarse con la realidad, y su sombra empobreció al mundo, a pesar de haber tenido más de veinte dictaduras espantosas.

La teoría del comunismo mantenía al mundo en ascuas, gastando millones de dólares en lo que se llamó la famosa "guerra fría", los líderes populistas se aprovechaban de pueblos dispuestos a aceptar monstruosidades en sus países, que actuaban como borregos, como pueblos idiotas. Lamentablemente, estos monstruosos líderes, siguen existiendo y refugiándose en partidos que se llaman: Socialistas, Pueblo Unido, Socialistas del Siglo XXI, FARC, Frente Sandinista, FMLN y muchos más. Aún no reconocen el sufrimiento que han causado al mundo, los atrasos que han tenido sus países, causados por una doctrina que protege y hace rico a un pequeño grupo, mientras el resto de la población es víctima de represiones y miserias.

Las izquierdas justifican cualquier acto, por inmoral o criminal que sea, con tal de lograr sus propósitos crean métodos de control social por medio de represiones, donde utilizan las fuerzas de la policía y del ejército, cuando lo consideran apropiado, de esta forma mantienen secuestrado a su país. El gran presidente Ronald Reagan, conjuntamente, con su Santidad, el papa Juan Pablo II, lograron destruir, y derrumbar el comunismo, sin embargo, los malos sentimientos del hombre izquierdista, aún se afanan en causar grandes sufrimientos a la humanidad. Las comparaciones entre las dos Alemanias, o las dos Coreas, las observaban con envidia los ciudadanos secuestrados en las grandes prisiones que significaban la República Democrática Alemana y Corea del Norte.

También en los países árabes que han sido secuestrados por la izquierda, se puede observar la miseria y la destrucción de los mismos. Es impactante, por ejemplo, ver a Yemen, que a pesar de su petróleo, es un país con un pueblo en la miseria y destruido, que a penas está saliendo de la barbarie izquierdista, en contraste con Jordania o bien con Omán, que sin tener petróleo, son países altamente progresistas, seguros para trabajar y pasear, son pueblos con ilusiones donde, por supuesto, la izquierda no domina. Los comunistas que, en síntesis, son las izquierdas, pretenden confundir a los inocentes o tontos, al querer implantar ahora la nueva doctrina llamándola el Socialismo de Siglo XXI. Sus seguidores no advierten que la doctrina izquierdista no es reformable, simplemente, la izquierda seguirá en su proceso de destruir, robar y asesinar, todo en nombre de los pobres, y lamentablemente, con la complacencia de muchísimos países que los respaldan.

La pérdida del "ser" en función del "haber" es un objetivo que las izquierdas persiguen a cualquier precio, aun con el de su propia vida. La mayoría de ellos son lacras humanas, que sobreviven del mal que causan a ciudadanos honrados que viven de su trabajo, a ciudadanos que con su esfuerzo han salido adelante. El mundo debe de comprender, que los izquierdistas, en su mayoría, son personas malas, y que se multiplican como cucarachas en un basurero. Ellos persiguen la educación de los niños, para infundirles, desde temprana edad, el veneno contra el capitalismo y los estadounidenses. No les basta el daño que hacen en su época, pretenden aún después de muertos, seguir causándole mal a la humanidad. Venezuela fue uno de los países que se consideraba inmune a un gobierno izquierdista de la talla de los sandinistas o de los fidelistas de Cuba, la riqueza de su país la consideraban un antídoto para el comunismo, ellos aseguraban que los estadounidenses no permitirían que Venezuela cayera en manos de la izquierda. Sin embargo, Carlos Andrés Pérez ayudó a que los sandinistas tomaran el poder, sin importarle las consecuencias que esto podría tener aun dentro de su propio país, como en efecto sucedió años después, con el sustituto de Fidel Castro: Hugo Chávez.

Simón Bolívar, en una de sus frases celebres lo decía: "Huid del país en donde uno solo ejerza todos los poderes, ese es un país de esclavos". Si Simón Bolívar estuviera vivo en esta época, seguramente estaría combatiendo a los izquierdistas y les diría: "Un país secuestrado es un país que no sirve, es un país compuesto por muchos idiotas".

El socialismo es una doctrina fracasada, a pesar de que constantemente están comentando en sus discursos lo mal que lo hicieron gobiernos de derecha del siglo pasado, sin embargo, cualquiera de esos malos gobiernos, siempre fue mejor que cualquier gobierno socialista, ya sea del siglo veinte o del veintiuno. Preguntémosle a los rusos, a los checos, a los lituanos, a los cubanos, a los nicaragüenses, a los venezolanos, etc., todos esos países que han sufrido horrores de parte de esos gobiernos de izquierda.

Los estadounidenses, que tanto querían salir del presidente Bush, a pesar de que este realizó muchísimos esfuerzos en contra del terrorismo y que, por supuesto, tomó muy en serio a estos criminales, logrando salvar a Estados Unidos de nuevas acciones terroristas, fue criticado y prácticamente tenía amarrada sus manos por la prensa y los demócratas estadounidenses. Las campañas realizadas por los medios de comunicación en contra del presidente Bush, lograron poner en desprestigio al Partido Republicano, causando el efecto de que perdieran las elecciones y ganaran los demócratas, con Obama como presidente.

El presidente Obama, en menos de un año, ha gastado más, en nuevos programas, que lo que gastaron otros presidentes durante ocho años en la presidencia, incluidos presidentes demócratas como Bill Clinton. El presidente Obama está olvidando los principios fundamentales de la libertad individual, que tanto han respetado los estadounidenses, por haber sido principios escritos y defendidos por los padres fundadores de su patria.

Ojalá que los demócratas no olviden que el éxito de Estados Unidos no ha estado en redistribuir ingresos, ni en regalar servicios médicos, ni en utilizar los ahorros del pueblo para distribuirlo entre los pobres; tampoco ha estado en apoyar a los gobiernos de izquierda, enemigos de ellos. Recientemente, se vio en el caso del presidente derrocado, Manuel Zelaya de Honduras, cómo el Partido Demócrata, unido a los dirigentes izquierdistas de la OEA y la ONU, se replegaron con ellos para quitarle a Honduras su libertad, que tan heroicamente defendían. Afortunadamente, al final, se dieron cuenta de su injusticia, y aceptaron reconocer las elecciones de ese país.

Simón Bolívar debe estar pidiéndole al cielo que lo deje regresar con su espada, para pedirle cuentas a los impostores de Hugo Chávez, Rafael Correa y Evo Morales, por las barbaridades que están haciendo con sus pueblos.

Los republicanos de Estados Unidos tienen la virtud de reconocer que en las izquierdas está el mal de la humanidad, como en efecto lo comprendió durante su vida, el gran presidente Ronald Reagan, él defendió, al igual que los demás presidentes republicanos, que los derechos individuales y la propiedad de cada ser, deben ser protegidos y respetados. Las leyes para los republicanos tienen que ser iguales para todos, siempre han defendido que el ser no puede ser esclavizado bajo el engaño de que se está protegiendo a los pobres, prefieren enseñar a los pobres a pescar, que regalarles el pescado.

Los demócratas estadounidenses han olvidado, que fue el gran presidente republicano Abrahán Lincoln, el que luchó por la igualdad del hombre, que fue él quien eliminó la esclavitud y más bien fueron los demócratas los que siempre se opusieron a eliminarla, y que son también los que han formado los grupos del Ku Klux Klan, tan temido en todo Estados Unidos.

Realmente, el marxismo no resistió enfrentarse con la realidad, cuando el presidente Reagan y el Santo Padre, unidos a Gorbachov, lograron derrumbar el famoso Muro de Berlín. Los izquierdistas prometían el cielo en la tierra, pero lo que dieron fue decenas de dictaduras espantosas, que ocasionaron más de cuarenta millones de muertos y millones más que vivieron en un ambiente permanente de sufrimiento, que fue lo que imperó durante esas horribles décadas vividas por esos sufridos pueblos controlados por despiadados regímenes. En realidad, los regímenes de izquierda, una vez que secuestran el país, tratan por todos los medios de construir una prisión gigante que lo abarca todo. En los países dominados por rusos, cubanos y nicaragüenses se pueden encontrar testimonios de cómo estos se convierten en cárceles donde la pérdida de la libertad, de los derechos humanos y el miedo son los principales medios utilizados por estas lacras humanas.

¿Pueden las almas izquierdistas convertirse al capitalismo, y a la auténtica democracia del trabajo honesto? Yo diría que algunos sí, sin embargo, se necesita inteligencia, y sinceridad sin egoísmo. Recientemente, esto lo demostró Deng Xiaoping cuando visitó Singapur y Corea del Sur, quedó impresionado por el adelanto de estos países capitalistas en contraste con el atraso de su país comunista. Se ha comentado que cuando regresó a Pekín dijo a sus acompañantes, camaradas maoístas: "A mí no me importa si el gato es blanco o negro, lo que me interesa es que cace ratones". Este reconocimiento hecho por Deng Xiaoping a los 74 años, representa sinceridad con él mismo, consecuentemente son de esperarse cambios importantes en toda esa región comunista o izquierdista.

En Checoslovaquia están pidiendo la proscripción del partido comunista, esto refleja que un país que sufrió hartas consecuencias del sistema izquierdista, no quiere, por nada del mundo, que sus futuras generaciones vuelvan a sufrir como les pasó en la época en que fueron dominados por los comunistas. Para muchos checos es un acto de justicia histórica, no es posible que después de haber arruinado su país y causado tanto sufrimiento, sigan en el parlamento unos cuantos izquierdistas o comunistas, como si no hubieran hecho nada, tratando de seguir impulsando sus teorías, que tanto sufrimiento y miseria le causaron al pueblo checo. El parlamento checo está poniendo en aviso a la población de que, nuevamente, unos cuantos izquierdistas en el parlamento están impulsando y afectando el desarrollo del país, que tantas décadas había retrocedido por el famoso sistema de socialista o comunista. Los senadores checos han presentado una denuncia al gobierno central, para que pongan una demanda jurídica ante el Tribunal Administrativo Supremo, que es la máxima autoridad electoral del país, para que al partido comunista le queden prohibidas todas sus actividades. Los checos tienen que despertarse, es el grito que por toda Checoslovaquia se escucha, el partido comunista tiene que proscribirse, ojalá lo puedan conseguir, se lo merecen.

Es increíble que los izquierdistas, que han visto sufrir a sus pueblos con millones de muertos, como ha sucedido en Rusia y otros países dominados por ellos, sigan insistiendo en implantar la doctrina de las izquierdas. La proscripción del partido comunista ya existía por ejemplo, en Nicaragua, antes de que los sandinistas tomaran el poder, la familia Somoza, con mucho tino, se dio cuenta del sufrimiento que tendría el país, si algún día caía en manos de la izquierda, por lo que tomó esa brillante medida.

La nueva tónica de los izquierdistas es instaurar su nueva doctrina a la que llaman: "el Socialismo del Siglo XXI", Hugo Chávez, su creador, ha propuesto a Daniel Ortega, a Rafael Correa y a Evo Morales, que la "Hermandad Revolucionaria" es un programa latinoamericano de sostenibilidad del Socialismo del Siglo XXI, que deberá perdurar por más de 900 años. En esta nueva era, cunado los sandinistas han capturado todos los poderes, incluida la presidencia, se proclaman como los verdaderos hijos de Sandino y le han denominado la "Segunda Revolución Sandinista", de Bolívar a Sandino.

Hugo Chávez asegura, que el ALBA ya abriga a Nicaragua y a los países sudamericanos que lo integran, y pronostica que Honduras, El Salvador, Guatemala y República Dominicana, deben incorporarse en muy corto tiempo. Estos países tienen regímenes izquierdistas o bien simpatizantes de la izquierda. El Socialismo del Siglo XXI debe ser fuerte para controlar los pueblos latinoamericanos, Chávez asegura que Venezuela apadrinará con más de mil millones de dólares el desarrollo del ALBA. Chávez en su documento que llama "Ejes Rectores del Proyecto Hermandad Revolucionaria" dice que: es condición indispensable mantener el control de los gobiernos por 15 años, como mínimo, con sucesiones continuas en el poder de los líderes revolucionarios. Es de todos conocidos que Honduras conjuntamente con Nicaragua, juegan un papel importantísimo para la consolidación bolivariana, sus montañas permitirán con la ayuda de El Salvador, Irán y de otros países amigos, mantener a los estadounidenses atacados en su propio país. El grupo izquierdista latinoamericano define su respaldo a los terroristas como la recuperación de los derechos revolucionarios perdidos. Luchan por cambiar las constituciones de los países, para implementar a su antojo todas las leyes socialistas que en su esencia requieren acabar con el sistema capitalista. Lográndolo se aseguran de una permanencia en el poder por muchas décadas que imposibilitaran a cualquier grupo opositor luchar contra ellos.

Dentro de las recomendaciones de Fidel a Chávez y a Ortega, sus pupilos predilectos, es que deben asegurar la lealtad hacia ellos de las Fuerzas Armadas por medio de dádivas, que jamás con la derecha podrían obtener. Tanto el ejército como la policía deben ser instrumentos que garanticen la continuidad del Socialismo del Siglo XXI. Dentro del ejército y la policía se deberá tener una vigilancia de persona a persona, para asegurar que estén firmemente comprometidas con la revolución, a la menor duda, hay que eliminarlos. Cada funcionario del ejército y de la policía, que no esté de servicio, debe participar, vestido de civil, en las concentraciones del pueblo. Se deben romper todos los vínculos de las Fuerzas Armadas o de la policía con la derecha, adoctrinándolos en los principios revolucionarios. Estas reformas garantizarían las transformaciones necesarias en los campos políticos, económicos, sociales, culturales y hasta religioso.

Fidel también recomienda a Chávez y a Ortega, que la religión, que ha sido el "opio de los pueblos", esclavizados por estas creencias, deben controlarla muy de cerca porque, al final, ellos no estarán de acuerdo con los sistemas socialistas. La educación es primordial que sea controlada en su totalidad por educadores convencidos al sistema socialista, las nuevas generaciones tienen que ser defensores del sistema, y feroces luchadores contra los sistemas capitalistas. En la educación que reciba la juventud, es fundamental inculcarles que los verdaderos enemigos de la humanidad han sido los gringos, cada joven debe ser un ciudadano listo para, con su rifle, defender la revolución que se ha hecho para ellos. Fidel también les recuerda que la unión de las Fuerzas Armadas es imperativo para controlar la Corte Suprema de Justicia, la Asamblea y el Consejo Supremo Electoral.

El poder ciudadano es el escudo de la defensa del Socialismo del Siglo XXI, es importante mantener el enfrentamiento popular contra la oligarquía y el imperialismo. Dentro de los funcionarios y cualquier trabajador del Estado, tienen que ser vigilados para asegurar un completo control en todas las instituciones, ningún trabajador que no esté respaldando la revolución, puede trabajar en el Estado. Chávez, por recomendaciones de Fidel, considera que es necesario utilizar algunos capitalistas que reciban prebendas, que les generen ciertos espacios mínimos para constituirlos en aliados y no en enemigos. No confrontarse con asociaciones empresariales, simplemente, la revolución tiene que consolidar sus logros, en otras palabras, no hacerles caso en sus protestas. Las reformas contra los capitalistas se logran en la asamblea, ellos serán los que se encargarán de eliminar el modelo capitalista salvaje. Fidel ha recomendado al Frente Sandinista, liderado hoy por Ortega, lo que debe realizarse para mantenerse en el poder por muchas décadas, estas recomendaciones se podrán leer en el capítulo sobre la segunda etapa de los sandinistas.

En el Paraguay, el periodista Marcos Aguinis, escribió para *lanacion.com,* un artículo extraordinario que titula: "Democracia Puta". Su relato. "Me resultaba increíble que *ABC Color,* de Paraguay, el diario más importante de ese país, dedicase nada menos que su portada a un editorial de fuego, con un título directo a la mandíbula". Dicho artículo se refiere a la devastadora corrupción que se perpetra contra la democracia en varios países de América Latina y que califica de insolente. Describe en su artículo que los instrumentos de una elección libre y legal, algunos líderes consiguen hacerse cargo del poder y que de inmediato se dedican a corromper el mismo sistema político que les permitió tomarlo. Señala que no es casual que su primer objetivo sea quedarse para siempre con todo el poder, para lo cual, sin escrúpulos, realizan lo que sea necesario para desbaratar la auténtica democracia. Estos falsos líderes quieren excluir, desactivar y reducir a cenizas, todo lo que no se someta a su partido, decía en su artículo; el mismo diario paraguayo informaba que "construyen dictaduras con fórmulas democráticas y cuando se sienten fuertes, inician su segundo plan, que es la exportación de su revolución". El diario mencionaba que "su primera víctima son las Fuerzas Armadas, de la cual excluyen a los militares que no merezcan la completa confianza del nuevo líder. Una purga general despoja a las Fuerzas Armadas de los jefes y oficiales institucionalistas, dejándola a cargo de los corruptos y leales" .

El siguiente objetivo es el control del Poder Judicial, donde realizan las mismas tareas que hicieron con las Fuerzas Armadas. Este artículo, escrito en el diario de Paraguay, es la doctrina que siempre aplican las izquierdas, en cualquier país que logran controlar. En realidad, el objetivo que persiguen, es controlar a los pueblos como borregos, ambicionan que estos se sometan a todos sus caprichos, por eso logran infundir el pánico mediante crímenes, robos, etc., además tienen el control del dinero para comprar voluntades y pagar el precio de "lealtades" dentro y fuera de su país. Los dictadores de izquierda pretenden coronarse como gobernantes vitalicios, esto lo podemos ver con Fidel Castro, de Cuba, con más de 50 años en el poder y el Frente Sandinista, con Daniel Ortega, con más de treinta años. El diario paraguayo termina diciendo en su artículo, que "si los actuales presidentes de Merco Sur, aceptan que Hugo Chávez, de Venezuela con su petro-billetera entre a Merco Sur, significa que se han vendido como putas". Hasta aquí dicha publicación.

# La pobreza

Con frecuencia, los medios de comunicación se refieren a la pobreza extrema que el capitalismo hace crecer año tras año, lo acusan de ser responsable de todo lo malo que sucede en el planeta. Recientemente, hasta el terremoto que, lamentablemente, sucedió en Haití, Hugo Chávez, Daniel Ortega y Fidel Castro, dijeron que los estadounidenses dispararon una supersecreta "arma tectónica" que causó el terremoto, y que lo hicieron para apoderarse del país. Si analizamos la pobreza extrema, veremos que creció en ochocientas mil personas en 2009, entre Centroamérica y México, según informes de la Comisión Económica para América Latina y el Caribe (CEPAL), el 23 de enero de 2010 en México; podremos observar que en Nicaragua es donde proporcionalmente ha crecido más la pobreza y, lo que es peor, sin esperanzas de mejorar. Según la CEPAL, en 2009, hubo en América Latina 189 millones de personas en extrema pobreza, con un ingreso de 1.25 dólares al día.

Si entramos a revisar todos los países que están gobernados por las izquierdas, observaremos que es donde están las izquierdas gobernando, donde hay más pobreza. Si comparamos a Venezuela, como uno de los países más ricos de América Latina, destruido por el Socialismo del Siglo XXI, con Colombia, por ejemplo, observaremos que en este último, no solamente se ha reducido la pobreza, sino que se ha colocado como uno de los países más prósperos de Sur América. En cambio, Venezuela tiene hoy más pobreza, menos esperanzas, más sufrimientos, más crímenes, y más injusticias a pesar de los miles de millones de dólares que recibe del petróleo. Si analizamos a España, también observaremos que al estar gobernados nuevamente por socialistas se empobrecen cada día más, el desempleo asusta, sin embargo los socialistas que deberían renunciar para que la derecha vuelva a poner el país por los senderos del progreso, no lo hacen, a cualquier costo quieren mantenerse en el poder.

Hablándolo con toda claridad, no existe país gobernado por las izquierdas, que no sufra las mismas consecuencias de ir poco a poco destruyéndose, en realidad, esta doctrina es una fórmula que hicieron los comunistas en Rusia y que todos los grupos de izquierda siempre deben aplicar.

# Capítulo VII

## Los secuestradores de Nicaragua

A continuación los principales indeseables que han mantenido el país por más de treinta años secuestrado. Dentro de las instituciones gubernamentales hay siempre un pequeño grupo de sandinistas que controla la institución.

| CONTROL SANDINISTA<br>MÁS DE SEIS MILLONES DE HABITANTES ESTÁN<br>SECUESTRADOS POR MENOS DE 100 SANDINISTAS | | | | | |
|---|---|---|---|---|---|
| | **1**<br>**Daniel Ortega** | | | **2**<br>**Rosario Murillo** | |
| | | **3**<br>**Lenin Cerna** | | | |
| **4**<br>**C S J** | | **5**<br>**Ejército** | | | **6**<br>**Traidores** |
| | **7**<br>**Asamblea** | | | **8**<br>**Policía** | |
| **9**<br>**Poder**<br>**Electoral** | | **10**<br>**Prensa** | | | **11**<br>**Izquierda**<br>**Internacional** |

Menos de 100 personas controlan a Nicaragua, es la misma proporción en casi todos los países controlados por las izquierdas, aun con poblaciones superiores a los seis millones de habitantes que posiblemente tiene Nicaragua. Por lo general en casos como en Nicaragua 10 de ellos son los que llevan el control total del sandinismo y los restantes 90 forman parte del gobierno y de puestos claves, ya sea en las Fuerzas Armadas, la policía o la Asamblea. Estas personas se encargan de mantener a la población atemorizada, con pánico de perder sus propiedades, sus trabajos, sus hijos, su vida, si se oponen a sus mandatos o, simplemente, están en contra de ellos.

Mantienen grupos de jóvenes y de hombres entrenados en la maldad para desatar la violencia en cualquier sitio donde se puedan expresar sus oponentes; estas turbas de izquierda, atemorizan a toda una nación, ellos están atentos a los llamados que les hace su jefe tirano o los miembros del pequeño grupo de sandinistas que controlan el país, por supuesto, son gratificados.

En la prensa mundial hay constancia gráfica, de la represión de los grupos sandinistas armados, atacando a los ciudadanos que protestaron contra el robo de las elecciones de la Alcaldía de Managua. Para controlar los tumultos callejeros, usan vándalos contratados para atacar y matar cuando lo consideran conveniente. En Managua, los sandinistas toman todas las hermosas rotondas, construidas por los gobiernos liberales, cada vez que consideran que pueden haber manifestaciones de la población contra el régimen. En ellas, instalan a grupos de terroristas con armas blancas, pistolas, rifles, etc., la misión es destruir cualquier grupo de opositores.

Son tan cínicos que tienen rótulos en cada rotonda que dice: "Oramos por la Paz", sin embargo, atacan a matar a los grupos que se manifiestan contra el régimen. El plan de las rotondas se inició en agosto de 2008 y se cree que seguirá de forma permanente, para defender las calles de Managua contra las manifestaciones de protesta. Este plan fue ideado por el propio Ortega y su mujer, es un nuevo concepto de estrategia revolucionaria de la izquierda nicaragüense. En las elecciones municipales que se realizaron en el mes de noviembre de 2008, las utilizaron para golpear y herir a cantidades de nicaragüenses que protestaban por el robo de las mismas.

Daniel Ortega se declaró presidente, cuando los sandinistas tomaron el poder en 1979, luego pierde la presidencia cuando se forma la unión de todos los partidos políticos nicaragüenses contra los sandinistas en 1990; 11 años, dura el terror en la primera etapa de los sandinistas.

A continuación las características principales de algunos de ellos:

## Daniel Ortega Saavedra

*1. Cínico*
*2. Acusado de pedófilo por abusar de su hija Zoilamérica desde que ella tenía 11 años de edad.*
*3. Varios nicaragüenses lo responsabilizan de muchos asesinatos.*
*4. Usurpador de bienes ajenos, ha robado varias propiedades.*
*5. Ha sido acusado de cooperar con el terrorismo internacional.*
*6. Jefe del Partido Sandinista.*
*7. Amigo de los enemigos de países democráticos.*
*8. Feroz enemigo de Estados Unidos y de la Comunidad Europea.*
*9. Participante activo del socialismo mundial.*
*10. Aliado de Irán, Rusia, Libia y de todos los demás países de la órbita izquierdista.*
*11. Sigue nutriéndose del terrorismo internacional, en el segundo semestre de 2008 presentó a las terroristas que Colombia reclama.*
*12. Fomenta y protege el terrorismo Internacional.*

## Rosario Murillo

*1. Mujer cínica, fría, presidenta de la brujería en América Latina.*
*2. Controla al 100% a Daniel Ortega, "su esposo"; según informaciones, debido a que violó a su hija desde que ella tenía 11 años, ejerce un poder absoluto sobre él.*
*3. Maneja la prensa del Gobierno y del Frente Sandinista.*
*4. Controla la Corte Suprema de Justicia con los jueces de todo el país.*
*5. Es coordinadora de los eventos internacionales de la izquierda mundial.*
*6. No le gusta que la llamen ni actuar como Primera Dama.*

### Lenin Cerna

*1. Torturador en la década de los ochenta y mano derecha de Daniel Ortega y Rosario Murillo.*
*2. Es el cerebro intelectual para mandar a asesinar a los enemigos del sandinismo.*
*3. Es el coordinador entre Ortega y Murillo con la Corte Suprema de Justicia, la policía, el ejército, el Poder Electoral, la Asamblea, las entidades gubernamentales, etc.*
*4. Controla el ejército, la policía y todas las turbas del sandinismo.*

# Corte Suprema de Justicia

La mayoría de ellos, son sandinistas al servicio incondicional de todo lo que necesiten los sandinistas, en especial su líder, Daniel Ortega y Rosario Murillo, los jueces de toda la República están sometidos a ellos, trabajan por extorsión y calumnias, entre otras especialidades que tienen.

Entre los que más han perjudicado a los nicaragüenses están:

### 1- Rafael Solís Cerda

Magistrado de la Corte Suprema de Justicia, es el hombre que controla el Poder Judicial en Nicaragua, obedece órdenes directamente de los Ortega o bien a través de Lenin Cerna.

Su posición ha permitido que el país sea controlado en su totalidad por Daniel Ortega y su mujer, los robos de propiedades se han legalizado judicialmente por sus fallos y control absoluto en todos los jueces de Nicaragua, controla la corrupción dentro de la Corte Suprema de Justicia, es un experto en chantaje y extorsión.

### 2- Yadira Centeno González

Sandinista de alta peligrosidad, una de las utilizada por el régimen sandinista para complementar todos los abusos contra los nicaragüenses, con cara de piedra, impasible, con solo verla infunde terror, es seguramente la más temida de todos los Magistrados de la Corte Suprema de Justicia.

### 3- Juana Méndez Pérez

Actuó como jueza en varios actos de corrupción ordenados por el Frente Sandinista, robó la residencia de uno de los nicaragüenses en uno de los mejores repartos de Managua, en "Los Robles", está al servicio incondicional de Daniel Ortega y Rosario Murillo.

Daniel Ortega, en reconocimiento a que siendo jueza en uno de los juzgados de Managua, no aceptó las denuncias que puso su hijastra, Zoilamérica, en su contra, por los abusos sexuales de pedofilia que le cometió, la ascendió a Magistrada de la Corte Suprema de Justicia. Ella controló a todos los jueces, para que no se diera cabida a las denuncias de la hijastra de Daniel Ortega; consecuentemente, ningún juzgado aceptó el conocido y aberrante caso de pedofilia cometido por este gusano inmundo.

Zoilamérica, al no poder hacer nada en las cortes de Nicaragua, se fue a las cortes internacionales las que, lamentablemente, estaban controladas por las izquierdas, incluida la OEA, donde también puso su demanda, pero el director de dicha organización Sr. José Miguel Insulza evitó que se le diera curso legal a su acusación.

### 4- Alba Luz Ramos

Otra mujer incondicional al Frente Sandinista, e intensa colaboradora con el grupo de magistrados para siempre hacer quórum y lograr los objetivos requeridos por la cúpula sandinista.

### 5- Antonio Alemán Lacayo

Actúa en representación del pacto entre Arnoldo Alemán Lacayo, liberal, con el Frente Sandinista, por consiguiente, está al servicio del Frente Sandinista. El Departamento de Estado de Estados Unidos ha cuestionado fuertemente a la Corte Suprema de Justicia y al Poder Judicial, además del Departamento de Estado, también lo ha hecho la Comunidad Europea.

Toda Nicaragua conoce que la Corte Suprema de Justicia es una entidad corrupta, al servicio del Frente Sandinista. Roban propiedades a sus legítimos dueños con trampas judiciales, liberan asesinos y narcotraficantes de acuerdo a las instrucciones recibidas por Daniel Ortega. Levantan juicios en base a calumnias para extorsionar. Encarcelan a inocentes, y protegen a pedófilos. Retrasan los juicios por décadas, hasta recibir dinero para fallar a favor del que más paga, es decir, representan la **injusticia** en vez de la **justicia.**

El Registro Público de la Propiedad, con la complacencia de la Corte Suprema de Justicia y de Daniel Ortega, por supuesto, fue asaltado por los sandinistas quienes, a su antojo, arrancaron las páginas que registraban los asientos registrales de los libros de la Propiedad Privada. Después, procedían, en los mismos libros, a hacer nuevos asientos para inscribir la propiedad robada a nombre de ellos, causando de esta forma un limbo judicial. Para hacer imposible la recuperación de una propiedad a su legítimo dueño, hacen varias escrituras de venta con nombres falsos, las cuales naturalmente inscriben. Millones de dólares han gastado sus legítimos dueños en abogados, que prometían falsas esperanzas de recuperación, los abogados sabían que sin la voluntad de Daniel Ortega o de Lenin Cerna, ninguna propiedad era recuperable en Nicaragua.

Muchos se vieron obligados a aceptar los famosos e injustos bonos propuesto por doña Violeta, para compensar a los afectados, y dejar las propiedades robadas en poder de los sandinistas. El Poder Electoral, este es otro de los poderes controlado completamente por el Frente Sandinista, el presidente del Poder Electoral Roberto Rivas, es protegido del cardenal Miguel Obando con quienes los sandinistas han realizado varios pactos. Los demás miembros del Poder Electoral menos uno, están todos a la disposición del Frente Sandinista.

En las últimas elecciones municipales (noviembre 2008), los sandinistas realizaron un robo descarado en más de cien alcaldías. Toda la población nicaragüense, y la comunidad internacional protestaron, sin embargo, ellos siguieron adelante como si nada hubiera pasado; de la misma forma que se robaron las elecciones presidenciales en el 2006, donde dos años antes habían realizado el pacto Ortega-Alemán para bajar del 45% a un 35%, los votos que se requerían para ser presidente. La miseria crece en Nicaragua cada día más y más, como consecuencia estratégica de las políticas izquierdistas, que para controlar completamente el país es indispensable lograr, lo más pronto posible, la miseria como estrategia de gobernabilidad.

Lamentablemente, debido a que la Corte Suprema de Justicia, el Poder Electoral y el ejército están controlados en un 100% por los sandinistas, muy poco podrán hacer los nicaragüenses para liberarse de semejante yugo, que les podría durar muchas décadas más. En las condiciones internacionales actuales es imposible pensar en un apoyo a una contrarrevolución, como ocurrió en la época del presidente Reagan, ahora, son prácticamente imposibles las revoluciones sangrientas, y estas solo están permitidas y fomentadas por los grupos de izquierda. Si Venezuela, Cuba, y Nicaragua deciden que Honduras caiga en las garras de la izquierda, entonces sí sería posible una intervención armada desde Nicaragua, de esta manera se invadiría a Honduras para que se instalara un régimen de izquierda con Manuel Zelaya o algún otro izquierdista a la cabeza.

Muchos de los países latinoamericanos están sufriendo las mismas pesadillas de las izquierdas; y si los demócratas, con Obama en la presidencia se reeligen, serían ocho años muy difíciles para los latinoamericanos. EE. UU. sabe, al igual que muchos otros países, que el secuestro de Nicaragua es un acto de terrorismo, sin embargo, al igual que ha pasado con Cuba, harán como el torero: dejar pasar al toro confundiéndose con la capa roja. Hay mucho temor entre los nicaragüenses porque constantemente están llegando al país iraníes, venezolanos, bolivianos, ecuatorianos, cubanos y de otras nacionalidades. Llegan al aeropuerto internacional de Managua, los recoge un bus y nadie más vuelve a saber nada de ellos. Muchos nicaragüenses sospechan, que los están llevando a las montañas, al igual que lo hicieron en la década de los ochenta, para dar entrenamiento a guerrilleros de las FARC de Colombia y al FMLN de El Salvador. Se especula que de Nicaragua saldrían para EE. UU. muchos terroristas, sin embargo, EE. UU. que seguramente conoce de esta situación, no ha hecho absolutamente nada, a pesar de que los daños de los terroristas podrían ser mayores que los de la misma droga.

Por otra parte, con el respaldo de la Corte Suprema de Justicia nicaragüense, y sus jueces en todo el país, más la protección que tanto el ejército como la policía están dando, Nicaragua ha sido declarada puente del narcotráfico. Nicaragua está siendo utilizada para enviar drogas ilícitas, principalmente: marihuana, cocaína y heroína, que viene de América del Sur, a Estados Unidos. Hay que recordar que, en tiempos del presidente

Carter, se logró introducir drogas en Estados Unidos como nunca antes, y Nicaragua fue un factor importante para lograr esos resultados.

El Departamento de Estado de EE. UU., en su informe sobre "Estrategia Internacional de Control de Narcóticos 2004", publicado el 4 de marzo, dice que el principal objetivo de EE. UU., en materia antinarcóticos, es reducir el tránsito de drogas a los mercados estadounidenses, mediante el ordenamiento jurídico penal en los países de Costa Rica, El Salvador y Guatemala. Al referirse a Nicaragua, en dicho informe, dicen que continuarán ayudando a la policía y al ejército con una aportación especial al sistema judicial, la aduana y el correo, para mejorar sus condiciones. Como se puede desprender de dicho informe, muchos nicaragüense nos preguntamos, ¿cómo es posible que le den apoyo al ejército sandinista y a la Corte Suprema de Justicia, cuando el Departamento de Estado de EE. UU. conoce hasta la saciedad, lo que pasa en Nicaragua? Nicaragua, al menos con los gobiernos republicanos, ha estado en el "ojo de la tormenta". ¿Qué pasará ahora, que los demócratas que controlan todos los poderes, no le dan importancia a la lucha que tuvo el extraordinario presidente Reagan contra los sandinistas.

El informe sobre los derechos humanos realizado por el Departamento de Estado de Estados Unidos, informa que el Consejo Supremo Electoral de Nicaragua es, ostensiblemente, la cuarta rama independiente del gobierno; sin embargo, mantuvo influencias políticas y de corrupción, (es en esta época que los sandinistas pactaron con el expresidente Alemán para bajar a un 35% los votos para obtener la presidencia en las siguientes elecciones 2006). El informe también asegura que si el ejército está sujeto al poder civil, y que el presidente Enrique Bolaños es el Jefe Supremo de las Fuerzas Armadas, la Constitución le otorga al Ministerio de Defensa una autoridad limitada sobre las fuerzas armadas. También el mismo informe se refiere al débil crecimiento económico por la falta de un marco legal adecuado para los inversionistas y conflictos no resueltos de la propiedad, surgidos de confiscaciones masivas por parte del gobierno sandinista en la década de 1980.

En otras palabras, el crecimiento económico seguirá detenido en Nicaragua, por la inseguridad que representan los sandinistas, ya que los inversionistas extranjeros y nacionales saben que, al tener una Corte Suprema de Justicia controlada al antojo del Frente Sandinista nada, absolutamente nada, es seguro en Nicaragua. A esto debemos agregar el tener que vivir la población en zozobra, con miedo a perder sus propiedades, sus negocios, sus trabajos, etc. Nicaragua se convierte cada día más en un país que no sirve; los diferentes informes de instituciones mundiales califican siempre a Nicaragua como el último país de Centroamérica y el penúltimo de América Latina. Lo que más sorprende al mundo, es la estupidez de los nicaragüenses, quienes sabiendo el mal que les hace el sandinismo, aún no comprenden que son víctimas de un secuestro macabro, donde sus futuras generaciones están condenadas a vivir como los cubanos o bien como los rusos u otros países que vivieron secuestrados por largos años. Lamentablemente, el nicaragüense ha quedado condenado a ser pobre, con sufrimientos, sin esperanzas, sin educación, sin ilusiones, y lo acepta de una forma impávida, que no tiene comparación en el mundo. Por el contrario, los hondureños le dieron el ejemplo al mundo, de que es mejor sacrificarse varios meses que vivir sometidos a la izquierda toda una vida.

El 20 de junio de 2009, *El Nuevo Herald* publicó, en la sección de América Latina: "Acusan a Ortega por mal manejo de fondos". Edmundo Jarquín, sandinista arrepentido y hoy enemigo de Ortega, jefe del Movimiento Renovador Sandinista, hizo la acusación. Tanto este, como otros diarios, canales de televisión, radio, etc., informaron que los veinte millones de dólares mensuales facilitados por Hugo Chávez, de Venezuela, Daniel Ortega los maneja a su voluntad; además de robarse otros ingresos que ha recibido Nicaragua de países donantes.

Hoy Ortega está construyendo su mansión, de varios millones de dólares, en una extensión de terreno robado de más de seis acres, además, compró a la famosa tribu de los Seminoles, de Estados Unidos, la inversión de más de quince millones de dólares que hicieron en Nicaragua, en haciendas ganaderas y hoteles. Es importante señalar que ni Ortega ni ninguno de sus familiares tenían absolutamente nada antes de la revolución. Lamentablemente, Nicaragua quedará completamente rezagada del resto de Centroamérica y de América Latina, su nivel de miseria se incrementará en proporciones jamás vividas por el país, salvo en la década de los ochenta cuando gobernaron estos mismos secuestradores. Cualquier persona sabe y, por supuesto, los mismos sandinistas, que la teoría del comunismo fracasó, no fue más que una época de grandes crímenes, robos y por supuesto, cinismo.

Yo puedo agregar que la izquierda es el sinónimo de la desgracia. La nueva teoría de Hugo Chávez del Socialismo del Siglo XXI, no es nueva, es la misma que fue utilizada por los rusos o cualquier otro país que haya caído en manos de la izquierda y está condenada al fracaso. No es necesario ser adivino para comprender que Chávez está utilizando los mismos principios y reglas de las izquierdas, tan es así, que ya podemos ver la pobreza que existe entre los venezolanos, a pesar de los miles de millones de dólares que obtiene Venezuela con los altos precios del petróleo.

## La miseria

Desde 1979 cuando los sandinistas secuestraron el país, han logrado empobrecerlo a niveles jamás conocidos en su historia. En la década de los ochenta, por ejemplo, se carecía hasta de los más imprescindibles productos para el aseo personal, incluido el papel higiénico. La comida era escasa, a pesar de que solo pocos años antes era el granero centroamericano. Los sandinistas utilizaron los mismos métodos que se siguen en todos los países atrapados por la izquierda: llevar a la población de la pobreza a la miseria.

El salario promedio de un trabajador durante los 10 primeros años del sandinismo fue de 15 dólares por mes. Los sandinistas han implantado el mismo sistema de Cuba o de cualquier otro país dominado por la izquierda. Para que el pueblo se sintiera con mucho dinero, imprimieron billetes de denominaciones tan grandes como quinientos mil y un millón de Córdobas (Córdoba es la moneda nicaragüense). Sin embargo, las siete Córdobas por un dólar que llegó a valer la moneda durante décadas, en los gobiernos liberales controlados por los Somoza, llegó con el sandinismo a devaluarse hasta en millones de Córdoba por un dólar.

Lo más triste del caso nicaragüense es que la comunidad internacional, que sí ha apoyado cualquier fechoría de los gobiernos de izquierda, como lo hizo la OEA, respaldando el vergonzoso caso hondureño, no ha respaldado ni ayudado nunca a Nicaragua, en ningún proceso de liberación. El 5 de mayo de 2010, las comunidades nicaragüenses en el exilio enviaron a su excelencia, la embajadora Carmen Lomellin, representante permanente de Estados Unidos y presidenta del Consejo Permanente ante la Organización de Estados Americanos (OEA) una carta explicándole los abusos de poder de Daniel Ortega. La carta dice así:

*Excelentísima Señora,*
*Presidenta del Consejo Permanente:*

*Las organizaciones cívicas, sin fines de lucro, nicaragüenses, establecidas en Estados Unidos, abajo firmantes, nos dirigimos a usted, para exhortar a la Organización de Estados Americanos (OEA), la aplicación de la Carta Democrática Interamericana en Nicaragua.*

*Requerimos la asistencia de la OEA considerando particularmente el Artículo 1 de la Carta Democrática Interamericana que establece: "Los pueblos de América tienen derecho a la democracia y sus gobiernos la obligación de promoverla y defenderla".*

*El Artículo 2 que afirma: "La democracia representativa se refuerza y profundiza con la participación permanente, ética y responsable de la ciudadanía en un marco de legalidad conforme al respectivo orden constitucional".*

*El Artículo 3 que fundamenta: "Son elementos esenciales de la democracia representativa, entre otros... la separación e independencia de los poderes públicos".*

*Reconociendo el Artículo 147 de nuestra Constitución Política que manda: "No podrá ser candidato a presidente ni vicepresidente de la República el que ejerciere o hubiere ejercido, en propiedad, la presidencia de la República en cualquier tiempo del período en que se efectúa la elección para el período siguiente, ni el que la hubiera ejercido por dos períodos presidenciales".*

*El Artículo 162 que dispone que: "El período de los magistrados de la Corte Suprema de Justicia y el de los magistrados de los Tribunales de Apelaciones será de cinco años" y el Artículo 191 que establece que: "Solo la Asamblea Nacional está facultada para reformar parcialmente la presente Constitución Política y para conocer y resolver sobre la iniciativa de reforma total de la misma".*

*Condenamos categóricamente el abuso y negligencia de las instituciones del Estado y el uso de la violencia por parte del Poder Ejecutivo en contra del pueblo nicaragüense, la propiedad privada y el orden público.*

*Asimismo, repudiamos las sentencias de la Corte Suprema de Justicia (CSJ) y los decretos del Poder Ejecutivo, que violan la*

*Constitución Política y la independencia de los poderes del Estado, lesionando gravemente el Estado de Derecho, requisito imprescindible para la paz social y el desarrollo integral.*

*Específicamente, rechazamos la Sentencia 504 de la Corte Suprema de Justicia (CSJ), dictada inconstitucionalmente el 19 de octubre de 2009, que declara inaplicables los Artículos 147 y 178 de la Constitución de la República, para que el presidente Daniel Ortega y alcaldes y vicealcaldes del partido de gobierno participen en las elecciones de 2011.*

*De igual forma, rechazamos el Decreto Ejecutivo 03-2010 del 9 de enero de 2010, que prorroga inconstitucionalmente el período de más de veinte funcionarios públicos, entre los que se incluyen Magistrados de la Corte Suprema de Justicia (CSJ), Magistrados del Consejo Supremo Electoral (CSE), Contralores de la República y el Procurador de Derechos Humanos.*

*También rechazamos la pretensión de aplicar el Artículo Transitorio 201 de la Constitución Política de 1987, por haber caducado y ser hoy jurídicamente inexistente, y las sentencias de la Corte Suprema de Justicia (CSJ) dictadas ilícitamente para imponer la aceptación del Decreto Ejecutivo 03-2010.*

*Muy atentamente,*

Association of Nicaraguan Engineers and Architects (ANEA) Miami, Florida; Martha Borgen, Presidente.
Asociación Nicaragüense de Massachusetts, Boston, Massachusetts; Alfonso Hernández, Presidente.
Comité Cívico Cultural Nicaragüense Inc. New York, New York; Oscar Sandoval, Presidente.
Fundación Nicaragüense Americana de Desarrollo Cultural (FUNADEC) Houston, Texas; Jorge Hyan, Presidente.
Grupo de Apoyo al Movimiento por Nicaragua Miami, Florida; Eduardo Pichardo, Presidente.
Instituto Cultural Rubén Darío y Movimiento Mundial Dariano Miami, Florida; Profesor Héctor Darío Pastora, Presidente.
Instituto Nicaragüense de Genealogía, Historia y Estudios Eclesiles

Miami, Florida;
Víctor M. Gabuardi Lacayo, Presidente.
Liga Nica de Miami Miami, Florida;
Léster J. Avilés, Presidente.
Nicaraguan American Council (NAC) Washington, DC
Sandra Darío, Presidenta.
Nicaraguan American Fraternity Miami, Florida;
Alfonso Oviedo, Presidente.
Nicaraguan American Opportunity Foundation (N.A.O.F.)
Los Ángeles, California; German Peña, Presidente.
Nicaraguan Civic Task Force Miami, Florida;
Roberto Orozco, Presidente.
Nicaragüenses en Las Vegas, Las Vegas, Nevada;
Milton Castellanos, Presidente.

Da pena saber de antemano, que la OEA no hizo absolutamente nada a favor de los nicaragüenses, no importa que las violaciones que está realizando la izquierda, sigan acabando con el país. La única solución que tiene Nicaragua para su liberación es cuando el nicaragüense logre comprender que si se sustituye el ejército por escuelas, el sandinismo no tendría el respaldo que hoy y siempre tendrán con su ejército. Se acabarían los tiranos, los robos, los crímenes políticos, etc., etc. Nicaragua sin ejército podría ahorrar millones de dólares que se podrian invertir en la educación del nicaragüense. Salvemos a Nicaragua, cambiemos el ejército por escuelas y terminaremos por siempre con los gobiernos tiranos y con la miseria del país.

# Capítulo VIII

## Niña abusada sexualmente por el sandinista Daniel Ortega, desde los 11 años

Para la historia, es tan espeluznante el crimen que Daniel Ortega ha cometido contra su propia hijastra Zoilamérica, de la que abusó desde los 11 años, que grandes escritores del mundo se han ocupado de relatar algunos detalles de su infamia. El gran escritor Mario Vargas Llosa ha sido uno de ellos. También algunas personas en todo el mundo empezaron a hacer rechazo a que Daniel Ortega visite sus países, como ocurrió en la toma de posesión del presidente Lugo, del Paraguay, donde una gran multitud protestó, al punto de que Daniel Ortega tuvo miedo de asistir. *La Prensa,* de Nicaragua sacó una caricatura digna de verse en todo el mundo, alusiva a no permitir la llegada de Ortega a dicha toma de posesión, ojalá que otros presidentes del mundo lleguen a tener la dignidad expresada en el Paraguay, por una de las ministras del nuevo gobierno, a la que estoy seguro que millones de personas han aplaudido.

A continuación, el artículo publicado en varios medios de prensa del mundo, por el famoso escritor peruano don Mario Vargas Llosa, Premio Nobel de Literatura:

> *"El miércoles 16 de julio de 2008, decenas de miles de nica-ragüenses se manifestaron en las calles de Managua, para pedir*

*la renuncia del presidente Daniel Ortega, a quien acusan de estar convirtiendo la frágil e imperfecta democracia que vive su país en una dictadura tan corrompida y autoritaria como la que padeció Nicaragua bajo Somoza". La manifestación fue convocada por la Coordinadora Civil, que reúne a unas 600 organizaciones cívicas, partidos y movimientos de todo el espectro político, muchos independientes, asociaciones feministas e intelectuales. Es la primera buena noticia que nos llega desde ese desventurado país, que es el segundo más pobre de América Latina, después de Haití.*

*Desde que los electores eligieron el año pasado a Daniel Ortega, para ocupar la primera magistratura de la nación, olvidando su catastrófica primera gestión (1979-1990) y legitimando su pacto mafioso, con el expresidente "liberal" Arnoldo Alemán, condenado a veinte años de cárcel en el año 2003 por haber entrado en las arcas del Estado, despilfarrando y robando la vertiginosa suma de 250 millones de dólares, el supuesto reo multimillonario cumple ahora su sentencia en una finca particular, viviendo a cuerpo de rey, recibiendo todas las visitas que le place y viajando a Managua cuando le da la gana a dar consignas a su bancada parlamentaria que, unida a la sandinista, detenta la mayoría del Congreso.*

*Esta alianza mafiosa y antagónica de una supuesta izquierda y otra supuesta derecha —en verdad, dos bandas disfrazadas de partidos políticos— ha permitido la desnaturalización de la justicia, sentando las bases de una nueva dictadura, y abriendo la puerta, para que Daniel Ortega y Arnoldo Alemán se salgan con la suya, y se libren de pagar por los delitos que se les imputan. Los electores que, por ingenuidad, ignorancia o fanatismo, sacramentaron este contubernio, están ya arrepentidos de su error pues, según las últimas encuestas, la popularidad del presidente Ortega ha ido en picada desde que asumió el poder en enero de 2007. Ahora solo lo respaldan el 21% de los nicaragüenses. Todavía es muchísimo, si se tiene en cuenta el prontuario del "comandante" Ortega. Resumo la historia de su hijastra Zoilamérica Narváez, tal como aparece en dos publicaciones que me merecen absoluta credibilidad (El País, de Madrid, 29-06-08, y Búsqueda, de Montevideo, 5-06-08), pero quien tenga estómago para ello puede leer en Internet el testimonio completo de esta peripecia que parece extraída de una novela del Marqués de Sade.*

161

*Zoilamérica es hija de Rosario Murillo, esposa de Ortega, coordinadora de los Consejos del Poder Ciudadano y, según algunos, el verdadero poder detrás del trono nicaragüense. El 22 de mayo de 1998, Zoilamérica, militante del Frente Sandinista de Liberación Nacional, hizo público su testimonio contra su padre adoptivo, revelando que, desde la edad de 11 años, "fui acosada y abusada sexualmente por Daniel Ortega Saavedra, manteniéndose estas acciones por casi 20 años de mi vida". Las precisiones, detalles y circunstancias del relato de Zoilamérica son escalofriantes y revelan en su verdugo, acosador y violador, un cinismo y una crueldad poco menos que patológicas. El vía crucis de la niña comenzó en 1979, cuando el revolucionario andaba en la clandestinidad, en Costa Rica.*

*Cada vez que se ausentaba la madre, aquél aprovechaba para —"manosearme y tocar mis partes genitales. Hasta hace poco recordé que también ponía su pene en mi boca"—. El terror y la vergüenza hacían que la niña soportara todo aquello sin denunciarlo a la madre, quien entregada en cuerpo y alma a la política, andaba "en la luna" sobre las andanzas de su marido a sus espaldas. El "comandante" se metía al baño cuando Zoilamérica estada duchándose y se masturbaba mirándola y acariciando sus ropas.*

*En las noches, se introducía en el cuarto que la niña compartía con su hermano Rafael... — "procedía a separarme parte de la cobija de mi cuerpo, continuaba con manoseos y luego concluía masturbándose. Me decía que no hiciera bulla para no despertar a Rafael... y me decía: "¡Ya verás que con el tiempo esto te va a gustar!", comentaba Zoilamérica.*

*Cuando los sandinistas derrocaron a Anastasio Somoza en 1979, la familia Ortega Murillo se trasladó a Managua. Allá le asignaron a Zoilamérica un cuarto para ella sola. Fue, según Zoilamérica, una pesadilla todavía peor, porque en las noches, el "comandante" se deslizaba en la cama de la niña, ya de 12 años y se refocilaba a su gusto. Ella comenzó a padecer "escalofríos, náuseas y temblores de quijada". Vivía con una sensación de pánico constante, por los abusos de que era objeto, y por la perspectiva de que todo aquello se supiera y se convirtiera en el centro de un gran escándalo. Robándole tiempo a sus responsabilidades de gobierno, el "comandante" aparecía de pronto en la casa a las horas que sabía que Zoilamérica estaba sola y le exigía que participara en sus juegos sexuales:*

*"Me indicaba que me moviera, que así sentiría rico", comenta Zoilamérica.*

*"Te gusta, ¿verdad?", me decía, mientras yo permanecía en absoluto silencio sin tener fuerzas para gritar ni llamar a mi mamá, el miedo no me dejaba, sentía en la garganta resequedad, atorada y con temblores. Su contacto me transmitía intensos fríos y malestares, me provocaba asco y me creía sucia, muy sucia, pues sentía que un hombre al que rechazaba me ensuciaba toda. Comencé a bañarme muchas veces durante el día, para lavarme la suciedad —concluye diciendo.*

*Las audacias del "comandante" se incrementaron con el tiempo, obligando a su hijastra a que viera con él películas porno-gráficas, y le mostraba revistas eróticas, como Playboy. Un día se apareció en la casa con un vibrador que pretendió que Zoilamérica usara, pero el aparato no funcionó. El año 1982, la violó, tirada en la alfombra de su cuarto:*

*"Lloré y sentí náuseas. Él eyaculó sobre mi cuerpo para no correr riesgos de embarazos y así continuó haciéndolo repetidas ve-ces: mi boca, mis piernas y mis pechos fueron las zonas donde más acostumbraba echar su semen, pese a mi asco y repugnancia, desde entonces para mí la vida tuvo un significado doloroso. Las noches fueron mucho más temerarias, sus pasos los escuchaba en el pasillo con su uniforme militar; recuerdo clarito el verde olivo y los laureles bordados en su uniforme" comentaba Zoilamérica.*

*El testimonio sigue con muchas más páginas, y con infinidad de pormenores en los que es difícil determinar si es peor la cobar-día del todopoderoso mandatario "revolucionario", que mantuvo por veinte años de su vida a su hijastra convertida en su esclava sexual, o la villanía del aparato militar y político a su servicio, que amparaba aquellos abusos impidiendo que la joven denunciara a su verdugo. Cuando el escándalo estalló, la señora Rosario Murillo tomó la defensa de su marido y acusó a su hija de complotar con los enemigos del sandinismo. Hace algunos años, en 2004, la esposa del "comandante" representó en una radio, una reconciliación con su hija, quien mantuvo, sin embargo, todas las acusaciones contra su padre adoptivo. Pero este ya había tomado todas las providencias debidas para burlar a la justicia.*

*El Juzgado Primero del Crimen de Managua, a cargo de la guerrillera Juana Méndez, fiel militante sandinista, sobreseyó el caso. Ante la recusación de la denunciante, la titular del Juzgado Segundo del Distrito del Crimen de Managua, Ileana Pérez, otra probada sandinista, necesitó solo un día para rechazar el expediente. Pero la Corte Interamericana de Derechos Humanos ha admitido el caso contra el Estado de Nicaragua por "denegación de justicia". ¿Prosperará allí la acusación contra el "comandante" violador, incestuoso y pedófilo? A juzgar por la lentitud geológica con la que los jueces examinan el caso, se diría que el alto tribunal de la OEA es más que renuente a condenar a un jefe de Estado en ejercicio, progresista y revolucionario. Eso es también América Latina todavía, por desgracia. No solo eso, felizmente. Hay otra realidad latinoamericana que va dejando atrás estos extremos de brutalidad y de barbarie, donde la justicia ya comienza a ser digna de ese nombre y donde una mujer no puede ser atropellada y abusada a lo largo de dos décadas por un matón con pistolas y uniforme verde olivo, sin que los jueces actúen en defensa de la víctima.*

*En la propia Nicaragua, muchos sandinistas decentes, como los hermanos Mejía Godoy —que han prohibido a Ortega utilizar sus canciones revolucionarias— han pasado a militar contra el nuevo déspota y sus desafueros, a la vez que muchas agrupaciones feministas tomaban la defensa de Zoilamérica. Pero, que alguien capaz de haber cometido semejantes iniquidades, se halle de nuevo en el poder, ungido por los votos de sus conciudadanos, en vez de estar pudriéndose en una cárcel, dice leguas sobre lo mucho que le falta aún a la tierra de Rubén Darío y de Sandino para salir de ese pozo de horror y vergüenza que llamamos subdesarrollo.*

(Hasta aquí el relato del escritor Mario Vargas Llosa.

En lo que no estoy de acuerdo con el escritor es cuando compara a Ortega con Somoza, textualmente dice: "decenas de miles de nicaragüenses se manifestaron en las calles de Managua para pedir la renuncia del presidente Daniel Ortega, a quien acusan de estar convirtiendo la frágil e imperfecta democracia que vive su país en una dictadura tan corrompida y autoritaria como la que padeció Nicaragua bajo Somoza".

Jamás en la época de los Somoza, Nicaragua vivió con tanta corrupción, crimen, injusticia y robo, como se vive hoy bajo Ortega y su régimen sandinista. Baste decir que cuando se fue Somoza, Nicaragua tenía una deuda externa únicamente de mil doscientos millones de dólares; mientras que cuando los sandinistas le entregaron el poder a doña Violeta, en 1990, la deuda externa era de más de quince mil millones de dólares, sin contar otros quince mil millones de dólares que, se calcula, le regalaron los países comunistas.

Pero regresando al caso de Zoilamérica, podemos decir que no encontrará justicia en ninguna parte del mundo, porque los tentáculos que tienen los sandinistas con las izquierdas, no permitirán en ninguna parte del planeta que se le haga justicia. Las izquierdas se protegen, actúan cínicamente, sin importarles las injusticias que se cometan, ellos son el poder de protección de las masas, aunque estas no adviertan que, en realidad, las izquierdas les causan, desempleo, hambre, muertes, etc. Las masas se dejan llevar por líderes populistas, quienes nada de lo que le ofrecen, se lo pueden cumplir.

# Valiente ministra hondureña

La visita de Ortega se llevó a cabo a Honduras, a pesar de las protestas de muchísimos hondureños, que no aceptaron que Ortega haya violado a su hijastra desde los 11 años, esta visita fue posible porque el presidente de Honduras era el izquierdista Manuel Zelaya.

***Renuncia la Ministra de la Mujer, de Honduras, por visita de Ortega Tegucigalpa (EFE).***
*Diario Las Américas.* **Publicado el 08-23-2008.**

*La ministra directora del Instituto Nacional de la Mujer (INAM) de Honduras, Selma Estrada, renunció hoy en protesta por la próxima visita del presidente de Nicaragua, Daniel Ortega, acusado de abuso sexual, por su hijastra. La ministra, quien se declaró en contra de la próxima visita de Ortega en un comunicado distribuido a la prensa, presentó además su renuncia formal dirigida al presidente hondureño, Manuel Zelaya. En la casa presidencial, adonde acudió a notificar su renuncia "a partir de hoy", puntualizó que tomó esta decisión "por mis valores" y porque "en la vida uno no debe tener doble moral". "Me he caracterizado por asumir posiciones claras, precisas y determinantes; por eso es que he tomado esa decisión", declaró Estrada, que no solo renunció como titular del INAM, con rango de ministra, sino también como representante de Honduras ante la Comisión Interamericana de Mujeres. La anunciada visita de Ortega también fue rechazada por organizaciones feministas y de Derechos Humanos, diputados y otros sectores sociales, a raíz de la denuncia por abuso sexual formulada en su contra por su hijastra Zoilamérica Narváez.*

# Casi todos los diarios del mundo le han dado cobertura a uno de los crímenes del sandinista Daniel Ortega

***Renuncia ministra hondureña ante visita de Ortega***
***elNuevoHerald.com***
***Publicado el viernes 22 de agosto de 2008***
***Por Freddy Cuevas***

*La ministra de la Familia, Selma Uclés, dimitió el viernes en protesta por la visita a Honduras, el 25 de agosto, del presidente de Nicaragua, Daniel Ortega, que ha sido denunciado internacionalmente como un abusador de su hijastra Zoilamérica Narváez.*

*"No poseo doble moral y asumo posiciones claras y determinantes en mi vida, por eso renuncié de manera irrevocable a partir de hoy ante el presidente Manuel Zelaya", dijo Uclés en rueda de prensa.*

*"Consulté con el presidente y sus colaboradores sobre el problema (la llegada de Ortega)... y evadieron el tema. Ante esa situación, me debo a las mujeres y mi único anhelo es servirlas", afirmó.*

*Ortega ha confirmado que asistirá el lunes, en Tegucigalpa, a la ceremonia de adhesión de Honduras a la Alternativa Bolivariana para las Américas (Alba), al igual que sus colegas de Venezuela, Hugo Chávez, y de Bolivia, Evo Morales. También estará presente el vicepresidente de Cuba, Carlos Lage.*

*"Me voy del cargo por respeto a las mujeres y mi compromiso al país, y porque considero el abuso sexual como un delito grave. Por eso, estoy en contra de la venida de Ortega al país... y renuncié", añadió Uclés.*

*La visita de Ortega también la repudian grupos feministas hondureños. El mandatario nicaragüense suspendió hace dos semanas su viaje a Paraguay a la asunción de Fernando Lugo, aparentemente porque grupos de mujeres rechazaban su llegada tras calificarlo de "violador".*

*El escándalo contra Ortega surgió en 1998 cuando Narváez denunció que durante 20 años fue víctima de abusos sexuales, presuntamente cometidos por el hoy mandatario. Ortega y su esposa lo han negado y han dicho que Narváez es mentalmente inestable. El caso fue archivado por la justicia por haber prescrito.*

*El asesor presidencial Marco Antonio Rosa informó que "el asunto en el que se le involucra al parecer surgió antes que Ortega fuese presidente del vecino país... es posible que eso sea una presunción" y "mientras un tribunal no lo condene, él es inocente... aunque ese asunto es importante, no es posible que el gobierno hondureño rechace su presencia aquí porque no nos toca juzgarlo... y hay que recibirlo con todos los honores de un mandatario".*

*Pero la presidenta del Movimiento de Mujeres por la Paz, Gladys Lanza, afirmó que "si Ortega tiene un poco de vergüenza no debe venir porque él ha sido denunciado como un abusador de la hija de su esposa (Rosario Murillo)". Anunció acciones callejeras que no especificó.*

*El gobierno, entretanto, remodela un gran estacionamiento aledaño a la Casa presidencial de Tegucigalpa para celebrar allí el acto con organizaciones obreras, estudiantiles, indígenas y campesinas.*

*La decisión del presidente Zelaya de incorporar a Honduras al Alba es criticada por sectores empresariales y políticos que respaldan las alianzas tradicionales del país con Estados Unidos, y se oponen también a la cercanía del gobernante con Chávez.*

167

*La adhesión al Alba debe ser ratificada por el Congreso, en donde existe una fuerte oposición de la mayoría de los 128 legisladores de cinco partidos políticos.*

*Alba reúne a Bolivia, Cuba, Dominica, Nicaragua y Venezuela. Liderada por Chávez, la iniciativa surgió en diciembre de 2004 con Cuba y Venezuela como alternativa al Área de Libre Comercio para las Américas promovida por Estados Unidos, después se unió Bolivia y Nicaragua.*

Hay decenas de miles de personas en todo el mundo que han desaprobado que Ortega sea recibido por mandatarios de otras naciones; sin embargo todos sabemos que los gobiernos de izquierda le darán toda clase de apoyo a esta clase pedófilos y criminales. Miguel Zelaya, de Honduras no se quedará atrás; él, como izquierdista, le dará el respaldo a Ortega.

En el mundo han informado algunos medios de comunicación, que es vergonzosa la actitud de los nicaragüenses por haber concedido sus votos a semejante monstruo.

En cuanto a la madre de Zoilamérica, Rosario Murillo apodada la "Chamuca", es una mujer despiadada, fría, de malos instintos. A ella no le ha importado lo sucedido con su hija, para ella como legítima militante de la izquierda, lo más importante es el partido.

# Zoilamérica retira su demanda

El 27 de septiembre de 2008, se publica en varios diarios del mundo: "Zoilamérica retira demanda contra su padrastro el pedófilo de Daniel Ortega presidente de Nicaragua". Zoilamérica, mediante un arreglo de muchos millones de dólares recibidos, retiró la demanda de la Corte Internacional de Derechos Humanos y de los Juzgados de Nicaragua. Según informan algunos allegados a ella, por los siguientes motivos:

*1. La Corte Suprema de Justicia, controlada por los sandinistas, jamás le hará justicia al pedófilo Daniel Ortega, la joven se pasó casi diez años pidiendo justicia y nunca se la dieron; ella sabía que no se la darían y lo denunció públicamente en varias ocasiones.*

**2. La Corte Internacional de Derechos Humanos es también controlada por la izquierda y estos jamás le otorgarían justicia.**

**3. Ella era permanentemente acosada por sus familiares y amistades sandinistas tal que, finalmente, ante tanta presión, y viendo su imposibilidad de justicia, no le quedó más remedio que ponerle fin a su demanda.**

En el diario *La Prensa* en su edición del 27 de septiembre de 2008 dice Zoilamérica:

> *He valorado el aprovechamiento extraído por grupos de partidos políticos, sobre todo en época de elecciones, que han hecho beneficio de sus propios intereses sobre mi caso, situación que como ser humano, lejos de contribuir a mantener un clima de paz y reconciliación entre los nicaragüenses, afecta a mi familia en su conjunto.*

Los nicaragüenses sabemos que las presiones a que debió haber sido sometida Zoilamérica, por su familia y los grupos sandinistas, debieron ser tan intensas que simplemente no pudo más y aceptó la carta que según dicen varios nicaragüenses, le redactó su madre, Rosario Murillo. Es una pena que aun en estos actos, las izquierdas del mundo tengan tanta fuerza que no se pueda impartir justicia. El famoso juez español, Baltasar, nunca quiso recibir este caso, porque su misión es proteger a las izquierdas. Prácticamente, las izquierdas, muy astutamente, han logrado controlar a nivel mundial, casi todas las cortes supuestamente de justicia. Las izquierdas realizan escándalos, solo contra los hombres que heroicamente luchan contra ellos, como fue el mismo caso del Gral. Pinochet, que logró salvar su país de las garras del comunismo, sin embargo, el juez Baltasar se ensañó contra él.

Si la auténtica democracia no inicia una lucha contra las izquierdas, poco a poco estos acabarán con el progreso y el bienestar que ha logrado conseguir nuestro planeta hasta ahora. Si el mundo auténticamente democrático, no despierta ante las injusticias que hacen las izquierdas, nuestra tierra se empobrecerá hasta condiciones lastimosas. La injusticia, el crimen y el odio, serán los que imperarán en el mundo, si la derecha no enfrenta con valentía a la izquierda.

# Capítulo IX

## Acusan a Ortega de crimen de lesa humanidad

Durante la década de los ochenta, los sandinistas asesinaron a miles de personas dirigidos por Daniel Ortega, su hermano Humberto y por los milicianos leales a los Ortega, que posteriormente se convirtieron en el nuevo ejército de la nación. La masacre que hicieron los sandinistas en la costa atlántica de Nicaragua, ha sido declarada de "lesa humanidad", lo que significa que este crimen no tiene caducidad para algún día poder enjuiciar a los hermanos Ortega. Entre esos crímenes se encuentran los asesinatos cometidos a cientos de misquitos de la Costa Atlántica nicaragüense, quienes fueron avasallados, abusados y asesinados por la operación conocida como "Navidad Roja". A continuación las informaciones que fueron publicadas por el Informe Pastrana, y que han sido publicadas en varias ocasiones en diferentes periódicos del mundo.

## Reviven Navidad Roja

La noticia de que la Comisión Interamericana de Derechos Humanos de la Organización de Estados Americanos (OEA) está por notificar oficialmente al gobierno de Nicaragua, que ha recibido una denuncia en contra del Estado nicaragüense; en dicha nota se quejan por omisión a crímenes de lesa humanidad a los gobiernos de Violeta Chamorro, Arnoldo Alemán y Enrique Bolaños, por no haber actuado a favor de los misquitos nicaragüenses, que en 1982 fueron avasallados, abusados y asesinados por la operación "Navidad Roja". El régimen sandinista, ha puesto en alerta a los principales dirigentes del FSLN. Algunos medios radiales nacionales y agencias de noticias, dijeron que se trata de una campaña del gobierno de Estados Unidos en contra del sandinismo, y que la denuncia no cabía porque era contra personas, y que los supuestos delitos se habían prescrito.

No se trata de una denuncia hecha contra personas, sino por omisión en contra del Estado de Nicaragua, que sabiendo que se cometieron crímenes públicamente conocidos, no hizo nada por castigarlos. La denuncia fue interpuesta por un ciudadano nicaragüense en la ciudad de Miami, Florida, Estados Unidos, cuya identidad es protegida por la CIDH por razones obvias.

Lamentablemente, doña Violeta, entre sus primeras actuaciones en su gobierno aceptó la amnistía que los sandinistas se habían autorecetado, en vez de anularles el decreto que tramposamente habían redactado. El gobierno fue el imputado por la denuncia ante la CIDH, esta fue contra el Estado de Nicaragua, representado en ese momento por el presidente Enrique Bolaños.

Si bien en la denuncia se asegura que los gobiernos de Nicaragua, entre 1990 y 1995, cometieron delitos de omisión, los señalados por cometer crímenes de lesa humanidad, son el expresidente y secretario general del Frente Sandinista, Daniel Ortega Saavedra; el exjefe de la Seguridad del Estado y Director de los Comandos Electorales del FSLN, Lenín Cerna Juárez; el actual Procurador para la Defensa de los Derechos Humanos, Omar Cabezas Lacayo; el exministro del interior y diputado, Tomás Borge Martínez y el exjefe del ejército y general en retiro, Humberto Ortega Saavedra.

En la denuncia se recuerda que los crímenes de lesa humanidad no se prescriben nunca y deben ser perseguidos de oficio. Refiere la denuncia que estos funcionarios del régimen sandinista persiguieron y asesinaron a las tribus misquitas, mayangas y ramas, en los operativos militares denominados operación "Navidad Roja", entre 1981 y 1982, en la que participaron tropas combinadas del Ejército Popular Sandinista y la Dirección General de la Seguridad del Estado.

## La cancillería aún no tiene notificación

Voceros del ministerio de Relaciones Exteriores hablan sobre el *Informe Pastrán*, expresando: "desde el mes de junio pasado cuando se conoció esta versión, no tienen conocimiento de que esta denuncia fuese tramitada y dado curso ante la Comisión Interamericana de Derechos Humanos de la OEA. También dicen, en su comunicado, que no tenían ninguna información acerca de que la CIDH estuviera por notificarlos oficialmente, para que el Estado de Nicaragua, que sería el demandado, se personara en el juicio. En este caso, la acción penal tendría que ser impulsada por el Fiscal General de la Nación, Julio Centeno Gómez.

Según la denuncia todos los mencionados como responsables directos, cometieron crímenes de lesa humanidad y genocidio, y pudiendo ser castigados por los gobiernos de Nicaragua después de 1990, estos nunca lo hicieron. El artículo 549 de la Ley del Código Penal de Nicaragua, expresa: "Comete delito de genocidio y será penado con presidio de 15 a 20 años, el que realice actos o dicte mediante tendientes a destruir parcialmente o totalmente un grupo étnico religioso, tales como ataques a la integridad personal de sus miembros, deportaciones en masa, desplazamiento violento de niños o adultos hacia otros grupos, imposición de condiciones que hagan difícil la subsistencia, o realización de operaciones o prácticas destinadas a impedir su reproducción".

## Navidad Roja de los misquitos

De conformidad con la investigación y denuncia por la operación "Navidad Roja", que obra en poder de la Comisión Interamericana de Derechos Humanos de la OEA, este complejo asunto ha figurado como uno de los temas principales en la agenda de los últimos seis períodos de sesiones de la CIDH. En dos ocasiones, sus representantes recorrieron extensas regiones de la zona atlántica de Nicaragua, en la que habita buena parte de los misquitos, investigando los hechos allí acaecidos. Igualmente, esos representantes se entrevistaron con refugiados nicaragüenses de origen misquito en Mokorón y otros campamentos del Departamento Gracias a Dios, de Honduras.

Durante esas visitas y también como parte de las actividades realizadas en su sede de Washington, la Comisión interrogó a decenas de testigos y llegaron a centenares los documentos que tuvo que examinar. Según un informe de la CIDH, a fines de 1981 y comienzos de 1982, se dieron actos de violencia que ocurrieron en la zona del río Coco, con el traslado forzado de un sector de las comunidades indígenas desde sus aldeas en esa zona hacia el interior del Departamento de Zelaya de Nicaragua y la huida a Honduras de otro sector de los antiguos habitantes ribereños al río Coco.

Los días 19 y 20 de febrero de 1981 fueron encarcelados por la Seguridad del Estado, alrededor de 30 dirigentes misquitos de la Organización Misurasata, entre ellos Brooklyn Rivera, Hazel Lau, y Steadman Fagoth. Asimismo, las oficinas de esa organización fueron puestas bajo control del ejército. El Gobierno acusó a los líderes de Misurasata de promover un movimiento separatista en la costa atlántica. Nuevas olas de protestas se produjeron en la zona y como consecuencia de ellas, el 25 de febrero de ese año se formó una Comisión de Paz, integrada por miembros del FSLN, de Misurasata y de instituciones religiosas.

## Actual procurador, señalado

Según informaciones recibidas por la Comisión Interamericana de Derechos Humanos, los días 20 y 21 de diciembre de 1981, rebeldes contrarios al Gobierno de Nicaragua cruzaron el río Coco, desde Honduras, y ocuparon el pueblo de San Carlos, donde tendieron una emboscada a soldados del ejército nicaragüense, mutilando y asesinando a varios de ellos. El Gobierno de Nicaragua denunció este incidente como parte de una insurrección masiva programada para que estallara en los pueblos del río Coco, habitados todos por misquitos, durante la semana de Navidad. A la vez, denuncias e informaciones recibidas por la CIDH dieron cuenta de que durante esa confrontación y en represalia por las matanzas de San Carlos, efectivos del ejército sandinista dieron muerte en la localidad de Leimus y en sus inmediaciones a un número considerable, aunque hasta ahora indeterminado, de misquitos.

El 28 de diciembre de 1981, el gobierno sandinista resolvió trasladar a 42 pueblos de la región del río Coco a una zona ubicada a unos 60 kilómetros al sur de ese río, sobre la carretera Rosita-Puerto Cabezas.

Los poblados de río arriba, desde Leimus a Raiti, tuvieron que ser evacuados a pie, en condiciones muy difíciles y duras, por no existir caminos aptos para el uso de vehículos. Los pueblos de río abajo, desde Leimus hacia la costa atlántica, fueron trasladados en camiones y la mayoría de los evacuados pudieron llevarse algunas de sus pertenencias. Durante el mes de enero y parte del mes de febrero de 1982 se reinstalaron aproximadamente 8500 misquitos en cinco campamentos diferentes en lo que el gobierno ha denominado el proyecto "Tasba Pri" (Tierra Libre, en idioma misquito).

A raíz de los sucesos relacionados con la llamada Navidad Roja, muchos misquitos fueron capturados por el gobierno de Nicaragua y junto con algunos pastores de la Iglesia Morava, acusados de contrarrevolucionarios. Un éxodo masivo se produjo entonces, durante el cual alrededor de 10 000 misquitos y muchos pastores moravos, cruzaron el río Coco hacia Honduras, donde unos 8000 fueron, posteriormente, instalados en un campamento de refugiados ubicado en la localidad de Mokorón, en el departamento Gracias a Dios.

# La denuncia oficial

Según la denuncia oficial, "en las comunidades indígenas de Asang y San Carlos, ubicadas en el margen del río Coco parte arriba, el día 23 de diciembre, la fuerza aérea sandinista llegó a bombardear las comunidades con helicópteros y aviones "Push and Pull", donde se masacraron a 60 hermanos indígenas con bombas de 80 libras. De San Carlos llevaron a 15 hermanos presos con rumbo a Waspam o Puerto Cabezas, entre los cuales están: Rev. Higinio Morazán (pastor moravo de la comunidad), Juan Saballos, Julián Mansanares, Noel Wellington, Balandore Barrow, Manuel Saballos, Juan Charles, Alberto Zelaya, y Elsa Barrow...

En Asang se estableció una base militar aérea con la asignación de 82 militares del ejército sandinista. En San Carlos se instalaron 150 efectivos entre ellos algunos cubanos. Ambas comunidades fueron militarizadas para que sus poblaciones no se refugiaran en Honduras. A los hermanos indígenas, los militares les quitan sus alimentos, los obligan a construir trincheras y les prohíben salir de sus comunidades en busca de alimentos y otras necesidades.

En Laimus, cerca de Waspan, el día 22 de diciembre capturaron a

80 hermanos de Asang, San Carlos, Waspuk, Krasa, etc., que se preparaban para viajar a sus comunidades respectivas y que venían de Waspan,
Puerto Cabezas y Managua, para pasar la Navidad y el Año Nuevo al
lado de sus familiares (costumbre misquita). La noche siguiente (23 de
diciembre) los militares asesinaron a 35 de ellos, enterrándolos a todos
juntos en un foso, se cree, inclusive, que algunos fueron enterrados vivos. Entre ellos están: Norman, Rogelio y Simeón Castro, Joselín y Asel
Mercado, Cristina y Mayra Lacayo, Víctor y Carlos Pérez, Justo Martínez, Villanor Pantin, Roseno Gómez, Luis Fajardo, Efraín Poveda, Celso
Flores, Ramiro Damasio, y otros. Las esposas de estos hermanos fueron
violadas por los militares de Laimus y luego obligadas a ir a sus comunidades. El día 24 fueron asesinados 12 hermanos más y sus cadáveres
fueron arrojados al río Coco...

## Más datos

El día 26, cuatro hermanos fueron enterrados vivos cerca de
Laimus. Del resto de los 80 hermanos presos se desconoce su paradero. En la base militar de Laimus, funciona un campo de concentración
e implementaron un programa de trabajo forzado para los presos. En la
ciudad de Bluefields, el día 26 de diciembre, 30 personas, entre criollos,
indígenas y mestizos fueron metidas a la cárcel sin acusación alguna.
Un criollo civil fue herido de gravedad por un militar por negarse a ser
reclutado por el ejército sandinista a la fuerza. En las comunidades de
los Raudales (Raiti, Aniwás, Walakitán, Bokay, etc.) del río Coco, a
los indígenas miembros del ejército sandinista los tiran al río amarra-
dos de las manos y los pies, por negarse a participar en la masacre de
sus demás hermanos de dichas comunidades. Muchos de los cadáveres
de estos hermanos militares son encontrados en las comunidades de
Siksayaru, Andristara...

## CENIDH da su versión

La presidenta del Centro Nicaragüense de Derechos Humanos
(CENIDH), Vilma Núñez, aseguró que la Comisión Interamericana de

Derechos Humanos de la OEA no ha conocido de ninguna denuncia contra Daniel Ortega y otros altos dirigentes del Frente Sandinista en particular, sino contra el Estado en sí por el supuesto delito de crímenes de lesa humanidad. Núñez manifestó que dicha comisión "no tiene competencia, ni capacidad, para investigar a personas particulares; las responsabilidades que se deriven de hechos cometidos por determinados gobernantes en un período determinado, le caben al Estado de Nicaragua, en todo caso sería al Estado de Nicaragua al que estarían investigando por la comisión de determinados hechos". Hasta aquí el importante relato del Informe Pastrán.

Así como estos crímenes, hay por todo el país relatos espeluznantes de cómo los sandinistas asesinaban, violaban y robaban. Hoy el ejército sandinista se presenta como profesional y se declaran inocentes de todos los casos reportados por la población, aseguran ser independientes del gobierno y que cuidan nuestra Constitución; sin embargo, amparan con sus actuaciones o con su silencio, todo lo que el tirano y perverso gobernante Daniel Ortega, realiza sobre Nicaragua. Nicaragua no necesita ejército, Nicaragua no le va a declarar la guerra a ningún país y tampoco nadie se la declarará a nuestro país.

Por otra parte, el combate de la droga sería mucho más efectivo, con personal especialmente entrenado para ese efecto, que con todo un ejército que cuesta miles de millones. Todas las funciones que tiene el ejército serían mucho más eficientes, y económicas, con el personal entrenado para atender esas actividades, que no requieren compra de armamentos sofisticados. El ejército es solo la pieza importante, que todos los tiranos de regímenes de izquierda utilizan, para mantener secuestrado a sus países.

# Capítulo X

## El pueblo estadounidense

No ha existido un pueblo en el planeta, más generoso, compasivo y defensor de las democracias que el pueblo de Estados Unidos de América; como lo expresó un periodista del *Diario Las Américas*, siempre vigilantes del mundo libre, con lo que ha hecho posible que todavía encontremos un mundo o parte de un mundo libre.

Estados Unidos ha puesto decenas de miles de muertos en diferentes guerras para defender los principios democráticos en el mundo. Realmente, han sido los verdaderos defensores en contra de países que han sometido a sus pueblos a las infamias más increíbles, sin embargo, son odiados o más bien diría, envidiados por sus gestos humanitarios, por su poderío económico, por su disciplina, y por sus sacrificios. Lamentablemente, han cometido grandes errores a nivel mundial cuando ha ocupado la presidencia un demócrata de tendencia socialista o izquierdista, como los cometió Jimmy Carter cuando propició el derrocamiento del Shah entregando el poder al líder musulmán y religioso Ayatollah Khomeini, enemigo de Estados Unidos, o cuando, en Nicaragua, entregó el poder a los sandinistas, quienes eran feroces enemigos de Estados Unidos y fueron entrenados en Cuba y Rusia; es decir Carter, con la decisión de apoyar a las izquierdas, destruyó el Medio Oriente y muchos países de América Latina a través de Nicaragua.

Carter le pidió al general Somoza Debayle que se mantuviera en el poder cuando este le dijo: "Sr. Presidente, conozco muy bien las reglas estadounidenses y, si su deseo es que renuncie, así lo haré". Después lo traicionó, vale la pena leer el libro *Nicaragua traicionada*, escrito por Somoza, antes de ser asesinado en el Paraguay por un comando pagado por los sandinistas.

Carter traicionó al Shah de Irán y buscó su derrocamiento, que se realizó en 1979, con la excusa de los Derechos Humanos, los que, increíblemente, han favorecido siempre a las izquierdas. Carter fue el principal responsable de la invasión de drogas a su país, jamás entró tanta droga a Estados Unidos como en la época de su mandato. Los enemigos de Estados Unidos aprovecharon en Carter, su negligencia o, tal vez, su consentimiento. Algunos opinan que fue ingenuo, otros lo consideran tonto, en todo caso EE. UU., descuidó sus fronteras y, prácticamente, sus enemigos tenían luz verde para introducir la droga por Nicaragua, México, Cuba y Panamá. Si recordamos bien, antes de la era del presidente Carter, el problema de la droga en Estados Unidos era prácticamente mínimo, casi inexistente. Algunos demócratas de la época de Carter, que estaban protegiendo la revolución sandinista, fueron culpables de esta invasión de drogas a EE. UU., como nunca antes había sucedido.

Los enemigos de Estados Unidos lo atacaron en su propio terreno con las drogas, pero ahora, el nuevo plan es además de seguirlos atacando con las drogas, utilizar el terrorismo. Antes de esa fatídica época de los demócratas que gobernaron con Carter, no se tenían los grandes problemas de drogas, que hoy le cuestan billones de dólares al país.

Generalmente, estas equivocaciones se producen en Estados Unidos cuando tienen gobiernos demócratas. Muchos demócratas son de tendencia izquierdista y protegen los movimientos de izquierda en el mundo, sin importarles cuán enemigos son de este bello e envidiable país, Estados Unidos. Cuando el Congreso es controlado por una mayoría del Partido Demócrata, el riesgo para Estados Unidos y el mundo es muy alto con los avances de la izquierda. Con los gobiernos republicanos, las izquierdas no avanzan, por lo menos así lo ha demostrado la historia.

A los republicanos no se les puede engañar, ellos son de pensamientos claros, reconocen el daño que producen al mundo esas tendencias escondidas en un aparente apoyo a los pobres y unos derechos humanos que valen solo para ellos. Las palabras del gran presidente Ronald Reagan no pueden ser más claras; su verdad ha sido una realidad en

Nicaragua donde por más de 30 años ya, el país ha estado secuestrado y no tiene paz.

Con una claridad impresionante en el siguiente artículo del *Diario Las Américas*, el 17 de enero de 1985, el presidente declara: "Los enemigos de la libertad serán nuestros enemigos". El presidente Reagan nunca pudo comprender cómo era posible que el presidente Carter, aun siendo demócrata, les hubiera permitido un mayor crecimiento a los enemigos de EE. UU. Cuánta razón tuvo el presidente Reagan al decirle al mundo que cambiaría la historia de Estados Unidos; en realidad, cambió la historia del mundo al lograr la derrota de Rusia sin el sacrificio de ninguna vida humana.

Si se llega a profundizar en el porqué de la guerra que sostiene Estados Unidos en la región del Medio Oriente, después del criminal acto de terrorismo contra las torres gemelas, se llegará a la conclusión de que, al perder Estados Unidos el balance que tenía en esa conflictiva región, con el derrocamiento del Shah de Irán, la paz se perdió en toda la zona. Los ataques terroristas que hoy sufrimos en todo el mundo, son causa y efecto de la política del presidente Carter. Carter no midió las consecuencias al propiciar el derrocamiento del Shah y entregar el poder a las izquierdas, que son enemigas de su país. Tampoco midió las consecuencias que tendría para América Latina el instaurar un régimen terrorista en Nicaragua.

## Los estadounidenses son odiados

A pesar de que los estadounidenses son los primeros en salir al mundo a socorrer a la hora de una catástrofe, nadie los quiere. Son cientos de terremotos, huracanes, sunamis, etc., los que han sucedido en el planeta y siempre son los primeros en llegar. Están disponibles para combatir las injusticias cuando se presentan en uno o varios países, lo demostraron durante la Segunda Guerra Mundial y ¿qué obtuvieron? Absolutamente nada. Ellos no se apoderaron de tierras, fábricas, etc., no pidieron nada a cambio, solo un pedazo de tierra para enterrar a sus muertos. Ayudaron durante y después de la Guerra, como fue con el famoso Plan Marshall, sin embargo, muchas personas del mundo los odian, porque las izquierdas saben que la mayoría del pueblo estadounidense es justo, trabajador, comprensivo, amigable, sencillo, sin envidias y con mucho amor al prójimo. Estas son causas suficientes para que las izquierdas los odien y aprovechen cualquier detalle para que los medios de comunicación los ataquen.

Algunos medios de comunicación izquierdistas logran influir en los pueblos para levantar la envidia, el odio, el deseo de aniquilar lo que ellos representan, sin quererles reconocer que su bienestar económico ha sido a base de sus propios esfuerzos y sacrificios para lograr una vida mejor. Las mentiras y calumnias contra los estadounidenses, que han dicho los líderes izquierdistas con la resonancia de los medios de comunicación en muchísimos países, es lo que ha sido causa y efecto del odio hacia Estados Unidos. Son muchos los jefes de Estado de izquierda que se expresan con desprecio, con irrespeto hacia presidentes de Estados Unidos, así le ocurrió al gran presidente Reagan, considerado por muchos, el mejor presidente no solo de Estados Unidos sino, también, del mundo. La prensa y los líderes de la izquierda, no se cansaban de atacar al presidente Reagan.

Cuando Reagan, valientemente combatía a los sandinistas en Nicaragua, Carlos Andrés Pérez de Venezuela y José López Portillo de México, con el restante grupo de socialistas, insistían en presionarlo para que no derrotara a los sandinistas. En una ocasión el presidente Reagan expreso: "... el socialismo solo funciona en dos lugares: el cielo, donde no los necesitan y el infierno, donde ya los tienen". El expresidente izquierdista, José Figueres, de Costa Rica, calificó de monstruo al presidente Reagan, porque estaba apoyando la contrarrevolución en Nicaragua. Al presidente Reagan le tocó luchar contra los demócratas que apoyaban a los sandinistas y su expansión por el continente latinoamericano.

Reagan, a pesar de que existían todas las pruebas de que los terroristas de las FARC y del FMLN se entrenaban en las montañas de Nicaragua, y de que además utilizaban el país como ruta para invadir de drogas a EE. UU., tuvo que luchar con todas sus fuerzas contra los grupos demócratas de izquierda, que los apoyaban. Los ataques de los demócratas contra el gran presidente Reagan enfurecían al mundo libre, sin embargo, los grupos de izquierda trataban, por medio de la prensa, de desprestigiar al presidente, sin embargo nunca lo pudieron lograr. El mundo se dio cuenta de que el presidente luchaba contra los enemigos de la humanidad.

Algo parecido, pero con escenarios diferentes, le pasó al presidente

George W. Bush en su segundo periodo, donde lamentablemente un Congreso controlado por los demócratas y los medios de comunicación de izquierda, le ataron prácticamente sus manos, para no dejarlo gobernar. Durante los dos últimos años de Bush, en su decidida guerra contra el terrorismo, los demócratas, a través de los medios de comunicación, lo atacaron de una forma impresionante para que el Partido Republicano perdiera las elecciones, como en efecto sucedió. Siempre culparon al presidente Bush de la guerra contra el terrorismo, jamás los demócratas recordaron que las consecuencias de esa guerra eran producto de los errores del expresidente Carter. Sin embargo, Bush se enfrentó, valientemente, a los terroristas cuando atacaron a Estados Unidos el 11 de septiembre de 2001.

## Aznar asegura que el legado de Bush será reconocido por la historia

El presidente Bush, en el último período de su mandato, que fue el más difícil, por el ataque terrorista que sufrió Estados Unidos el 11 de septiembre de 2001, se vio obligado a entrar en guerra con uno de los países que más terroristas albergaba y, por supuesto, gran enemigo de Estados Unidos, Irak.

Además, las dificultades de tener a los demócratas controlando el Congreso, más la prensa americana de izquierda, prácticamente lo tuvieron con las manos atadas, haciendo hasta lo imposible para desacreditarlo, sin importarles el daño internacional que cometían contra Estados Unidos. Bush se encuentra con un mercado de casi los 150 dólares por barril de petróleo, que prácticamente destruyó la economía mundial. El *Diario Las Américas* publicó el 14 de noviembre de 2008, un artículo de opinión que sacó el diario Francés *Le Fígaro,* donde el expresidente español José María Aznar defiende el legado del presidente Bush y asegura que la historia se lo tendrá que reconocer. Dice el expresidente Aznar que "Un líder político debe asumir sus responsabilidades" y lograr causas "nobles y justas" y esa es, precisamente, la misión que ha cumplido George W. Bush.

# Ataque terrorista a las Torres Gemelas de Nueva York

Los terroristas atacaron, además de las torres de New York, donde causaron más de tres mil muertos, el Pentágono, donde también causaron más muertos. Los presidentes republicanos son verdaderos defensores de las democracias. El presidente Bush ha mantenido su posición de ayudar, por ejemplo, al presidente Álvaro Uribe, de Colombia quien ha combatido a los terroristas de las FARC y al narcotráfico de su país. Es, además, el presidente Uribe un gran amigo de EE. UU., sin embargo, el Congreso estadounidense, controlado por una mayoría demócrata, lo ataca y no ha permitido que se firme el Tratado de Libre Comercio con ese país, a pesar de estar considerado Uribe, como el mejor presidente de América Latina.

Las bases estadounidenses que se encontraban en Ecuador fueron retiradas por el presidente de izquierda Rafael Correa, sin embargo, Colombia como buen amigo de Estados Unidos, le abrió las puertas, ellos saben la importancia de esas bases en las luchas contra el narcotráfico y contra los terroristas.

# Los demócratas simpatizan con la izquierda y le hacen el juego

Al Gore, exvicepresidente demócrata de Estados Unidos, por ejemplo, aceptó participar en una reunión en Miami con el presidente Álvaro Uribe. En las 24 horas antes de la reunión, cuando ya estaba en Miami el presidente Uribe, le comunicó a los medios de comunicación que no participaría en la reunión porque no se sentaría con un presidente que ha estado cuestionado por asesinatos.

Estas acciones de los demócratas son para causar daño a un país como Colombia,, que ha mantenido una lucha titánica contra el narcotráfico y la guerrilla de las FARC que es, en realidad, la izquierda colombiana. Muchos se preguntan: ¿será Al Gore uno de esos izquierdistas que buscan que América Latina sea controlada por los terroristas? Los demócratas estadounidenses realizan acciones que siempre favorecen a las izquierdas; ¿será que el exvicepresidente Al Gore no conoce del sufrimiento del pueblo colombiano a través de los secuestros, torturas y asesinatos cometidos por las FARC y el narcotráfico? ¿Será que el exvicepresidente Al Gore no ha escuchado decir al presidente Bush que el presidente Uribe es el mejor aliado que tienen en América Latina y que Uribe es considerado el mejor presidente de América Latina? ¿Será que no se da cuenta de la heroica lucha del presidente Uribe contra la izquierda y el narcotráfico?

Esta lucha ha sido titánica, ¿será que no se ha dado cuenta del padecimiento de los secuestrados por varios años, algunos con más de una década en condiciones infrahumanas? Por el contrario, los republicanos en Estados Unidos luchan contra las izquierdas del mundo. Ellos conocen el sufrimiento que causan las izquierdas, además saben que son enemigos de Estados Unidos. La lucha que realizó el presidente Reagan contra las izquierdas, logrando la caída de los países comunistas, fue encomiable; podríamos decir un suceso único en la historia del mundo. Sin embargo, el presidente Reagan fue atacado ferozmente por algunos demócratas que, inclusive, visitaban a los enemigos de Estados Unidos, como fue el caso del senador John Kerry, quien en 1982 se entrevistó, en Nicaragua, con Daniel Ortega, apoyando a los sandinistas a pesar de que el presidente Reagan los combatía, apoyando la contrarrevolución. El senador Kerry trató de alcanzar la presidencia de Estados Unidos a pesar de su identificación y preferencia hacia gobiernos enemigos de EE. UU. El senador Kerry fue uno de los adversarios del presidente Reagan en su lucha por la libertad de Nicaragua.

El presidente Carter es amigo de Daniel Ortega a quien, desde antes de que los sandinistas ganaran la revolución, gracias al bloqueo que impuso a Nicaragua, lo admira, lo aconseja y lo defiende. Carter comprendía y sabía de la importancia que tenía Daniel Ortega para la izquierda latinoamericana, sabía que era uno de los que apoyaban el terrorismo, y que los sandinistas no descansarían hasta ver todo el continente en poder de las izquierdas. El Tratado de Libre Comercio (TLC) lo negociaron los presidentes Bush y Uribe, sin embargo, los demócratas que controlaban el Congreso no lo aceptaron por lo menos durante la presidencia de un republicano. El presidente Bush firmemente convencido deque el libre comercio y la libertad de las personas es la llave para enfrentar la crisis financiera iniciada en el 2008 como consecuencia de la desmedida alza del petróleo que llegó casi a 150 dólares el barril.

Los grupos izquierdistas del mundo se oponen a la política del presidente Bush, hacen manifestaciones y toda clase de provocaciones, ellos saben que el libre comercio, puede sacar de la pobreza a sus países y es "casualmente" lo que no desean. En realidad el libre mercado, el libre comercio y la libertad empresarial son las llaves para enfrentar la crisis financiera mundial 2008, provocada principalmente por el alza del petróleo y la falta de regulaciones en la banca mundial. Tomará algunos años para salir de ella y, como es, natural la izquierda mundial o los socialistas se oponen al libre mercado, porque si los países salen de su pobreza, las izquierdas dejarían de existir.

El presidente Bush, como firme combatiente contra la izquierda mundial y antes de reunirse en el Perú con el presidente Dimitri Medvedev de Rusia, aprovechó la ocasión para elogiar la famosa Revolución de las Rosas, movimiento pacífico popular ocurrido en Georgia, en el 2003, en el que vencieron siglos de influencia de Moscú, y con la valentía que caracteriza a los republicanos antiizquierdistas, Bush dijo: "También los estadounidenses honramos a los valientes ciudadanos georgianos que defendieron su libertad y Estados Unidos renueva su compromiso de apoyarlos en su democracia, independencia, soberanía y la integridad territorial de Georgia". Rusia y Nicaragua fueron los únicos países en el mundo que apoyaron la invasión rusa a Georgia.

## Estados Unidos da ultimátum a Nicaragua

Pocos meses antes de terminar su mandato, el presidente Bush, preocupado por los avances de la izquierda nicaragüense envió, a través de su embajador, un ultimátum a Nicaragua, que fue publicado en varios diarios del mundo, entre ellos *El Nuevo Herald* el 17 de diciembre de 2008 en primera plana decía:

Nicaragua fue advertida de que si en 90 días no resuelve las dudas sobre los cuestionados comicios municipales que descaradamente los sandinistas se robaron, perderán definitivamente la ayuda de la Cuenta Reto del Milenio conocida con sus siglas (CRM) y podría además enfrentar otras sanciones.

Por otra parte ya la Unión Europea (UE) suspendió 23 millones de euros (31.7 millones de dólares) destinados a Nicaragua para el año 2008 por el incumplimiento de Daniel Ortega, presidente de Nicaragua, en materia de gobernabilidad, transparencia y respeto a los derechos humanos.

Mientras tanto, el izquierdista presidente, acusado de haber violado a su hijastra desde los once años, Daniel Ortega, calificó de "atentado", la decisión de la Unión Europea (UE) y de EE. UU. Ortega dijo a los medios de comunicación despectivamente: "¿Desde cuándo somos esclavos de los europeos? Hace rato que rompimos las cadenas".

Estas acciones de Ortega no son más que para justificar, dentro de Nicaragua, la acelerada carrera que tiene para llevar lo más rápido posible al país de la "pobreza a la miseria" tal y como ya lo realizó en la década de los ochenta donde controlaban todos los poderes.

También dijo Ortega en declaraciones a la prensa, que tanto la UE como EE. UU., actuaban de esa manera porque quieren seguir imponiendo en el mundo "la tiranía capitalista".

A pesar de todas las declaraciones de Ortega, EE. UU., sigue firme, al menos mientras esté en la presidencia un presidente republicano. Las actuaciones del presidente Ortega traerán consecuencias negativas y perjuicios económicos para los nicaragüenses. Mientras no exista una verdadera democracia en Nicaragua, no se le otorgará ayuda, dijo el presidente Bush. Para los sandinistas el no recibir ayuda de Estados Unidos es más bien una ventaja, porque logran sus propósitos de llevar a la miseria al pueblo culpando, como siempre, a los estadounidenses. Estados Unidos debe tener siempre presente que en la década de los ochenta, cuando los sandinistas tenían todos los poderes, llevaron al país a la miseria siempre con la cancioncita de "Estados Unidos responsable". Sin embargo cuando la contrarrevolución (la Contra) apoyada por el presidente Reagan, logró que se realizaran elecciones supervisadas en Nicaragua y los sandinistas perdieron al menos la presidencia, EE. UU. inició una ayuda que en 18 años ha llegado a más de 1400 millones de dólares. Para Nicaragua, Estados Unidos es su principal mercado de exportaciones y ahora con el Tratado de Libre Comercio que se inició en el 2006, será mucho más importante.

El presidente Reagan, a pesar de las presiones que recibió para continuar con la política de Jimmy Carter, de entregar El Salvador a la

185

izquierda, no solamente no lo aceptó sino que, hizo todo lo contrario, apoyando a la Contra. El presidente Reagan fortaleció las instalaciones de la Embajada en El Salvador y le dio un apoyo económico de cientos de millones de dólares para que no cayeran en manos de la izquierda.

Las protestas de algunos demócratas del Congreso de EE. UU. y de los presidentes de México, José López Portillo, de Venezuela, Carlos Andrés Pérez, Carazo Odio, de Costa Rica y algunos otros más de la Internacional Socialista no fueron oídas por el gran presidente Reagan, quien gracias a su decisión, logró parar el avance de los sandinistas en la región.

El presidente Reagan fue todo el tiempo un hombre con claridad de pensamientos y completa seguridad de que los enemigos de la humanidad no eran los estadounidenses como decía el himno sandinista, los socialistas españoles y de otros países, sino, por el contrario, eran las izquierdas, fueran del país que fueran, los verdaderos enemigos. Reagan estaba convencido de que el desastre y la pobreza de la humanidad lo causaban las izquierdas. Por eso los combatió, estuvieran donde estuvieran, con él no jugaban las izquierdas, estos son los principios y la sabiduría de la mayoría de los republicanos, ellos saben que los izquierdistas, se presenten como se presenten, son los enemigos de la humanidad.

# Los demócratas en Estados Unidos

La mayoría de los demócratas de Estados Unidos son populistas y defensores de los grupos de izquierda, por lo general apoyan a los gobiernos de izquierda de otros países aunque estos se declaren enemigos de Estados Unidos, como han sido los gobiernos latinoamericanos de Cuba, Nicaragua, Venezuela, Bolivia y algunos otros más.

El presidente de Venezuela, Hugo Chávez, en una asamblea de la ONU en el 2007, dijo que la misma hedía a diablo, porque el día anterior había estado hablando allí el presidente de Estados Unidos, George W. Bush.

Tanto Chávez como Castro, Ortega, Morales y algunos otros izquierdistas se han expresado y actuado contra Estados Unidos, sin embargo, a los demócratas no les preocupan estas acciones y enemistades de los izquierdistas más bien buscan congraciarse con ellos. Los demócratas no

186

le dan importancia a las atrocidades que las izquierdas cometen en sus respectivos países, ellos consideran que no representan ningún peligro para Estados Unidos.

Recientemente se dio el caso de la destitución del presidente Zelaya, por violar las leyes sagradas de la Constitución de Honduras. Los hondureños sacaron a Zelaya del poder con la ley en la mano. Sin embargo, cometieron el error de enviarlo a Costa Rica, donde se encontraba el presidente Arias, hombre de izquierda y ganador del Premio Nobel de la Paz, por haber logrado garantizar la permanencia de los sandinistas en Nicaragua.

El presidente Arias de inmediato llamó al izquierdista Secretario de la OEA, José Miguel Insulza para que, de inmediato, moviera al continente para condenar al nuevo gobierno de Honduras y, por supuesto, al presidente de Estados Unidos, comunicándole el rechazo mundial al nuevo gobierno de Honduras.

Sin reflexionar sobre los acontecimientos sucedidos, el gobierno demócrata de Estados Unidos los condenó y amenazó con suprimirle toda la ayuda americana a ese país, sin importarles que hay una base americana en Honduras desde la época en que la instaló el presidente Reagan para ayudar a la contrarrevolución que luchaba contra los sandinistas; hoy esa base es importante en la lucha contra la droga. El gobierno demócrata de Estados Unidos, les canceló todos los préstamos a los hondureños, les quitó las visas a los que apoyaban al gobierno de derecha de Roberto Micheletti.

EE. UU. los amenazó con no reconocerles sus elecciones, que conforme a la Constitución de Honduras debía llevarse a cabo en el mes de noviembre de 2009. Los estadounidenses cometieron en Honduras, una vez más, el crimen que habían cometido contra Nicaragua en la época de Carter, al bloquearla para que no se permitiera la entrada de ningún armamento para el ejército de Nicaragua, solamente se permitía y enviaban armas para los sandinistas. A Dios gracias, EE. UU.. reaccionó al final, a favor de las elecciones libres de Honduras.

# Obama ofrece "un nuevo comienzo" con Cuba

*El Nuevo Herald* del 17 de abril, publicó un reportaje donde expresó que el presidente Barack Obama aseguró a sus colegas latinoamericanos que está listo para iniciar una nueva era de acercamiento con Cuba, en la Cumbre de las Américas. La izquierda mundial aprovechó para hacer campaña para que Cuba sea aceptada nuevamente en la OEA a pesar de que continúa la isla secuestrada por los hermanos Castro y su pequeña camarilla. Obama no aceptó, de inmediato, las pretensiones de Cuba, Venezuela, Argentina, Nicaragua y los demás países de izquierda, y dijo:

"Hay medidas claves que podemos tomar para llegar a una nueva era". Además dijo que estaba dispuesto para que su gobierno estableciera contacto con el gobierno cubano en toda una gama de asuntos: derechos humanos, libre expresión y reformas democráticas, droga, migración y cuestiones económicas; entre otras cosas les dijo: "No vine aquí a debatir el pasado, sino a hacer frente al futuro".

Creo que el presidente Obama, aunque es un demócrata, se ve que no tolera tan fácilmente la izquierda, sin embargo hay que tener mucho cuidado porque en una publicación en el *Diario Las Américas*, del 25 de mayo de 2008, Helen Aguirre expresó: "Barack Obama me recuerda a Jimmy Carter".

Jimmy Carter, dice en su publicación Helen Aguirre, tiene mucho en común con Barack Obama, ambos fueron miembros del Cuerpo Legislativo, Carter abogaba por más programas gubernamentales y asistencia federal al igual que Obama, ambos querían aumentar impuestos para pagar el "seguro médico universal" o sea una "medicina socializada".

Todos recordamos, dice Helen en su artículo, que Carter abandonó al Sha de Irán abriéndole el camino a los musulmanes extremistas de izquierda que terminaron secuestrando a 52 estadounidenses y tomaron la embajada por un año.También durante la presidencia de Carter los soviéticos aprovecharon para invadir Afganistán.

Volviendo a la Cumbre de las Américas, la izquierda, dirigida en América Latina por Cuba, solo tomará ventaja de las buenas intenciones de los estadounidenses, a quienes nuevamente engañarán al igual que ha sucedido siempre con cualquier país dominado por ella.

Argentina y Nicaragua aprovecharon la reunión para, desde el podio, hacer sendas críticas por la política de Washington hacia Cuba, Raúl Castro, como presidente de Cuba, habló y dijo que está dispuesto a dialogar con Washington y a intercambiar espías por presos políticos. Con el cinismo que caracteriza a las izquierdas, el tirano Daniel Ortega, de Nicaragua dijo: "Cuba, cuyo delito fue luchar por la soberanía y la independencia, cuyo delito fue ofrecer solidaridad incondicional a nuestros pueblos, por eso se le sanciona, por eso se le castiga, por eso se le excluye".

Es lamentable que después de tantos engaños que realizan las izquierdas, aún haya estadounidenses que puedan creer en esta clase de enemigos de la humanidad.

Se necesitan más políticos con la claridad de pensamientos del gran presidente republicano, Ronald Reagan, de senadores como Jesse Helms y muchísimos otros que no aceptaron ser tontos útiles de las izquierdas.

El presidente Obama tiene que recordar al peor presidente que ha tenido la historia de Estados Unidos que fue: Jimmy Carter, quien durante su periodo en la Casa Blanca, negoció con Cuba la liberación de prisioneros políticos y Castro le envió prisioneros comunes y enfermos mentales, en la famosa flotilla del Mariel en la que llegaron cerca de cien mil cubanos que le costó millones de dólares, y le creó infinidad de problemas a Estados Unidos. Afortunadamente, en esa emigración del Mariel, consiguieron escapar de la isla excelentes personas, Fidel Castro no logró enviar solo prisioneros comunes y enfermos mentales.

Estados Unidos ya no se interesa en América Latina (2010), esta es una realidad que los latinoamericanos debemos comprender, ya no quieren seguir siendo la potencia que fue en el siglo pasado, responsable de los gobiernos latinoamericanos. No les preocupa en lo absoluto los gobiernos de izquierda que se formen, es más, algunos demócratas tienen la firme convicción de que los ricos de América Latina han explotado a su población y por consiguiente sería sano que estos perdieran sus capitales.

Los estadounidenses, al igual que no le dieron importancia a la invasión de las drogas que se dio en la época de Jimmy Carter, tampoco le dan importancia a la formación de terroristas que Irán, Venezuela, Nicaragua y Cuba pueden lograr al conquistar Honduras; en su momento sabrán atacar el problema, esto es una filosofía ya demostrada por los demócratas.

# Cuadragésimo presidente de Estados Unidos (Enero 20, 1981-Enero 20, 1989)

El presidente Ronald Reagan sucedió al peor presidente que ha tenido Estados Unidos, Jimmy Carter, quien además de haber destruido la economía de Estados Unidos, causó estragos mundiales. Al presidente Reagan le tocó recuperar la economía destruida por los demócratas, así como también luchar contra el avance del comunismo en el mundo, que había provocado el presidente Carter.

Ronald Reagan no solamente es considerado uno de los mejores presidentes que ha tenido Estados Unidos, si no que en su época, por mucho, es considerado el mejor presidente del planeta. Su inteligencia, personalidad, elegancia y firme convencimiento del daño que mundialmente hacían las izquierdas, logró conjuntamente con su Santidad el papa Juan Pablo II, destruir el mundo comunista que lideraba Rusia. Su lucha contra los comunistas fue firme y seria, nadie podía pretender que el Presidente no respondería a los actos de violencia muy generalizados por las izquierdas como métodos tradicionales para la conquista del poder.

Recuerdo cuando al Gral. Gaddafi le mandó a poner un par de bombas a solo dos metros de donde él se encontraba. Desde entonces a Gaddafi no se le vio más por décadas y no volvió a involucrarse en actos de terrorismo, inclusive años después pagó las indemnizaciones que pedía EE. UU. por haberle puesto una bomba a un avión de Pan American que volaba de Europa a EE. UU.

Los sandinistas, Felipe González, presidente de España y otros presidentes socialistas, le tenían terror al presidente Reagan; el mismo Fidel Castro comprendió que ya no podía seguir tomando las ventajas de servir de puente para enviar las drogas a EE. UU. como lo había logrado en tiempos de Carter. En otras palabras el presidente Reagan volvió a poner en el contexto mundial el respeto hacia EE. UU., respeto que se había perdido con la administración Carter.

El presidente Reagan no descansó combatiendo de todas las formas posibles a los sandinistas para tratar de evitar que estos destruyeran Nicaragua y toda la región, sin embargo cometió el error, presionado por los demócratas, de no permitir a la Contra avanzar hasta Managua para "destruir completamente el sandinismo.

Según algunos de los contras que tuvieron contacto con el Presidente, dicen que para evitar un derramamiento de sangre al tomar Managua, él prefería que la Contra los presionara para que dieran elecciones libres, como en efecto sucedió. Lo único que no previó el Presidente fue que la Internacional Socialista, conjuntamente con algunos nicaragüenses que no querían la desaparición del sandinismo, lograrían que los sandinistas se quedaran con su ejército y formaran su propia policía, ganara quien ganara. Estas decisiones son la causa y efecto por el cual Nicaragua queda secuestrada.

El gobierno del presidente Reagan denunció, que Nicaragua está siendo utilizada como plataforma para la subversión soviética y cubana en Centroamérica. Él conocía que la ambición de Cuba y de Rusia era tomar El Salvador por ser el país más poblado de América Latina, más de seis millones de habitantes (1981) con solo 23 mil kilómetros cuadrados, era el país ideal para sacar miles de terroristas por año, por eso la Internacional Socialista puso todos sus esfuerzos para que este cayera lo antes posible.

A pesar de los esfuerzos de los demócratas del Congreso de EE. UU., que estaban en minoría en la época de Reagan, por querer cortar la ayuda a los contrarrevolucionarios nicaragüenses, Reagan jamás lo permitió, más bien les siguió otorgando apoyo monetario y militar.

"Discrepa Estados Unidos de Venezuela y México sobre la América Central", se publicó el 14 de octubre de 1983. Washington, según (UPI) estos países se quejaban de las preocupaciones que generaba Honduras porque la Contra estaba utilizando ese país como base operativa al igual que los sandinistas habían utilizado Costa Rica. El presidente Reagan les dijo a esos dos países que había asuntos más importantes como era la falta de democracia en Nicaragua y el hecho de que los sandinistas estaban enviando armas a El Salvador y entrenando a los terroristas de las FARC.

Los demócratas del Congreso de Estados Unidos también insistieron en que se aceptara la propuesta de Venezuela y México, sin embargo Reagan sostuvo que El Salvador no caería como cayó, lamentablemente, Nicaragua y no aceptó la propuesta de Carlos Andrés Pérez, de Venezuela y de López Portillo, de México.

El triunfo en la reelección del presidente Ronald Reagan, ha sido uno de los más llamativos en la historia de EE. UU., los estadounidenses demostraron que esta gran nación votó para reafirmar el amor a la libertad y a la democracia y, consecuentemente, el rechazo del comunismo.

Las izquierdas escondidas en diferentes clases de partidos y organizaciones como: Socialistas, Tupamaros, FARC, Frente Sandinista, Farabundo Martí, etc., estaban prácticamente paralizadas debido a la valiente actuación del presidente Reagan. "Su legado perdurará", sentimiento expresado el 10 de febrero de 1988 por el periodista del *El Nuevo Herald*, Ernesto Ardura, es un sentimiento mundial. A Reagan se le recordará como un verdadero Campeón en la lucha contra las izquierdas, lamentablemente esta clase de hombres que hoy se necesitan en tantos países del mundo, son difíciles de obtener o, al menos, son muy escasos.

Colombia tuvo un gran presidente Álvaro Uribe, el mejor de América Latina sin discusión y es de la estatura de los principios de Ronald Reagan, por eso algunos demócratas en EE.UU, así como Hugo Chávez, Daniel Ortega y Rafael Correa, no lo aceptan, por no decir que lo detestan.

El presidente Ronald Reagan será recordado también como un presidente que le dio la importancia que tenía Latinoamérica para Estados Unidos, como lo demostró en su lucha contra los sandinistas y su defensa de El Salvador. Con la hombría que le caracterizaba, luchó contra los demócratas que estaban favoreciendo al régimen de izquierda en Nicaragua, aun sabiendo que se estaban expandiendo hacia otros países y que estaban involucrados en las rutas del envío de drogas a EE. UU. Es una pena que la mayoría de los gobiernos que han sucedido al presidente Reagan, hayan olvidado a Latinoamérica al tal punto que sus gobiernos izquierdistas han encontrado en Rusia, China e Irán, grandes financiamientos, compras de armamentos y acercamiento, sobre todo con los iraníes, cuyos principales planes serán intensificar su terrorismo en Estados Unidos. Por otra parte es una pena que América Latina culpe de todos sus problemas pasados, presentes y futuros a Estados Unidos, en cualquier reunión que se lleve a cabo entre presidentes latinoamericanos y de Estados Unidos, siempre surge la quejan contra EE. UU.

Si comparamos, por ejemplo México en 1950, era más rico que Portugal, Honduras tenía más riqueza, per cápita, que Singapur solo hace unos 40 años, sin embargo, hoy Singapur tiene, entrando al 2010, más de 40 000 dólares de ingreso anual por habitante. Una de las grandes causas del atraso de la mayoría de los pueblos de América Latina ha sido el mantenimiento sus ejércitos, en vez de haber utilizado esos presupuestos en construir escuelas y educación, como lo hizo Costa Rica.

Algunos ejércitos del continente latino, han permitido grandes abusos de muchísimos gobiernos, que al final han logrado mantener a sus pueblos en la pobreza. La educación ciudadana así como la salud no han tenido prioridad en América Latina, por el contrario en Estados Unidos sí la han tenido y, por supuesto, en Costa Rica que no tiene ejército. Los países latinoamericanos han invertido en sus ejércitos en vez de invertir en educación, esto ha ocasionado la permanencia de tiranos indeseables en el ejercicio de la presidencia.

Los estadounidenses cada día son más ricos, su sistema es completamente democrático e inteligente, ellos no admiten la ineficiencia, no aceptan el paternalismo que, por ejemplo, reina en América Latina. Los latinoamericanos tienen más días festivos que los estadounidenses y los países con gobiernos populistas prácticamente han desestimulado el crecimiento del trabajador al concederles prerrogativas que lo desestimulan en su trabajo; en otros países no existen esas concesiones.

Principalmente los gobiernos de izquierda son los que están señalando que Estados Unidos son culpables de la pobreza latinoamericana y mundial, sin embargo ellos saben que son ellos mismos los culpables al desarrollar el odio en contra del capitalismo y los estadounidenses, además invierten en armamentos y ejércitos, y no en escuelas con educadores. La izquierda no se cansa de hacer propaganda de que es el capitalismo y los estadounidenses los causantes de la pobreza del mundo.

La pobreza en América Latina desaparecerá cuando se logre invertir los presupuestos de las Fuerzas Armadas en la educación, estos gobiernos izquierdistas no reconocen que el enemigo de su patria es la falta de educación y no un supuesto país que los podría atacar. Las campañas que mundialmente lanzan las izquierdas contra Estados Unidos, además de injustas, no tienen más sentido que buscar la descomposición mundial.

Esto fue publicado el 26 de abril de 2009 en *La Nación,* de Costa Rica cuando el arzobispo de Canterbury le preguntó al general estadounidense Callin Powell, que si los planes de Estados Unidos hacia Irak no eran otra cosa que engrandecer el imperio por parte del presidente George W. Bush; Powel contestó:

"En las diferentes guerras en que EE. UU. ha tenido que intervenir enviando a sus mejores jóvenes: hombres y mujeres, al peligro para luchar por la causa de la libertad, las únicas tierras que hemos pedido, han sido apenas las necesarias para sepultar a aquellos que no regresan".

Si recordamos la Segunda Guerra Mundial en al cual EE. UU. le ganó la guerra a los nazis, no se apropiaron de ningún pedazo de tierra en ningún país de Europa. Los estadounidenses les ganaron la guerra a los japoneses y tampoco se quedaron, recuperaron parte de Corea hasta el paralelo 38 y no se quedaron allí tampoco, más bien tanto Europa, Japón como Corea del Sur recibieron de los estadounidenses muchísimos recursos para ayudarlos en su reconstrucción.

El gran presidente Abraham Lincoln ya lo dijo hace muchos décadas atrás, palabras sabias que si se respetaran, en el mundo no habría miseria, más bien la humanidad estaría trabajando arduamente para mejorarse, recordemos sus palabras:

*No se puede crear prosperidad desalentado la iniciativa propia.*
*No se puede fortalecer al débil, debilitando al fuerte.*
*No se puede ayudar a los pequeños, aplastando a los grandes.*
*No se puede ayudar al pobre, destruyendo al rico.*
*No se puede elevar el asalariado, presionando a quien paga el salario.*
*No se resuelven los problemas mientras gasten más de lo que ganan.*
*No se puede promover fraternidad humana, admitiendo e incitando al odio de clases.*
*No se puede garantizar seguridad con dinero prestado.*
*No se puede formar el carácter y el valor del hombre quitándole su libertad e iniciativa.*
*No se puede ayudar a los hombres realizando por ellos lo que ellos deben hacer por sí mismos.*

También dijo Abraham Lincoln: "Un político puede engañar a unos todo el tiempo, y puede engañar a todos por algún tiempo; pero lo que no podrá lograr, es engañar a todos todo el tiempo".

Vale la pena también seguir recordando las palabras sabias de Winston Churchill: "El socialismo es una filosofía del fracaso, el credo de la ignorancia y el evangelio de la envidia, su virtud inherente es la distribución equitativa de la miseria".

194

Todos los presidentes republicanos de la historia que han pasado por la Casa Blanca han sido parte positiva del desarrollo de Estados Unidos y del mundo, desde Abraham Lincoln hasta la época de George W. Bush , y ninguno de ellos ha sido tolerante en lo más mínimo con las izquierdas. Han sido estos presidentes los que han mejorado a Estados Unidos y al Mundo, han sabido construir y apoyar las verdaderas democracias. Ninguno de ellos ha sido un presidente nefasto como lo fue el presidente Carter.

América Latina, y el resto del mundo, recordarán siempre al presidente Reagan como un verdadero líder con claridad de pensamiento, con actitudes y decisiones en beneficio de la humanidad y por haber derrotado el comunismo sin haber disparado un solo tiro. El presidente Reagan defiende valientemente a los rebeldes nicaragüenses que combaten la maldita izquierda sandinista. El *Diario Las Américas* del 22 de marzo de 1985 publicó un artículo que tituló "Afirma Reagan que no abandonará a los rebeldes nicaragüenses".

En Nicaragua, una vez que nos libremos de nuestros secuestradores, debemos construirle un gigantesco monumento al presidente Reagan, como tributo por su lucha por salvarla del comunismo. Es cierto que no lo pudo lograr en su totalidad por las presiones de los demócratas dentro de Estados Unidos, y por las malas decisiones de los nicaragüenses una vez que ganaron las elecciones y cometieron el error de dejarles el ejército y la policía, permitiéndoles quedarse con todo lo que se habían robado.

El mundo ha olvidado que en Nicaragua, con solo controlar el país en un 100% en los primeros años durante la década de los ochenta, los sandinistas destruyeron a aquel ser nicaragüense amable, tranquilo y amigo de la paz. En lo económico destruyeron todas las fuentes de producción que el país tenía, por eso el Banco Mundial determinó que el país había retrocedido 74 años, lamentablemente muchos nicaragüenses, también lo olvidaron. La humanidad espera que no llegue a la Casa Blanca otro presidente demócrata que actúe igual que Carter, que tanto daño le causó a su país y al resto del mundo. De igual forma se espera que los estadounidenses no vuelvan a tener un Congreso controlado por los demócratas, como ocurrió en los dos primeros años de la época del presidente Obama, ya que el peligro para el mundo sería muy grande.

El 27 del mes de marzo de 1985, el importante *Diario Las Américas*, publicó en primera plana el plan soviético que informó el presidente Reagan. ¿Qué les ha pasado a los estadounidenses; han olvidado la importancia que tiene Centroamérica para afectar a Estados Unidos con las drogas y muy pronto con el terrorismo, cuyo entrenamiento será aportado por algunos de los países del Medio Oriente conjuntamente con Cuba? ¿Qué nos ha pasado a los centroamericanos, olvidamos la advertencia que nos hizo el presidente Reagan?, o ¿es que pensamos que nuestros países seguirán siendo iguales, a pesar de los crímenes, robos e injusticias cometidas por la izquierda?, o ¿será que el daño que hace la izquierda lo consideran temporal y que después veremos cómo se regresa a la normalidad?

Ahora en esta nueva era, lo que persigue la izquierda mundial es secuestrar a Honduras, de esa forma tendrán a Nicaragua, a Honduras y a El Salvador, de donde podrán salir los nuevos terroristas entrenados por Irán, Siria, Cuba y por los mismos sandinistas. Con el derrocamiento del izquierdista Manuel Zelaya, Honduras estuvo a punto de ser secuestrada por las presiones que ejercieron la OEA y los mismos Estados Unidos, que, por suerte, posteriormente dio un paso atrás. El hondureño junto con su presidente interino Roberto Micheletti se portó heroicamente al salvar a Honduras de las garras de la izquierda.

El *Diario Las Américas* publicó el 26 enero de 1985 la denuncia del presidente Ronald Reagan, a continuación lo publicado por el diario. Washington, enero 25-1985 el presidente Ronald Reagan afirmó que hay "un nuevo peligro en América Central" por el apoyo proporcionado a Nicaragua por Irán, Libia, y la Organización para la Libertad de Palestina". El objetivo es subvertir el orden de sus vecinos. El presidente sostuvo "los sandinistas han estado atacando a sus vecinos desde agosto de 1979".

Los sandinistas tomaron el poder un mes antes, en el mes de julio. Esta aceleración del sandinismo de contribuir en la destrucción de El Salvador a menos de 30 días de haber tomado el poder, puede dar una idea de por qué el presidente Reagan los combatió. En dicho artículo también indican "Nicaragua significa una amenaza continua para sus vecinos". ¿Qué piensan los estadounidenses de esta advertencia del presidente Reagan, la olvidaron aun siendo de actualidad? ¿Cómo puede ser posible que los demócratas, a través de su Secretaria de Estado, Hilary Clinton, hayan condenado a Honduras por defender su Constitución, al no permitir que la izquierda tomara el poder? ¿Cómo es posible que a muchos honorables y heroicos hondureños como, al mismo presidente interino Roberto

Micheletti, le cancelaran su visa a Estados Unidos? Se habrá visto semejante barbaridad de Estados Unidos apoyando nuevamente a sus enemigos
como en la época del presidente Carter.

El presidente Reagan, hombre de claridad de pensamiento y firme
combatiente contra los enemigos del mundo, "las izquierdas", le fue
fácil visualizar cómo los sandinistas, apoyados por Cuba, subverti-
rían el orden en América Latina. Solamente, unos pocos años después,
caen Venezuela, Bolivia y Ecuador; en El Salvador gana las elecciones la izquierda con el FMLN al frente; América Latina sigue en sus
procesos de gobiernos populistas, el dinero enviado por Chávez es un
gran peligro para la región. *El Nuevo Herald*, casi todos los días, al
igual que los demás medios de comunicación de Estados Unidos, se
refería a la advertencia que hacía el presidente Reagan sobre el peligro
que significaba tener de enemigos a dos países en el continente; Cuba
y Nicaragua. ¿Qué pasa ahora que los enemigos de EE. UU. están
creciendo en América Latina? ¿Por qué no reacciona el gobierno del
presidente Obama?

Irán, y los otros enemigos de EE. UU., seguirán luchando hasta que
Honduras caiga. Centroamérica es básica para la distribución de las drogas y
sobre todo para enviar terroristas a EE. UU. Venezuela, con Chávez a la cabeza, se convertirá en un gran peligro para la estabilidad del continente, si al
presidente Reagan le hubiera tocado vivir en esta época, ya hubiera limpiado
a sus enemigos del continente y jamás hubiera permitido no estar a favor del
pueblo de Honduras cuando logró sacar del poder al izquierdista Manuel Zelaya. Es interesante observar como senadores demócratas de EE. UU., que
lucharon contra el presidente Reagan, y que fueron sus enemigos, por tratar
de salvar el continente, han tenido el valor de presentarse como candidatos
para la presidencia de EE. UU., a Dios gracias no fueron elegidos.

*El Nuevo Herald*, siempre pendiente de las informaciones del presidente Reagan, mantiene informado a su público de los mensajes del mismo, este reportaje fue el 24 febrero de 1986. Ahora que los sandinistas han
aumentado aún más su dominio sobre Nicaragua (2010), al extremo que en
las escuelas públicas se da la enseñanza de la doctrina sandinista para que
puedan aprender los niños que el sistema capitalista y los estadounidenses
son culpables de la pobreza del país y del mundo. En otras palabras la
nueva juventud nicaragüense estará formada por ciudadanos indeseables,
al igual que le ha pasado al pobre pueblo de Cuba.

*El Nuevo Herald* publicó en su edición del 21 febrero de 1986: "Reagan es recibido como héroe en Granada". Lástima que los nicaragüenses no pudieron recibir al gran presidente Reagan como héroe porque el ejército sandinista quedó controlando el país. También es cierto que no se dieron las circunstancias, debido a la presión de los demócratas y a desavenencias entre los mismos nicaragüenses que estaban en la contrarrevolución. El presidente Reagan salvó a esta pequeña isla de las garras de la izquierda y al mismo tiempo no permitió a Fidel Castro fortalecerse en la región del Caribe.

¿Qué gran visión tenía el gran presidente Reagan? En estas interesantes publicaciones, podemos leer cuando advirtió a los demócratas: "Mi gobierno no actuará como los avestruces con la cabeza metida en la arena", me estoy refiriendo, decía el Presidente, a la participación que tienen las izquierdas sobre Nicaragua, los sandinistas son un peligro para la estabilidad del continente. El presidente también dijo como lo indican en estos artículos de *El Nuevo Herald*, que los soviéticos dieron más ayuda a Cuba y Nicaragua que lo que dio EE. UU. a Latinoamérica. Reagan se refirió en varias partes de su mensaje en Granada cuando fue recibido como héroe, que no abandonaría a "los combatientes de la libertad" que luchan contra los sandinistas que tienen secuestrado el país. *El Nuevo Herald* publicó el 17 de marzo de 1986 la fotografía del presidente con sus comentarios defendiendo la libertad de Nicaragua. El presidente de forma clara y sin miedo a las izquierdas del Congreso de EE. UU., les dijo: "Nuestra opción para el Congreso: la libertad o la tiranía".

El presidente Reagan, además de calificar de loco y bárbaro al terrorista Gaddafi, de inmediato ordenó a los ciudadanos estadounidenses salir de ese país. Al mismo tiempo le puso un embargo económico, también dijo que la inteligencia americana había abortado 126 misiones terroristas, algunas de ellas en EE. UU.. Finalmente, Reagan paró las acciones de Gaddafi cuando le mandó a poner casi a sus pies un par de bombas que casi lo matan, uno o dos de los hijos de Gaddafi murieron; desde entonces nunca más se volvió a ver o conocer nada de Gaddafi hasta el 2010, cuando volvió a aparecer, después de pagar a EE. UU. por los daños causados al avión de la Pan American que derribó. Indiscutiblemente, las izquierdas, aun con acciones terroristas, nunca pudieron avanzar durante el mandato del presidente Reagan, pues sabían que no podían engañarlo.

## George W. Bush fue atacado por los demócratas y por la prensa izquierdista mundial

Si comparamos las fotos del presidente Bush cuando comenzó su primer mandato con sus fotos al final de su segundo mandato, se puede observar su deterioro físico a través del tiempo, debido al intenso trabajo y al estrés por su enorme responsabilidad al frente del país más poderoso de la tierra. Aznar asegura, que la historia le hará justicia a Bush y le reconocerá su legado. El expresidente español José María Aznar dice en sus declaraciones a la prensa mundial. *Diario Las Américas*. (Publicado el 11-14-2008. París, (EFE)): "El expresidente del Gobierno español, José María Aznar, defiende el mandato del presidente saliente estadounidense, George W. Bush, en un artículo de opinión que hoy publica el diario francés *Le Figaro* y en el que pronostica que la historia le hará justicia.

El expresidente español se muestra convencido de que, en contra de lo que muchos opinan, "la historia le (a Bush) hará justicia". En opinión de Aznar, Bush ha contribuido a defender la causa de la libertad, "su determinación y su visión han sido fundamentales", para la supervivencia de la libertad en países que ya gozaban de ella y para extenderla a otros lugares condenados "a la tiranía y a la barbarie".

"Hay menos dictadores, asesinos y menos gobiernos en condición de proteger a terroristas", según Aznar, quien destaca además que en la actualidad existe una mayor libertad en los intercambios comerciales. El 11 de septiembre de 2001 se produjo un "ataque brutal" contra la libertad. El objetivo de los terroristas que lanzaron ese ataque en Nueva York y Washington "era y sigue siendo aniquilar la libertad", prosigue. El hecho de que George W. Bush vaya a ceder el próximo enero el poder a su sucesor, sin que Estados Unidos haya vuelto a sufrir un atentado semejante, "es una prueba de éxito", asegura el exjefe del ejecutivo español.

A juicio de Aznar, Bush ha centrado su actividad política en la defensa y la extensión de la libertad, y ese es el legado de su mandato, e insiste en que el presidente estadounidense optó por luchar por la causa más importante. A la hora de decir adiós, "me parece honesto reconocer que George W. Bush ha trazado la vía que debemos seguir". "Nos ha transmitido su mejor herencia: la herencia de la libertad", concluye. Es

199

realidad lo que expone con tanta franqueza y valentía el gran expresidente español José María Aznar; pues qué le hubiera pasado al mundo si el presidente Bush no se hubiera enfrentado al terrorismo como lo hizo, estoy seguro de que otro mundo tendríamos hoy.

Por otra parte los demócratas y la prensa mundial se encargaron de responsabilizar al presidente Busch de las guerras en el Medio Oriente. Sin embargo, tanto la prensa como los demócratas olvidaron que esta guerra es causa y efecto de la actuación del expresidente Carter, quien durante su período presidencial entregó a los enemigos de EE. UU., varios países amigos. El balance que EE. UU., y la comunidad Europea tenían con el Sha de Irán, fue destruido en su totalidad por el presidente Carter. Ojalá que los demócratas no sigan favoreciendo a las izquierdas, el daño mundial que hacen es irreparable.

# Capítulo XI

## Venezuela

Carlos Andrés Pérez es uno de los responsables de la tragedia lati-noamericana. Fue un feroz enemigo del Gral. Anastasio Somoza Debayle. Durante su exilio en Costa Rica, se hizo íntimo amigo de los nicaragüenses Pedro Joaquín Chamorro y de su esposa Violeta, quienes también estaban exiliados en ese país. Todos ellos enemigos a muerte de la familia Somoza, además Carlos Andrés fue el principal dirigente en América Latina de la Internacional Socialista, (organización mundial de la izquierda) y Venezuela, con su petróleo, es y ha sido uno de los países más ricos de América Latina que, lamentablemente, con su dinero han ayudado a desarrollar la izquierda latinoamericana. Carlos Andrés Pérez gobernó entre 1974-1979 y 1989-1993, Chávez intentó derrocarlo en 1992 mediante un fallido golpe de estado, donde este último fue apresado.

Sin embargo, en el siguiente período presidencial de Venezuela, Chávez fue indultado y puesto en libertad, finalmente, Carlos Andrés Pérez fue destituido en 1993 y procesado por corrupción, vivió en Miami, Florida, EE. UU., hasta su muerte ocurrida en el 2011 (cosas de la vida) el país que odiaba tanto, conjuntamente con los demás miembros de la Internacional Socialista.

En Cancún se realizó una reunión secreta entre los principales miembros de la Internacional Socialista con los siguientes presidentes: Carlos Andrés, de Venezuela; José López Portillo, de México; Omar Torrijos, el hombre fuerte de Panamá; Rodrigo Carazo, de Costa Rica y los representantes del Gral. Gaddafi, de Libia y de Fidel Castro, de Cuba. En esa reunión fue que se planeó secuestrar a Nicaragua, para lo cual donaron Venezuela, México y Libia cinco millones de dólares cada uno. Fidel Castro recomendó al grupo sandinista que él tenía hombres en entrenamiento en Cuba y que podrían formar una revolución para derrocar al presidente Somoza, brazo protector de los estadounidenses en América Latina, aprovechando la coyuntura de que Carter simpatizaba con la izquierda latinoamericana y musulmana. Desde entonces, Venezuela suministró junto con México y otros países de la órbita comunista, armas, protección, propaganda, además de dinero, a los sandinistas, con el objeto de que se realizara la revolución más importante de Centroamérica para dar paso abierto a la izquierda mundial.

Después seguirían con El Salvador que, en realidad, era el país más importante para los propósitos de destrucción en América Latina. Sin embargo la Internacional Socialista convenció a Fidel Castro de que la guerra "popular prolongada" que realizaban en El Salvador de nada les valdría, porque si conquistaban El Salvador, los estadounidenses utilizarían nuevamente a Somoza, como lo habían hecho en el pasado en Guatemala, cuando derrocó al presidente Arbenz en 1944; en Cuba con la invasión a Bahía de Cochinos que salió de Nicaragua y en Chile, donde no fue necesario porque Allende se suicidó.

El Gral. Somoza Debayle fue graduado en la escuela militar más importante y famosa de Estados Unidos, West Point, y fue utilizado por décadas por los estadounidenses como su brazo protector en América Latina. Fue así que, con este dinero suministrado por los tres países, procedieron a comprar muchos medios de comunicación en Latinoamérica y algunos países europeos. Desarrollaron una campaña con la prensa latinoamericana y europea, de que Somoza era un monstruo y los sandinistas unos buenos muchachos que luchaban por la liberación de su país. Por supuesto que no advertían de sus macabros planes para instaurar gobiernos de izquierda en América Latina.

Si Nicaragua caía, Honduras y El Salvador serían fáciles tomarlas, para desarrollar en sus montañas entrenamiento guerrillero y formar terroristas, que podrían viajar fácilmente a Estados Unidos y a cualquier otro país que fuese necesario. Muchos recordarán como Carlos Andrés Pérez y José López Portillo, con la ayuda del presidente Carter, hicieron todo lo posible para que El Salvador cayera; hay cientos de artículos periodísticos de esa época que lo recuerdan. El Salvador se salva gracias a que

Carter pierde su reelección y gana el republicano Ronald Reagan, quien de inmediato no les acepta sus malignos propósitos y defiende a El Salvador de forma heroica. El Salvador no cae, y el presidente Reagan dio su soporte a la formación de la contrarrevolución, para derrocar a los sandinistas, aunque, finalmente, por las presiones de los demócratas en Estados Unidos y de los países simpatizantes de las izquierdas, no se pudo evitar caer en el socialismo.

Cuando los sandinistas, presionados por la contrarrevolución financiada por el presidente Ronald Reagan, hacen elecciones en 1990, Carlos Andrés, Óscar Arias y otros, convencen tanto a los estadounidenses, como a los sandinistas, de que doña Violeta Chamorro es la que conviene poner en la presidencia, para que se logre la paz. Esta presión de los presidentes de izquierda, significará el secuestro de Nicaragua. Pasarán muchas décadas antes de que la izquierda sandinista entregue el poder en Nicaragua. Al propiciar Carlos Andrés Pérez, con sus recursos de petrodólares, que las FARC de Colombia y algunos otros países de tendencias de izquierda, avanzaran en sus pretensiones de la conquista de países latinoamericanos, no advierte que es su propio país el que entrará a sufrir las consecuencias de lo que le hizo al pueblo nicaragüense. Es indiscutible que Carlos Andrés, con su apoyo a los sandinistas, le abrió el camino a Hugo Chávez para que se apoderara de Venezuela. Hugo Chávez, un tirano izquierdista que se apoderó de Venezuela con los famosos discursos populistas y la corrupción que astutamente llevó al ejército, la policía y a funcionarios públicos, con la dirección y cooperación de sus maestros, Fidel Castro y Daniel Ortega.

Los miles de millones de dólares que entraron en Venezuela por los altos precios del petróleo que llegó a los 150 dólares por barril, le permitió hasta infiltrarse con fuerza económica en Argentina, Bolivia, Ecuador y Nicaragua, hoy busca convertirse en el presidente vitalicio de Venezuela.

# Reelección presidencial divide a los venezolanos

A Hugo Chávez no le importa dividir a Venezuela, su doctrina y principios izquierdistas le aseguran la victoria mediante el fraude, los crímenes, las represiones y cuantas astucias quiera utilizar, lo importante es conservar el poder, por eso quiere la reelección indefinida.

Lamentablemente, lo conseguirá a no ser que haya una intervención militar (imposible) o se produzca una revuelta grande dentro de Venezuela. Que se rebelen los militares de la cúpula es algo casi improbable, porque los que se le pudieran haber rebelado ya fueron retirados del ejército. El 23 de enero de 2009 *El Nuevo Herald* publicó un artículo escrito por Fabiola Sánchez, en el que se refiere a que Hugo Chávez está impulsando la reelección presidencial ilimitada, lo cual mantiene a la población venezolana dividida.

La juventud estudiantil es la que está actuando de forma aplaudible contra la dictadura de Chávez, sus manifestaciones son constantes y entusiasman a otros miles de venezolanos que están dispuestos a apoyar esta gesta heroica de la juventud venezolana. Mientras tanto el presidente Chávez incita a sus seguidores a arreciar más la batalla del "sí" para conquistar su reelección indefinida. En sus discursos Chávez dice: "Le vamos a dar un *knock out* a los escuálidos, a los burgueses y a los burguesitos, a los *pitiyanquis* y a los *pitiyanquitos*". Las masas de Chávez se pueden ver en la televisión gritando "Chávez no se va", son miles de empleados públicos chavistas que acompañan estas manifestaciones defendiendo los deseos del dictador. Chávez dio la orden a la policía de reprimir con gases lacrimógenos a los manifestantes adversos a sus deseos de reelección indefinida. Los manifestantes contra la dictadura de Chávez gritaban: "No a la delincuencia permanente, No a la escasez indefinida"; los manifestantes coreaban también "estamos cansados de que nos sigan pisoteando y sigan destruyendo la esperanza del pueblo venezolano".

El presidente Chávez mantiene un discurso permanente de odio para dividir al pueblo venezolano, al igual que lo han realizado los gobiernos que han secuestrado a sus países como el de Cuba con Fidel Castro, el de Nicaragua con Daniel Ortega y muchísimos más en el mundo. El pueblo venezolano ya se dio cuenta de que, al igual que Fidel Castro, con más de 50 años en el poder y, Daniel Ortega, con más de 30; los chavistas quieren lo mismo para su país, sin darse cuenta de que los supuestos beneficios que les ofrecen son mientras consolidan su poder. Muchos de los mismos chavistas saldrán exilados al darse cuenta de que serán encarcelados o asesinados si no siguen las consignas de los altos jefes que son los únicos que gozan de todos los privilegios. Jamás estas lacras humanas compartirán con la gran masa venezolana las riquezas y el bienestar; el pueblo venezolano pasará a convertirse en un pueblo en la miseria y allí se oirán las quejas de la población. No existe un pueblo en el mundo que haya sido secuestrado por estas lacras humanas, y que no haya experimentado la misma filosofía de la izquierda:

## Miseria, miedo, crímenes, robos, cinismo, e insensibilidad humana.

Esta estrategia de Chávez es lo natural en todos los regímenes de izquierda que han existido en el mundo, y cuando pierden la presidencia como fue el caso de Nicaragua, por la presión que les puso el presidente Reagan de Estados Unidos, la entregaron, pero no los demás poderes. El ejército lo conservan a cualquier costo de corrupción, para seguir gobernando desde abajo como muy claramente lo dijo en su oportunidad varias veces el sandinista Daniel Ortega. Es triste ver como intelectuales, sabiendo cuál será el destino que les dan las izquierdas a sus países puedan, por intereses personales, contribuir a la destrucción del futuro de sus descendencias. Con los años que ya tiene Chávez y los que le faltan hasta febrero de 2013, el perjuicio que le hará a su país, tendrá consecuencias que pudieran ser superiores a los cien años de sufrimiento para el noble pueblo venezolano.

Yemen, situado al sur de la península arábiga, un país riquísimo en petróleo y con una posición geográfica privilegiada, con más de 2000 kilómetros de línea costera, con intensas lluvias fue tomada por los comunistas por varios años y, naturalmente, fue destruido. Hoy Yemen tiene un gobierno democrático, sin embargo bastaron esos años para que sigan los crímenes, los robos, la inseguridad y la miseria en ese país árabe. La destrucción de la nación que ocupen es prioridad en la doctrina izquierdista, y, aunque parezca increíble, esta siempre logra sus objetivos. En la primera década de los ochenta, cuando gobernaron los sandinistas con todos los poderes, según el Banco Mundial, Nicaragua retrocedió 74 años, ¿cuántos años serán los que le tocará a Venezuela retroceder?

Debemos insistir en que los regímenes de izquierda, para mantenerse en el poder, es imprescindible que mantengan a sus países en la miseria, única forma de garantizar el poder; si la miseria desaparece de una población es porque ya no tiene un régimen izquierdista. Hay pocos países que no han podido ser destruidos por las izquierdas, generalmente hay explicaciones contundentes, como es el caso de Chile donde el Gral. Pinochet logró poner bases sólidas tanto en el ejército como en la estructura del gobierno que los izquierdistas no pudieron destruir.

Las izquierdas no creen en Dios, por lo general son ateos, son violentos, resentidos sociales, frustrados, envidiosos, haraganes, oportunistas, etc., sus principios lo comparten todas las izquierdas, por eso abren oportunidades para que desaparezcan las religiones, fomentan los matrimonios de un mismo sexo, logran que se retiren de los colegios los crucifijos y todo aquello que pueda dar culto al Ser Supremo, legalizan el aborto y propician el ateísmo. Las nuevas leyes, que el izquierdista Hugo Chávez está introduciendo en Venezuela, son mortales para el presente y futuro de Venezuela y son las mismas que hace 50 años implantó Fidel Castro en Cuba y los sandinistas hace más de 30 años quisieron implantar en Nicaragua, pero no pudieron, gracias a que el presidente Reagan respaldó a la contrarrevolución y al combatirlos no pudieron lograr sus maléficos propósitos contra la religión.

Hugo Chávez pretende implantar dos nuevos artículos en su Constitución:

*Articulo 3. La patria potestad de las personas menores de 20 años será ejercida por el Estado a través de las personas u organizaciones en que este delegue la facultad.*

*Articulo 4. Todo menor de edad permanecerá al cuidado de sus padres hasta que tenga 3 años, pasado los cuales deberá ser confiado para su educación física y mental a la Organización de Círculos Infantiles.*

El Sr. Vasco da Costa, pensador político, presidente del Foro de Caracas, dijo: "La revolución bolivariana es la mayor embestida en el siglo XXI contra la civilización occidental y cristiana desde tierras americanas, nacida en los peores antros y cenáculos del materialismo y del ateísmo". También afirmó "que pretende imponer su visión contra natura de la vida y de la sociedad a nuestros pueblos, intentando destruir el orden jerárquico del universo impuesto por Dios". Todos los que les hemos dado seguimiento a revoluciones de izquierda, hemos observado que siempre hacen lo mismo, infundir el odio de clase, destruir familias, la propiedad privada, tradiciones y sobre todo los valores religiosos y morales. La izquierda mundial está feliz con su nuevo aliado, Hugo Chávez, además con poder económico que utiliza en gran parte para respaldar movimientos de izquierda como los de las FARC de Colombia, el Frente Sandinista de Nicaragua, el FMLN de El Salvador y algunos otros, principalmente de América Latina.

Hugo Chávez está respaldado, en todos sus planes revolucionarios, nada menos que por el izquierdista secretario de la OEA José Miguel Insulza, a quien Chávez le dio su apoyo para que continuara con su cargo de director de la OEA. Recientemente se pudo ver cómo, en el caso de Honduras, antes de lo que cantó un gallo, la OEA siguió las instrucciones de Chávez, protestando con todas sus fuerzas ante el mundo, pidiendo el respaldo para el presidente izquierdista Manuel Zelaya. Insulza, igual que otros presidentes de izquierda, comprenden que es imperativo apoderarse de Honduras, para extender los planes de Irán hacia Estados Unidos. ¡Qué interesante podría ser para Venezuela, Cuba y Nicaragua, lograr un Vietnam en América Latina!; qué bonito sería para estos maquiavélicos asesinos ver, caminando con destino a Estados Unidos, a miles de terroristas, igual que en la era de Carter, que invadieron a EE. UU. con drogas.

Las bases estadounidenses que se han instalado en Colombia, pudieran ser un problema para los propósitos de Chávez en América del Sur, por eso es tan importante para él apoderarse de Honduras. Los países que componen el famoso ALBA son todos enemigos bien declarados o, bien solapados de los estadounidenses y Chávez, muy inteligentemente los ha podido unir con sus petrodólares y, poco a poco, seguirá uniendo a los que le falten. ¿Por qué será que la OEA, las Naciones Unidas, los estadounidenses, y los europeos, no han protestado contra Chávez y Ortega, a pesar de que estos mandatarios han violado las constituciones de sus respectivos países? Será que por ser izquierdistas, se puede justificar el que fueron "democráticamente" electos, sin importarles o, más bien, permitiéndoles que violaran la Constitución de sus países, para realizar toda clase de abusos contra sus pueblos. Las constituciones, tanto de Venezuela como de Nicaragua, deben ser sagradas y respetadas, así como se respeta el voto, sin embargo, es violada y manipulada a voluntad de esos personajes.

La OEA conoce muy bien, que tanto el ejército de Nicaragua como el de Venezuela, están al servicio incondicional de sus mandatarios, sin importarles los atropellos que realizan a la Constitución y a sus respectivos pueblos. ¿Qué pasa, Sr. Insulza, que pasa, Sr. Óscar Arias, que pasa, Sra. Clinton? ¿Por qué respaldan a estos enemigos de Estados Unidos? ¿Será que no saben quiénes son Chávez, Ortega y Zelaya? Todos sabemos que Hugo Chávez llegó al poder en Venezuela por engaño, es cierto que por la vía democrática, por el voto. Sin embargo, cerró el Congreso Nacional que era tan legítimo como él, con el objeto de hacer una nueva Constitución al estilo del Socialismo del Siglo XXI. Ha destruido los poderes, él ahora controla la Corte Suprema de Justicia y todos los demás poderes, destruyó los ingresos de la Alcaldía de Caracas, solamente porque era un adversario a su socialismo.

¿Por qué será que Óscar Arias, a la primera persona que llama cuando le entregan en San José al derrocado presidente Zelaya de Honduras, es al señor Insulza de la OEA? ¿Qué hace Insulza?, llama de inmediato a los gobiernos de izquierda, todos ellos a la vez tocan sus tambores de protesta contra el heroico pueblo de Honduras, que no permitió a Zelaya realizar su consulta para seguir gobernando al estilo Chávez. ¿Por qué Chávez tiene tanto interés en Honduras? ¿Con qué autoridad le entrega un avión con su tripulación a Zelaya, para que viaje por todo el continente con tarjetas de crédito avaladas por el gobierno de Venezuela y con una caja chica que maneja desde Nicaragua? Todas estas acciones no le importan a Insulza, ni a Arias, menos mal que EE.UU reacciono al final favorablemente al reconocer las elecciones de Honduras.

Chávez con Insulza y Arias están furiosos porque el Congreso hondureño con los demás poderes, incluyendo las Fuerzas Armadas, decidió sacar al tirano, que violaba la Constitución para imponer un proyecto como el de los sandinistas o chavistas. ¿Por qué Chávez ha logrado conseguir que la OEA, a través de Insulza, presione para que Cuba ingrese nuevamente a esa organización? ¿Por qué Insulza consulta con Raúl Castro las sanciones que se le deben imponer a Honduras? Se habrá visto semejante barbaridad. Lo triste para Venezuela es que la OEA en manos del señor Insulza siempre protegerá a su amigo y benefactor Hugo Chávez. Los países pertenecientes a la OEA conocen los objetivos de estos izquierdistas de introducir el terrorismo a gran escala en Estados Unidos, por eso quieren que el señor Insulza haga hasta lo imposible para conseguirles Honduras, país clave para lograr los objetivos de Irán, Cuba, Nicaragua y Venezuela.

Si en la época de Carter lograron invadir Estados Unidos con drogas, como nunca antes había sucedido, ¿por qué entonces no aprovechar nueva-mente a los demócratas que son mayoría ahora en el Congreso? Chávez con la misma destreza de cualquier izquierdista que toma el poder, ha construido el terror judicial, los escuadrones de la muerte, los secuestros, en fin todo aquello que produzca miedo dentro de la población. La empre-sa privada, que no se enfile con su Socialismo del Siglo XXI, los acaba, esa es una regla infalible que los izquierdistas utilizan.

¿Será difícil salir de Chávez para los venezolanos? Solo con ayuda externa se podría conseguir y eso no es posible al menos en estos momen-tos. Chávez ya eliminó a los posibles militares que podrían haberlo derro-cado del poder, los que quedan, pertenecen al grupo bien incentivados por él; sin embargo, aun los venezolanos podrían tener posibilidades de que un grupo de militares se pudieran rebelar, en cambio para Nicaragua y Cuba eso es imposible, esa esperanza no existe para esos pueblos porque sus ejércitos son 100% sandinistas y fidelistas. El mundo verdaderamen-te democrático, debe estar sentidísimo con lo que le pasa a los pueblos de Venezuela, Nicaragua y Cuba principalmente. Al mismo tiempo tienen que tener un gran respeto por el noble y valiente pueblo de Honduras, la lección que le dio a la humanidad es grandiosa a pesar de no haber sido apoyado por el país más fuerte del planeta y por la OEA.

Algunos diarios como *El Nuevo Herald* y muchos otros más han he-cho sendas publicaciones tanto sobre el apoyo de Chávez a las FARC como sobre el haber convertido a Venezuela en un paraíso de las drogas, y en convertir a estas en uno de sus mejores ingresos después del petróleo. Ha sido reportado mundialmente y hasta por el Congreso de Estados Unidos, que la guerrilla de las FARC es en Venezuela donde encuentra su principal apoyo. Valientemente el presidente Uribe lo comprobó y lo denunció en el mes de agosto de 2010 ante la OEA, las Naciones Unidas y otras insti-tuciones del mundo que estaban dándole apoyo a estos terroristas. Chávez reaccionó rompiendo relaciones con Colombia, sin importarle el daño que causa a los dos países, vociferó contra el presidente Uribe, demostrando una vez más su falta de inteligencia y educación.

La droga de las FARC se transportaba por la vía de Venezuela a Honduras, esta última ruta perdida por haberse derrotado al izquierdista Manuel Zelaya, ahora la sigue utilizando Nicaragua y otras rutas que los traficantes conocen. Según informó *El Nuevo Herald* en su edición del 17 de julio de 2009, Venezuela ha incrementado las exportaciones de cocaína hacia Estados Unidos, Europa y África Occidental de 60 a 260 toneladas métricas del 2004 al 2007. Según informan en la misma edición, una de las áreas críticas que señala GAO, es el incremento de vuelos sospechosos que llevan drogas y parten desde un estado limítrofe con Colombia y centenares de pistas clandestinas de las costas venezolanas, con destino a República Dominicana, Centroamérica y México. El Congreso de Estados Unidos ha informado que se registra un aumento de envío de drogas a Europa, principalmente a España o bien a través de países de África.

El diario *El País,* de España, que tuvo acceso al informe de GAO, describe el nacimiento de un narcoestado en Venezuela. El ministro del interior de Venezuela, rechazó las acusaciones y más bien se refirió al documento de la Organización de Naciones Unidas (ONU); como se sabe, en esos momentos, el presidente de la ONU fue el sandinista Miguel d'Escoto y, por supuesto, en el documento menciona los grandes avances de Venezuela en la lucha contra la droga. Es de sobra conocido que las FARC son las que controlan la droga de Colombia y que hoy comparten con Chávez por la gran ayuda que les proporciona; el territorio venezolano es el paraíso que tiene las FARC, al igual que lo fue Costa Rica cuando los sandinistas invadían a Nicaragua.

Otra frontera que utilizan los terroristas de las FARC es la del Ecuador, donde el gobierno de ese país les ha proporcionado espacio y cooperación, como se demostró cuando el ejército de Colombia destruyó la célula principal que tenía su campamento en suelo ecuatoriano, donde murió el famoso criminal Raúl Reyes. Los militares venezolanos están haciendo fortunas con el apoyo que están concediendo a las FARC, bajo el consentimiento de Chávez, naturalmente que ellos deben tomar una pequeña parte, el resto es para Chávez. También se ha revelado en diferentes medios de comunicación, que la droga confiscada por el ejército venezolano, en vez de incinerarla, simplemente la reempacan para su exportación.

Cuando fue abatido en suelo ecuatoriano, Luis Devia Sila, alias "Raúl Reyes", el ejército de Colombia incautó varias computadoras en cuyos discos duros había documentos que demuestran que él mantenía comunicación con Chávez, Correa y sus respectivos ejércitos. Cuando sucedieron estos acontecimientos, tanto Chávez como Correa, del Ecuador, montaron un *"show"* diciendo que eran víctimas del presidente Uribe de Colombia, y enviaron tropas a sus fronteras para defenderse de los ataques que pudiera hacerles Colombia. La prensa de izquierda se encargó de mantener vivas estas reclamaciones de Chávez y Correa por más de un año. Tanto a Chávez como a Correa no les importó afectar a sus respectivos países al cerrar las fronteras; lo que les importaba era perjudicar a Colombia que solo se defendía de estos terroristas.

La educación y justicia que caracterizaron siempre al presidente Uribe, hizo que jamás respondiera a los insultos que sus presidentes vecinos le decían, lo que sí hizo fue poner en manos de la Interpol y el FBI, las computadoras, para que certificaran la documentación encontrada, como en efecto así lo hicieron. La prensa internacional informó que los terroristas de las FARC se comunicaban con Hugo Carvajal Barrios, director de los servicios de inteligencia militar, con el exministro de Interior y Justicia, Ramón Rodríguez Chacin y con el director de los Servicios de Inteligencia y Prevención, (DISIP) Henry Rangel. Tanto Estados Unidos como el resto de los países del mundo, saben que el interés principal que tiene Irán en Venezuela y Nicaragua es para desarrollar el terrorismo contra Estados Unidos y cualquier otro país que se les oponga, utilizando nuevas estrategias. ¿Por qué Estados Unidos deja avanzar tanto a estos países en sus pretensiones? Nadie lo entiende.

El 14 de agosto de 2009 el *Diario Las Américas* publicó las golpizas que les dieron a periodistas y estudiantes que protestaban contra Chávez, este hecho fue conocido por la prensa de todo el mundo. La protesta estudiantil era en contra de la nueva ley que se refería a que los principios del Socialismo del Siglo XXI serían prioridad en la enseñanza venezolana.

El 15 de agosto de 2009 *El Nuevo Herald* publicó fotos de Venezuela, que muestran cómo varios chavistas, al estilo de todas las izquierdas, agreden a ciudadanos por protestar contra la dictadura de Hugo Chávez. La represión continúa en Venezuela, todos los días son heridos decenas de ciudadanos que protestan contra el régimen.

También publicó *El Nuevo Herald,* el 22 de agosto de 2009, que Chávez le había declarado la guerra a los campos de golf, estos serán destruidos igual que hicieron los sandinistas en Nicaragua en la década de los ochenta, cuando llegaron al poder. El golf es un signo del capitalismo, es un deporte burgués, hay que destruirlo, según ellos.

# Los gobernantes estadounidenses y América Latina

Es impresionante la política de Estados Unidos para América Latina, siguen demostrando, con la excepción del período del presidente Ronald Reagan, que no les importa, ni les preocupa lo que suceda en esos países. No importa que Hugo Chávez esté comprando armamento pesado que servirá principalmente para afectar e imponer su revolución socialista del siglo XXI a los demás países del continente; que esté de frente luchando contra Estados Unidos y los países que lo defienden como lo es Colombia y Honduras. El *New York Times, The Washington Post, The Wall Street Journal*, tres influyentes diarios que tienen que haber sido leídos en la Casa Blanca y por los demócratas, y otros medios de comunicación, han comentado las declaraciones que ha dado uno de los más respetables ciudadanos estadounidenses, por cierto demócrata, Robert Morgenthau, Fiscal de New York.

El Sr. Morgenthau con un poco más de noventa años y con su cabeza perfecta; comentó sobre los lazos de Venezuela con Irán y sobre el desarrollo de armas nucleares entre los dos países, los nexos entre Venezuela con las temibles organizaciones terroristas de Hezbolá y Hamas, así como con las FARC, también informó del tráfico de drogas y del lavado de dinero. No hay estadounidense influyente o con responsabilidades dentro de Estados Unidos que no haya oído o leído los comentarios de este Fiscal de New York, sin embargo no les importó.

Con el caso de Honduras, se pudo comprobar fehacientemente lo siguiente:

*Apegados a la Constitución de Honduras, el Congreso y todos los demás poderes del Estado, destituyen al presidente Zelaya por violar la Constitución.*

*Honduras con Chávez organizaron la ruta perfecta para invadir con drogas a Estados Unidos y Europa.*

*Aceptan iraníes permitiéndoles entrar al país sin visa ni pasaporte.*

*Honduras es requerida por Irán, Nicaragua, Cuba y Venezuela principalmente por sus frondosas montañas, importantísimas para el entrenamiento de terroristas.*

*Honduras es fronteriza con el país con mayor densidad de población del continente como lo es El Salvador; el país más deseado por las izquierdas para obtener la materia prima humana y desarrollar miles de terroristas, conjuntamente con los de las FARC, Venezuela, Nicaragua y Honduras.*

*Los estadounidenses no permitieron que el nuevo gobierno de Honduras viniera a Washington con las pruebas del porqué fue destituido el presidente Zelaya, aun sabiendo de la conexión de Zelaya con Chávez, Ortega, los Castro e Irán.*

*Han llegado los estadounidenses a tales extremos, como ha sido cancelar las visas de los ciudadanos hondureños, incluido su presidente legítimamente elegido conforme a la Constitución de Honduras.*

*Están propiciando, con el resto de los países orquestados por la OEA, el derrumbamiento económico del país.*

*Estados Unidos, al igual que lo hizo en tiempos de Carter con Nicaragua, hoy también quiere entregar a Honduras a sus enemigos, es decisión tomada, así lo expresó la Secretaria de Estado con su respaldo a Zelaya, posteriormente cambiaron de opinión y se decidieron a reconocer las nuevas elecciones.*

*Los estadounidenses olvidaron que al presidente Nixon, por menos que eso, lo sacaron del poder.*

# Hugo Chávez, el heredero del temible Fidel Castro

*El Nuevo Herald* del 18 de diciembre de 2009 publicó: "Huele a azufre", dijo Hugo Chávez, en Copenhague, tras el paso de Obama.

Los gobiernos de izquierda siempre están diciendo que serán atacados por Estados Unidos y otras potencias de derecha, de esta forma justifican sus compras de armamentos y sus fuerzas populares juveniles. Chávez también acusa al Reino de los Países Bajos quienes según él, se están confabulando con Estados Unidos para atacar a Venezuela, además insiste en que la comunidad europea sepa que el imperio estadounidense está enviando aviones y armas para atacarlos. El salvaje ejército venezolano, que fue orgullo en el pasado del pueblo venezolano, es hoy una vergüenza mundial. Chávez, como heredero del mando terrorista que le ha asignado Fidel Castro, está luchando con otras fuerzas de izquierda para que se

213

instaure en Honduras un régimen represivo igual al de su país vecino, Nicaragua. Perder a Honduras en estos momentos en que hay un presidente demócrata en Estados Unidos, sería perder una gran oportunidad para avanzar en los planes terroristas que Irán ha planeado con Chávez, Ortega y Fidel.

No me cansaré de recordar que las montañas de Nicaragua, conjuntamente con las de Honduras, son ideales para desarrollar un atractivo plan de entrenamiento para miles de terroristas, especialmente teniendo El Salvador frontera con Honduras. Al no poder lograr Chávez, Ortega y los hermanos Castro, con Insulza de la OEA, que Zelaya volviera nuevamente a la presidencia; Chávez necesitaba seguir controlando a Zelaya para en un descuido del pueblo hondureño, lograr que este entrara a Honduras con protección para no ir a la cárcel, o bien introducirlo por Nicaragua en una guerrilla en que poco a poco se lograran sus objetivos. No era nada imposible que los demócratas de EE. UU., volvieran a cometer en Honduras, el mismo error que cometieron en Nicaragua en la época del presidente Carter. Por suerte para Honduras y para su pueblo, nada de esto ocurrió y el país volvió a la senda democrática eligiendo un nuevo presidente en las urnas.

El 7 de marzo de 2010 *El Nuevo Herald*, publicó "Zelaya acepta cargo que le ofreció Chávez" el artículo dice: "El derrocado mandatario hondureño Manuel Zelaya anunció el sábado que aceptará la propuesta del presidente Hugo Chávez de presidir el llamado Consejo Político de Petro-Caribe, una iniciativa de cooperación energética promovida por Venezuela. 'Voy aceptar esa propuesta del presidente Chávez con el fin de que se fortalezcan los procesos democráticos del continente y se blinden las democracias de América Latina, ayudando a todos los países a formular los elementos básicos de la democracia", dijo Zelaya a la televisora estatal venezolana VTV, sin dar otros detalles.

El cinismo con que actúan las izquierdas no tiene límite; son descarados, en realidad lo que está haciendo Chávez es contratando a un expresidente de izquierda, mundialmente famoso, gracias a la publicidad de los medios de comunicación, que conjuntamente con los gobiernos de la OEA lucharon hasta lo imposible por restaurarlo en la presidencia que heroicamente el pueblo de Honduras defendió. Zelaya será el brazo principal de Chávez para aumentar sus estrategias y así avanzar en la destrucción del sistema capitalista y la lucha contra los estadounidenses, o bien será utilizado silenciosamente en algún plan macabro que puedan desarrollar. Chávez y Ortega, por la importancia de las montañas que tiene Honduras, además de su frontera con

Nicaragua, y El Salvador controlado ahora por el FMLN, no cesarán en sus pretensiones de instaurar un régimen de izquierda en ese país.

Zelaya es una pieza imprescindible para Irán, Chávez, Ortega y los hermanos Castro; ahora tienen la logística asegurada para que este pueda moverse en aviones, con licencia diplomática y con dinero.

## Tratarán de atacar a Honduras de diferentes maneras

Ojalá el heroico pueblo de Honduras, y su actual presidente Lobo, lo sepa defender como lo hizo el presidente Roberto Micheletti, considerado por los auténticos demócratas a nivel mundial, el primer héroe del siglo XXI; el hombre que enseñó al mundo que sí se puede luchar contra las izquierdas.

En una de las tantas manifestaciones de los venezolanos contra la dictadura de Chávez, se lee este simpático cartel:

*Ángel de la guarda, dulce compañía, llévate bien lejos a Hugo Chávez y no lo devuelvas ni de noche ni de día, para que Venezuela tenga paz, agua y energía.*

Es increíble que a pesar de los millones de dólares recibidos por Venezuela con el petróleo, que llegó a casi ciento cincuenta dólares el barril, tengan escasez de todo y el país se encamine a la miseria. Los latinoamericanos, auténticamente democráticos, desearíamos que los venezolanos puedan derrocar de alguna forma a Chávez para que América Latina pueda comenzar una nueva era que la conduzca a vencer las miserias que han dejado en varios países las doctrinas de la izquierda.

El 27 de junio *El Nuevo Herald* publicó la visita a Venezuela del presidente de Siria, Bshar Assad, otro enemigo de Estados Unidos y del sistema capitalista. Es la primera visita que hace un presidente de Siria a Venezuela, el Sr. Assad y Chávez llamaron a América Latina y al mundo árabe a luchar contra los intereses imperialistas y capitalistas de Estados Unidos en el mundo. Chávez, halagado por esta visita le dijo al presidente de Siria que era un honor recibirlo en Venezuela y le regaló una réplica de la espada de Simón Bolívar enchapada en oro. El flamante presidente de Siria, le dijo al presidente Chávez que era un símbolo de la resistencia y la dignidad en América Latina, y por la defensa que hacía por las causas justas del mundo árabe. Para continuar sus relaciones camufladas, los dos presidentes firmaron un acuerdo para crear un fondo de intercambio comercial y de desarrollo por 100 millones de dólares.

Lo que en verdad quieren los enemigos del sistema capitalista es formar un banco binacional y, a través de este, controlar a su voluntad los designios de un determinado país. Ambos mandatarios coincidieron en que las comunidades árabe y latinoamericana están llamadas, en este nuevo siglo, a cumplir con la liberación de los países latinos y árabes, por lo que entre sus objetivos está la lucha que deben mantener contra el sistema capitalista. Chávez, con el cinismo que corresponde a los izquierdistas, dijo entre otras palabras: "que Estados Unidos, el capitalismo y el neoliberalismo amenazan la supervivencia de la especie humana y concluyó diciendo que Siria y Venezuela están a la vanguardia de esa lucha".

El presidente de Siria aprovechó para elogiar a Venezuela, Nicaragua, Cuba, Bolivia y Ecuador, que están enfrentándoseles a Estados Unidos, y agradecer el apoyo a los palestinos en contra de los judíos. Hoy no solamente estará el eje entre Irán, Venezuela, Cuba y Nicaragua principalmente, sino que también estos países integrarán a Siria para atacar a Estados Unidos en lo que puedan ir logrando, ellos tienen paciencia.

Chávez, que ha logrado aliarse mediante acuerdos importantes con Irán, Siria y otras naciones del Medio Oriente, ha insistido en que el Consejo de Seguridad de Naciones Unidas, debe suspender las sanciones impuestas al gobierno iraní por su programa nuclear y advirtió a la Casa Blanca que no cometa el error de declararles una guerra, porque habrá muchos países a favor del pueblo iraní. Sería interesante preguntarle al expresidente Carter, qué piensa de esta situación y si comprende el mal que hizo a su país al destruir al Sha de Irán. Ojalá que el pueblo estadounidense comprenda el daño que realizó Carter en su administración.

Sería interesante que los gobernantes actuales de varios países que hablan de democracia y libertades y que por eso han alcanzado el poder, no se sientan atraídos por los petrodólares que reparte Chávez para comprar simpatizantes.

El mundo, auténticamente democrático, coincide en que Chávez es un dictador megalómano, una pena para América Latina por el daño que realiza con sus petrodólares.

# Respuesta de Condoleezza Rice
## a Chávez

Condoleezza Rice quien fuera Secretaria de Estado en la época del presidente Bush, fue insultada por el presidente venezolano de una forma grotesca y con profundo irrespeto a su condición de mujer y además de Secretaria de Estado. Condoleezza pacientemente esperó estar fuera del gobierno para darle contestación a Chávez, su carta ha recorrido el mundo en la Internet y por considerarla de interés vale la pena leerla:

*Sr. presidente Chávez:*

*Había estado esperando mi salida del gobierno, a que transcurriese un tiempo prudencial para enviarle esta misiva.*

*Aunque desde el punto de vista geopolítico sus expresiones desconsideradas contra mi persona fueron deleznables, por lo cual no fueron respondidas oficialmente, no puedo negar que me produjeron malestar.*

*Ningún ser humano puede dejar de molestarse cuando alguien se refiere a él o ella en términos procaces y desconsiderados. En el caso que nos ocupa ello estaba magnificado por el hecho de que:*

*1. Ud. era el presidente de un país con el cual mi país tiene relaciones diplomáticas.*

*2. Ud. violó el viejo dicho español que reza: "a la mujer, ni con el pétalo de una rosa", sus comentarios tenían un componente racista que en mi país es ya definido como "políticamente incorrecto", pero que usted aún practica con entera impunidad en el suyo.*

*Se refirió usted a mi escasa cultura y a una pretendida atracción que yo sentiría por usted. En primer lugar, debo decirle que anoche tuve el honor de tocar con la Orquesta Sinfónica de Filadelfia, como solista, el concierto número 20 para piano de Wolfang Amadeus Mozart, K. 466 (sabe usted el significado de K.? No lo creo). Soy una de las más destacadas concertistas no-profesionales de Estados Unidos.*

*Estudié piano al mismo tiempo que me graduaba de politóloga en la Universidad de Denver. ¿Y usted, Sr. Chávez?*

217

*Me dicen que aparte de haber sido un estudiante mediocre de la Escuela Militar de Venezuela, aparentemente el refugio de quienes no dan la talla en la universidad, usted no tuvo otra educación formal.*

*Parece ser que ello es la razón por la cual insiste en que 8x7=52 y que el hombre llegó al planeta Tierra hace 2000 años. Sin olvidar que su ortografía parece dejar bastante que desear.*

*Sus pomposas citas son cursilonas y con frecuencia inexactas. Fíjese que solo es ahora que le digo esto, ya que jamás le hubiera echado a usted en cara su incultura y patanería, de no haber mediado su agresión a mi persona.*

*En segundo lugar, no creo que sentiría atracción por alguien como usted. No me refiero a su aspecto físico, el cual ciertamente no es de concurso sino, digamos, simplemente substandard.*

*Me refiero a sus maneras, a la pobre calidad de su lenguaje y a la agresividad que muestra hacia el sexo femenino.*

*Estoy informada de su manera de tratar a su exesposa, hasta en público, de sus ofertas machistas por televisión acerca de "darle lo suyo" y de la violencia que usted utilizó contra las mujeres con quienes tuvo relación en el pasado.*

*Afortunadamente hoy no se le conoce relación con fémina alguna, excepto alguna que otra zalamería ocasional hecha a algún travestí brasileño.*

*Por ello no podría sentir atractivo alguno por alguien que, más bien, me causa repulsión.*

*Tampoco me sentiría muy a gusto con alguno de sus acólitos, llámese Cabello o Istúriz, apenas marginalmente más aceptables.*

*Usted se mofó de mi nombre, Condoleezza, relacionándolo con condolencias y tristeza.*

*No es tal cosa, Sr. Chávez. Mi nombre es derivado de la expresión musical italiana "con dolcezza", es decir, con dulzura.*

*Se lo explico porque es evidente que sin esa explicación usted no tendría la menor idea de su verdadero significado.*

*Los idiomas no son su fuerte, como lo recuerdo bien de su intento de insultar al presidente Bush en una curiosa versión del idioma Inglés, algo que sonaba como "iu ar a donki".*

*He tenido la suerte de llegar a los más altos niveles del gobierno de mi país debido a mi formación intelectual.*

*No me hice notoria liderando un golpe de estado sangriento que dejó más de 200 venezolanos muertos, algo de lo cual usted se ha jactado, al decir "yo si estuve en un golpe, echando plomo de verdad".*

*En mi país, generalmente (hay excepciones), la gente intelectualmente sólida entra al gobierno buscando reconocimiento y no tiene necesidad de robar.*

*Entiendo que en regímenes como el suyo, ustedes llegan al poder sin muchas credenciales intelectuales y lo usan para enriquecerse o como dicen algunos, "para comer completo".*

*Fíjese que no compartimos filosofías de la vida y que mientras yo toco a Mozart con la Orquesta Sinfónica de Filadelfia usted canta rancheras mexicanas a capella, es decir, a palo seco.*

*Mientras yo doy conferencias en las universidades, usted cuenta sus peripecias peristálticas, sus retortijones en un túnel.*

*Bien, creo haber puesto las cosas en su sitio. Usted ha elegido su camino, junto a los estados forajidos y grupos terroristas y narcotraficantes del planeta. Esa ha sido su decisión.*

*Pero ella lleva consigo responsabilidad indelegable. Usted ha podido ser un discípulo de Mandela y eligió ser un discípulo de Mugabe. Ha podido sentirse orgulloso de José María Vargas y decidió sentirse orgulloso de Ezequiel Zamora.*

*Usted eligió su camino. Su régimen terminará, como decía T S. Eliot (un poeta de mi país, Sr. Chávez) acerca del fin del universo: "no con una conmoción sino con un susurro". No tendrá dónde esconderse.*

(Versión libre de Gustavo Coronel)

De igual forma Chávez ha procedido siempre a insultar al presidente Uribe, últimamente sus insultos subieron de tono y hasta rompió relaciones con Colombia (Junio de 2010), debido a que el gobierno de Colombia mostró al mundo las pruebas de que en Venezuela había campos de terroristas de las FARC, apoyados por los chavistas.

El nuevo presidente de Colombia Juan Manuel Santos, durante su toma de posesión como nuevo presidente de Colombia el día 7 agosto de 2010 dijo que agradecía a los presidentes que estaban dispuestos a mediar entre los dos países, sin embargo ente otras palabras dijo: "Prefiero una reunión cara a cara donde pueda comprobar la sinceridad de nuestros acuerdos que deben ante todo beneficiar a nuestros pueblos hermanos".

Efectivamente el presidente Chávez y Juan Manuel Santos se reunieron en territorio colombiano el día 10 de agosto de 2010 y según las publicaciones de prensa, ambos presidentes abren una nueva era.

El mundo democrático está absolutamente seguro de que el presidente Juan Manuel Santos jamás doblegará sus principios, si Chávez continúa dando refugio y apoyo a las FARC.

Él fue el artífice en el gobierno anterior del presidente Uribe, como Ministro de Defensa, concibió el plan de atacar y dar muerte a terroristas de las FARC en territorio ecuatoriano, además planeó y salvó a varios secuestrados con un plan que fue aplaudido mundialmente.

El 25 de agosto de 2010 el *Diario Las Américas* publicó en primera plana: "Venezuela es más violento que Irak". Lo que hoy pasa en Venezuela es una consecuencia de lo que siempre aplican las izquierdas cuando consiguen el poder, mantener el temor es una estrategia importantísima.

# Capítulo XII

## El Salvador

El Salvador la más pequeña República de América Latina, pero la más poblada, veinte y tres mil kilómetros cuadrados y aproximadamente seis millones de personas (1980). Este ha sido el país más codiciado de América Latina, por las izquierdas. Antes de caer el Muro de Berlín, los comunistas lucharon ferozmente por apoderarse de este pequeño país.

El Salvador tuvo la suerte de que en la reunión que tuvieron en Cancún, Carlos Andrés Pérez, de Venezuela; José López Portillo, de México; Rodrigo Carazo Odio y Omar Torrijos con los representantes del Gral. Gaddafi y de Fidel Castro, decidieron que la lucha popular prolongada que tenía establecida Fidel Castro en ese país, no debería continuar porque si al fin ganaban, los estadounidenses utilizarían nuevamente a Somoza para sacarlos del poder, consecuentemente, era mucho mejor eliminar primero a los Somoza.

La suerte también acompañó a El Salvador, ya que el presidente Carter, quien pretendía entregarlo al FMLN, como lo había hecho con Nicaragua a los sandinistas, perdió las elecciones ganando un auténtico anticomunista como Ronald Reagan.

Ronald Reagan a pesar de las presiones de los demócratas y de los presidentes, principalmente, de México, Venezuela y España, para entregar a El Salvador a la guerrilla, no lo aceptó y por el contrario, fortaleció todas sus posiciones para que derrotaran al FMLN.

El presidente Reagan estuvo apoyando a El Salvador con varios millones de dólares, fortaleció a la Contrarrevolución de los nicaragüenses

221

para que no dejaran pasar armas de Nicaragua a El Salvador y construyó una fortaleza para la sede de la Embajada de Estados Unidos, la más protegida de América Latina.

En la década de los setenta, Castro mantenía en El Salvador la Guerra Popular Prolongada, los secuestros y las luchas callejeras eran tragedia permanente, muchos salvadoreños que pudieron, lograron salir del país y refugiarse preferencialmente en Estados Unidos.

La prensa mundial apoyada por los demócratas en Estados Unidos atacaban con toda sus fuerzas para que Reagan entregara El Salvador a la izquierda; en cualquier periódico o revista de esa época se pueden ver los ataques al presidente Reagan.

El Salvador le debe al presidente Reagan el haberlo salvado.

Sin embargo, el daño ya hecho por el presidente Carter de darle respaldo al grupo terrorista del FMLN, dejó sembrada la semilla del mal, de la cual los salvadoreños difícilmente se podrán salvar.

El salvadoreño está considerado como el más trabajador del continente latinoamericano, por eso podría ser posible que se pueda salvar de las ambiciones de las izquierdas, aunque tienen la desventaja de los grupos conocidos como Maras que son asesinos capaces de realizar cualquier acto, lo que los convierte en personajes ideales para actos terroristas. Según informes provenientes de la policía salvadoreña, hay más de doscientos mil Maras en El Salvador.

Es interesante leer la carta que escribió el Sr. Joaquín Villalobos quien renunció a pertenecer al partido de izquierda y prefirió viajar a Inglaterra a estudiar en la Universidad de Oxford y en su valiente carta expone sobre la temible organización de izquierda del FMLN.

El Sr. Villalobos enfoca el enorme problema que sería para el continente de América si ellos tomaran el poder, a continuación dicha carta:

## Un exizquierdista con valor y franqueza nos pone sobreaviso

*21 de octubre de 2008*
*"Si el Frente gana las elecciones, yo me voy al carajo, tengo dinero suficiente para varias generaciones", estas palabras han sido repetidas por algunos connotados empresarios del país.*

*Efectivamente, quienes más sufrirían las consecuencias de un gobierno del FMLN no serían los más ricos, sino las clases medias y los pobres, paradójicamente quienes podrían hacerlos ganar con sus votos.*

*La insensibilidad, la arrogancia y los abusos de poder de nuestras clases altas y su partido, han llevado a que muchos salvadoreños estén a punto de llevar al Frente al gobierno.*

*Confundidos o engañados, creen que este puede ayudarlos, cuando en realidad podría arruinarlos más.*

*Hace 14 años fui juzgado como ingenuo por la derecha y como traidor por la izquierda, cuando junto a un grupo de valientes diputados rechazamos al partido comunista y firmamos el Pacto de San Andrés.*

*Pretendíamos darle al país una polaridad positiva y ser una izquierda moderna. Los comunistas se ocuparon de atacarnos por aumentar el IVA, que sirvió para financiar la posguerra y la reinserción de nuestros combatientes y la derecha hizo lo propio incumpliendo todo el acuerdo.*

*Fue imposible reformar al FMLN y nosotros, y siete grupos más que también fueron llamados traidores, salimos del Frente.*

*Los comunistas tomaron entonces control total de este, la polarización avanzó y ahora, desgraciadamente, ya no se trata de buscar "una opción mejor", "sino de evitar lo peor".*

*No pretendo levantar miedos, sino argumentarles sólidamente a quienes, pensando que votarían por un candidato, en realidad votarían por un partido extremista y violento.*

*El FMLN es el partido de izquierda más extremista de toda Latinoamérica, es religiosamente marxista leninista. Desde el punto de vista ideológico, podemos decir que el FMLN actual está a la izquierda de Raúl Castro, quien ahora intenta realizar reformas económicas en Cuba.*

*Ni en Venezuela ni en Nicaragua ni en Ecuador ni en Bolivia tienen los comunistas control total sobre la fuerza política que gobierna. Es decir que si los países mencionados están viviendo consecuencias negativas, resultado de proyectos autoritarios basados en alianzas de izquierda más amplias, nosotros tendríamos un problema mayor porque los comunistas salvadoreños son mucho más dogmáticos y sectarios.*

*Para esta elección rechazaron alianzas con otras fuerzas de izquierda y se han negado a darle espacio incluso a los llamados amigos del candidato.*

*En Venezuela, Ecuador, Bolivia y Nicaragua el conflicto con el mercado es más reactivo que ideológico, y han derivado en el autoritarismo resultado de posiciones nacionalistas, militaristas, indigenistas, populistas y/o caudillistas.*

*Para el FMLN, el mercado es un enemigo y el autoritarismo una meta, esto no es invento, lo dicen sus documentos, lo exponen sus dirigentes, aunque el candidato lo intente ocultar diciendo que son solo aspiraciones del Frente. Sin embargo, en Venezuela, Ecuador, Bolivia y Nicaragua están construyendo regímenes autoritarios.*

*Un gobierno del Frente no sería un gobierno de ingenieros, doctores, abogados y profesionales sería, en realidad, un gobierno de compañeros activistas del partido. Para ejercer un cargo público valdrían más las maestrías en lucha de calle que los estudios académicos.*

*Los anteriores alcaldes de San Salvador y la actual alcaldesa han enfrentado este problema al igual que la anterior rectora de la Universidad Nacional.*

*La evidencia más reciente fue el nombramiento del jefe del programa de gobierno, pues pese a que entre los amigos del candidato hay un brillante economista con un doctorado en la Escuela de Ciencias Económicas de Londres, los comunistas nombraron a un exguerrillero, intelectualmente opaco y de pobre vida académica.*

*Para el Frente, la pureza ideológica y la identidad de clase son más importantes que el conocimiento, desprecian lo que no saben y a quienes saben.*

*El FMLN se define como enemigo de Estados Unidos. Bajo un gobierno del FMLN los ministerios serían barridos de profesionales que tienen experiencia acumulada, y en sus puestos colocarían a miembros leales al partido, no importa si estos son mediocres o inútiles.*

*Las instituciones serían convertidas en armas políticas contra todos sus adversarios y las decisiones no serían técnicas, sino ideológicas, algo así como si nuestra salud se la confiáramos a brujos en vez de a médicos.*

*En Venezuela, Ecuador, Nicaragua y Bolivia, los ministros son cambiados constantemente por razones políticas, esto crea desastres de dirección tal como los apagones en Venezuela, un país que es una potencia energética. Un gobierno de activistas se traduciría en ineficiencia, escasez, inflación, corrupción y despilfarro, resultado de la hegemonía de la ignorancia.*

*El FMLN se define como antiimperialista y enemigo de Estados Unidos, esto lo han exhibido incluso en momentos dramáticos.*

*Pocos días después del 11 de septiembre de 2001, luego de los ataques terroristas en Nueva York y Washington, militantes del FMLN realizaron una manifestación pública de regocijo por este ataque.*

*En esa actividad estuvieron presentes el actual candidato a la vicepresidencia Salvador Sánchez Cerén y varios diputados del Frente. Quemaron banderas de EE. UU. y mostraron pancartas con vivas a Osama Bin Laden y a los talibanes.*

*En ningún otro país de Latinoamérica miembros de un partido legal hicieron algo parecido.*

*Un gobierno del FMLN alinearía políticamente, y sin dudar a nuestro país con los gobiernos de Venezuela, Ecuador, Bolivia y Nicaragua, dos de estos ya expulsaron al embajador estadounidense y todos ellos han abierto relaciones diplomáticas, comerciales y de cooperación muy estrechas con Irán.*

*Este país es, para los estadounidenses, un enemigo más peligroso que lo que fue la antigua Unión Soviética.*

*Con un gobierno del FMLN peligrarían las remesas. El problema es que nuestro país, a diferencia de Nicaragua, Ecuador, Venezuela y Bolivia, tiene la tercera parte de su población viviendo en EE. UU., y posee además la más poderosa red de coyotes después de México.*

*El estrechamiento de relaciones con Irán; la existencia de la ultraviolenta Mara Salvatrucha; la eficacia de nuestros coyotes para cruzar fronteras ilegalmente; la resistencia histórica del Frente a suscribir acuerdos en materia de antiterrorismo y combate al narcotráfico; junto a un gobierno del FMLN de posición antiestadounidense, nos puede convertir en una amenaza a la seguridad de EE. UU..*

225

*Estaríamos bajo riesgo de que una sociedad paranoica, en lo relativo a su seguridad, piense que los "violentos" salvadoreños podríamos refugiar, proteger y trasladar terroristas islámicos a su territorio para que masacren a estadounidenses.*

*Algo totalmente creíble si consideramos que el posible vicepresidente salió a las calles a celebrar los actos terroristas de 2001. Un acercamiento con Irán nos puede convertir en una **nacionalidad peligrosa** para los estadounidenses.*

*Es decir que la estupidez ideológica del FMLN convertida en gobierno, no solo podría afectar las remesas, sino la estabilidad misma de nuestros compatriotas en EE. UU. En un tema como este no nos podemos dar el lujo de creerle al candidato del Frente, así se hinque y nos jure que no abrirá relaciones con Irán.*

# Saca busca alianza anticomunista para derrotar al comunista FMLN
### (*Diario Las Américas*, **publicado el 02-07-2009**)

El salvador, a pesar de ser el país de mayor importancia de América Latina para la izquierda mundial, por su exceso de población: casi diez millones de habitantes, con solamente 23 mil kilómetros cuadrados. Las izquierdas podrían formar anualmente miles de terroristas para atacar a Estados Unidos y a algunos países Europeos y del mundo en general.

El pueblo, conjuntamente con el sector productivo de El Salvador, lucha incansablemente y encuentran medios para combatir la izquierda y lograr que no secuestren a su país, para evitar la tragedia nicaragüense. Sin miedo, muchos salvadoreños se enfrentan a los izquierdistas llamándolos por lo que son, logran convencer a sus ciudadanos de que hay un solo enemigo que se debe vencer, la izquierda que acaba con los países.

El presidente de El Salvador, Elías Antonio Saca, "declaró que su partido ARENA, debía buscar una amplia alianza con diversos sectores para impedir una victoria del partido izquierdista y comunista del FMLN" en las elecciones efectuadas el 15 de marzo de 2009.

El presidente se refirió a que había que construir la mayor alianza posible donde predominen, el valor de la democracia, el valor de creer en

Dios, el valor de la libertad de expresión, y que son los valores del partido ARENA y por consiguiente del mismo pueblo salvadoreño, que prefiere el trabajo y su progreso que las palabrerías de los políticos izquierdistas, al menos así lo ha demostrado en las diferentes elecciones del pasado.

Para el presidente Saca, votar por el FMLN era decidir "por el camino incorrecto", "por un proyecto socialista, era matricularse en la escuela delos  dictadores a los que les gusta cambiar la Constitución y quedarse de por vida, es un proyecto que termina las libertades".

Todas estas palabras del presidente Saca, podríamos respaldarlas con lo sucedido en Nicaragua, donde los sandinistas desde que tomaron el poder al derrocar al presidente Somoza en la primera década de su gobierno 1979 a 1990 lograron que el país, según el Banco Mundial retrocediera 74 años.

Indiscutiblemente, había la preocupación en las palabras del presidente Saca, de que El Salvador tomara el triste camino de los nicaragüenses.

# El FMLN gana las elecciones presidenciales en El Salvador

Marzo 15 de 2009, el presidente electo de El Salvador toma a Lula como modelo. ¡Si es verdad El Salvador se puede salvar!

El nuevo presidente de El Salvador, Mauricio Funes, visitó Sao Paulo donde se reunió con el presidente de Brasil Luiz Ignacio Lula da Silva y dio declaraciones a la prensa a la que le dijo:

"Para mí el presidente Lula y su gobierno constituyen una referencia de ejercicio democrático de un gobierno de izquierda que puede mandar señales de confianza a los inversionistas extranjeros y también a los inversionistas nacionales". Afirmó Funes, un periodista de televisión que fue seleccionado como su candidato por uno de los grupos izquierdistas más sanguinarios del continente y continuó: "El gobierno de Lula ha mostrado que puede haber un gobierno de izquierda con estabilidad macroeconómica, gobernabilidad democrática y que resuelva los problemas de la pobreza", afirmó.

También dijo el presidente electo, Funes, que pretende seguir una política social modelada en la del gobierno brasileño que ha atraído inversiones extranjeras y nacionales para sacar a varios millones de personas de la pobreza, el presidente Lula ha logrado mantener un sistema judicial recto e incorrupto, que es lo diferente por no decir imposible en los gobiernos de izquierda.

El presidente electo también comentó en Brasil que el presidente de Estados Unidos, Barack Obama, y la secretaria de Estado, Hillary Clinton, le expresaron su interés por estrechar relaciones con El Salvador, con esto, dijo Funes, se cierra el capítulo que levantó la derecha salvadoreña que un partido de izquierda implicaría la ruptura de las relaciones con Estados Unidos.

Algo que favorecerá el modelo a seguir de Brasil, por Funes es que está casado con una brasileña con la cual tiene un pequeño hijo. Ojalá que los discursos del presidente electo de El Salvador, que dicho sea de paso siempre son muy parecidos a los de los presidentes izquierdistas que ganan la presidencia en otros países, no cambie como cambian todos los de los dirigentes izquierdistas una vez que alcanzan el poder.

Aunque el presidente Funes aseguró en una entrevista con la CNN y también lo ha dicho a los medios de comunicación de El Salvador y del resto del mundo, que él es el elegido por el pueblo para gobernar, por consiguiente solo él tomará las decisiones. Esperamos que, una vez en el poder, los radicales izquierdistas no lo obliguen a implantar el terror y los mismos principios logrados por los sandinistas, para mantener secuestrado el país por muchas décadas, esperamos que la cordura y el modelo de respeto que ha tenido el presidente Lula en el Brasil, se pueda mantener en El Salvador. Hay que tener presente que los izquierdistas están aprendiendo que pueden controlar el poder por "votos democráticos", que llegan a perfeccionar la "revolución democrática" y no por la vía armada que han estado tratando de usar por muchas décadas.

Hoy, hasta uno de los más famosos grupos de asesinos como lo ha sido "El Sendero Luminoso" del Perú, está aprendiendo a pactar, a desarrollar líderes, a magnificar el cinismo, la mentira y, naturalmente, acceden a entrar a una vida aparentemente normal para conseguir el poder.

Según informaciones llegadas de El Salvador en el mes de julio de 2010, la situación económica se empeora cada día más. Ojalá que no estén aplicando la doctrina de las izquierdas, de que para gobernar por largos periodos, es imperativo llevar la población a la miseria.

¡Que Dios salve a El Salvador!

# Capítulo XIII

## Costa Rica destruye a Nicaragua

José Figueres Ferrer, Daniel Oduber Quiroz, Rodrigo Carazo Odio, Óscar Arias y Fidel Castro Ruz. Estos son cinco de los principales personajes que destruyeron a Nicaragua, cada uno de ellos cumplió un objetivo importante en su destrucción. Los otros miembros del club destructor fueron el presidente demócrata de EE. UU. Jimmy Carter, y otros miembros de la izquierda escondidos en la Internacional Socialista como Carlos Andrés Pérez, presidente de Venezuela; José López Portillo, presidente de México y Omar Torrijos, el hombre fuerte de Panamá. Hablemos un poco sobre ellos.

**José Figueres Ferrer** fue presidente de Costa Rica en su primer período, del 8 de mayo de 1948 al 8 de mayo de 1952; en su segundo período del 8 de mayo de 1953 al 8 de mayo de 1958, y en su tercer período del 8 de mayo de 1970 al 8 de mayo de 1974. Fue un enemigo acérrimo del general Anastasio Somoza García, porque le concedió apoyo al presidente Teodoro Picado Michalski, presidente de Costa Rica en su lucha contra José Figueres que quiso llevar a su país por la tendencia socialista.

Después que asesinaron al Gral. Somoza García, el odio de Figueres se volcó contra los hijos del General, Luis y Anastasio Somoza Debayle. Durante el primer período del presidente Figueres, el Gral. Somoza García también lo combatió, logrando apoyar a sus adversarios que, observaban que el país se encaminaba hacia una izquierda de corte marxista. Desde entonces se convirtió Costa Rica, en el mayor enemigo de los Somoza y las buenas relaciones existentes entre Nicaragua y ese país terminaron. En la hacienda La Lucha, de José Figueres, se dio por muchos años entrenamiento a los guerrilleros que intentaron en varias ocasiones ensangrentar a Nicaragua con varias fallidas revoluciones desde 1948 hasta 1958. Aun sin ser presidente, la hacienda de José Figueres, se usaba para dar entrenamiento a los guerrilleros. Desde su hacienda salió el comando sandinista que, tomó el Palacio Nacional de Nicaragua en 1978, donde tuvieron secuestrados a más de mil personas. El Gral. Somoza tuvo que ceder a las exigencias de los sandinistas, para evitar el derramamiento de sangre y conservar la vida de más de mil personas que estaban en el palacio en el momento del secuestro.

El expresidente, Figueres continuó fomentando las revoluciones contra Nicaragua; cuentan algunos sandinistas que, Figueres les regalaba armas, dinero y comida, además de que su finca les servía de cuartel general. Terroristas cubanos y palestinos eran los encargados de darles entrenamiento, en esa finca, a jóvenes sandinistas recién reclutados. Se publicó en uno de los diarios centroamericanos que Figueres les regaló un tractor que mandó a blindar con planchas de acero instalándoles una ametralladora, además del armamento que tenía en su poder. Estas acciones de Figueres dan una idea del odio que sentía contra los Somoza y su visión de la importancia que tenía para Costa Rica destruir a Nicaragua.

Cuando el presidente Ronald Reagan, hombre con claridad de pensamiento, decidió respaldar la contrarrevolución formando **"la contra"**, para finalizar la barbaridad cometida por el presidente Carter y los demás presidentes de extrema izquierda; el expresidente Figueres llamó al presidente Reagan, "monstruo"

**Daniel Oduber Quiroz** fue presidente del 8 de mayo de 1974 al 8 de mayo de 1978, aunque no fue un hombre declarado de **izquierda agresiva,** como José Figueres, fue simpatizante de la Internacional Socialista y, naturalmente, siguió la estrategia de Figueres por la importancia que tenía para Costa Rica derrocar a los Somoza.

Somoza era un obstáculo para que Costa Rica obtuviera el liderazgo de Centroamérica; los Somoza impulsaban a Nicaragua, llevándola a mantener los mejores índices económicos de la región, y por consiguiente uno de los países más atractivos para la inversión extranjera. El multimillonario Howard Hughes, para dar un ejemplo, estaba en Managua realizando inversiones cuando el terremoto de Managua, del 22 de diciembre de 1972, y le sorprendió en el hotel Intercontinental Managua.

**Rodrigo Carazo Odio** fue presidente de Costa Rica, del 8 de mayo de 1978 a 1982, quien fue también de la misma línea, que utilizaron los presidentes Figueres y Daniel Oduber. Es en la época de Carazo Odio, que los sandinistas utilizan el territorio de Costa Rica como santuario. El producto de los asaltos a los bancos, los comercios y las industrias, después lo llevaban a San José de Costa Rica. Costa Rica y el presidente Carter procedieron a aceptar la dirección de Fidel Castro en el suministro de armas y estrategias para ensangrentar a Nicaragua. El armamento llegaba de Cuba a Panamá y de Panamá a Costa Rica. Para que los sandinistas triunfaran Carter puso un embargo a Nicaragua, por lo que logró parar varios embarques de armamento dirigidos a Nicaragua dejando, por consiguiente, al ejército de ese país sin capacidad de defensa. A Costa Rica llegaron cientos de internacionalistas que se anexaron a la revolución sandinista. Las protestas hechas por Nicaragua ante la OEA, Naciones Unidas y otras organizaciones, no fueron aceptadas, dando protección a los sandinistas.

Estratégicamente, los políticos costarricenses vieron la oportunidad, que se les presentaba, para que Costa Rica tomara el liderazgo centroamericano al estar el presidente Carter dispuesto a derrocar a Somoza. El Centro Carter, en su página Web, informa que los sandinistas siempre tuvieron el apoyo de: Cuba, con Fidel Castro; de Venezuela, con Carlos Andrés Pérez; de Panamá, con Omar Torrijos y de Costa Rica, con Rodrigo Carazo. Omiten, no sé por qué, a José López Portillo, presidente de México, que conjuntamente con Carlos Andrés Pérez, fueron los mayores responsables para ensangrentar a Nicaragua. El Centro Carter sigue diciendo en su página Web que, de Cuba y Venezuela llegaban los armamentos que se transportaban para Costa Rica, para ensangrentar a Nicaragua. También informa que, José Figueres fue crucial para lograr el éxito en esta revolución para derrocar a Somoza, porque él tenía varios armamentos que sirvieron para dárselos a los sandinistas. Léase lo que publica el Centro Carter en la Internet, citado en el Capítulo III.

Fue así, como todos estos personajes se aliaron para lograr instalar el segundo régimen comunista en América Latina, con el objeto de encontrar otras estrategias para afectar a Estados Unidos. Una vez secuestrada Nicaragua por los sandinistas, de inmediato se formaliza el suministro de drogas en grandes cantidades para afectar a Estados Unidos. Nunca antes había sido Estados Unidos invadido por las drogas, en cantidades tan grandes, como lo fue durante la época de Carter, ya que sus enemigos aprovechan su ingenuidad y su preferencia por los regímenes de izquierda. La Internacional Socialista tenía neutralizado al presidente Carter con los Derechos Humanos y la firma del tratado del Canal de Panamá. Por otra parte, los sandinistas con Venezuela y México, desarrollaron las nuevas estrategias para lograr contribuir la invasión de las drogas a ese gran país. Los hábiles políticos costarricenses sabían que, destruyendo a Somoza, tenían las puertas abiertas con los sandinistas, para aprovecharse de la sencillez del nicaragüense y anexar a Nicaragua de inmediato al comercio costarricense, como en efecto sucedió.

Al perder Carter las elecciones y ganar el presidente Ronald Reagan; este rechaza de inmediato la propagación del terrorismo en Centroamérica y crea el embargo contra Nicaragua. Costa Rica, de la noche a la mañana, pasó a ser de un país de dos millones de habitantes, a un país con otros tres millones, representados por los nicaragüenses en cuanto a: su comercio, industria, agricultura, ganadería, etc., todo esto se convierte en un gran y fructífero negocio para ese país. Nicaragua recibía productos a través de Costa Rica, que se prestó para romper el embargo impuesto por el presidente Reagan, convirtiéndose, prácticamente, en los únicos que tenían facilidades para suministrar sus productos a los nicaragüenses.

Al igual que Nicaragua le pagó a Costa Rica, siglos anteriores, por la ayuda recibida en la lucha contra William Woker por el territorio conocido como Guanacaste; ahora los sandinistas les pagan a los costarricenses permitiéndoles llevarse ganado, maquinaria, automóviles y, naturalmente, facilitándoles el suministro de cualquier producto que necesitaran de Nicaragua. Nicaragua compraba en Costa Rica; lo que el embargo no le permitía comprar en los mercados internacionales, entonces Costa Rica se aprovechó de aquella situación para vender a Nicaragua con altos precios. En otras palabras, Costa Rica pasa de tener un mercado de dos millones de habitantes a uno de cinco millones, lo que motiva el gran despegue económico de ese país.

Al estar El Salvador luchando contra el grupo terrorista del FMLN y Nicaragua tomada por los sandinistas, fue fácil que pasaran ellos a tomar el liderazgo que antes tenía Nicaragua. Por otra parte, muchos costarricenses se aprovecharon de que los sandinistas les vendieran lo que ellos habían robado a precios tan irrisorios como del 10% del precio real, entre ellos automóviles de lujo (Mercedes Benz por tres mil dólares o menos), maquinarias de construcción, maquinarias agrícolas, ganado, etc. En otras palabras el botín que lograron comprar algunos costarricenses, por su apoyo, fue impresionante.

Muchos nicaragüenses veían sus automóviles rodando en las calles de San José, y no podían hacer absolutamente nada para recuperarlos, los costarricenses mostraban documentos firmados por sandinistas que le habían vendido el automóvil o bien otros objetos. Puedo asegurar que, la mayoría del pueblo costarricense estaba en desacuerdo con que el suelo de Costa Rica se hubiera utilizado para ensangrentar a Nicaragua.

Hubo una constructora costarricense que compró varios millones de dólares en maquinarias de construcción, incluyendo una asfaltadora nueva con un valor de millón y medio de dólares, aún empacada en sus cajas originales, por menos de cincuenta mil dólares. Muchos costarricenses aprovecharon para estafar a los nicaragüenses refugiados en Costa Rica y en otros países, como fue el caso muy doloroso de un acaudalado nicaragüense que aceptó el ofrecimiento de su amigo costarricense de salvarle su ganado de raza sacándolo de Nicaragua y comprándoselo a su justo precio. Una vez trasladado el ganado a Costa Rica, le comunicó que el precio que podía pagarle no podía ser el del mercado y le ofreció, únicamente, un 20% de su valor, el nicaragüense prefirió no recibir nada y que le robaran su ganado. En casos similares, millones de dólares salieron de Nicaragua y pasaron a manos de empresarios costarricenses.

## Grave error comete Estados Unidos al enviar armas a Centroamérica

Cuando el presidente Reagan, apoyaba a la contrarrevolución (**la contra**), que combatía a los sandinistas, los políticos costarricenses luchaban a toda costa para que este no permitiera el derrocamiento de los sandinistas, a continuación un artículo publicado en uno de los diarios en San José de Costa Rica, decía:

San José, febrero 17. "Estados Unidos comete un grave error al enviar armas a la región centroamericana", afirmó hoy, el presidente de Costa Rica, Rodrigo Carazo al congresista estadounidense (demócrata) Clarence Long, de visita en San José. Cuando fue elegido presidente de Costa Rica, Óscar Arias, el *Diario Las Américas* publicó el 22 de febrero de 1985, "Critica Óscar Arias la ayuda de EE. UU.. a los rebeldes antisandinistas". Óscar Arias, miembro también de la Internacional Socialista, defendió intensamente que los sandinistas no fueran derrocados. Participó en el grupo Contadora y otros grupos, supuestamente, para que se obtuviera la paz en Nicaragua.

En realidad lo que perseguía Arias y consiguió, era convencer a los sandinistas de que ellos siempre podrían controlar a Nicaragua con elecciones, aunque las perdieran, siempre y cuando mantuvieran su ejército y el Poder Judicial. Óscar Arias se encargó de negociar ese tema a favor de ellos, como en efecto así lo hizo. Cuando los sandinistas perdieron las elecciones debido a la coalición de partidos nicaragüenses y gana la UNO con doña Violeta Chamorro de presidenta, ellos declararon que "gobernarían desde abajo", y así lo hicieron.

Reagan fue atacado por los medios de comunicación izquierdistas, por los demócratas de su país, por los presidentes de Costa Rica, México, Venezuela, Panamá, España y los demás países controlados por las izquierdas. El presidente Reagan apoyó, valientemente, la liberación de Nicaragua hasta su último día en la Casa Blanca y no cedió ante los ataques de todo el grupo de izquierdistas.

Hoy Costa Rica tiene más de un millón de exilados nicaragüenses, en su mayoría campesinos, que por huir de la miseria implantada por los sandinistas, se refugian en ese país. Los costarricenses, han presentado problemas con tanta emigración de campesinos procedentes de Nicaragua donde, muchos de ellos, pueden ser delincuentes entrenados por los sandinistas.

El 10 de marzo de 2005, apareció en uno de los diarios costarricenses, la información de que un comando sandinista asaltó y tomó rehenes en una sucursal bancaria en el pacífico de Costa Rica, con un saldo de nueve muertos y 17 heridos. En el mismo artículo informaron que los nicaragüenses habían realizado numerosos asaltos, con lujo de violencia, en restaurantes y pequeños comercios en la provincia de Cartago, al este de la capital a fines de 2004.

Este tipo de asaltos, perpetrados por nicaragüenses, solo puede ser realizado por sandinistas entrenados para esta clase de acciones. A pesar de que la comunidad internacional y Costa Rica saben que, Nicaragua es un país que está completamente secuestrado desde el 19 de julio de 1979, y que los sandinistas han cometido crímenes, robos, injusticias y han llevado la miseria a su población, el expresidente de Costa Rica, Óscar Arias, alaba cínicamente al verdugo del pueblo nicaragüense, como se puede leer en el siguiente articulo. Óscar Arias se atreve a decir que, Daniel Ortega a quien califica de "estadista" ama a su patria, y sigue diciendo en su artículo: "Así, con esta apreciación, el expresidente de Costa Rica y una vez Premio Nobel de la Paz, inició una larga serie de elogios para el candidato derrocado del FSLN, Daniel Ortega, luego de que este reconociera públicamente, su tercera derrota electoral en los últimos 11 años".

El Sr. Óscar Arias se atreve a insultar de esta forma al sufrido pueblo nicaragüense, que ha sido víctima de los presidentes izquierdistas que ha tenido Costa Rica, con conocimiento de las barbaridades que Ortega ha cometido en Nicaragua.

Si Ortega se vio obligado aceptar su derrota, fue por la presencia de presiones internacionales, por eso se comprende que para los intereses de Costa Rica sea absolutamente necesario que Nicaragua se mantenga secuestrada. También Costa Rica, ha tenido presidentes no izquierdistas como lo fue el presidente Luis Alberto Monge que sucedió al presidente Rodrigo Carazo Odio, quien desde un principio comprendió la injusticia que habían cometido con Nicaragua los expresidentes Figueres, Oduber y Carazo Odio, lamentablemente después llegó al poder Óscar Arias.

# Afirma el presidente Monje que la revolución sandinista es dirigida desde Moscú

El 3 de abril de 1984, el *Diario Las Américas*, publicó este artículo en el cual un presidente de Costa Rica admite que la izquierda (el comunismo) es lo que tiene el pueblo nicaragüense con los sandinistas, el mismo presidente Monge agregó en sus declaraciones: "El curso de la revolución sandinista estaba decidido desde un principio". El presidente Monge lamenta la miopía de los alemanes (Willy Brandt, de la Internacional Socialista) quien apoya a los sandinistas.

Es una pena para la mayoría de los costarricenses que no están de acuerdo con las izquierdas, que pocos costarricenses de izquierda comprometan tanto a su país. Al final los buenos costarricenses tendrán que pagar injustamente lo que las izquierdas le han hecho a su país.

# Costa Rica, refugio de terroristas de las FARC

El 15 de marzo de 2008 el Sr. Gonzalo Guillén de *El Nuevo Herald* publicó: "Crecen evidencias de red de apoyo a las FARC, las informaciones encontradas en la computadora del jefe de las FARC, alias Raúl Reyes, llevaron a encontrar en Costa Rica 480 000 dólares dentro de una caja fuerte, en la casa de un maestro. En Costa Rica, las FARC tuvieron, en diciembre de 1998, la única reunión que han sostenido con funcionarios de Estados Unidos y otra con el actual presidente Óscar Arias; al parecer es un país estratégico en la enorme red internacional de esa organización.

Este es solo el último de los muchos indicios de que bajo la fachada de nuevos movimientos políticos y sociales "bolivarianos", que aglutinan a militantes de izquierda de decenas de países, las FARC está presente de manera pasiva en países como Paraguay, Argentina, Bolivia, Uruguay, Chile, Bolivia, Ecuador, España, Honduras Nicaragua y Guatemala. Esta tenebrosa organización también tiene redes de apoyo y de promoción política en otros países de Europa, inclusive dentro de Estados Unidos, por ejemplo en Washington, donde han sido visibles pequeñas manifestaciones públicas de respaldo a la misma, realizadas durante los juicios a los que ha sido sometido su jefe, alias Simón Trinidad, por cargos de secuestro y narcotráfico.

Investigadores de la policía colombiana que examinaron las tres computadoras ocupadas en el campamento de Ecuador en donde el pasado 1.º de marzo fue bombardeado y dado de baja el cabecilla Raúl Reyes, encontraron en ellas el nombre del maestro costarricense Francisco Gutiérrez Pérez. La cantidad de dinero que este señor supuestamente le guardaba a la organización ($480 000) en su casa, sita en: "Costado norte del templo católico, barrio Jesús de Santa Bárbara, localidad de Heredia". Un investigador judicial colombiano dijo ayer a *El Nuevo Herald* que la información de la computadora "tenía hasta la descripción de la caja fuerte, que era vieja". En efecto, la policía costarricense confirmó que el cofre era antiguo y estaba escondido en la parte trasera de la casa.

Con la información enviada desde Bogotá, al medio día del viernes la casa fue allanada por una comisión judicial integrada por un juez penal, la Dirección de Inteligencia y Seguridad de Costa Rica (DIS), el Organismo de Investigación Judicial (OIJ), la policía y el Ministerio Público.

Autoridades migratorias de Costa Rica informaron a la fiscalía colombiana que Gutiérrez Pérez y su esposa, Cruz Prado Rojas, salieron del país en pasado 14 de febrero con rumbo a México y Guatemala, y su paradero es desconocido. En casa de Pérez únicamente estaba un pariente suyo, de 20 años de edad, y una empleada doméstica. La computadora de Reyes, de acuerdo con fuentes judiciales consultadas en Bogotá, tiene información sobre otros lugares de Costa Rica que podrían ser allanados en las próximas horas.

El fiscal general colombiano, Mario Iguarán, declaró ayer en Bogotá que el dinero fue hallado rápidamente "a través de la asistencia judicial internacional mutua, muy fluida, muy eficaz, que tenemos con las autoridades costarricenses". Los policías que abrieron el cofre de seguridad reportaron que los billetes hedían debido a la humedad relativa del ambiente y que "estaban un poco viejos". En el lugar también fue encontrada una computadora, propiedad de Gutiérrez Pérez. Tras un primer examen, fueron detectadas información y fotografías de guerrilleros de las FARC, entre ellos de Raúl Reyes.

Vecinos del lugar declararon ayer a los periodistas que Gutiérrez Pérez era reconocido por ellos como una persona respetable, que durante décadas fue profesor de la Universidad Nacional de Costa Rica, en donde se jubiló. También fue docente de la Universidad de La Salle (católica) y estaba dedicado a editar libros educativos para escuelas de Centroamérica. ¡Qué peligro para la juventud, esta clase de libros!

En diciembre de 1998 Raúl Reyes estuvo legalmente en San José de Costa Rica y en casa del exministro conservador y excandidato presidencial colombiano Álvaro Leiva.

El día 13 de ese mes el líder guerrillero se reunió con el entonces director de la Oficina Andina del Departamento de Estado de Estados Unidos, Pihilip Chicola, quien pidió a las FARC "desarrollar un canal de comunicación" mutuo y "absoluta confidencialidad" sobre el encuentro que, sin embargo, años después se hizo público.

En 2001, también estuvo en Costa Rica Rodrigo Granda, conocido como "El Canciller" de las FARC, el cual fue arrestado por policías colombianos en Venezuela, quienes lo trasladaron a Bogotá, en donde estuvo preso hasta hace tres meses, cuando el presidente de Francia, Nicolás Sarcozy, le pidió a su colega Álvaro Uribe que lo liberara, y este aceptó.

## Granda es indultado y se mueve entre La Habana y Caracas

En su visita a San José, Granda llegó con la idea de montar una oficina política de las FARC debido a que acababa de ser cerrada la que la organización tenía abierta en Ciudad de México. Granda se reunió con el entonces ministro de Seguridad Pública costarricense, Rogelio Ramos, quien, en 2005, reveló: "Granda me planteó que tenía problemas en México para operar allí y querían ver si podían abrir una oficina política en Costa Rica".

De acuerdo con reportes migratorios enviados a Bogotá, El Canciller' también estuvo legalmente en Costa Rica en octubre de 1993, diciembre de 1997, agosto de 1998, mayo de 1999, octubre y noviembre de 2000, y agosto, noviembre y diciembre de 2001. Durante su permanencia en Costa Rica siempre sostuvo reuniones con funcionarios sandinistas que llegaban a San José para reunirse con él.

Granda también vivió en Quito, donde, incluso, casó a una de sus hijas con un empresario petrolero y se cree que fue él quien organizó redes de apoyo y líneas de aprovisionamiento de armas y pertrechos desde ese país, en donde autoridades colombianas sostienen que las FARC mantienen más de 10 campamentos de retaguardia.

Del Ecuador, Granda se trasladó a Venezuela y se instaló en una casa de recreo cercana a Caracas, que usó como sitio de encuentro para articular un sistema de contactos políticos, gubernamentales y militares que han sido la base de la presencia de las FARC en ese país, donde ya cuenta con el respaldo abierto del propio presidente, Hugo Chávez.

Al finalizar, el 27 de febrero de 2008, un encuentro internacional de fuerzas de izquierda aglutinadas en la llamada Coordinadora Bolivariana, antes de regresar a casa, algunos de los asistentes optaron por hacer "turismo guerrillero" y viajaron al campamento que Reyes tenía en selvas de ese país, a 2,7 kilómetros de la frontera con Colombia.

Durante el bombardeo en el que murió el jefe guerrillero, también cayeron al menos cinco estudiantes mexicanos recién llegados y personas de otras nacionalidades que todavía no han sido identificadas. En el campamento bombardeado, las autoridades colombianas encontraron videos y fotografías de los mexicanos y otros visitantes del mismo que visten trajes camuflados de fatiga, señal de que, al parecer, recibieron instrucción militar. Entre estos, hay dos chilenos (Manuel Olate, diseñador gráfico, y Walesca López, estudiante de psicología) que estuvieron en el campamento dos días antes del bombardeo. Ambos, de filiación comunista, reconocen que estuvieron allí, pero niegan haber recibido instrucción militar. "Es absurdo, es ridículo, uno no puede tener adiestramiento en una tarde", dijo Olate en rueda de prensa en Santiago de Chile.

En Perú, país al que las FARC pasan clandestinamente en la zona amazónica limítrofe con Colombia para descansar y reclutar jóvenes indígenas, el canciller, José Antonio García Belaúnde, y otros altos funcionarios sospechan que las FARC podrían encontrar apoyo en las casas del ALBA (Alternativa Bolivariana para las Américas). Desde el año pasado se han estado instalando en locales en todo el país, con el aparente propósito de dar educación básica con orientaciones de izquierda y ayuda para la salud en cinturones de miseria. Tales casas tienen financiación directa del presidente Chávez e instructores de Cuba, así como activistas comunistas de Latinoamérica y, a juzgar por el canciller peruano, pretenden "desestabilizar al gobierno" y "al sistema democrático" del país, hasta aquí el reporte de *El Nuevo Herald*.

Como se puede apreciar, la izquierda costarricense, aprovechándose de la democracia, ha servido para lograr el secuestro de Nicaragua y que se siga manteniendo secuestrada. La izquierda costarricense luchó ferozmente para que El Salvador cayera al igual que había caído Nicaragua, sin embargo no lo logró, gracias a la oportuna intervención del presidente Ronald Reagan, quien se lo impidió, y salvó así a ese país.

Muchos países gobernados por izquierdas le dan protección a los terroristas, lo que les facilita a estos realizar sus acciones criminales. Las izquierdas, camufladas bajo el Socialismo, Izquierdas de Centro, Izquierdas Unidas, etc., aprovechan para ser los comunicadores de la defensa de las izquierdas del mundo así, la mayoría de los costarricenses aunque no son izquierdistas, sufren las consecuencias de sus políticos izquierdistas.

Existen pugnas entre nicas y ticos que datan, inclusive desde que Nicaragua entregó el territorio de Guanacaste a Costa Rica, y mientras Nicaragua siga secuestrada estas pugnas continuarán, aunque haya más de un millón de nicaragüenses viviendo en Costa Rica.

## Los nicaragüenses en Costa Rica

Es interesante la información que sale en la Web de la asociación www.ticonica.org donde se aclara el mito de que la gran mayoría de los nicaragüenses son una ayuda positiva en el suelo costarricense y no, como se quejan algunos ticos, que son una lacra y un peso económico para su país, a continuación la información que copiamos textualmente de la página Web:

### Mito 1: "Hay un millón de nicas en Costa Rica".

*Este mito surge de la alta visibilidad y concentración de los trabajos que realizan los nicas, tales como vigilancia, construcción y servicios domésticos. Estimaciones basadas en cifras de la CCSS sugieren que los nacimientos de niños nicas en Costa Rica corresponden a una población inmigrante de unos 450 000. Tampoco existe evidencia de que hayan emigrado tantas personas de Nicaragua.*

240

## Mito 2: "Los inmigrantes crean desempleo".

*La evidencia indica que el inmigrante viaja cuando sus contactos en Costa Rica le avisan que tiene un trabajo fijo. Para un nicaragüense de escasos recursos es muy caro vivir en Costa Rica, un país mucho más caro que Nicaragua. Así, la tasa de desempleo en Costa Rica no ha aumentado a pesar de la inmigración, porque el inmigrante viene solo cuando hay necesidades específicas insatisfechas.*

## Mito 3: "La migración nicaragüense ha bajado los salarios de los trabajadores costarricenses".

*Sin embargo, en las actividades agrícolas y en la construcción, donde se concentran los trabajadores nicaragüenses, los datos disponibles no sugieren que los salarios reales hayan disminuido como consecuencia de la inmigración. Los salarios han sido afectados por cambios en variables como el PIB, pero no por el número de inmigrantes.*

## Mito 4: "Los nicas son una carga para los servicios públicos de Costa Rica".

*Las investigaciones demográficas muestran que el 80% de la población inmigrante está en edad productiva. Emigran pocos niños, y casi no hay adultos mayores, que son quienes más utilizan los servicios públicos como educación y salud. En otras palabras, el grueso de la población inmigrante está con buena salud. Más bien, un problema es que por temor a su situación migratoria no usan la medicina preventiva, y llegan cuando es una emergencia. En el tema de los servicios públicos, la verdadera crítica es que los patronos (en su mayoría costarricenses) contratan a nicaragüenses sin pagar las cargas sociales correspondientes, afectando las finanzas de la CCSS.*

## Mito 5: "A Costa Rica vienen los nicaragüenses con menor educación y los demás se quedan allá".

*La evidencia muestra que el inmigrante nicaragüense promedio tiene un nivel educativo superior al de sus compatriotas que se quedan. Con frecuencia, los inmigrantes son las personas más capacitadas, con mayores deseos de superación que deciden emigrar a fin de mejorar la situación económica de su núcleo familiar.*

## Mito 6: "Solo los nicaragüenses se benefician de la migración".

*Los datos demuestran que el gran perdedor en la exportación de su valioso capital humano es Nicaragua; lo que gana al corto plazo con las remesas y la descompresión del desempleo, lo pierde a largo plazo empresarial. Nicaragua pierde mano de obra sana, fuerte y calificada, y gana en el quebrantamiento de sus familias y estructuras sociales. Aun asumiendo un uso total de los servicios de salud y de educación, y restándole las remesas enviadas a su país, el inmigrante nica deja en Costa Rica un saldo substancial positivo.*

## Mito 7: "Los nicaragüenses cometen más delitos que los nacionales u otros extranjeros que viven en Costa Rica".

*Los datos de seguridad muestran que los nicaragüenses no son agresivos. Presentan índices de delincuencia, en todos los delitos, excepto en violencia doméstica, que está muy por debajo de la proporción que les corresponde a la población que representan. Esto es muy destacable si se toma en cuenta que los inmigrantes tienden a vivir en condiciones precarias, lo que en teoría debería conducir a que delinquieran, sin importar la nacionalidad.*

## Mito 8: "Los nicaragüenses aumentan la pobreza de Costa Rica".

*Los inmigrantes nicaragüenses no generan un incremento en los índices de pobreza en Costa Rica, más bien, tienen a menudo mayores ingresos que los ciudadanos costarricenses en situaciones comparables. Sí aumentan el precario espacio urbano, pues todos sus ingresos lo invierten en comida y en ayuda para sus familias en Nicaragua, y no en su propia vivienda. Únicamente cuando tienen una situación más estable, económica y migratoria, invierten más dinero en vivienda.*

## Mito 9: "Los nicas no se ponen al día con sus papeles, porque los trámites migratorios en Costa Rica son onerosos y engorrosos".

*Los trámites para que un inmigrante se legalice comienzan en Nicaragua, no en Costa Rica. Para una persona pobre, con pocos contactos y facilidades para hacer trámites internacionales, es muy difícil conseguir desde Costa Rica su partida de nacimiento, autenticaciones y legalizaciones; además, los costos son muy altos. De ahí se deriva la necesidad de que los consulados nicaragüenses en Costa Rica sean autorizados y habilitados a llevar a cabo en Costa Rica más de los trámites que hoy día se deben hacer únicamente en Managua.*

## Mito 10: "El costarricense es xenófobo".

*Muy al contrario, la xenofobia es la excepción y no la regla en Costa Rica. La xenofobia es en gran parte, consecuencia de un "desconocimiento" de la persona a la que se discrimina o victimiza.*

En Costa Rica, mientras más se relacionan los inmigrantes nicaragüenses con los costarricenses, mejor se encuentran las percepciones de unos a los otros. Ya en ese país, la sangre nicaragüense y la costarricense están mezcladas, por varias generaciones de olas migratorias que ha habido. En cambio, en Nicaragua, en donde no hay tantas interacciones

243

entre costarricenses y nicaragüenses, la percepción de los nicas hacia el costarricense es más dura y errónea. Por estas explicaciones que demuestran la asociación de ticos y nicas, se puede comprender que además del crecimiento de su mercado, al prestar su territorio para que Nicaragua fuera destruida, y de todos los robos que se cometieron por algunos costarricenses hermanados con los sandinistas, el exilio nicaragüense le produce ganancias y no pérdidas a Costa Rica, como algunos han llegado a pensar.

Mientras tengamos presidentes costarricenses de izquierda, Costa Rica será un enemigo silencioso y permanente para Nicaragua. Por eso nunca se puede confiar en la izquierda, como le pasó al pobre país de Honduras que cuando derrocaron al presidente Zelaya, cometió el error de enviarlo a Costa Rica donde, de inmediato, Óscar Arias tocó sus tambores para que este fuera protegido por el resto de los países del mundo. Los hondureños olvidaron el daño que le hizo Óscar Arias a Nicaragua con su participación para la famosa "paz" de Nicaragua.

Los nicaragüenses que resienten a los costarricenses, deben pensar que la mayoría del pueblo costarricense se siente estrechamente ligado con los nicaragüenses y son más bien las corrientes de izquierda las que propician las malas actuaciones entre nicas y ticos. Por otra parte los nicaragüenses debemos reconocer que los costarricense fueron lo suficientemente inteligentes para sustituir su ejército por escuelas en la década de 1940, en cambio el nicaragüense setenta años más tarde, aún no llegan a comprender que todos los dictadores y políticos indeseables continuarán en Nicaragua, mientras tengamos un ejército al servicio de estas lacras humanas.

# Capítulo XIV

## Honduras, una gran lección de democracia atacada por la izquierda mundial

El 29 de junio de 2009 el *Diario Las Américas* de Miami, publicó fotos del depuesto presidente de Honduras Manuel Zelaya; con los izquierdistas, Daniel Ortega, Hugo Chávez y Rafael Correa. Estos cínicos izquierdistas y destructores de la democracia en América Latina; recibieron en el aeropuerto de Managua como "héroe" a Manuel Zelaya Rosales llegando de Costa Rica. El nuevo gobierno de Honduras, cometió el error de enviarlo al exilio, en un avión militar, a San José de Costa Rica, donde de inmediato contactó al presidente Arias, Premio Nobel de la Paz.

Todos sabemos que el famoso Premio Nobel de la Paz, lo manejan grupos de izquierda y, por supuesto, ayudaron para que Arias recibiera el premio por haber logrado que los sandinistas fueran a elecciones, las mismas que fueron presionadas por el presidente Reagan. Arias conjuntamente con Carlos Andrés Pérez y otros izquierdistas, convencieron a los sandinistas de que fueran a elecciones y que si perdían se quedaran con el ejército formando una policía controlada por ellos para así garantizarles su estabilidad.

Óscar Arias al llegar Zelaya a San José, de inmediato llamó al Secretario de la OEA, José Miguel Insulza y a otras personalidades simpatizantes de las izquierdas, para lograr que el mundo protestara por esta acción del nuevo gobierno de Honduras.

Por suerte, todos los poderes del Estado hondureño y las fuerzas armadas evitaron una mal intencionada "consulta popular" que Zelaya quería hacer al pueblo de Honduras, colocando una cuarta urna en las elecciones presidenciales del mes de noviembre de 2009, con el único objeto de reelegirse y cambiar la Constitución. De esa manera se esperaba convertir a Honduras en otro país de la órbita de izquierda, para atacar a Estados Unidos, de la misma forma que actualmente lo está haciendo el bloque conformado por Cuba, Venezuela, Ecuador, Bolivia, Nicaragua y muy pronto El Salvador.

La estrategia de Fidel Castro y su hermano Raúl; gobernantes de Cuba; así como sus homólogos de extrema izquierda; Ortega, Chávez, Correa, Morales y los "moderados" pero también de las mismas tendencias, Cristina Fernández de Kirchner presidenta de Argentina; Fernando Lugo, de Paraguay y Lula Da Silva, de Brasil, era agruparse en las protestas, para exigir el retorno a la presidencia, del depuesto presidente Manuel Zelaya. La finalidad de este grupo era no perder a Honduras para incorporarla al grupo de países enemigos de Estados Unidos. Honduras era fundamental para lograr desarrollar entre sus montañas y las de Nicaragua, bases de entrenamiento para que los instructores iraníes, sandinistas y cubanos pudieran entrenar a miles de latinoamericanos, con el objetivo principal de infiltrarlos en Estados Unidos, México y Europa.

La pérdida de Honduras les causaría grandes estragos a nivel político y militar, desestabilizando nuevamente la región centroamericana como sucedió en la época del presidente Carter, quien permitió la llegada al poder de movimientos enemigos de EE. UU. Carter no solo desestabilizó la región, sino que permitió la invasión y el tráfico ilícito de drogas hacia Estados Unidos, por medio de un puente o corredor libre, avalados por los grupos que en ese entonces conformaban un bloque socialista en la región.

La izquierda se aprovechó de la inocencia o de la tontería de Carter y su gobierno para inundar con drogas a EE. UU.. Como es del conocimiento público este "corredor libre" para llevar la droga a Estados Unidos se realizó a través de Nicaragua, Panamá, Cuba y México principalmente y se logró gracias a que los gobiernos de estas naciones en ese momento pertenecían a la Internacional Socialista. Es

246

conveniente recordar que antes de la era de Carter, la droga no representaba un problema mayor en Estados Unidos.

Es durante el gobierno del presidente demócrata Jimmy Carter, que la droga logra entrar en grandes cantidades a Estados Unidos, cuando inteligentemente los comunistas encontraron el camino de la droga como el mejor medio de atacar al país del norte. Ojalá me equivoque al pronosticar que si bien después del cobarde ataque terrorista del 9-11, gracias a los esfuerzos del presidente republicano George W. Bush, EE. UU. no tuvo que lamentar más ataques; no debemos esperar lo mismo en la era de los demócratas controlando el Senado (2010), y nuevamente existe el riesgo de que ocurran ataques terroristas por diferentes partes del país.

Era predecible que si Honduras hubiera sido entregada a las izquierdas como lo fue Nicaragua, los nuevos grupos terroristas que se hubieran entrenado en sus montañas y en las de Nicaragua, apoyados económicamente por todo el grupo político que componen los enemigos de Estados Unidos; atacarán nuevamente; y esta vez con terroristas, no de forma aislada sino de forma masiva. Era fácil imaginar que miles de terroristas hubieran caminado estratégicamente por el suelo estadounidense para lograr sus objetivos de destrucción.

Irán, Cuba, Nicaragua y Venezuela, principalmente, nunca hubieran desperdiciado esa formidable oportunidad que les hubieran brindado Estados Unidos con los demás países del hemisferio. Cualquier persona que conozca la historia de las izquierdas sabe que esa era la importancia de Honduras y la finalidad principal de que se tuviera un corredor entre Honduras y Nicaragua, donde seguramente Irán realizaría todas las estrategias necesarias para el éxito del "proyecto terrorista en la región" y así atacar a EE. UU. y a cualquier país que los estorbe. Afortunadamente para el mundo, los planes de la izquierda fueron frustrados por el valeroso pueblo de Honduras y su Congreso, quienes impidieron la entrada de Manuel Zelaya al país, y regresó a la democracia a través de las urnas, eligiendo un presidente honesto y democrático: Porfirio Lobo.

Antes de lograr realizar elecciones libres y democráticas, el Congreso, con el respaldo de todos los poderes del Estado hondureño, nombró a Roberto Micheletti como mandatario provisional de Honduras. Este nombramiento se efectuó cumpliendo todas las normas democráticas que rige la actual Constitución hondureña la cual Zelaya quiso destruir.

Es interesante observar como todos los países que componen las izquierdas dentro de la OEA, las Naciones Unidas y los países del ALBA, amenazaron al pueblo hondureño de diferentes maneras.

Entre las principales amenazas que realizaron estaba la de reponer a Zelaya en el poder, por cualquier vía incluyendo la de las fuerzas armadas de Venezuela y Nicaragua, así lo expresaron Chávez y Ortega. Tanto Nicaragua como Venezuela fueron los países más afectados con la expulsión de Zelaya de Honduras, porque contaban de antemano con el respaldo total del mismo para utilizar sus territorios para llevar a cabo la misión de entrenar a terroristas y mantener la ruta de las drogas por la vía directa de Honduras. El capitalismo es una meta que la izquierda necesita destruir a nivel mundial.

Observando la geografía de Honduras y Nicaragua, se comprueba que ambas costas y espacios aéreos facilitarían el movimiento de las drogas y el tráfico de terroristas para atacar a Estados Unidos. La ruta de estupefacientes a través de suelo hondureño ha sido un ingreso extraordinario para el grupo que compone el ALBA y su pérdida significó miles de millones de dólares en divisas provenientes del narcotráfico.

El 30 de junio de 2009 *El Nuevo Herald* publicó, que Hugo Chávez dijo: "que las tropas de Venezuela están en alerta para atacar a Honduras si fuera necesario" enfatizando: "que su gobierno hará todo lo que tengamos que hacer para devolver al presidente Zelaya al poder". Para los Castro, Daniel Ortega, Hugo Chávez, Rafael Correa y Evo Morales conjuntamente con el gobierno de Irán y la izquierda unida internacional, era imperativo que se recuperara Honduras, con lo que prácticamente toda Centroamérica serían estados ocupados por gobiernos de izquierda con la excepción de Panamá.

Por suerte para el mundo, el valiente pueblo hondureño se rebeló contra las pretensiones de Zelaya de perpetuarse en el poder a través de reelecciones fraudulentas. La ejemplar Corte Suprema de Justicia de Honduras, conjuntamente con el Congreso, no se quedó atrás y salieron en defensa de la voluntad popular y de la actual Constitución que querían destruir y dieron la orden al ejército para expulsar a Zelaya de Honduras. Cumpliendo este mandato, efectivos militares sacaron del palacio de gobierno al mandatario y lo hicieron abordar un avión enviándolo a San José de Costa Rica, a donde llegó sano y salvo respetándosele en todo momento sus derechos humanos.

El Congreso Nacional, según lo estipula y ordena la Constitución hondureña, ante la vacancia presidencial, el cargo recae en el presidente del Congreso, con la aprobación por mayoría simple del Congreso, en este caso el Ingeniero Roberto Micheletti fue investido como presidente, debiendo terminar su mandato interino en el mes de enero de 2010.

Es interesante reconocer que el Congreso, de forma unánime, incluyendo a los miembros del partido de Zelaya, estuvieron de acuerdo, no solo con la destitución del mandatario sino con la elección del presidente del Congreso, el Ing. Micheletti, con la sanción política de retirarlo del cargo de presidente de la República, debido a las violaciones a la Constitución de Honduras que realizó Zelaya y al engaño que pretendía hacer a su pueblo para lograr, con subterfugios, reelegirse como presidente; Zelaya fue también acusado por su participación directa con el tráfico de toneladas de drogas que han entrado a Honduras, tanto por vía marítima como por vía aérea. Además de los delitos de robo, y enriquecimiento ilícito, entre otros de los muchos delitos cometidos durante su gobierno y que poco a poco han ido saliendo a la luz, también será acusado por traición a la patria, por haber traicionado no solo a su pueblo sino por haber tratado de destruir la Constitución, principal documento jurídico en que se basan las leyes de Honduras.

A pesar de todo esto, la triste Organización de Estados Americanos (OEA), influenciada por los países de izquierda, tocó todos sus tambores con la mayor fuerza posible para lograr que Zelaya retomara nuevamente la presidencia de su país y lograra hacer lo mismo que han hecho Chávez, Ortega y demás compinches de izquierda en sus respectivos países.

*El Nuevo Herald* del 1 de julio 2009, muestra las fotos de los grupos de izquierda que respalda la OEA. En ella se ve gente con palos, armados con machetes y armas blancas, rostros cubiertos, características indiscutibles en cualquier parte del mundo de los grupos izquierdistas mezclados siempre con el hampa. A estos grupos aislados, los medios de comunicación de izquierda los presentan como "la mayoría del pueblo" cuando en realidad solo representan a pandilleros, matones a sueldo y gente de mal vivir, reclutados a cambio de dinero para provocar disturbios.

La prensa mundial ha mostrado fotos impresionantes donde se aprecian los miles de hondureños que respaldaron la destitución de Manuel Zelaya como presidente de Honduras, por tratar de convertir a Honduras en otra plataforma de destrucción interna y externa. El 30 de junio de 2009, el heroico pueblo de Honduras, realizó una marcha convocando espontáneamente a decenas de miles de hondureños para demostrarle al mundo que estaban de acuerdo con los acontecimientos sucedidos.

Lo triste de toda esta situación es que Óscar Arias, presidente de Costa Rica logró que la izquierda mundial apoyara y realizara una campaña impresionante a favor de Zelaya. La OEA y las Naciones Unidas, en esos momentos presidida por el sandinista nicaragüense Miguel d'Escoto, condenaron las acciones tomadas por el Congreso y demás poderes de Honduras, dándole la espalda a la voluntad soberana del pueblo hondureño que tiene el derecho de elegir cómo y quién debe gobernar su país, así como también el rumbo que tiene que seguir su política internacional. Las comunidades hondureñas de Miami, Nueva York, Atlanta, California y muchas otras más, salieron a las calles a dar su rápido respaldo al presidente interino de Honduras, Roberto Micheletti y a condenar al izquierdista Manuel Zelaya.

En otras fotografías publicadas en *La Prensa,* de Nicaragua, se pueden apreciar decenas de miles de ciudadanos hondureños respaldando a su nuevo presidente, Roberto Micheletti. Se podría preguntar a la OEA, que ha respaldado vergonzosamente al derrocado presidente Zelaya: **¿Por qué cuando los sandinistas se robaron las elecciones municipales en Nicaragua y agredieron con sus turbas al pueblo nicaragüense que protestaba, no hicieron nada?** ¿Será porque su destino es solamente proteger a las izquierdas para lograr, poco a poco, la destrucción de Estados Unidos y de Latinoamérica? ¿Será que los miembros de la OEA, que están en completo acuerdo para cooperar con estas acciones, estarán de la mano con Irán? ¿Será que los miembros de la OEA y los países que respaldaron a Zelaya, incluyendo el actual gobierno de Estados Unidos, desconocen que para el nuevo "eje" Nicaragua-Venezuela-Irán es importantísimo secuestrar a Honduras porque tiene frontera con El Salvador? ¿Habrán olvidado que en la década de los ochenta, las montañas de Nicaragua sirvieron para dar entrenamiento a la guerrilla de las FARC de Colombia y al FMLN de El Salvador? ¿Habrán olvidado por qué el presidente Reagan los combatió? ¿Será que han olvidado que El Salvador fue considerado por Rusia y Cuba, el más importante de América Latina por la paradoja de ser el territorio más pequeño (23 000 km$^2$) pero el más poblado del continente en proporción a su territorio, ocho millones, en los ochenta?

El Salvador no cayó en el populismo izquierdista gracias a que el presidente demócrata Jimmy Carter perdió las elecciones y ganó el presidente republicano Ronald Reagan. Los alcaldes sandinistas que ganaron las elecciones en Nicaragua, en noviembre de 2008, lo hicieron a través de un fraude escandaloso y un descarado robo electoral. Los nicaragüenses opuestos al sandinismo, escribieron a todas las instancias internacionales con cartas abiertas al presidente del SICA, Óscar Arias y, además, presidente de Costa Rica, al secretario general de la OEA, José Miguel Insulza, para reprocharles formalmente que no hubieran tomado ninguna acción ante las denuncias de fraude electoral en Nicaragua realizadas por el Frente Sandinista. Esas cartas nunca tuvieron respuesta. ¿Por qué?, simplemente porque quienes protestaban eran partidos verdaderamente democráticos de derecha. Un vergonzoso silencio cómplice, marca la diferencia con que se trata el fraude perpetrado por gobiernos dictatoriales que amenazan perpetuarse en el poder. Arias e Insulza no dieron importancia a los atropellos que los sandinistas hacían a la población nicaragüense.

El cinismo de las izquierdas no tiene paralelo en la historia de la humanidad. Se defienden entre todos ellos como fieras heridas, sin importarles que no se conozcan entre sí. Cuando Daniel Ortega ejecutó el más grande y documentado fraude electoral en el 2008, recibió el apoyo de los izquierdistas Óscar Arias y José Miguel Insulza. Actualmente los medios de comunicación izquierdistas, no descansan día y noche con titulares enfocando el respaldo de la OEA; de las Naciones Unidas y del gobierno de Estados Unidos que invocan la restitución de Manuel Zelaya. No les importa que el heroico pueblo de Honduras se salvara al derrocar a Zelaya evitando que este se convirtiera en uno más de la vertiente izquierdista latinoamericana.

Estos organismos y gobiernos atacan despiadadamente al pueblo honesto de Honduras, buscando por todos los medios, inclusive con derramamiento de sangre, restaurar al indeseable Manuel Zelaya en el poder. Sin darse cuenta apoyan a monstruos como Fidel, Chávez y Ortega, a engendros títeres de estos como Correa y Morales, que tienen secuestrados a sus respectivos países de la democracia y la libertad. En una foto de archivo encontrada en Google se les puede observar a todos ellos gozando del éxito obtenido. Lo que la humanidad debe de percatarse es de que estos izquierdistas nunca aceptarán la pérdida del territorio de Honduras. Estos tres países Nicaragua, Honduras y El Salvador son ideales para el entrenamiento de terroristas que viajarán con todo su entusiasmo a Estados Unidos y a cualquier país que interfiera en sus ambiciosos pasos de destruir el sistema capitalista.

Definitivamente, Zelaya calculó mal al pensar que podría hacer lo mismo que habían hecho Daniel Ortega y Hugo Chávez. Nunca se imaginó que encontraría a un pueblo firme y deseoso de seguir en democracia. Es lamentable que Hillary Clinton, como secretaria de Estado de USA., presionara también para restaurar a un presidente izquierdista, corrupto y acusado de narcotráfico. ¿Por qué será que la verdadera democracia no la pueden ver estos políticos? En este caso la miopía política sobre, todo del gobierno de Estados Unidos, es preocupante. ¿Será que regresamos a la época del presidente Carter?

En el caso de Honduras, Zelaya hizo caso omiso a las notificaciones de la Corte Suprema de Justicia de que su referéndum estaba prohibido por la Constitución y, por consiguiente, no lo podía llevar a cabo y que, incluso, la misma Constitución daba órdenes específicas en ese sentido, imponiendo sanciones si a alguien se le ocurriera una idea como esa.

Esto no le importó al Sr. Zelaya, quien lideró a una muchedumbre que ingresó a una instalación militar, donde estaban guardadas las papeletas enviadas desde Venezuela y logró que sus simpatizantes las distribuyeran, en un desafío total a la Corte Suprema de Justicia. A pesar de que todas las instancias del Estado y la mayoría del pueblo hondureño ya se habían manifestado que no querían ser otra Nicaragua o Venezuela, Zelaya prefirió seguir con las instrucciones de Chávez, Ortega y Castro. Es en estas circunstancias, que las fuerzas armadas hondureñas recibieron la orden directa por parte de la Corte Suprema de Justicia y del Congreso, de que destituyeran al Presidente. Que apresaran a Zelaya y lo pusieran en un avión con destino a Costa Rica, asegurándose del respeto a su vida y la de su familia, acatando la orden judicial para defender el Estado de Derecho y la Constitución de la República.

Es triste que la secretaria de Estado del país más atacado en todo el planeta por las izquierdas, como lo es Estados Unidos, la señora Hillary Clinton, se haya sumado a las críticas de la OEA y las Naciones Unidas. Es preocupante que haya acusado a Honduras de violar los preceptos de la Carta Democrática Interamericana, diciendo, a su vez, que debería ser "condenada por todos". En este aspecto no hay dudas de que tanto Clinton como Insulza dejaron claras sus posiciones proizquierdistas. Pero hay que recordarle a la señora Clintón que, por menos que eso, el Congreso de Estados Unidos, del que ella también fue senadora, obligaron a renunciar al presidente Richard Nixon.

La Corte Suprema de Justicia afirmó que los militares, siguiendo sus órdenes, le informaron a Zelaya que sería procesado por su comportamiento ilegal, siendo detenido, enjuiciado y condenado. Zelaya aceptó la oferta de renunciar, a cambio de una salida segura del país. Aunque Zelaya niega esto, su carta de renuncia firmada, está en poder del Congreso. Pero Zelaya se siente seguro con el respaldo de Fidel, Chávez, Ortega y los demás países que están controlados por sus simpatizantes.

En realidad lo de Honduras no ha sido un golpe militar como la comunidad izquierdista y los medios de comunicación amarillistas han querido presentar, por el llamado que hizo a la comunidad Óscar Arias, una vez que aterrizó en San José, el presidente derrocado Miguel Zelaya. Ningún militar ocupa la silla presidencial. La vacancia presidencial, debido a la propia renuncia de Zelaya; como lo demuestra la carta firmada de puño y letra de Zelaya, fue ocupada nada más y nada menos, que por un valiente hondureño con firmes convicciones de defender a su patria. Un patriota, que luego se convirtió en héroe: el Ing. Roberto Micheletti quien asumió el reto de salvar a su país en difíciles momentos. En verdad, Honduras y su nuevo presidente interino debían haber sido aplaudidos por toda la humanidad, porque rompió una corriente de izquierda que venía atormentando a Latinoamérica, la cual, desafortunadamente, a algunos estadounidenses no les importaba.

Honduras removió un presidente indeseable. José Manuel Zelaya Rosales, pasará a la historia como un presidente que, burlándose de su pueblo y de las leyes, quiso imponer las fraudulentas urnas que otros países latinoamericanos lograron realizar. Por primera vez en toda la historia de las fuerzas armadas de naciones desarrollados y sobre todo en países llamados del Tercer Mundo, un ejército disciplinado y con amor a su patria depone a un presidente democráticamente electo, no para romper el Estado de Derecho, sino para mantener y preservar justamente el Estado de Derecho y la democracia en su país.

Lo anterior no solo es novedoso, sino que causará impacto en la jurisprudencia mundial, pudiendo tomarse como un ejemplo para futuras legislaturas que podrían incluir artículos similares que no permitan que gobernantes ávidos de poder se puedan reelegir y, de esta manera, frenar sus febriles ambiciones. El mal intencionado camino que han tomado los señores Insulza, Óscar Arias y Miguel d'Escoto (sandinista, quien preside en estos momentos las Naciones Unidas) y, por supuesto, a quienes los medios de comunicación protegen, lucharon por catalogarlo como un "golpe de estado" para lograr confusión.

No fue un golpe de estado militar porque los militares no tomaron el poder. Los hondureños solo se encargaron, como lo manda la Constitución, de hacer respetar la orden judicial con el fin de restablecer el imperio de la ley que estaba siendo violada reiterada y consistentemente por Zelaya. La Constitución política de Honduras siguió vigente ya que respetaron plenamente la sucesión de poderes que exige la Carta Magna, con lo cual tenían el derecho de nombrar un nuevo presidente constitucional, evitando el vacío de poder, y de esta manera evitar también la pretensión de llevar a Honduras a la red de países secuestrados, sin libertad y sin futuro.

Pero el pueblo de Honduras, no solamente dio una lección al mundo al sentar un precedente que seguramente pasará a ser un caso de estudio y ejemplo. Honduras mostró su coraje, valentía y entereza al hacer pública su indignación, al ver que el presidente Zelaya los quería llevar por el camino que destruyó a su vecino y al que mantienen, los sandinistas, secuestrado por más de treinta años.

El pueblo de Honduras no quería ver en su pueblo los sufrimientos del pueblo de Cuba, con más de cincuenta años de penurias y miseria. El pueblo de Honduras no quiso ver cómo Zelaya se transformaba en un monstruo antidemocrático, como lo es ahora Chávez en Venezuela. Y por ello, los hondureños prefirieron cortar por lo sano. Desde el principio, el pueblo de Honduras simplemente dijo "no" a las pretensiones de reelección anticonstitucional de Zelaya. Se procedió como lo manda estrictamente la Constitución y sin derramamiento de sangre. La lección que dio Honduras al mundo ha sido clara. Nadie, ni siquiera el presidente, tiene derecho a desobedecer la Constitución y las leyes de la República. El pueblo de Honduras no estaba dispuesto a tolerar los abusos de los presidentes "constitucionales", que se consideran intocables y cuyas estrategias izquierdistas ya se conocen. Estrategias que por medio del voto, robado, fraudulento aprueban una nueva constituyente que les permite la reelección, la eliminación del Congreso y de todos aquellos poderes que consideran que les impiden sus propósitos dictatoriales. Una estrategia donde el ciudadano no cuenta y donde el pueblo es tan prescindible que incluso es masacrado si protesta. Un genocidio que los organismos internacionales callan en todos los idiomas, cuando sucede. Por eso la lección de Honduras al mundo es clara: el voto popular no incluye una licencia para delinquir.

¡Arriba, heroico pueblo hondureño! Que Dios lo proteja siempre, y lo guarde y lo lleve por los caminos de la prosperidad y el respeto. Respeto que el mundo entero debe tenerles, y que debe servir de ejemplo para todos los países latinoamericanos que ambicionamos vivir en paz en democracia y en libertad, sin lacras humanas; llámense sandinistas, chavistas, castristas o cualquier denominación caudillista que desee perpetuarse en el poder indefinidamente. Los pueblos soberanos que ambicionan vivir en libertad reconoceremos siempre que el heroico pueblo de Honduras ha sido un ejemplo de dignidad y de valor no visto nunca antes en ninguno de nuestros países.

Y la libertad en democracia es un bocado que solo pueden disfrutar los pueblos valientes como el pueblo hondureño, que se lo tiene bien ganado. Todos aquellos ciudadanos del mundo que duden de las intenciones de que Zelaya quería instalar un régimen totalitario al estilo de Daniel Ortega, Chávez y los Castro, los invitamos a que vivan unas pocas semanas, en esos países llamados por ellos mismos "modelos del socialismo", para que sientan en carne propia lo que significa vivir o bien invertir, si es que tienen el valor de hacerlo en esos países secuestrados.

Los izquierdistas logran controlar a sus países cuando consiguen los siguientes objetivos y, que dicho sea de paso, son iguales en cualquier parte del mundo donde se ha tenido que sufrir estos regímenes con revoluciones sangrientas como en Rusia, Cuba, Nicaragua y otros países del este de Europa y países asiáticos, que ahora conquistan el poder con el populismo y el cinismo propios de la demagogia que proponen.

Veamos sus reglas:

*1. Utilizan la nueva estrategia de las democracias imperfectas, el populismo, las promesas que hacen a las mayorías, generalmente gente pobre, para obtener sus votos.*

*2. Control total de las Fuerzas Armadas para apoderarse de los demás poderes del Estado. En revoluciones sangrientas, como la de Nicaragua, destruyen los cuadros y jerarquías del ejército, para lograr instaurar un ejército 100% sandinista, sometido a la voluntad del partido gobernante.*

*3. Desarrollan la corrupción de la élite del nuevo gobierno como elemento fundamental de su doctrina.*

*4. El cinismo es también parte fundamental para la conquista y el mantenimiento del poder.*

*5. Infunden el miedo, aumentan la criminalidad en las calles, los asesinatos selectivos o en masa de los que consideran peligrosos para sus propósitos, dando ejemplos sangrientos a sus adversarios o simplemente les quitan sus propiedades, negocios y, sobre todo, los mantienen amenazados.*

*6. Disuelven el Congreso o bien eliminan a los que puedan oponerse a ellos, logrando un Congreso títere, a cuyos integrantes sobornan con prebendas y corrupción.*

*7. Controlan los medios de comunicación, eliminando a sus adversarios, inventándoles cualquier cosa para sacarlos del aire, en el caso de emisoras radiales o televisivas o de la pluma, en el caso de la prensa escrita. De esa forma quedan en línea o juramentados con los medios de comunicación mundial izquierdistas, quienes están listos a dar sus noticias, siempre favorables para ellos, y cuando no lo hacen directamente, lo hacen solapadamente; tocan los tambores izquierdistas del mundo con todas sus fuerzas como lo demostraron en el caso de Honduras, a pesar de que era más que justo el derrocamiento de Zelaya. De igual forma lo hicieron con Colombia, cuando lograron matar al grupo de secuestradores y terroristas de las FARC que estaban refugiados en territorio ecuatoriano; por más de un año sacaron noticias en contra del presidente colombiano Álvaro Uribe.*

*8. Llevan a la población a la mayor velocidad posible de la pobreza a la miseria, es aquí donde controlan sin problema a las poblaciones hambrientas, inseguras y temerosas; así lo hicieron los sandinistas en la década de los ochenta, cuando controlaron todos los poderes y así lo están haciendo en esta nueva era sandinista del 2007 al 2012. Venezuela a pesar de los miles de millones de dólares que les entró, con el alza del petróleo, tienen ahora un pueblo con hambre que día a día lo están llevando a la miseria.*

*9. El robo de las mejores propiedades productivas del país es otra de sus metas, la destrucción de lo productivo es prioridad para perfeccionar sus revoluciones o, más bien, acuñando un nuevo término que pinta muy bien a estos gobiernos, sus "robo-luciónes".*

*10. Robustecen sus ejércitos con nuevos armamentos que infundan temor.*

Gracias a Dios, Honduras hasta el momento se ha salvado. Sus aguerridas y nobles Fuerzas Armadas, comprendieron y respondieron poniéndose a la altura de las circunstancias que en esos momentos vivía el país, apoyando fielmente a sus autoridades legítimamente constituidas y elegidas por mandato popular. Las fuerzas armadas hondureñas no apoyaron a un presidente que pretendía destruir la Constitución, desconociendo las advertencias que le hicieron todos los poderes del Estado hondureño. Las Fuerzas Armadas hondureñas, viendo como su vecina Nicaragua era conducida por el camino de la miseria, la injusticia y la destrucción por el demencial gobierno totalitario antidemocrático e izquierdista de ese país, decidieron mantener la ruta democrática.

Las Fuerzas Armadas hondureñas no quisieron repetir el macabro experimento que ha realizado Nicaragua, el cual los ha llevado hasta el extremo de ser un país paralizado, que día a día camina hacia atrás, rumbo a la miseria. No quisieron ser un país anacrónico y sin futuro, de espaldas a la realidad y a la comunidad internacional de los países con economías en auge. No quisieron convertirse en soldados de una fuerza armada pusilánime, cómplice y sometida a los caprichos de un dictador izquierdista, como lo están en Venezuela, Nicaragua y Cuba, principalmente.

El ejército hondureño no actuó irresponsablemente, reteniendo el poder para sí y entregándolo a alguno de sus generales, por el contrario, la presidencia de la República, fue conferida, inmediatamente, a las autoridades civiles, como ordena la Constitución de ese país. En Honduras no solo las fuerzas armadas salieron en defensa de la Constitución, sino que todas las instituciones del sector privado se han pronunciado apoyando al nuevo gobierno de Roberto Micheletti y la destitución de Zelaya. El pueblo hondureño, en su conjunto, ha aplaudido también al presidente Micheletti por haber renunciado a la OEA, por el irrespeto del Sr. Insulza que llegó a Honduras el 4 de julio de 2009 y no quiso escuchar los motivos y la legalidad de lo que se hizo al destituir a Zelaya por parte de las nuevas autoridades hondureñas. Simplemente no les interesó, porque su decisión de apoyar a los izquierdistas estaba de sobra entendida.

*El Nuevo Diario* de Nicaragua publicó la carta del Cardenal hondureño, en al que le advierte a Zelaya que su regreso podría desatar un baño de sangre, a continuación algunos de los párrafos publicados por el *Nuevo Diario* de Nicaragua.

### AFP 10:40 04/07/2009

*El prelado, quien aboga por el diálogo y la reconciliación, solicita a las nuevas autoridades hondureñas "a no dejarse llevar por los egoísmos, la venganza, la persecución, la violencia y la corrupción". El cardenal hondureño Oscar Rodríguez pidió hoy al presidente Manuel Zelaya que se abstenga de regresar a Honduras para evitar un "baño de sangre", en cadena de radio y televisión. El prestigioso cardenal, considerado uno de los "papables" tras la muerte de Juan Pablo II, hizo un llamado al "amigo José Manuel Zelaya" y le advirtió que "un regreso al país en este momento podría desatar un baño de sangre". "Sé que usted ama la vida, sé que usted respeta la vida, hasta el día de hoy no ha muerto un solo hondureño, por favor medite porque después sería demasiado tarde", instó el prelado.*

*Monseñor Rodríguez pidió al club de países democráticos estadounidenses que "preste atención a todo lo que venía ocurriendo fuera de la legalidad en Honduras y no solo a lo sucedido a partir del 28 de junio recién pasado", día del "golpe de estado" que depuso al presidente Manuel Zelaya. Y espetó: "¿Por qué no han condenado las amenazas bélicas contra nuestro país?", en clara referencia a declaraciones del presidente venezolano, Hugo Chávez.*

*El prelado, quien tomó claro partido por las autoridades, le recordó a la comunidad internacional que Honduras tiene derecho a "definir nuestro propio destino sin presiones unilaterales de cualquier tipo, buscando soluciones que promuevan el bien de todos". "Rechazamos amenazas o bloqueos de cualquier tipo que solamente hacen sufrir a los más pobres", sostuvo antes de añadir:*

*"Si el sistema interamericano se limita a proteger la democracia en las urnas pero no le da seguimiento a un buen gobierno, a la prevención de las crisis políticas, económicas y sociales, de nada servirá reaccionar tardíamente frente a ellas".* También instó a los nuevos gobernantes *"a no dejarse llevar por los egoísmos, la venganza, la persecución, la violencia y la corrupción"* y abogó por el diálogo y la reconciliación.

En tanto, la Iglesia Católica hondureña respaldó al gobierno encabezado por el presidente designado por el Congreso, Roberto Micheletti, quien asumió el poder en sustitución del derrocado Zelaya. Es interesante en esta carta del cardenal hondureño Oscar Rodríguez cuando dice: "¿Por qué no han condenado las amenazas bélicas contra nuestro país?", en clara referencia a declaraciones del presidente venezolano, Hugo Chávez y del Frente Sandinista.

¿Por qué la OEA, dominada por países izquierdistas, no alza su voz contra los nefastos gobiernos de Cuba, Nicaragua y Venezuela? ¿Será que el compromiso para permanecer en el puesto del Sr. Insulza es el respaldo total a favor de las izquierdas, como lo ha venido demostrando en sus diferentes actuaciones?

¿De qué sirven instituciones como la OEA si solo están para defender a los países izquierdistas? ¿Por qué no respaldó totalmente a Colombia cuando Ecuador y Venezuela amenazaron atacar a ese país cuando las fuerzas armadas colombianas dieron muerte a un terrorista ampliamente buscado por la justicia?

La forma de actuar y la mediación de estas instancias internacionales, fueron en ese entonces débiles y claramente mal intencionadas para los colombianos. Sería bueno preguntarles a los miembros de la OEA: ¿Por qué nunca han protestado contra el gobierno sandinista, ampliamente conocido y que controla a Nicaragua por más de 30 años, con todas las consecuencias negativas asociadas a ese tipo de administraciones? ¿Por qué no protestan contra Hugo Chávez, quien aunque subió al poder por mayoría de votos, sin embargo, no ha respetado la Constitución de Venezuela y entre sus primeros actos eliminó el Congreso, que era tan legítimo como él? Además, cambió la Constitución de 1961 con métodos no estipulados en ella, creó a su voluntad un "Congreso" de títeres que aceptara todo lo que él disponía. Cabe preguntarse en estos casos ¿dónde está la OEA?

Siguiendo con un recuento cronológico de los hechos del 5 de julio de 2009, el ejército de Honduras impidió que Manuel Zelaya aterrizara en Tegucigalpa, conjuntamente con el sandinista Miguel d'Escoto en su calidad de presidente de las Naciones Unidas, una institución que se ha prestado, a todas luces, al juego, conjuntamente con la OEA. Darle respaldo al indeseable de Zelaya es una ofensa al pueblo hondureño. Los hondureños aplaudieron la decisión del nuevo gobierno de no permitir que el avión con Zelaya y Escoto aterrizara en Tegucigalpa.

La encuesta que deseaba hacer Zelaya llevaba las mismas intenciones y era la misma maniobra realizada en Venezuela y Nicaragua. Al no poder aterrizar en Honduras, el avión llegó a Managua, donde lo esperaban, en el aeropuerto, Daniel Ortega y su esposa Rosario Murillo. Seguramente, Daniel Ortega tenía ya instrucciones de Cuba, de lo que se debería realizar en El Salvador, donde ya lo esperaban el Sr. Insulza de la OEA y que viajó con los presidentes de Argentina, Cristina Kirchner, Ecuador, Rafael Correa y de Paraguay, Fernando Lugo.

Es preocupante conocer el porqué seleccionaron a El Salvador todos estos protectores de las izquierdas. ¿Será porque, de una vez, quieren poner a prueba al ejército de El Salvador? A diferencia de otros países gobernados por la izquierda, el ejército salvadoreño no es un ejército comprometido o impuesto por la izquierda como es el caso de Nicaragua que es como ellos mismo lo nombran "el ejército sandinista". Las Fuerzas Armadas salvadoreñas más bien tienen un ejército al estilo del de Honduras. ¿Será que como ahora gobierna la temida organización izquierdista FMLN, quieren forzar al ejército de El Salvador a pelear contra Honduras? ¿Querrán, de esta manera, destituir a los altos mandos del ejército que no quieran pelear contra el hermano pueblo hondureño y de esta forma lograr que el ejército salvadoreño quede sometido? Lo mismo hizo, en su momento, Chávez en Venezuela, eliminando los altos mandos y dejando las fuerzas armadas en mandos menores, procediendo inmediatamente a corromperlos comprometiéndolos con ascensos y puestos inmerecidos a cambio del sometimiento y fidelidad a su "comandante en jefe". Esa es la estrategia de todos estos izquierdistas.

El presidente Micheletti, demostrando que está a la altura de las circunstancias, denunció en cadena de radio y televisión, que Nicaragua estaba enviando tropas a la frontera con Honduras. Pidió al presidente nicaragüense evitar provocaciones y que se abstenga de irrespetar la soberanía de su país.

Ortega quien está completamente alineado con Chávez, dijo a la cadena televisiva CNN que enviaría tropas a Honduras, si eso hiciera falta para eliminar a los "monstruos" que usurparon el poder en ese país. El cinismo que caracteriza a Ortega se hizo obvio con la repuesta que dio a las denuncias de Micheletti, expresando que son burdas maniobras de los golpistas para desviar la atención del conflicto. El presidente Micheletti ha dicho que no existió un golpe de estado, sino una sucesión legal del poder ante la vacancia del cargo que fue avalada por la Corte Suprema de Justicia y el Congreso.

Es lamentable cómo los medios de comunicación y los organismos internacionales han puesto a Zelaya en el lugar de víctima y, por supuesto, no han dado la relevancia de los propósitos destructivos que perseguía Zelaya al querer convertir a Honduras en otro país izquierdista.

El mundo ha recibido una gran lección del heroico pueblo de Honduras que, claramente, impidió que su país fuera secuestrado. Para la fecha en que se redactó la Constitución de Honduras de 1982, ya Nicaragua se encontraba secuestrada por los sandinistas, por lo que este ejemplo, sirvió para redactar la Constitución de Honduras. La nueva Constitución, para evitar dictaduras, prohíbe la reelección presidencial, indicando que debe mantenerse la alternación en el poder, por eso entre sus artículos irreformables "pétreos" está que: "El gobierno debe ser democrático, defender su territorio y la no reelección", esos artículos representan solamente el 2%; del resto de los artículos de la Constitución en los que sí pueden haber modificaciones.

Por otra parte la Constitución es también muy clara cuando se refiere a las Fuerzas Armadas, ellos tienen que respetarla, por lo que no pueden obedecer órdenes ilegales vengan de quien vengan, como lo señala el artículo 272 párrafo segundo, consecuentemente, las Fuerzas Armadas no han cometido ninguna violación, solamente procedieron a defender su Constitución. Las pruebas contra Zelaya lamentablemente no le importaron a la OEA, ni a las Naciones Unidas, presididas por el sandinista Miguel d'Escoto, ni al gobierno de Estados Unidos. Todas las izquierdas del mundo tocaron sus tambores al unísono para rechazar el acto heroico de los hondureños.

Las pruebas contra Zelaya son:

*1- Ordenó al jefe de las Fuerzas Armadas, mayor Romeo Vásquez que distribuyera y custodiara las urnas y el material ilegal (boletas) enviadas por Chávez desde Caracas.*

*2- Las urnas llegaron en aviones venezolanos demostrando la injerencia extranjera y pisoteando la soberanía hondureña. El jefe de las Fuerzas Armadas le manifestó a Zelaya, que no lo podía hacer por ser ilegal y estar penado por la Constitución de Honduras. Zelaya lo consideró como desobediencia y reaccionó destituyéndolo.*

*3- Zelaya hizo público, que él mismo, iría a sacar las urnas de los cuarteles, instando incluso al pueblo a "sacarlas a la fuerza si era necesario" poniendo en peligro la vida e integridad de la ciudadanía, sin importarle un derramamiento de sangre, que el ejército quería evitar no disparando contra su pueblo.*

*4- El ejército de Honduras ya había advertido también a las autoridades que habían llegado varios sandinistas y venezolanos infiltrados, confundiéndose con la población para la distribución de las urnas, algunas de ellas ya tenían miles de votos a favor de la constituyente.*

*5- Muchos empleados públicos dan testimonio de que fueron obligados a llenar las boletas de la consulta para evitar las anunciadas represalias.*

*6- Sobornó a personas para que llenaran las boletas.*

*7- Zelaya envió a la OEA y a los países del ALBA, la noticia de que se preparaba un golpe en su contra.*

*8- La Fiscalía interpuso amparo en la Corte Suprema a favor del jefe de las Fuerzas Armadas mayor Romeo Vásquez, el Congreso no aceptó la renuncia de los militares que no querían atender las órdenes de Zelaya.*

*9- La Fiscalía y el TSE procedieron a confiscar las urnas y el material de la consulta ilegal.*

*10- Zelaya y su turba de seguidores, desobedecieron a la Corte Suprema de Justicia e irrumpieron en la Fuerza Aérea en forma provocativa, la Fuerza Aérea, para evitar víctimas, lo dejaron que sustrajera el material ilegal que la Corte Suprema de Justicia había enviado a rescatar.*

*11- Hugo Chávez, Fidel Castro, Daniel Ortega y Evo Morales, antes del 28 de junio ya habían ofrecido el apoyo militar, para ayudar a que Zelaya pudiera cumplir su cometido, con el pretexto de evitar un supuesto golpe de estado.*

*12- Se ha comprobado la presencia de turbas compuestas por sandinistas, cubanos y venezolanos infiltrados en suelo hondureño.*

*13- El ejército de Honduras tiene pruebas de la llegada de varios aviones venezolanos con drogas.*

*14- Siempre hubo un gran rechazo contra las urnas ilegales por parte de la ciudadanía en general, y de las autoridades en particular, entre ellos están: la Fiscalía General, la Procuraduría General, las comisiones de Derechos Humanos, el Congreso Nacional, el Poder Judicial, las diferentes cámaras de comercio, las industrias, universidades, los colegios, los profesionales, el Partido Liberal (partido gobernante) y la Democracia Cristiana. Todo esto lo pueden comprobar los organismos internacionales y los medios de comunicaciones, etc.*

*15- Los que apoyaban a Zelaya eran las organizaciones sindicales de izquierda, los miembros de su gobierno, la mitad del partido izquierdista UD y naturalmente la gente iletrada que no comprende lo que es la Constitución de la República y los sufrimientos de los pueblos que caen en manos de las izquierdas como fue el caso de Nicaragua, por ejemplo.*

*16- Los hondureños saben que la Constituyente no es más que un instrumento para instaurar una férrea dictadura al estilo de la de Cuba, Nicaragua o Venezuela, el pueblo hondureño fue testigo del exilio de miles de nicaragüenses que llegaron a Honduras para vivir en libertad, han visto sufrir a los nicaragüenses y también saben que hoy Nicaragua es un país sin futuro, al igual que cualquier otro país que haya sido controlado por las izquierdas.*

*17- Según informes de las Fuerzas Armadas de Honduras, han llegado durante mucho tiempo, avionetas venezolanas con drogas, esto se ha podido comprobar no solamente por el ejército sino también por la misma población civil; hay que recordar que Zelaya propuso legalizar la droga, proyecto que fue rechazado por el Congreso.*

*18- La criminalidad, algo que propician algunos gobiernos izquierdistas, como es el caso de Venezuela, ha sido una de las tácticas que ha venido utilizando Zelaya para causar el pánico a la población.*

*19- Zelaya le otorgó licencias a pilotos venezolanos sin que estos cumplieran los requisitos. El exdirector de aeronáutica fue acusado, y dijo que si no salía bien parado, destaparía la olla de corrupción del presidente Zelaya.*

*20- El exgerente de Hondutel (Chimirri) está involucrado en un soborno sin precedentes, según reportaje de www.latribuna.hn/news/132 article/10133/2007-05-26.html.*

*21- Muchas avionetas venezolanas han llegado también con dinero que se cree sería utilizado por Zelaya para su reelección presidencial.*

*22- Zelaya tiene entre sus asesores, además de Ortega, Chávez y Fidel, a personajes buscados por la justicia internacional.*

*23- Zelaya se distinguió en su gobierno por premiar con cargos a sus ministros envueltos en escándalos públicos.*

*24- Las mismas propagandas utilizadas en las campañas de Chávez en Venezuela, fueron copiadas y reproducidas en Honduras*

*25- Mucho antes de finalizar el año, Zelaya gastó el presupuesto de la República y, por supuesto, a la fecha de su derrocamiento no había enviado el nuevo presupuesto que debería estar aprobado meses antes de su destitución.*

*26- Zelaya está confrontando para dividir al pueblo de*

*Honduras, calificándolos de "grupos fácticos de poder, ricos burgueses y pobres", utilizando lenguaje propio de los izquierdistas.*

Con todo esto, Honduras, además de que demostrar su heroísmo, desenmascaró ante la opinión pública mundial a instituciones como la OEA, de servir solo a los gobiernos de izquierda, como el famoso secretario de la OEA José Miguel Insulza, así lo ha demostrado en diferentes actos. En el caso de Honduras, de forma vergonzosa, se dejó muy clara la posición parcializada del secretario de la OEA, al no recibir a los enviados por el nuevo gobierno de ese país, para que les entregaran las pruebas que había contra Zelaya y, al mismo, tiempo demostrarles que no había ningún militar en el gobierno. Que la elección del nuevo presidente se realizó de acuerdo a la Constitución hondureña y que no había sido, por consiguiente, un golpe de estado. Sin embargo, al señor Insulza sí le pareció muy bien y no tuvo reparos en sentarse y conversar con uno de los criminales más grandes de la historia, Raúl Castro, y se quedó callado ante las amenazas que hicieron Chávez y Ortega de invadir a Honduras.

Lo triste que se resalta, también en el caso de Honduras, es que todos los gobiernos que constituyen la OEA y las Naciones Unidas, censuraron al nuevo gobierno de Honduras, a pesar de que sabían que lo que se realizó allí fue la salvación de ese pequeño país para que no cayera en manos de la izquierda.

¿Qué pasa con la OEA y las Naciones Unidas? Habría que analizar qué es lo que en realidad pasa dentro de esas organizaciones. Habría que ver cuál es la verdadera razón por la que han protestado contra el nuevo gobierno de Honduras y están oyendo a los monstruos de Chávez y Ortega, sin decir nada, sobre las amenazas al nuevo gobierno de Honduras utilizando sus poderosos ejércitos. Habría que saber qué pasa con Irán donde los izquierdistas gobernantes están masacrando a su población porque protestan por unas elecciones fraudulentas. ¿Qué pasa con Cuba, y por qué será que no saben, que es uno de los regímenes más sanguinarios y bárbaros de la humanidad? ¿Dónde están los medios de comunicación para protestar de la misma manera que protestan contra un gobierno de derecha? ¿Será que a sus ídolos izquierdistas Fidel, Ortega y Chávez los protegen con su silencio y los defienden cuando son atacados?

¿Cómo es posible que el señor Insulza se haya reunido con Raúl Castro para discutir el caso de Honduras, y a escuchar a semejante tirano hacer alarde de democracia y respeto a los pueblos, pidiendo además un bloqueo para Honduras? ¿Se podrá entender hasta dónde llega el cinismo de todos estos izquierdistas? Lo que ha dejado en claro la OEA, junto al tirano Raúl Castro, es que estas instituciones no representan la defensa de los pueblos y que sí están, realmente, al servicio de los países de izquierda. Estas instituciones siempre protegen, o bien, no deciden o se pronuncian cuando las quejas son contra los gobiernos de izquierda.

Indiscutiblemente, la organización de la OEA ha olvidado, intencionalmente, que el concepto básico de la democracia, es la voluntad de las mayorías con un profundo respeto por las minorías, y es un derecho básico en la Declaración Universal de los Derechos Humanos. Sin embargo, se pueden ver, a diario, los atropellos que hacen los gobiernos de izquierda. Lamentablemente los países de izquierda controlan sus Fuerzas Armadas, las que les da el poder total sobre sus poblaciones. En Nicaragua el ejército es 100% sandinista y Nicaragua lamentablemente no tiene solución.

Tristemente para el nuevo gobierno de Honduras resultó que el mediador seleccionado fuera Óscar Arias, quien precisamente contribuyera a instaurar un gobierno permanente de izquierda a los nicaragüenses, logrando destruirles su país. Los esfuerzos del señor Arias, como saben los que lo conocen, siempre estarán dirigidos a proteger a los grupos de izquierda. Arias propiciará, solapadamente, la guerra civil entre los hondureños, hasta que se instale un gobierno de izquierda que destruya a Honduras. Al igual que lo hicieron los costarricenses en 1979 con Nicaragua, él sabe que para los planes terroristas de Nicaragua, Venezuela, Irán y los demás países izquierdistas, Honduras es indispensable, pues es allí donde podrían desarrollar numerosas células de terroristas.

Por otra parte, si Honduras cayera en manos de la izquierda, los costarricenses ganarían mucho espacio en el terreno económico al presentarse ante la comunidad internacional como la mejor y, prácticamente, única alternativa de mejor inversión, turismo etc., en Centroamérica.

El 10 de julio de 2009 se publicaron diferentes fotos del expresidente Zelaya en Washington y con Óscar Arias en Costa Rica, además decían los diferentes medios de comunicación que había fracasado el intento de reunir a Zelaya con Micheletti . Los hondureños podrán estar absolutamente seguros de que el presidente Arias, no descansará hasta que se logre el propósito de que Honduras sea tomada por las izquierdas y naturalmente este país se enfile con Daniel Ortega, Chávez, los hermanos Castro y, por supuesto, con Irán.

El valiente y heroico presidente de Honduras, Roberto Micheletti, llegó a Costa Rica, a pesar de que los sandinistas no dejaron volar su avión sobre el territorio nicaragüense. Micheletti habló con el presidente Arias y después de entrevistarse con el mandatario costarricense, tomó nuevamente su avión y regresó a Honduras, sin tener un encuentro cara a cara con el derrocado mandatario Manuel Zelaya. Zelaya y Micheletti se entrevistaron en privado con Arias pero por separado. Los tres juntos como hubiera deseado Óscar Arias, no fue posible pues: "Cada uno puso como condición que no estuviera el otro, que no era el momento de estar reunidos", afirmaron los medios costarricenses.

Tanto el presidente Micheletti como el depuesto presidente Zelaya, nombraron comisiones que permanecieron en San José en los diálogos promovidos por Arias. El gran peligro para los hondureños era nada más y nada menos que el Premio Nobel de La Paz, Óscar Arias ya tenía experiencia sobre cómo lograr que la izquierda controlara un determinado país. Como muchas personas saben, Arias trabajó intensamente para que la contrarrevolución no derrotara a los sandinistas apoyados por el presidente Reagan; además, él, junto a los otros miembros de la Internacional Socialista, convencieron a los sandinistas de que fueran a elecciones como exigía el presidente Reagan, y de que en el caso de que perdieran, podrían controlar el ejército y la policía para garantizar el control del país y gobernar desde abajo.

El famoso secretario de la OEA José Miguel Insulza, difundió, por una emisora chilena, que cualquier solución a la crisis estaba condicionada a que Zelaya regresara al palacio de gobierno, sin embargo, Micheletti nunca quiso dar respuesta a las provocaciones de Insulza. Micheletti claramente ha dicho que la única forma en que Zelaya regresará a Honduras es para enfrentar la justicia. Mitcheletti seguramente sintió mucho que las organizaciones de izquierda no estuvieran de acuerdo con su decisión de defender la Constitución de la República.

La presión internacional, tanto de los medios de comunicación como de los gobiernos izquierdistas de la OEA, han hecho hasta lo imposible para reponer al presidente depuesto Zelaya, sin embargo el pueblo hondureño se ha mantenido firme en su decisión de ser un país libre y soberano. Las protestas del pueblo hondureño han llegado hasta a colocar pancartas para protestar contra la CNN cuyos reporteros no han interpretado a la mayoría del pueblo hondureño y por eso le piden "no mientan al mundo" infórmenle que todo lo realizado fue con el apego a las leyes de Honduras.

El excelente periodista cubano, Adolfo Rivero Caro en una de las ediciones de El Nuevo Herald, muy acertadamente recordó que el presidente Obama, en campaña, había ofrecido dialogar con los peores enemigos de Estados Unidos sin condiciones, sin embargo, la secretaria de Estado, Hillary Clinton, se negó a recibir a los emisarios del gobierno interino de Honduras quienes fueron a explicar los motivos por los cuales se vieron obligados a derrocar al presidente Zelaya. El mismo gobierno de Estados Unidos, que había sido tan renuente en condenar la sangrienta represión del gobierno iraní, se apresuró, ahora, a condenar ácidamente al nuevo gobierno de Honduras. ¿Por qué?

Esta pregunta se la hacen miles, por no decir millones, de personas que estamos en contra de las izquierdas; que aplaudimos al pueblo de Honduras, en especial a su Congreso, a su Corte Suprema de Justicia, a su ejército y demás autoridades; quienes en realidad han dado al mundo una enseñanza positiva de que sí se puede luchar contra la maldita izquierda.

## Cardenal de Honduras revela abusos de Zelaya

En muchos medios de comunicación se han publicado las declaraciones del cardenal de Honduras, extraordinario servidor del Señor que inclusive se rumoró que podría ser uno de los candidatos a ser elevado a Papa.

*1- El cardenal hondureño Óscar Rodríguez Maradiaga negó haber apoyado el golpe de estado en su país, criticó la "doble moral" de la Organización de Estados Americanos (OEA) y dijo que sería "prudente y patriótico" que el depuesto presidente, Manuel Zelaya, no regresara "por el momento" a Honduras.*

*2- En una entrevista que publicó ayer domingo el diario argentino El Clarín, el líder religioso consideró que Zelaya "ha saqueado al Estado impunemente" y sostuvo que fue la propia conducta del gobernante depuesto la que condujo al golpe cívico-militar.*

*3- "No es verdad que hayamos apoyado el golpe. Yo no soy golpista", se defendió Rodríguez Maradiaga antes de aclarar que tampoco ha legitimado al gobierno de Roberto Micheletti, que desde ayer levantó el toque de queda que estaba vigente desde el 28 de junio pasado.*

*4- "No es verdad que lo hayamos legitimado. Nosotros hemos explicado lo sucedido. Aquí lo que hay que ver es el proceso y cómo Zelaya estaba violando la Constitución", destacó el cardenal hondureño.*

## Derroche de fondos

*1- En ese sentido, cuestionó la convocatoria a la consulta no vinculante sobre una posible reforma constitucional hecha por Zelaya, que fue uno de los detonantes de la crisis, ¿por qué tanto dinero para una encuesta?*

*2- Están las cámaras del Banco Central. Se ve cómo retiran 40 millones de lempiras en efectivo. ¿Cuándo los gobiernos trabajan con dinero en efectivo? Había una corrupción galopante en ese proyecto. No hubo dinero para las víctimas del terremoto, pero sí para comprar votos", denunció.*

*3- "¿Con qué boca se puede pedir que regrese quien ha saqueado al Estado tan impunemente?", se preguntó.*

*4- El Arzobispo Rodríguez Maradiaga recordó haber advertido a Zelaya "sobre los peligros que suponía la intromisión" del presidente venezolano, Hugo Chávez, y aseguró que el depuesto gobernante le respondió que no era "chavista", pero que le "servía" el dinero de Venezuela.*

*5- "El daño empezó el año pasado. Los fondos del FMI no llegaron porque no había presupuesto aprobado y lo mismo pasó en 2009 con el BID y el BM. El gobierno de Zelaya se ha sostenido con el dinero de Chávez y ahí está", apuntó.*

*6- Después de sostener que "no se puede aceptar" la forma en que Zelaya fue sacado del poder, consideró una "página triste" la actuación de la Organización de Estados Americanos (OEA).*

*7- "A su secretario general, José Miguel Insulza, lo conozco desde hace tiempo y siempre se portó como un caballero cuando vino a Tegucigalpa. Le entregué toda la documentación y ni se molestaron en leerla", indicó.*

*8- "Mire cómo es la paradoja: hace unos meses los presidentes Chávez, Evo Morales (Bolivia), Rafael Correa (Ecuador) y Raúl Castro (Cuba) dijeron que la OEA no sirve para nada. Es la doble moral de la OEA", sentenció.*

*9- El religioso dijo que le duele que lo llamen golpista, insistió en que sería "más prudente y patriótico" que Zelaya no regresara a Honduras inmediatamente para "pacificar al país" y subrayó que no le convocarán para mediar en esta crisis.*

*10- "Como ya me tienen fichado como golpista, no me van a invitar", matizó.*

## Diálogos en una semana

*1- El diálogo entre los delegados de Zelaya y del gobierno de Micheletti se reanudaría en una semana bajo la mediación del presidente costarricense Óscar Arias, luego de que la primera ronda de conversaciones culminara la semana pasada sin avances, indicó el propio jefe de Estado.*

*2- Arias declaró escuetamente que espera convocar a San José en "unos ocho días" a los delegados de Zelaya y de Micheletti.*

*3- Una primera ronda de conversaciones entre ambas partes, avaladas por Estados Unidos pero criticadas por Venezuela, concluyó el viernes pasado en la residencia de Arias, sin otro acuerdo que el de seguir dialogando, pero sin una agenda ni plazos definidos.*

4- *La mediación tiene como objetivo el poner fin a la crisis desatada en Honduras tras el golpe de estado del 28 de junio.*

5- *En ese primer diálogo, al que asistieron Zelaya y Micheletti, pero sin llegar a verse frente a frente, ambas partes acordaron "continuar con las conversaciones a la mayor brevedad posible", dijo Arias.*

6- *Los delegados de Zelaya sugirieron que el próximo diálogo se efectuara en Honduras, donde el gobierno de Micheletti ha impedido regresar al mandatario depuesto, pero Arias ha dicho, desde que asumió como "facilitador" a la crisis hondureña el martes pasado, que el mejor lugar para negociar es Costa Rica.*

7- *El presidente costarricense, Premio Nobel de la Paz en 1987 por sus gestiones para pacificar Centroamérica, se ha topado con la intransigencia de ambos bandos, que no han cedido en sus posturas, mientras Micheletti y Zelaya insisten en que ambos son el presidente constitucional de Honduras.*

8- *En lo único en que los delegados han concordado es en seguir conversando bajo la mediación de Arias, cuya gestión avalada por Washington, ha sido fustigada por el presidente venezolano Hugo Chávez, quien ayer dijo que "Zelaya va para Honduras en cualquier momento".*

9- *Zelaya sostuvo ayer su primer encuentro con el secretario general de la OEA, José Miguel Insulza, tras el inicio del proceso de mediación a cargo del presidente Arias.*

10- *Patricia Esquenazi, portavoz de Insulza, calificó el encuentro como "privado" y no quiso informar de lo tratado.*

# Resume radio España el
# caso de Honduras

*La Constitución de Honduras establece tácitamente un límite de cuatro años para el mandato en el cargo de Presidente de la República y sabiamente prohíbe reformar la Constitución en ese sentido.*

*Puede ser reformada pero solamente por el Congreso y bajo ciertas circunstancias, no por otros medios como quiso hacer Zelaya con su encuesta que no está contemplada.*

*Zelaya siguiendo la estrategia de Chávez y Evo Morales de Bolivia, busca la ruptura constitucional, desde dentro del sistema, con una doble ilegalidad que pasaba primero por reformar la Constitución en lo que estaba prohibido hacerlo y segundo por hacerlo él como presidente, cuándo carece de potestad legal para hacerlo, de esa manera pensaba dar un golpe de izquierda contra la democracia y el Estado de Derecho hondureño.*

*De manera lógica, las instituciones del Estado hondureño le habían advertido que el referéndum era ilegal negándose a que se llevara a cabo cualquier encuesta que quisiera cambiar ese artículo, por ser inamovible y anticonstitucional.*

*Todas las instituciones incluyendo el Congreso, la Corte Suprema de Justicia, el Consejo Nacional Electoral, la Procuraduría General de la República y el Fiscal General del Estado se oponían a ello, amparándose en la misma Constitución, que así lo ordena.*

*A pesar de todo, Zelaya siguió adelante con su proyecto reeleccionista, lo que lo enfrentó no solamente con las instituciones del Estado, sino también con otros sectores como la Iglesia Católica, la Evangélica, la iniciativa privada, los gremios agrícolas, ganaderos, industriales y bancarios, que defendían la Constitución.*

*El 28 de junio de 2009 el Tribunal Supremo de Honduras ordenó al ejército, acompañado de fiscales del Ministerio Público, detener el referéndum ilegal de Zelaya, en defensa de la Constitución.*

*Zelaya, ayudado por Ortega y Chávez, y siguiendo los usos y costumbres de los chavistas, movilizó a los suyos, quienes entraron en las dependencias militares donde se custodiaba las famosas boletas hechas en Venezuela, llevándoselas, a la vez que comenzaba a organizar milicias callejeras para presionar a las instituciones hondureñas desde el interior del país.*

Ese mismo día, ante esa situación, el Parlamento de Honduras destituyó al presidente por lo que denominó reiteradas violaciones de la Constitución; y el ejército, obedeciendo a las instituciones democráticas, procedió a expulsar a Zelaya de Honduras enviándolo a Costa Rica. Lamentablemente las autoridades de Honduras habían olvidado que el presidente de Costa Rica en ese momento, Óscar Arias era conocido mundialmente por su ideología y apoyo a los grupos de izquierda, consecuentemente le fue fácil a Óscar Arias tocar de inmediato los tambores izquierdistas para que todas las repúblicas dominadas por las izquierdas procedieran a condenar la destitución de Zelaya a la que calificaron como "golpe de estado".

Zelaya se apresuró a refugiarse en Nicaragua, controlada por los sandinistas, quienes de inmediato secundaron al presidente Arias y tocaron con más fuerzas los tambores de la izquierda unida para rechazar y preparar el plan internacional para forzar la reintegración de Zelaya al poder. El apoyo de Chávez, Raúl Castro, Evo Morales, Rafael Correa y los demás gobiernos izquierdistas, procedieron por su cuenta a poner las presiones necesarias en la OEA, la ONU, el gobierno de Estados Unidos y otras instituciones internacionales.

El 29 de junio de 2009, Rodríguez Zapatero manifestó su adhesión a las declaraciones de protesta de Raúl Castro, Daniel Ortega y Hugo Chávez, sin importarle la defensa a la democracia que habían logrado hacer en Honduras. Zapatero, como izquierdista, también toca sus tambores de protesta en España y el resto de Europa, contra lo que también calificó como golpe militar a pesar de que no existía ningún militar en el nuevo gobierno establecido.

Ante las declaraciones sobre un supuesto golpe de estado, Bill Santos, coordinador del Partido Liberal, el más importante de Honduras y del mismo partido de Zelaya, subrayó en entrevista concedida que no se habían eliminado los poderes y lo que se había hecho era cumplir con la ley, ya que las instituciones habían defendido la resolución del Tribunal Supremo de Justicia.

El 30 de junio de 2009 la Asamblea General de la ONU aprobó, por aclamación, una resolución que pedía la inmediata e incondicional restitución de Zelaya como presidente constitucional de Honduras. Zelaya, en su discurso, agradeció la colaboración de Rodríguez Zapatero, Hugo Chávez, Daniel Ortega y Raúl Castro. Hugo Chávez, aprovechando que el presidente de la ONU en ese momento era el sandinista Miguel D'Escoto, pidió a la ONU su intervención militar en Honduras para restituir a Zelaya en la presidencia.

El 1.º de julio de 2009, Rodríguez Zapatero llamó a "consulta" al embajador de España y pidió al resto de la Comunidad Europea que hiciera lo mismo, con el objeto de lograr el mayor perjuicio al pueblo de Honduras, de esta forma presentó su apoyo a los grupos de izquierda.

El objetivo principal de la izquierda unida era convertir a Centroamérica en una región similar al Medio Oriente, tenían todo para lograrlo: los medios de comunicación, que en su mayoría eran periodistas de izquierda, al Sr. Insulza de la OEA, a Miguel d'Escoto en las Naciones Unidas, al gobierno estadounidense que era controlado por los demócratas, muchos de ellos simpatizantes y cooperadores de los grupos de izquierda.

Cuando las instituciones democráticas de Honduras defendieron su institucionalidad, esta fue objeto de una campaña internacional de falsedades que pasó por episodios bochornosos como fueron las declaraciones en la Asamblea de las Naciones Unidas del gobierno de Rodríguez Zapatero. Era comprensible que Rodríguez Zapatero, que había apoyado violaciones de la Constitución tan flagrantes como el estatuto catalán o el acuerdo con la banda terrorista ETA, sintiera simpatía para Zelaya.

Pero sin ningún género de dudas, muy mal debe de andar nuestro mundo, cuando instituciones internacionales que deberían salir en defensa de los pueblos, permiten a tiranos como Castro, Ortega, Chávez y Morales, que aniquilen sociedades enteras y, por el contrario, se movilizaran para condenar una democracia que acababa de defenderse frente al peligro de una dictadura; muy mal debemos andar cuando los organismos internacionales respaldan a los que violan la ley y execran a los que la cumplen y defienden. ¿Por qué razón, personajes como Castro, Chávez, Ortega, Morales y Correa, que defienden la destrucción de sistemas constitucionales para implantar dictaduras; señores que deberían ser dignos de desprecio y llevados a prisión de por vida por traición a la Patria; son, por el contrario, defendidos y venerados por los medios de comunicación, la prensa y por instituciones como la OEA y la ONU

Si personas de alta moralidad y respeto mundial como lo es el Cardenal Rodríguez, de Honduras, defiende todo lo que ha sucedido en su país, ¿por qué los medios atacaron tanto lo ocurrido? Si el Cardenal estuviera a favor de Zelaya, todos los días oiríamos a los medios comentarlo, esa simple acción nos da una idea de lo que está sucediendo con los medios de comunicación, que lamentablemente, controlan el pensamiento de la mayoría de la humanidad.

La izquierda está unida con el objeto principal de destruir, robar, asesinar, etc. Ellos envidian a los hombres y los países que durante décadas han logrado los adelantos mundiales, entre los que se encuentra, por supuesto, Estados Unidos, el país que la izquierda unida se ha aliado para desacreditar y lograr el odio del mundo hacia ellos.

En Honduras hay cientos de sandinistas infiltrados con chavistas y cubanos, todos ellos dispuestos a causarle disturbios a Honduras. Lo que persiguen estos infiltrados, que se hacen pasar por hondureños, es involucrarse en las manifestaciones, asesinar manifestantes con el objeto de lograr víctimas y hacer creer que fue el ejército, quien asesinó a estas personas, cuando en realidad son ellos los que están en suelo hondureño para lograr esos macabros propósitos.

*El Nuevo Diario,* de Nicaragua y otros medios de la región han informado que la policía hondureña ha arrestado a decenas de sandinistas y chavistas en Honduras, que se movilizaban en vehículos del Estado, los encontraron con grandes sumas de dólares participando en las protestas a favor de Zelaya, esta noticia tan importante, apenas se logró leer en los periódicos y, por supuesto, las televisiones de izquierda, ni lo comentaron.

Es muy probable que Honduras sea ensangrentada hasta lograr que la izquierda mundial triunfe, al igual que sucedió en Nicaragua en el año 1979, cuando el presidente Carter simplemente decretó un embargo contra Nicaragua y desde ese momento no se volvió a recibir ningún armamento, el cual era indispensable para resistir a los sandinistas.

Costa Rica fue utilizada como el santuario para la invasión a Nicaragua, hoy Nicaragua será utilizada como el santuario de los izquierdistas de Venezuela y Nicaragua quienes serán suficientes para poder lograr destruir al valiente y ejemplar ejército de Honduras que caerá conjuntamente con miles de heroicos hondureños.

# Las historias se repiten

*1- La destrucción de Honduras vendrá en el primer descuido del presidente Lobo o bien de cualquier futuro presidente, las izquierdas tienen paciencia para lograr sus objetivos.*

*2- Nuevamente tenemos a los demócratas en la Casa Blanca, por suerte, el Senado es republicano desde el 2011.*

*3- Adiós Honduras, simplemente adiós, a no ser que se mantengan muy unidos al presidente Lobo, para que no dé un paso equivocado a favor de la izquierda.*

*4- Al igual que Nicaragua, será otro país sin futuro, Costa Rica obtendrá el fruto económico de la destrucción de Honduras al igual que sucedió con Nicaragua.*

*5- ¡Qué bien lo hacen los costarricenses!*

*6- Sin embargo, Dios nuestro Señor, protegerá al noble pueblo de Honduras para que esto no le suceda.*

El 23 de julio de 2009, ante el anuncio hecho por el depuesto expresidente Zelaya, de que entraría a su país por la frontera con Nicaragua; *El Nuevo Herald,* así como muchos medios de información locales e internacionales, dedicaron artículos enteros y fotografías, mostrando a las fuerzas del orden hondureño reforzando sus fronteras con Nicaragua, debido a las pretensiones de Zelaya, anunciadas en la Embajada de Honduras en Managua.

Todos conocemos lo sucedido en Nicaragua en 1979, cuando el presidente demócrata Jimmy Carter, conjuntamente con los países de la Internacional Socialista, se decidieron a entregar el país a los grupos de izquierda. Prácticamente nada se podría hacer si quisieran entregar a Honduras; lo primero que harían es embargarla, para que no reciba armamentos, de esta forma los invasores tendrían el terreno libre para entrar y el ejército hondureño poco a poco se quedaría sin municiones para defenderse, Nicaragua ya sufrió esa experiencia.

# La izquierda necesita a Honduras

Es importantísimo que EE. UU.., se dé cuenta de que la izquierda necesita a Honduras para que trate de evitar, a toda costa, que se apoderen de ella. Hay que comprender que EE. UU. está en guerra contra el terrorismo, por consiguiente cualquier precaución que se tome será buena para ellos y para el continente latino. Irán, Cuba, los sandinistas, Hugo Chávez, las FARC y el FMLN, son enemigos de los estadounidenses y no descansan de buscar estrategias engañosas para afectar el sistema capitalista y, por supuesto, a EE. UU..

El 27 de julio de 2009 el *Diario Las Américas* dio referencias de que en Honduras ya se iniciaba la conexión con Irán y que, naturalmente, fue suspendida, gracias al derrocamiento de Zelaya; el mismo diario informa que se desconoce el número de visas otorgadas a los iraníes; se teme ahora que los terroristas ingresen por Nicaragua, al cerrársele la vía hondureña.

El embajador de Estados Unidos en Tegucigalpa, Hugo Llorens, comentó en ese artículo del 27 de julio del *Diario Las Américas*, que al Sr. Mauricio Villegas, del equipo negociador por parte del gobierno de Honduras, se le quitaría su visa americana, de no aceptar el equipo negociador que Zelaya regresara al poder. Fue tan increíble la actitud del embajador de EE. UU., que hasta se atrevió a llamar a Costa Rica, donde se encontraban las dos partes en las negociaciones, para presionarlos.

El nuevo gobierno del presidente Micheletti, también ha informado que la exministra de Zelaya, Patricia Rodas, realizó por lo menos dos viajes a México para entrevistarse con representantes diplomáticos iraníes. Debemos hacer notar lo siguiente:

*Estados Unidos deben tener conocimiento de que el gobierno de Zelaya tenía vinculaciones con Irán.*

*Extrañamente hay muchas visas extendidas por Honduras a iraníes, desconociéndose el número otorgado; seguramente Zelaya si hubiera logrado sus propósitos de reelección, hubiera hecho lo mismo que los sandinistas en Nicaragua, donde los iraníes entran sin visa.*

*Son muchos los nicaragüenses que aseguran que ya hay en Nicaragua, células del grupo Hezbollah, organización calificada como terrorista, además esta célula también se encuentra en Venezuela, de todas formas hay que seguirlas muy de cerca.*

*En la diplomacia americana se ha visto un acto que debe ser deplorado en todas partes del mundo democrático. El embajador de Estados Unidos en Honduras, Hugo Llorens, llegó a Nicaragua a finales del mes de julio de 2009 para entrevistarse con Zelaya. ¿Se podrá entender semejante barbaridad de este embajador?*

¿Había respeto a la no intervención? En Honduras, en ese momento, regía un gobierno auténticamente legítimo, que la izquierda mundial quería destruir. El pueblo Hondureño protestaba por las pretensiones de Zelaya de regresar al poder lo cual se puede ver en las fotos de la prensa mundial que muestran decenas de miles de hondureños manifestando a favor del nuevo gobierno y en contra de que su país fuera llevado a la izquierda, como le sucedió al país vecino. Las expresiones del pueblo hondureño no pudieron ser más claras contra las pretensiones de Zelaya. Se calcula que más del 80% de la población de Honduras estaba con el nuevo presidente Roberto Micheletti.

De forma cívica el pueblo se volcó masivamente a las calles tanto de Tegucigalpa como de San Pedro Sula, para así también demostrarle al mundo lo injusto que está siendo al querer imponerle un presidente que violó la Constitución y entró, a manos llenas, a la corrupción, como estrategia para derrumbar los diferentes poderes de Honduras.

Por otra parte, en la frontera con Nicaragua, Zelaya con el embajador de Venezuela en Nicaragua, viajaron dentro de un jeep haciendo la pantomima de querer pasar la frontera que, naturalmente no se atrevieron, porque las fuerzas armadas estaban decididas a hacer respetar la Constitución hondureña. Los diarios de Honduras calificaron la acción de Zelaya como "un *show* mediático" y un acto de poca seriedad, que solo logró causar tensión en las dos fronteras.

Los terroristas de las FARC enviaron un comunicado a la prensa donde daban su respaldo total al expresidente Zelaya. Este grupo sabe que, así como ellos se entrenaron exitosamente en las montañas de Nicaragua, recibiendo armamento y dinero, las montañas de Honduras son básicas para lograr el desarrollo de miles de terroristas con destino final hacia Estados Unidos.

Hay países, ya conquistados por la izquierda en América Latina, listos para atacar a Estados Unidos como lo son entre otros: Venezuela de Hugo Chávez, Nicaragua del Frente Sandinista, las FARC de Colombia, el FMLN de El Salvador y naturalmente la tradicional Cuba de los hermanos Castro. Todos ellos saben que, de frente, no pueden pelear y mucho menos ganarle a EE. UU., por lo que lo que pretenden es afectarlo, como lo han logrado, con las drogas. Al perder a Honduras, perdieron una tremenda oportunidad para el desarrollo de miles de terroristas. Honduras es el territorio que ya habían seleccionado para enviar, desde su territorio, aviones y embarcaciones a Estados Unidos. La pérdida de esta vía significó una derrota clave para sus propósitos terroristas contra esa gran nación.

## La izquierda utiliza cualquier método

Es impresionante que ni a la OEA, ni a las Naciones Unidas, presidida en ese momento por el indeseable sandinista, exsacerdote Miguel D'Escoto, ni a los demócratas de Estados Unidos, les importe un comino que Zelaya estuviera apoyado por la cúpula terrorista de América Latina y de Irán.

Tampoco le importó al mundo que Chávez pusiera a disposición de Zelaya, desde el primer día de su derrocamiento, un avión venezolano, que tiene un valor de varios millones de dólares y un costo operativo por hora de vuelo de varios miles, ni que este señor tuviera cuenta abierta con chequera y tarjetas de crédito con respaldo de Venezuela. Zelaya andaba con chequera venezolana y con una valija con miles de dólares recargables desde Nicaragua. A la prensa mundial no le llamó la atención y menos le dio cobertura a este acto de Chávez que, en resumen, no era más que para desestabilizar la región.

El presidente Nixon, de Estados Unidos, fue obligado a renunciar, por mucho menos que eso, pues el Congreso determinó que no se podía admitir que un presidente estuviera por encima de la ley.

Es impresionante que Chávez llamara constantemente a los presidentes de izquierda Zapatero, de España; Óscar Arias, de Costa Rica; Cristina Kirchner, de Argentina; Rafael Correa, del Ecuador y Evo Morales, de Bolivia, con el objeto de lograr que se mantuviera la presión para que Zelaya recuperara el poder.

El nuevo gobierno de Honduras ha encontrado que más de cinco mil agitadores entre nicaragüenses, sandinistas, cubanos y venezolanos, han logrado entrar a Honduras, agrupándose con maleantes hondureños para hacer protestas por diferentes partes del país. Por qué será que los países que respaldan a Zelaya, no respetan la Constitución de la República de Honduras que en su artículo 239 dice lo siguiente:

*El ciudadano que haya desempeñado la titularidad del poder ejecutivo no podrá ser presidente o designado presidente de la República. El que quebrante esta disposición o proponga su reforma, así como aquellos que lo apoyen directa o indirectamente, cesarán de inmediato en el desempeño de sus respectivos cargos, y quedarán inhabilitados por (10) años para el ejercicio de toda función pública.*

En vista de las reiteradas desobediencias del presidente Zelaya a las resoluciones del Poder Judicial y del Tribunal Supremo Electoral, que declaraban ilegal la consulta que deseaba realizar Zelaya, el Congreso hondureño procedió mediante decreto el 28 de junio de 2009 a la separación del presidente Zelaya. Conforme a la Constitución de la República y a los informes presentados por el Ministerio Público, así como por una comisión del Congreso que investigó la conducta del presidente, es que el Congreso ordenó a las Fuerzas Armadas a proceder a la captura del presidente y dejarlo en Costa Rica. Si Honduras no hubiera procedido de esa forma, hubiese entrado en una inestabilidad de paz porque la mayoría del pueblo hondureño ha visto el sufrimiento de sus vecinos de Nicaragua secuestrados desde hace mas de 30 años. Hay miles de nicaragüenses refugiados en Honduras. Honduras es básica por ser un importante centro de acopio para seguir invadiendo a Estados Unidos con drogas.

El mismo Congreso de Estados Unidos ha dicho que el verdadero negocio de un narcotraficante no es vender la droga, sino el tener "rutas de tráfico"; el que tiene la ruta, tiene un impresionante multimillonario negocio de tráfico de drogas. El presidente Micheletti, su gobierno y el ejército, se han cansado de repetir que cuando Zelaya estaba en la casa presidencial, aterrizaban constantemente aviones de Venezuela con drogas que venían de las FARC.

Sin embargo, a las autoridades estadounidenses, a los miembros de la OEA y de las Naciones Unidas no les ha interesado en lo absoluto conocer la proyección de Zelaya de invadir de drogas a EE. UU. Cierran sus ojos y oídos, para seguir con sus objetivos de lograr países en Centroamérica con más enemigos para Estados Unidos. Los aplausos de Castro por lo que pasa en Honduras, es seguro que los disfrutan con entusiasmo tanto Chávez y Ortega como los demás izquierdistas. Deben festejar que la historia, después de más de 30 años, ofrece nuevamente la oportunidad de repetirse, con la siempre eficiente ayuda de los demócratas estadounidenses, al igual que lo hicieron en Nicaragua en la época del presidente Carter.

Hay muchos que aseguran que el ALBA, además de los petrodólares de Venezuela, se financia en gran parte con la ruta de Honduras, por eso no se podía perder, y había que hacer hasta lo imposible para que Honduras cayera en sus manos.

El valiente nicaragüense Víctor Boitano Coleman acusó a Daniel Ortega de permitirle a Zelaya, cometer 15 delitos en Nicaragua. *El Heraldo*, de Honduras, así lo informa en su edición del día 27 del julio de 2009. El Sr. Boitano Coleman, abogado y coronel retirado del ejército sandinista, quien también escribió un libro llamado *Crímenes sin castigo*, así lo denunció ante la Corte Suprema de Justicia de Nicaragua, la Fiscalía de la República, el Ministerio de Gobernación, la Dirección General de Inmigración y Extranjería, la Policía Nacional, el Ministerio de Defensa y el Ejército. Sin embargo, estas instancias nicaragüenses desestimaron cualquier cargo contra estos personajes porque, como es sabido, todos los poderes del Estado se encuentran secuestrados desde 1979, y fueron reafirmados, lamentablemente, en el período de doña Violeta de Chamorro en 1990 al concederles y aceptarles amnistía e indulto contra todos los crímenes y robos cometidos por ellos.

El abogado nicaragüense señala que tanto Zelaya como Ortega han cometido los delitos siguientes:

*1- Asociación ilícita para delinquir.*

*2- Alteración del orden público.*

*3- Exposición de personas al peligro.*

*4- Promoción del caos y la anarquía.*

*5- Llamado a realizar actos de violencia.*

*6- Obstaculización de la vía pública.*

*7- Invasión de la propiedad pública y privada.*

*8- Violación de las fronteras terrestres de la República de Nicaragua y Honduras.*

*9- Abuso de autoridad y usurpación de funciones.*

*10- Violaciones migratorias.*

*11- Declaración de guerra.*

*12- Perturbación del orden público.*

*13- Llamado a actos terroristas.*

*14- Insurrección y subversión contra el Estado de Honduras y en perjuicio del Estado nicaragüense.*

*15- Convocación y realización de manifestaciones públicas ilegales.*

El 29 de julio de 2009 se reunieron en la casa presidencial de Honduras, dos grandes hombres con claridad de pensamiento: Roberto Micheletti, presidente de Honduras y Eduardo Montealegre, líder de la oposición nicaragüense, quienes con gran valentía se oponen al sandinismo y a la izquierda mundial, para analizar la situación de Honduras que está siendo víctima de las fuerzas mundiales de la izquierda unida. Lamentablemente, para Honduras se presentan varios escenarios que coinciden con el secuestro de Nicaragua e Irán en 1979. Tanto Irán como Nicaragua, Venezuela y Cuba principalmente, no descansarán hasta que Honduras caiga en manos de la izquierda. Nicaragua, conjuntamente con Honduras, presenta el mejor territorio para desarrollar los futuros terroristas que atacarán a Estados Unidos y a cualquier otro país que se oponga a sus manipulaciones. La frontera entre El Salvador y Honduras, llena las mejores expectativas para lograr la materia prima humana para estas actividades de entrenamiento terrorista.

El 30 de julio de 2009 aparece publicado un escrito del Sr. Jorge Salaverry titulado "Todos contra Honduras". Es importante leerlo porque el Sr. Salaverry explica muy bien lo increíble que parece que, supuestas democracias como la de Estados Unidos, respalden al expresidente Zelaya quien violó la Constitución de su país, aspecto esencial en el que se basan las auténticas democracias. Ninguno de estos izquierdistas descansará hasta que se logre el objetivo principal "las montañas de Honduras".

Así fue en la era del presidente Carter, la izquierda latinoamericana logró invadir, como nunca antes había sucedido en Estados Unidos, con la "droga", así también invadirán de terroristas el país más deseado por estos monstruos de la humanidad. Es seguro que antes de tres años podremos ver a una nueva casta de miles de terroristas latinoamericanos caminando dentro del suelo estadounidense. Algunos serán capturados como sucede con la droga, pero no todos, y es con esta probabilidad que los izquierdistas trabajan. El mundo no se da cuenta de que hay intereses ocultos y bien disfrazados para afectar al poderoso país de Estados Unidos y para esto, los izquierdistas trabajan sin descanso las 24 horas del día. Ellos aprovechan astutamente cualquier situación para defender a las izquierdas, sin importarles el mal que hacen al mundo y que, además, son la causa de la verdadera pobreza mundial.

Recientemente, cuando Colombia atacó a miembros de las FARC que estaban refugiados en las fronteras con Ecuador, Chávez, desde Venezuela, pegaba gritos y tocaba todos sus tambores de protesta, siguiéndole de inmediato el secretario de la OEA, Sr. Insulza quien se replegó a favor de Chávez y Rafael Correa presidente del Ecuador. La misma actitud hemos visto ahora del Sr. Insulza secretario de la OEA con el caso de Honduras. Insulza no ha querido ni siquiera escuchar las violaciones a la Constitución hondureña que realizaba Zelaya, queriendo llevar a su país a la órbita del mal, la izquierda. Lo importante para Insulza fue que Zelaya era una clave importante para Irán, Chávez, Ortega y los hermanos Castro, con todo el grupo de los demás países de la izquierda unida, naturalmente desde su puesto, es un timón importante para respaldar a estos gobiernos opresores de sus pueblos, sin que se note. ¿Pueden algunas personas ser tan inocentes y no comprender la estrategia del Sr. Insulza?

La prensa de izquierda hacía preguntas que sugerían respuestas en contra del nuevo gobierno del presidente Micheletti, sin importarles que más del 80% de la población de Honduras no quería ser un país izquierdista. La pregunta: ¿Era justa esta posición de los medios de izquierda? Sorprende al mundo que el presidente de México, Felipe Calderón, del partido del PAN (demócrata derecha), haya recibido por unos minutos, el 5 de agosto de 2009 en el hangar presidencial, ya que él aterrizaba de Tamaulipas, al depuesto presidente Manuel Zelaya, quien se encontraba desde el día anterior en el DF, donde pronunció un discurso a grupos de izquierda mexicanos del partido de López Obrador. El expresidente Zelaya aprovechó para pedirle al presidente de México que endureciera las medidas contra el heroico gobierno del presidente Micheletti. La bochornosa situación que originó Zelaya en México, haciendo declaraciones a favor de López Obrador y en contra del legítimo mandatario de México no se hizo esperar.

Antes de lo que canta un gallo, como dicen los dichos populares, los senadores y diputados de México declararon traidor a Zelaya. Mientras que el presidente de México, Felipe Calderón, muy molesto, diplomáticamente lo invitó a seguir su gira, ordenando al Estado mayor presidencial escoltarlo hasta el hangar presidencial donde lo recibiría y no permitirle que se acercara a los medios de comunicación, después de conocer el discurso pronunciado por Zelaya en México. Zelaya frente a simpatizantes de Manuel López Obrador afirmó, en su discurso, entre aplausos, que a veces era mejor sentirse presidente que serlo, ofendiendo directamente al mandatario mexicano en clara alusión a López Obrador que se autoproclama como "presidente legítimo". Zelaya observando que no lo querían dejar conversar con los periodistas, trató de esquivar a los miembros que lo habían escoltado para hablar con los periodistas, pero de inmediato los miembros del ejército se dieron cuenta de las intenciones de este y casi a empujones lo obligaron a subir al avión venezolano que lo transportaba. Más de 50 miembros del ejército de México escoltaron a Zelaya al hangar para que tomara el avión venezolano.

## Zelaya acepta el Plan Arias

Zelaya, naturalmente, estaba dispuesto a firmar el Plan Arias, los sandinistas ya le habían recordado, que Arias también les hizo a ellos el favor de mantenerlos en el poder por muchas décadas con el famoso plan "Los acuerdos de San José, por Óscar Arias 1989-90", así que Zelaya estaba más que de acuerdo con la posición de Óscar Arias. La estrategia que recomendó Óscar Arias a Zelaya, y por supuesto, con la aceptación de los otros grupos latinoamericanos fue: previa reposición del cargo de la presidencia a Zelaya; entregar la presidencia en elecciones "limpias", que seguramente perdería, por el repudio del pueblo hondureño a su persona ya sus seguidores. Pero antes de entregar la presidencia, deberá asegurarse de que la mayoría de los poderes del Estado quedaran en manos de la izquierda, eliminando a todos los que se opusieron a su proyecto dictatorial reeleccionista. Y, por supuesto, debía eliminar a la cúpula de las Fuerzas Armadas tal y como lo hizo Hugo Chávez en Venezuela. De esa forma no solo tendría el control del país, sino que también recuperaría la presidencia en nuevas elecciones amañadas, fraudulentas y escandalosas como lo hizo Daniel Ortega en Nicaragua.

Zelaya visitó, en Brasil, al presidente Lula, quien de inmediato le ratificó su respaldo total, es recibido como presidente de Honduras, lo que significa que otro izquierdista más le da su respaldo total. Es una lástima que el presidente Lula, que ha venido jugando un papel casi neutral, al punto de que Chávez, por ejemplo, no ha podido con él, haya actuado de esta forma. Esa reunión causó sospechas de que algo tramaron Lula y Zelaya.

Cristina Fernández de Kirchner, de Argentina, al igual que Michelle Bachelet, de Chile, también lo recibieron con grandes honores, lo cual es una pena para el mundo auténticamente democrático, sin embargo, debemos de aceptar que los izquierdistas se unen siempre para respaldar el mal.

## Congresistas de EE. UU. destacan normalidad en Honduras
*(Diario Las Américas)*
**(Publicado el 08-14-2009)**

Algunos republicanos, me imagino que preocupados por el total respaldo del gobierno demócrata de Estados Unidos, a la izquierda mundial, entre ellos Connie Mack, de Florida y Bilbray, de California, constataron, en su visita a Honduras, que no fue un golpe de estado, sino que Zelaya fue depuesto por su violación a la Constitución, lográndose mantener el orden democrático y constitucional de Honduras con el presidente Micheletti. Los congresistas pudieron observar en su visita a Honduras, que los hondureños continuaban con su vida y sin mayores problemas, jocosamente se refirieron que hasta una boda vieron en un hotel en Tegucigalpa. La reunión de los congresistas republicanos fue con el presidente Micheletti, la Corte Suprema de Justicia y el Congreso, con empresarios y miembros de iglesias y de la sociedad civil.

También los congresistas quedaron completamente claros según informa el *Diario Las Américas*, con las pruebas recibidas del porqué se tuvo que destituir a Zelaya y que el nuevo gobierno se organizó conforme a las leyes que rigen la Constitución de Honduras. Los Congresistas observaron que, de no haber actuado de esa forma el nuevo gobierno del presidente Micheletti, seguramente habría habido derramamiento de sangre porque el pueblo hondureño no quiere pertenecer a los países de izquierda que es donde Zelaya quería llevar a su país.

# Hostigamiento de la OEA para restaurar a Zelaya en el poder

Micheletti: "Elecciones van", lo reconozca o no el mundo, así se expresó el gran presidente de Honduras ante la OEA, el 25 de agosto de 2009. Los cancilleres de la OEA y su nefasto secretario general, José Miguel Insulza, salieron de Honduras sin lograr los objetivos propuestos por Óscar Arias, quien pretendió realizar en Honduras el "Acuerdo de San José". Óscar Arias logró hacer que Nicaragua quedara secuestrada, aprovechándose de un pueblo desbastado por el sandinismo, que aceptó los famosos acuerdos de San José para instaurarle un régimen de izquierda por muchas décadas.

El mundo auténticamente democrático tiene que aplaudir la valentía y el ejemplo de dignidad y rechazo a las corrientes de izquierda al pueblo de Honduras, con su presidente Roberto Micheletti a la cabeza; "viva el gran pueblo hondureño". Ante los representantes de la OEA nuevamente confirmó que en Honduras no se ha dado un golpe de estado, sino que lo que se logró fue una "sustitución constitucional". Honduras defendió con todos sus derechos constitucionales que Zelaya no impulsara una continuidad de su gobierno para así seguir permitiendo que ese país fuera la mejor alternativa de vía para el tráfico de drogas, que desbaratara los poderes del Estado, las Fuerzas Armadas, al igual que lo han hecho los países controlados por las izquierdas. Honduras simplemente dijo "no" a las pretensiones de los grupos que causan el mal mundial, les dejó claro que no está dispuesto a ceder a las pretensiones internacionales de que Honduras sea entregada a la izquierda. Ni Irán, ni Venezuela y ni Nicaragua utilizarán las montañas de Honduras para desarrollar terroristas.

# Consecuencias increíbles contra Honduras

*1- Suprimen visas a Estados Unidos de los hondureños; Estados Unidos confirmó que ya suprimió sus visas para cualquier hondureño, es seguro que algo igual pueda promover el presidente socialista Rodríguez Zapatero, en Europa.*

*2- Embargo de Estados Unidos a Honduras, de esta forma cualquier ayuda que Honduras pueda recibir sobre todo en reposición de municiones, no se permitirán, se embargarán.*

*3- Esto fue casualmente lo que ya hizo Estados Unidos en la época del presidente Carter a Nicaragua, el ejército se quedó sin municiones para defenderse de los sandinistas que atacaban por Costa Rica; consecuentemente, Nicaragua cayó y desde entonces ha quedado secuestrada.*

*4- Los sandinistas, tenían a Zelaya en Nicaragua, su objetivo era lanzarlo como líder de la salvación del pueblo hondureño, tendría el respaldo de Venezuela, obviamente el más importante, el de Nicaragua, el de la OEA y el de todos los gobiernos controlados por la izquierda.*

*5- Al quedarse sin municiones el ejército de Honduras, entre sandinista, chavistas y algunos pocos zelayistas, matarían a miles de hondureños, ese era el plan macabro, a Dios gracias que no lo pudieron llevar a cabo.*

*6- Las fuerzas armadas de Honduras, si EE. UU. declara un embargo, lamentablemente, tendrán que hacer lo mismo que hizo el ejército nicaragüense en 1979: desbandarse por falta de municiones para combatir la izquierda.*

*7- Honduras, como país fronterizo con Nicaragua, se portó a la altura de las circunstancias con los nicaragüenses que se refugiaron en su país.*

*8- Los militares que no lograran escapar, serían asesinados, apresados y tratados como criminales, de esta forma se lograría el mismo objetivo que lograron los sandinistas; formar, con la complacencia mundial, un nuevo ejército controlado por la izquierda.*

*9- En Honduras sería un ejército zelayista que posteriormente llamarían, como el de Nicaragua, Ejército Nacional, aunque siempre estén disponibles para servir a los intereses de las izquierdas.*

Podemos afirmar que el mundo democrático ha ganado con la lección que dio el pueblo hondureño, además hoy en América Latina tenemos dos grandes líderes auténticamente democráticos; Álvaro Uribe, de Colombia y Roberto Micheletti, de Honduras.

El 1.º de septiembre de 2009, *El Nuevo Herald* publicó una noticia de Jorge Ramos, en la que afirma que en la entrevista que le efectuó a Micheletti este dijo: "A mí no me impuso el ejército". El distinguido hombre de gran temple, admirado mundialmente por los antiizquierdistas, le repitió que no va a permitir el regreso de Manuel Zelaya como presidente. Cualquier otra cosa puede ser negociada, pero la Constitución de Honduras tiene que ser respetada. Refiriéndose a las posibilidades de conceder amnistía a Zelaya y su grupo, le respondió que en Honduras no es aceptable conceder amnistía. ¡Qué gran verdad la de la Constitución de Honduras!, porque el país vecino, Nicaragua, por haberles concedido, doña Violeta, amnistía a los sandinistas, el país quedó inservible y secuestrado. Los sandinistas hacen lo que quieren en Nicaragua, casualmente por habérseles otorgado amnistía y además haberlos indultado. ¡Qué gran lección la de Honduras! La amnistía no debía existir, a través de esa concesión es que han podido continuar en Nicaragua, los robos, los crímenes, el secuestro del país, quedando siempre impunes quienes los hacen. Según el periodista Ramos el mensaje del presidente Micheletti es claro: si regresara Zelaya, iría a la cárcel, no a la presidencia, por haber violado la Constitución al tratar de realizar un referendo y buscar su reelección.

# El Departamento de Estado

El 3 de septiembre de 2009, Hilary Clinton, como secretaria de Estado de Estados Unidos, volvió a recibir al expresidente Zelaya y ha comunicado al mundo que Estados Unidos suspenderá toda la ayuda a Honduras, exceptuando la humanitaria. La señora Clinton dijo que no reconocerá al nuevo presidente que salga electo en las elecciones que estaban previstas para el mes de noviembre de 2009. Al Departamento de Estado no le importó que todo se estuviera realizando conforme a la Constitución de Honduras, EE. UU. seguiría cancelando visas a los hondureños para que no pudieran viajar a Estados Unidos. Me imagino que Zelaya, en su reunión con la Sra. Clinton, le solicitó el retiro de la base militar que tiene Estados Unidos en Honduras desde que el gran presidente Ronald Regan combatió a los comunistas nicaragüenses e instaló dicha base.

Venezuela, Cuba y Nicaragua deben estar presionando al gobierno de Obama para que esa base sea retirada lo antes posible. En cualquier momento veremos, aunque signifique el perjuicio para el pueblo estadounidense, la retirada de esta importante base. Estas acciones de EE. UU., solo confirman mis sospechas de que Irán, Venezuela, Cuba y Nicaragua principalmente, no descansarán hasta que Honduras sea otro país controlado por la izquierda. Honduras es demasiado importante porque es fronteriza con El Salvador y con Nicaragua, ya se pueden imaginar lo peligrosa que se convertirá Centroamérica.

Óscar Arias y otros grupos de izquierda, seguramente, seguirán insistiendo para que Honduras sea gobernada por un presidente de izquierda, pronto veremos cómo, desde el territorio de Nicaragua se combatirá al ejército de Honduras con la complacencia o la ceguera de Estados Unidos, el armamento se moverá tranquilamente desde Venezuela para robustecer la ayuda que Nicaragua deberá dar al terrorismo internacional. Honduras será tomada por la izquierda al igual que lo ha sido su país vecino y algunos países de América del Sur.

# Honduras debe ser entregada a la izquierda según el terrorismo internacional

Este planteamiento lo respaldan principalmente Óscar Arias, Premio Nobel por la supuesta "paz" en Nicaragua, Hugo Chávez, Daniel Ortega y Fidel Castro. Además, en los intereses de Irán, Siria y la izquierda mundial, es imperativo afectar a EE. UU.. para lograr el derrumbamiento de

Honduras. El avance del terrorismo es indispensable para atacar a los Estados Unidos y consolidar la izquierda mundial. Es decisión tomada. Las montañas de Honduras conjuntamente con las de Nicaragua, se convierten en el más preciado bien de la izquierda, además son claves para que se mantenga activa la ruta de la droga para atacar Estados Unidos. Una vez que este grupo satánico logre derrotar, desde Nicaragua, al ejército de Honduras, obligará a los hondureños a insertarse en el nuevo gobierno de "reconciliación" con la izquierda de Honduras; Óscar Arias con Insulza, seguramente prepararon las estrategias para el nuevo gobierno que esperaban instaurar en Honduras.

El *Diario Las Américas,* el 17 de septiembre del 2009 publicó que el presidente Micheletti dijo que Arias "dejó de ser el correcto mediador". Bendito sea Dios, que con la hombría que le caracteriza, haya desenmascarado a Óscar Arias. Los hondureños ya se dieron cuenta de que este señor, no descansará hasta lograr conseguir la destrucción de Honduras, él es un enemigo declarado del pueblo hondureño, al igual que lo es del pueblo nicaragüense. El presidente Micheletti fue notificado en los primeros días del mes de septiembre de 2009 por el embajador de Estados Unidos en Honduras, que se le suprimía la visa de entrada a Estados Unidos. De igual forma ha notificado a muchos otros hondureños. Esta actitud de Estados Unidos, más clara no puede ser, en cuanto a su respaldo a la izquierda mundial, en otras palabras, los terroristas tienen todo a su favor y, por supuesto, que lo aprovecharán ahora que los demócratas controlan el gobierno. A continuación veremos cómo otro gobierno de izquierda favorece a Zelaya.

# Zelaya se asila sorpresivamente en la embajada de Brasil en Tegucigalpa

Sorprendió al mundo cómo llegó Zelaya a Tegucigalpa, y directamente a la Embajada de Brasil, que había retirado a su embajador por no reconocer al nuevo gobierno de Mitcheletti. Zelaya está utilizando la embajada como su plataforma para levantar a sus seguidores a causar problemas; la embajada de Brasil hasta le ha proporcionado un micrófono para dirigirse a los manifestantes. Esta actitud del gobierno de Brasil viola todos los acuerdos de asilo político, además:

*1- Brasil no reconoce al gobierno actual del presidente Micheletti, por consiguiente no tiene embajador, y las reglas internacionales exigen que se debe proceder a informar al actual gobierno de Honduras su aceptación para concederle asilo al expresidente Zelaya.*

*2- Debe de solicitar un salvoconducto para el asilado, esto aún no ha sucedido, hay un término para hacerlo.*

*3- Solo mediante un complot internacional pudo llegar a Honduras vía Nicaragua, para refugiarse en la embajada de Brasil.*

*4- Brasil, al violar todos los acuerdos internacionales, no le queda más alternativa que, a la mayor brevedad posible, negociar un salvoconducto para sacar a Zelaya de la embajada.*

## Honduras y Colombia

Los únicos presidentes de Latinoamérica que estaban de frente, combatiendo a la izquierda eran: Álvaro Uribe, de Colombia y Roberto Micheletti, de Honduras, por eso no comprendo por qué el presidente Uribe no aceptó el respeto a la Constitución de Honduras y más bien se sumó al grupo izquierdista que demandaba que el terrorismo tomara el poder. Seguramente, Uribe estaba confundido y por eso actuó de esa forma que, posteriormente rectificó. México con un presidente de derecha, Felipe Calderón, inexplicablemente no reconoció al presidente Micheletti aunque, después, sí reconoció al nuevo presidente Lobo. Sin embargo, en México hay un factor que no debemos olvidar, más de setenta y cinco años fueron controlados por la izquierda mexicana. México apenas lleva dos períodos presidenciales de derecha, Fox y Calderón, es posible que el presidente haya tenido miedo a las reacciones de la izquierda mexicana y a la presión mundial.

## Salvemos a Honduras

Los que tenemos claridad de pensamiento, y conocemos del cinismo y la maldad de las izquierdas, debemos estar siempre atentos a los movimientos que se realicen contra Honduras, con el objeto de alertar a su heroico pueblo. Ya Honduras (2010) tiene un nuevo gobierno dirigido por el presidente Lobo, sin embargo, hay que estar atentos para hacerlo reflexionar en cualquier intento de confusión que le pueda realizar la izquierda. Inexplicablemente, el presidente Lobo se ofreció para ir a dominicana a traer a Zelaya que se encontraba como huésped de honor del presidente Fernández, para regresarlo a Honduras.

Hay que sugerirle al Partido Republicano de Estados Unidos que también se mantenga alerta con cualquier intento de la izquierda para afectar a Honduras.

Lo importante es que el mundo auténticamente democrático acompañe al noble pueblo de Honduras que ha dado un ejemplo de valor y dignidad, para que así quede también demostrado que la fatídica OEA, el ALBA, etc., son menospreciadas por una inmensa mayoría.

## ¡Última hora! "Honduras tiene un presidente", así lo declaran senadores republicanos de EE. UU.

Bendito sea Dios que varios senadores republicanos de Estados Unidos viajaron a Honduras a comprobar, por ellos mismos, la situación de ese país, este viaje pudo salvar a Honduras y al mismo Estados Unidos de miles de terroristas.

La senadora Ross-Lehtinen señala que hay que darle al pueblo hondureño y a su gobierno democrático constitucional, total respaldo, hay que darles la oportunidad de que cuenten su historia, tomando en cuenta que la comunidad internacional ha ignorado la voluntad del pueblo hondureño de querer vivir en paz y fuera de las garras de la izquierda. La senadora Ross-Lehtinen en unas bellas palabras dijo a la prensa en Honduras: "Estoy con el presidente de Honduras, Roberto Micheletti, porque es el presidente de este país. Algunas personas lo llaman gobierno de facto, pero no, bajo la

Constitución de la República de Honduras, estoy aquí sentada con el presidente de este hermoso país, y a mucha honra", dijo la congresista estadounidense al iniciar la conferencia de prensa en la casa presidencial.

La senadora Lehtinen comprobó que el expresidente Zelaya quería conducir a su país hacia la izquierda y unirse al grupo desestabilizador de América Latina: Hugo Chávez, Daniel Ortega, los hermanos Castro, Correa y Morales, principalmente. El pueblo rechazó las pretensiones de Zelaya, además le mostraron las pruebas de los robos que realizó, las vías de la droga que se utilizaban para afectar a Estados Unidos y el dinero corrupto de Chávez, que se encontró.

La senadora también dijo que el gobierno de Micheletti es el gobierno legítimo de Honduras y que por eso, cuando regresara a Washington pediría a sus colegas en el Congreso y el Senado que visitaran a Honduras y que no vieran solamente los reportes de CNN y otros canales, sino que fueran a reunirse con el pueblo de Honduras y con su gobierno para escuchar su deseo de vivir en paz y democracia. Subrayó, además, que el pueblo de Honduras merecía tener elecciones generales legítimas, pero ¿Dónde están los observadores? Es necesario que vengan, dijo la Senadora. Tmbién dijo que pedirá al gobierno de Estados Unidos que suspendiera los recortes que injustamente le pusieron a este noble país, que no se debe suprimir más dinero de ayuda, ni otros fondos y ponerle presión a otros países para que colaboren con Honduras. Algo muy importante que señaló es que quitarle la protección y ayuda a Honduras, era poner en riesgo la seguridad de Estados Unidos.

Otros senadores de gran valor para la defensa de la democracia mundial, también viajaron a Honduras, ellos son los hermanos Lincoln y Mario Díaz-Balart, quienes dieron su señal de apoyo al gobierno legítimo de Roberto Micheletti. Ellos dijeron a la prensa que consideran extremadamente importante mostrar al mundo su apoyo al pueblo hondureño por preservar la Constitución y la democracia en su país.

Otros republicanos de Estados Unidos que viajaron a Honduras a dar su respaldo al gobierno de Micheletti, fueron los senadores Jim DeMint, Aaron Schock y Peter Roskam. Todos han expresado que era inconcebible que la administración del presidente Obama continuara rehusando reconocer el derecho a la autodeterminación del pueblo hondureño que sería, además, confirmado en las elecciones presidenciales de noviembre de 2009, señalaron en sus comunicados.

# Los republicanos impactan al mundo dando su apoyo al nuevo gobierno de Honduras

Qué gran idea y ejemplo mundial hubiera sido que los republicanos de Estados Unidos, que siempre han defendido al mundo contra las injusticias que provoca la izquierda, hubieran salido al rescate del noble pueblo de Honduras. Qué bueno hubiera sido que los senadores Lincoln y Mario Díaz Balar, conjuntamente con Ileana Ros-Lehtinen y los senadores Jim DeMint, Aaron Schock y Peter Roskam hubieran tomado ese liderazgo de lograr que decenas de republicanos viajaran a avalar las elecciones de Honduras realizadas en el mes de noviembre de 2009, que gran ejemplo le hubieran dado al mundo y cómo hubieran ganado popularidad dentro de Estados Unidos.

En ese momento, en Estados Unidos teníamos el peligro de que la Casa Blanca, el Congreso y todos los demás poderes estaban controlados por los demócratas, muchos de ellos de tendencia izquierdista, lo cual ponía en alto riesgo a Honduras. El peligro principal consistía en que EE. UU. la impusiera un bloqueo a Honduras para que no pudiera seguir recibiendo armamento para su defensa, y que desde Nicaragua los sandinistas, con los chavistas y algunos hondureños atacaran a Honduras, acción que ya fue realizada por EE. UU. durante el gobierno demócrata de Jimmy Carter.

Si los republicanos se hubieran organizado como partido y hubiesen llegado a Honduras a participar en las elecciones presidenciales de ese extraordinario país que ha defendió su libertad de forma ejemplar, la mayoría de los estadounidenses y el resto del mundo, sin lugar a dudas, hubiera aplaudido dicha hermosa acción.

La situación se puso difícil para Honduras, a principios del mes de octubre de 2009, cuando el presidente Obama dijo que Manuel Zelaya debía ser restituido en la presidencia, eso significaba que ya, en ese momento, pudieran haber estado listas las órdenes de bloquear a Honduras para que después fuera atacada desde Nicaragua. Si los demócratas hubieran cometido semejante monstruosidad, hubiésemos visto que antes de dos años hubiera habido centenares de ataques terroristas en el suelo estadounidense y solamente ellos hubieran sido los responsables porque sabían que Zelaya con los demás izquierdistas eran enemigos de EE. UU. Por suerte, la historia no se repitió 30 años después que Nicaragua fue entregada por el presidente Carter a los sandinistas.

# Conflicto en la ONU por informe del DPA sobre Honduras

Nueve de los 193 países miembros de la ONU, presionaron al Secretario General de esta organización, para que promoviera sanciones contra el heroico país de Honduras. Insistían en involucrar al Consejo de Seguridad, que mantenía su posición neutral de "no intervención".

Mientras tanto existía una confrontación al más alto nivel de la ONU, entre los países miembros de la Asamblea General, la Secretaría General y el Consejo de Seguridad, tras divulgarse la existencia de un informe jurídico sobre la situación de Honduras, antes, durante y después de 28 de junio cuando se produjo la destitución del corrupto presidente de Honduras.

El propio secretario general de la OEA, José Miguel Insulza, fue obligado a realizar una "aclaración" para mantener la posición de la Asamblea General que condenó a Honduras en menos de 48 horas con posiciones políticas e intervencionistas. El mismo día de la injusta participación de la OEA, fueron engavetadas las informaciones que dieron como resultado de sus repudiadas acciones, expresó Robert J. Wood, asesor y consultor en derecho internacional de la ONU.

J. Wood reafirmó, que el informe sobre Honduras fue autorizado por el Secretario General de la ONU, quien avaló la contratación a través del Departamento de Asuntos Políticos (DPA); también afirmó que "lo más grave de la situación es que el Secretario General de la ONU en ese momento, Miguel d'Escoto (sandinista), se aprovechó para realizar actos que no le competen".

La confrontación se ha producido, porque el representante del Secretario General no puede negar que existe un informe oficial sobre la situación de Honduras, en el que se confirma que la Asamblea General fue manipulada y violentó la misma carta de la ONU de no intervención.

J. Wood menciona en su informe que, en varias ocasiones, el Departamento Legal de la ONU se reunió con el exsacerdote sandinista Miguel d'Escoto, quien en ese momento era el presidente de la Asamblea General de la ONU, para informarle que sus acciones violaban los principios de no intervención. Asimismo, señaló en su informe, que muchos representantes permanentes de la ONU criticaron fuertemente el abuso del Sr. Escoto, cuando informó en una conferencia de prensa, a los pocos días del derrocamiento de Zelaya, que "una comisión de la ONU encabezada por el, viajaría a Honduras para restablecer a Zelaya en el poder.

Como se expresa en el documento, el político D'Escoto, conjuntamente con la Alternativa Bolivariana quiso aprovechar su posición para comprometer a la ONU en acciones ridículas, además le concedió el podio de la ONU a Zelaya para que hablara por más de dos horas, diciendo barbaridades de su país.

El Sr. J. Wood muy claramente afirmó "los asuntos internos se resuelven con espacios de diálogos de paz, lo que no ha ocurrido por las constantes intervenciones de otros".

El secretario de la ONU Ban Ki-moon, estaba presionado por los países de izquierda, para que mantuviera la posición de los países miembros de la Asamblea que condenaron a Honduras antes de las 48 horas y sin ningún dictamen jurídico, ellos deseaban que le impusieran más sanciones; afortunadamente eso no fue aceptado.

Los sandinistas ya estaban preparando a los medios de comunicación, al informar Daniel Ortega en la VII Cumbre de las Américas, en Bolivia, que el Frente Nacional contra el golpe de estado hondureño, estaba buscando armas para atacar al gobierno de Roberto Micheletti. En esa misma reunión, Hugo Chávez dijo que en las próximas horas podría surgir un movimiento armado en las montañas hondureñas para iniciar la lucha contra el gobierno que preside Roberto Micheletti.

Mientras tanto, se iniciaron los asesinatos en Honduras: El sobrino del presidente Micheletti de 25 años, Enzo Guillermo Micheletti, fue encontrado con las manos atadas y con un tiro en la cara y otro en el pecho. También, el coronel del ejército de Honduras, Concepción Jiménez, fue asesinado al llegar a su residencia. Esta clase de crímenes se vivieron en Nicaragua antes del triunfo de la revolución; los sandinistas asesinaron a miles de nicaragüenses de forma espeluznante.

## Los sandinistas y Chávez se preparan para atacar a Honduras

La resistencia hondureña "busca armas y centros de entrenamiento" en Nicaragua, El Salvador y Guatemala, informó a la prensa en la reunión del ALBA, en Bolivia, Daniel Ortega, quien seguramente sería el Comandante en Jefe de la invasión a Honduras.

Naturalmente que los mismos del Frente Nacional de la Resistencia hondureña contra el golpe de estado de Honduras, negaron las aseveraciones dadas a la prensa por parte de Ortega, así lo comunicó Barahona dirigente de la resistencia izquierdista de ese país. Todo esto parecía indicar que el Frente Sandinista, aliado con Venezuela y Cuba, se estaba preparando para atacar a Honduras a través del pequeño grupo de izquierda que hoy tiene Honduras.

Los sandinistas, cuando atacaron a Nicaragua, también eran un pequeño grupo que recibió sus armas desde Cuba, con el financiamiento de Venezuela, México, Costa Rica y Panamá, y con el *"OK"* de Estados Unidos.

Es posible que el Frente Nacional de la Resistencia hondureña que estaría compuesto principalmente por sandinistas, cubanos, venezolanos, bolivianos e iraníes, solo estuviera esperando una señal adicional del Secretario de la OEA, José Miguel Insulza, y de la Secretaria de Estado, de EE. UU. para, con su luz en verde, proceder a atacar a Honduras en nombre de la falsa democracia que dicen defender.

# La policía denuncia plan terrorista en Honduras

El presidente Micheletti y el General Romeo Vázquez, asistieron al entierro del coronel Concepción Jiménez, cobardemente asesinado por la izquierda hondureña. La Policía Nacional hondureña denunció un plan de la izquierda para asesinar y secuestrar a empresarios y miembros de las Fuerzas Armadas. Esta decomisó documentos, que tienen en su poder, con un plan que la izquierda tenía, donde están los nombres de los oficiales y empresarios a eliminar.

Entre los planes estratégicos diseñados por la izquierda, está la destrucción de empresas privadas que son el motor de las economías de los países que secuestran. Esto que les está sucediendo a los hondureños, les sucedió de igual forma a los nicaragüenses antes de que tomaran el poder los sandinistas. Ellos asesinaban, asaltaban bancos, causaban toda clase de disturbios y después se escondían entre la población.

# Dos grandes escritores auténticamente democráticos de derecha

Carlos Alberto Montaner y Álvaro Vargas Llosa, celebran el fracaso del "chavismo" en Honduras, escribió el "Diario Las Américas" el 14 de noviembre de 2009; aquí el reporte de dicho diario:

> *Tegucigalpa (EFE). El escritor cubano Alberto Montaner y el intelectual peruano Álvaro Vargas Llosa celebran hoy, en Tegucigalpa, el "fracaso" del "chavismo" en Honduras, donde Manuel Zelaya, afín al mandatario venezolano, Hugo Chávez, fue derrocado por un golpe de estado el pasado 28 de junio.*

Es de aplaudir que estos dos escritores, defensores de las verdaderas democracias, sean hombres de gran valor y con claridad de pensamiento y, por consiguiente, auténticamente convencidos del mal que hacen las izquierdas en el mundo, mi enhorabuena para ellos y sus familias.

Es interesante que ambos escritores coincidan con lo que he venido sosteniendo en este capítulo de Honduras: las izquierdas no cesarán hasta que en ese país se logre imponer un régimen que acepte la convivencia con la izquierda para, fácilmente, desde adentro, destruir los principios democráticos y convulsionarlo hasta que consigan la presidencia y demás poderes. Los hondureños deben estar atentos para no permitir, como lo han hecho hasta ahora, que esos desgraciados del mal interfieran con el desarrollo de Honduras, porque una vez que entran es casi imposible sacarlos.

Los famosos periodistas democráticos, señalan en el artículo publicado en el *Diario Las Américas*, que Cuba, Venezuela y Nicaragua con sus nefastos gobernantes, además de poner Chávez, varios millones de dólares para desestabilizar a Honduras con su apoyo a Zelaya, iniciarán atentados criminales selectivos. Por ejemplo, están tratando de armar un grupo guerrillero que se preparará en Nicaragua, que pueda entrar por medio de las armas a desestabilizar el país.

La forma de lograr el éxito en la desestabilización de Honduras, es a través de personajes falsos, como el Sr. Insulza de la OEA, quienes saldrán proponiendo, en nombre de la paz, la conveniencia de que esos grupos armados se integren al gobierno de Honduras, lo mismo que hicieron en

Nicaragua hace más de 30 años con mucho éxito para el beneficio de las izquierdas. Personalmente creo que, por el ejemplo dado al mundo por el pueblo hondureño, conducido por su extraordinario presidente Roberto Micheletti, no lo permitirán, y Honduras será defendido heroicamente.

Otro gran acontecimiento para Honduras, vino de parte de la "Internacional Liberal" al nombrar al presidente Micheletti como vicepresidente mundial de la organización Liberal, así lo comunicó, durante su visita a Honduras, su presidente, el holandés Hans Van Baalen.

Micheletti se merece el Premio Nobel de la Paz, sin embargo por ser esta una organización de izquierda, será imposible que se lo otorguen. El presidente holandés de la Internacional Liberal, dijo que su organización mundial enviaría observadores para las elecciones del 29 de noviembre de 2009, dijo que gracias al coraje demostrado por el presidente Micheletti, ha sido posible conducir a Honduras hacia un nuevo y auténtico futuro democrático que hay que apoyar.

El Sr. Baalen llegó de Nicaragua después de una reunión con el líder liberal Eduardo Montealegre, donde el gobierno sandinista lo declaró "persona *non grata*", a pesar de su embestidura, ya que además de ser el presidente de la Internacional Liberal, es Diputado en su país.

El *Diario Las Américas* del 5 de diciembre de 2009 publicó que "Venezolanos y nicaragüenses con otros hondureños, pusieron 40 bombas para boicotear las elecciones". El jefe del Estado Mayor Conjunto de las Fuerzas Armadas, general Romeo Vásquez, informó que más de 40 explosiones fueron escuchadas, antes de las elecciones, en diferentes partes del país, para provocar terror y zozobra en la población para que se abstuvieran de votar. Entre los grupos que pusieron estas bombas había, además de venezolanos, nicaragüenses, europeos, salvadoreños y hondureños.

# OEA, los grupos izquierdistas no descansarán hasta que Honduras caiga en sus garras

El representante de Estados Unidos para América Latina, Sr. Valenzuela, ha dicho en sus declaraciones que "es necesario que el nuevo gobierno del Sr. Lobo sea un gobierno compuesto por todos los partidos". ¿Por qué esa intransigencia de Estados Unidos, si las elecciones fueron un ejemplo mundial y ganó por amplia mayoría el Sr. Lobo?

Por otra parte José Miguel Insulza, enemigo de Honduras y de la auténtica democracia, reunió el 5 de diciembre a los miembros de la OEA, aceptando en dicha reunión a la Ministra de Relaciones Exteriores del depuesto presidente Zelaya, Sra. Patricia Rodas, es decir provocando al pueblo hondureño. Allí, mantuvo su presión para que todos los miembros de la OEA no acepten al nuevo presidente, democráticamente electo, con unas elecciones impresionantes de rectitud y nacionalismo, tal como lo han certificado los países que asistieron el día de la votación.

Ante esta actitud de José Miguel Insulza y del gobierno de Estados Unidos, los hondureños tenían que tener muchísimo cuidado para que no les hicieran el daño que le hicieron al pueblo de Nicaragua, al que han condenado a un sufrimiento posiblemente de más de cien años. Tanto los miembros de la OEA como Estados Unidos, cerrarían sus ojos y oídos mientras Honduras estuviera siendo atacada desde Nicaragua, al igual que sucedió cuando, desde Costa Rica, los sandinistas atacaron a Nicaragua. Los asaltos, los crímenes, los actos de terrorismo y las guerrillas serían implementados por el grupo de los sandinistas, chavistas, cubanos e iraníes que poco a poco están llegando a Nicaragua para penetrar sus acciones. Por otra parte, Zelaya buscaría la forma de llegar a Nicaragua porque él será el "idiota" que utilizarían esos grupos de izquierda para derrumbar a Honduras.

El extraordinario presidente Roberto Micheletti ha repetido que una amnistía no es posible en Honduras y menos a un expresidente que ha cometido: traición a la Patria, robos, operaciones de narcotráfico, etc.

El *Diario Las Américas* publicó el 19 de diciembre de 2009: "El presidente de Honduras es declarado héroe nacional". Qué gran noticia, qué bueno que el pueblo hondureño siga dando el ejemplo al mundo, al declarar a su presidente Roberto Mitcheletti héroe nacional. El *Diario Las Américas* escribió: "La Alianza por Honduras, Paz y Democracia declaró **Héroe Nacional al presidente Roberto Micheletti**, por su defensa a la institucionalidad de Honduras". En la placa entregada, se lee: "Para nuestro héroe nacional, presidente Roberto Micheletti, con admiración y cariño". El presidente Micheletti agradeció con palabras efusivas la distinción recibida. Días antes o después el presidente Micheletti le pidió al Congreso que Honduras se retire del ALBA, integración firmada por el anterior presidente, Manuel Zelaya, con Hugo Chávez de Venezuela. El 31 de diciembre del 2009 en *El Nuevo Herald,* escribió el Sr. Casto Ocando: "Manuel Zelaya es ahora una paria político".

Por fin se comenzó a reconocer a Manuel Zelaya como lo que es, un paria político, se encontraba asilado en la Embajada de Brasil, sus posibilidades cada día se le reducían más, concederle una amnistía ya lo dijo el Congreso y el presidente Micheletti, eso era imposible en Honduras. Zelaya por haber pretendido jugar con la Constitución de Honduras, como lo hicieron sus vecinos nicaragüenses, estaba políticamente muerto; si se quedaba en Honduras, la justicia le espera con muchos años de cárcel.

Pero Chávez, Ortega y los Castro no dejarán en paz a Zelaya; lo seguirán utilizando para desestabilizar la región centroamericana, para ellos las montañas de Honduras conjuntamente con las de Nicaragua, son indispensables para atacar a Estados Unidos. En *El Nuevo Herald*, Casto Ocando también escribió en su artículo del 31 diciembre de 2009, que el Sr. Michael Shifter, vicepresidente de Diálogo Interamericano, un centro de análisis con sede en Washington D C dijo: "Zelaya fue utilizado por el presidente venezolano Hugo Chávez para avanzar en su propia agenda política, y atacar a Estados Unidos".

Chávez, dijo también el Sr. Shifter, es un perdedor en el caso de Honduras, porque perdió a Zelaya y al país, que se cambió de bando y se pasó a la democracia. Los esfuerzos de Irán y de toda la izquierda mundial no pueden quedarse truncados, por eso Zelaya tendrá que utilizar, desde Nicaragua, los recursos proporcionados por Chávez y Ortega para propiciar una guerrilla en Honduras.

Es importantísimo desarrollar en la región la descomposición centroamericana; nunca antes han tenido los enemigos de Estados Unidos mejor oportunidad para atacarlos, tal y como lo hicieron en la época del presidente Carter con la invasión de las drogas, y ahora será por medio del terrorismo. El pueblo hondureño corre un gran riesgo, por eso los que no estamos con las izquierdas, debemos protegerlo de todas las embestidas, ya que en una "aparente democracia" van a tratar de derrumbarla en el nombre de la paz.

Es increíble que los estadounidenses siguieran tratando de afectar la democracia en Honduras al cancelar las visas de cinco ministros del presidente Micheletti, según fue publicado en diferentes medios de comunicación el día 20 de enero 2010. Las noticias indican que el Departamento de Estado de Estados Unidos, canceló la visa de ingreso a cinco funcionarios del presidente, héroe de Honduras, Roberto Micheletti por haber defendido la Constitución de ese país.

Los funcionarios a quienes les fueron denegadas las visas declararon que si eso acaecía por defender a su país contra las izquierdas, se sentían muy honrados de haber podido contribuir con el presidente Micheletti en su esfuerzo por salvar a Honduras.

El *Diario Las Américas*, publicó el 29 de enero de 2010: "Por qué hay que vigilar a Honduras". Fue escrito por José Sánchez Boudy quien en alguna de sus partes se refería: "El comunismo tiene mil caras, y junto al partido hay un aparato de gente que no pertenece al mismo pero, que funciona de acuerdo a las directrices que emanan del marxismo-leninismo". El mismo escritor decía: ¿Quién mantiene la turbonada en Honduras? ¿La embajada de Brasil? así es como se comentaba en *América Hispana*, además ¿quién ha visto un foco de subversión marxista-leninista, funcionando dentro de una embajada de un país democrático? El mismo periodista aseguraba: "Que no tendrán el poder político, pero tienen un poder de penetración enorme y de subversión tremendo". "Ese instrumento se llama el Fórum de Sao Paulo", terminó diciendo el periodista Sánchez.

Hoy día el famoso Forum de Sao Paulo es considerado uno de los mayores instrumentos de su versión de la izquierda. Recientemente se reunieron, y a esa reunión, además de su anfitrión, el presidente Lula, acudieron Daniel Ortega, Raúl Castro, Hugo Chávez, Rafael Correa y otros izquierdistas. Es interesante observar cómo el presidente Lula, ahora que se acerca su fin como presidente de Brasil, confiere su apoyo a Irán y a otros grupos terroristas como el de Daniel Ortega, y sus expresiones a favor del mayor tirano que ha existido en el continente de América, Fidel Castro, demuestran en él su preferencia a cooperar con estos malvados grupos.

El mundo entero vio cómo Brasil permitió que su embajada en Honduras se convirtiera en una base del terrorismo, al darle protección a Manuel Zelaya. El mundo sano, progresista y enemigo de las izquierdas, celebra que el pueblo hondureño reconociera en su gran presidente, Roberto Micheletti su acto de heroísmo, a pesar de las presiones mundiales que injustamente recibió de países supuestamente "amigos" del pueblo hondureño. Si Honduras no es gobernada por gobiernos de derecha y con mucha claridad de pensamiento de que la concordia y el progreso nunca llegarán con la tolerancia hacia las izquierdas, ese país podría ser destruido tan rápido como lo fue Nicaragua.

El 2 de diciembre de 2009 el *Diario Las Américas* publicó dos artículos que son un chiste para reír: "D'Escoto arremete contra Arias" por el cambio de Óscar Arias al pedir a la comunidad internacional que se reconozcan las elecciones de Honduras. El sandinista Miguel D' Escoto que encabeza la representación de Nicaragua en la Cumbre Iberoamericana, acusó a Arias de "obstaculizar la paz" y de "servir de instrumento del imperialismo". También dijo D'Escoto que el premio Nobel de la Paz Óscar Arias ayudó a los sandinistas para que no fueran derrotados por el presidente Reagan, que el premio que le concedieron "fue un fraude". ¿Será que D'Escoto en su ira por el cambio de Arias en su política, hablará de toda la ayuda y del fraude que realizaron conjuntamente, para crear la falsa imagen de paz en Centroamérica?.

Cuidado hondureños, el 1.º de agosto de 2010 el *Diario Las Américas* publicó: "Lobo dice que hay garantías para el retorno de Zelaya a Honduras" él puede regresar cuando quiera, le recordó a los periodistas que él mismo se había ofrecido para ir por Zelaya a Santo Domingo donde se encontraba como huésped de honor del presidente Fernández, así lo dijo en El Salvador. Los hondureños tienen que tener mucho cuidado, tal vez este noble gesto del presidente Porfirio Lobo sea aprovechado por la izquierda para iniciar la desestabilización de Honduras. El 25 de agosto de 2010 el mismo diario informó: "Investigan destino de 100 millones de dólares que donó Venezuela a Honduras en 2009".

Todo este dinero fue recibido durante la administración de Miguel Zelaya; y de toda esta cantidad, solamente hay dos millones con documentos y firmas, del resto no hay ni rastro. Por este motivo, el presidente del Tribunal Superior de Cuentas le exige a Zelaya un informe sobre el destino de ese dinero donado por Venezuela, supuestamente, para el pueblo de Honduras. Es seguro que aunque Zelaya haya sido invitado por el presidente Lobo para llevarlo a Honduras, él sabe que en Honduras se respetan las leyes y, por consiguiente, ni el presidente lo podría salvar de los tribunales hondureños para que aclare dónde está el dinero donado por los venezolanos, así como también por otros delitos de los que es acusado.

El 19 de abril de 2011, *El Nuevo Herald* informó que: "El derrocado presidente Manuel Zelaya planea un eventual regreso a su país en mayo, para que Honduras sea reincorporada a la OEA en junio, informó este lunes a la AFP el subcoordinador del Frente Popular (FNEP) Juan Barahona, quien participó en una reunión, en Caracas, de Zelaya con el presidente Hugo Chávez, en el marco de las gestiones que se iniciaron el 9 de abril con el actual presidente hondureño, Porfirio Lobo,…".

Es una pena que el presidente Lobo no se dé cuenta de que está poniendo en riesgo la estabilidad de Honduras al aceptar estas presiones de la OEA, pues es preferible estar fuera de la OEA que volver a ella cayendo en manos de la izquierda.

# Capítulo XV

## Colombia

El pueblo colombiano ha sufrido una de las guerrillas más crueles y salvajes que hayan existido en el mundo, su lucha no ha sido fácil por el apoyo que esta organización, conocida como las FARC, ha recibido de gobiernos de izquierda de diferentes partes del mundo.

Secuestros prolongados, algunos de más de doce años, asesinatos terribles, destrucciones de infraestructuras, y muchas otras atrocidades han cometido las FARC. Todo esto lo ha podido lograr con el financiamiento proveniente de la droga y otros recursos recibidos de las organizaciones de izquierda que las han apoyado para que se mantengan por más de cincuenta años haciéndole daño al pueblo y al país colombianos.

Durante la época del presidente Carter y con la ayuda de los sandinistas en Nicaragua, pudo las FARC invadir de drogas a Estados Unidos como nunca antes se había logrado; México, Venezuela, Panamá y, por supuesto Nicaragua, se prestaron para favorecer a los grupos guerrilleros, aprovechándose de la inocencia o la estupidez del presidente Carter.

Las FARC no solamente mantienen sus relaciones con los gobiernos de izquierda de América Latina, sino también con izquierdistas de otras partes del mundo como la ETA, por ejemplo.

El 15 de noviembre de 2008, *El Nuevo Herald* publicó la relación probada entre la ETA y las guerrillas de las FARC, debido a que la fiscalía acusó a cinco activistas de la organización vasca, a los que responsabilizó de varios actos de terrorismo con explosivos entregados por la guerrilla de las FARC. Las autoridades españolas han informado que tienen suficientes pruebas de los contactos entre los grupos terroristas de las FARC y de la ETA, sus pruebas son contundentes, sin embargo, se observa cómo los gobiernos izquierdistas de España, pretenden encontrar una "solución" con la finalidad escondida de proteger a estos grupos.

Durante la década de los ochenta cuando los sandinistas controlaron todos los poderes, por lo que tanto la ETA como las FARC recibieron entrenamiento en las montañas de Nicaragua; durante esos diez años, Nicaragua recibió cientos de estos terroristas, incluidos los que asesinaron, en Italia, al conocido político Aldo Moro.

En las computadoras que el ejército de Colombia ocupó en los campamentos de la guerrilla, que estaban en la frontera con Ecuador, al líder guerrillero Raúl Reyes, se pueden leer decenas de mensajes intercambiados entre ambas organizaciones terroristas. Según las informaciones reveladas por las autoridades españolas y colombianas, fue el mismo terrorista de las FARC, Raúl Reyes, quien organizó una reunión formal en Cuba entre ambas temibles organizaciones. También fue encontrado, en las mismas computadoras, un plan para asesinar al expresidente Andrés Pastrana y el exalcalde de Bogotá, Antanas Mockus, entre otros que residían en España.Por suerte para Pastrana y Mockus, dichos planes nunca los pudieron realizar. Ahora la ETA y las FARC se concentran en su entrenamiento, tanto en Nicaragua como en Venezuela y Bolivia, todo conforme a las informaciones reveladas en la computadora del terrorista Raúl Reyes.

En Venezuela, según revelaciones de prensa, Cubillas Fontán es el responsable del enlace con la ETA y el mismo Raúl Reyes lo reconoce como el contacto en uno de sus mensajes electrónicos. También fue revelado por *El Nuevo Herald* del 17 de julio de 2009, que las FARC apoyaron la campaña del presidente ecuatoriano Rafael Correa; los videos y otras pruebas que el ejército de Colombia tiene en su poder, lo comprueban. Entre los videos y el registro de las tres computadoras incautadas en el operativo en que perdió la vida Raúl Reyes, hay evidencias de que los jefes rebeldes discutían sobre el aporte de cien mil dólares, entregados a la campaña de Correa a fines de 2006.

Entre los documentos incautados se hace referencia a la compra de diversas clases de armas de varios calibres a gobiernos amigos, como el de los sandinistas en Nicaragua. Obviamente el presidente Correa niega todas las aseveraciones encontradas en las computadoras de las FARC, como era de esperarse, sin embargo, los que seguimos de cerca los movimientos de las izquierdas, sabemos que esto y mucho más es seguro que pueda suceder.

Las FARC han perdido a uno de sus líderes, Raúl Reyes, quien fuera uno de los principales negociadores internacionales y vocero de la temible organización. En el ataque que propinó el ejército de Colombia al grupo rebelde de las FARC en territorio ecuatoriano, además de Reyes, murieron 25 terroristas más, sobrevivieron dos colombianas y una mexicana, a quienes, posteriormente, el gobierno sandinista de Nicaragua les concedió asilo.

Otra operación extraordinaria que logró llevar a cabo el ejército de Colombia fue el rescate militar de 15 rehenes que tenían las FARC por largos años, el rescate fue una verdadera odisea aplaudida en el mundo entero por las personas antiizquierdistas.

## Las bases estadounidenses

Después que Estados Unidos retiró las bases estadounidenses de Ecuador, bajo la presidencia de Rafael Correa, procedió a negociar con Colombia la ubicación de las mismas en ese país, recibiendo cooperación y aceptación de inmediato por parte del presidente Uribe.

Como era de esperarse, Hugo Chávez, de Venezuela y Daniel Ortega, de Nicaragua, procedieron a realizar un escándalo mundial con el objeto de poner en alerta a las izquierdas de los diferentes países del mundo. Las protestas de Chávez y Ortega, a los que se unieron Morales, de Bolivia y Correa, del Ecuador, se incrementaron rápidamente, con el propósito de desprestigiar al presidente Uribe. Por su parte, Chávez ha llegado hasta los extremos de amenazar a los colombianos con inversiones en Venezuela diciéndoles, que se las confiscaría.

Sin embargo, nadie protestó cuando Chávez dijo que construiría veinte bases militares en Bolivia, ningún país de América Latina protestó, tampoco ningún país protestó cuando dijo que atacaría militarmente a Honduras. Los grupos izquierdistas nunca se preocupan o alzan su voz contra los múltiples secuestros, los asesinatos, los robos y los actos de terrorismo que el pueblo colombiano ha sufrido de manos de las temibles FARC.

Las izquierdas del mundo están contra las bases estadounidenses en territorio colombiano que servirán para controlar la droga y a los propios terroristas, sin embargo, no se preocupan y más bien cubren y apoyan el dominio que tiene Cuba sobre Nicaragua y Venezuela, principalmente. Es inminente el peligro que significan para América Latina, los regímenes de Castro, Chávez y Ortega, estos tres países servirán de punta de lanza para destruir sociedades productivas en los países que puedan secuestrar.

Recientemente vimos cómo intentaron, con el apoyo de la OEA, destruir al heroico pueblo de Honduras, lo que no pudieron alcanzar, a Dios gracias, y a su presidente, el también héroe, Roberto Micheletti, quien defendió con valentía a su país a pesar de todos los ataques del mundo orquestados por el secretario de la OEA, José Miguel Insulza.

El 14 de agosto de 2009, *El Nuevo Herald* publicó una fotografía del encuentro entre los presidentes Felipe Calderón y Álvaro Uribe y además informó del respaldo que le dio México a Colombia en relación a las bases estadounidenses que se instalaron en territorio Colombiano. El presidente mexicano también se refirió a que al crimen organizado hay que combatirlo con estrategias como la que están montando los estadounidenses con los colombianos. Elocuentemente, Calderón se refirió al respeto que se merece Colombia en sus decisiones, sobre todo cuando está salvaguardando su soberanía atacada por los capos de la droga y el terrorismo nacional e internacional. Calderón agregó que "el crimen organizado no actúa de manera aislada, ni tampoco solo, en los ámbitos nacionales, tiene claramente un comportamiento transnacional, continental y, en particular, el narcotráfico actúa de manera organizada desde Colombia hacia EE. UU.; el crimen organizado debe ser combatido también de forma organizada".

A continuación uno de los discursos más elocuentes del presidente Uribe, sobre el tema de Hugo Chávez de Venezuela, el día 7 de agosto de 2009 el cual lo pronunció en Calamar, Bolívar, Colombia, tomado del *Noticiero Digital*:

*Permítanme, compatriotas de Calamar, alterar un poco la agenda del tema que nos ocupa, para dar unas reflexiones sobre esta declaración del presidente Chávez. Presidente Chávez: la verdad, con testigos, es que a usted se le permitió mediar con las FARC, como lo pidió. A usted se le permitió reunirse con las FARC, como lo pidió. A usted se le permitió reunirse con el ELN. A usted se le permitió que Rodrigo Granda se trasladara, de Cuba a Venezuela. Y como en tantas ocasiones anteriores, las FARC volvieron a mentir, volvieron a incumplir. La verdad, presidente Chávez, y la verdad con testigos, es que cuando no hay argumentos y se apela a los insultos, como usted lo hace, se afectan no solamente las relaciones internacionales, sino que, en este caso, usted con sus insultos y su falta de argumentos hiere la dignidad del propio pueblo de Venezuela que usted representa.*

*La verdad, presidente Chávez, es que nosotros necesitamos una mediación contra el terrorismo y no legitimadores del terrorismo. Sus palabras, sus actitudes, dan la impresión de que usted no está interesado en la paz de Colombia, sino en que Colombia sea víctima de un gobierno terrorista de las FARC.*

*La verdad, presidente Chávez, la verdad con testigos, como la nuestra, es que nosotros necesitamos que nos ayuden a superar esta tragedia del terrorismo, pero que no se aprovechen de la necesidad del acuerdo humanitario para invocar la ayuda a Colombia y venir a Colombia simplemente a intervenir en ella, para fomentar un proyecto expansionista. La verdad, presidente Chávez, es que si usted está fomentando un proyecto expansionista en el continente, en Colombia ese proyecto no tiene entrada.*

*La verdad, presidente Chávez, la verdad con testigos, es que no se puede incendiar el continente como usted lo hace, hablando un día contra España, al otro día contra Estados Unidos; maltratando un día a México, al siguiente al Perú, en la mañana después a Bolivia. No se puede maltratar al continente, incendiarlo, como usted lo hace, hablando de imperialismos, cuando usted, basado en su presupuesto, quiere montar un imperio.*

*La verdad, presidente Chávez, es que no se puede maltratar la historia, no se puede manchar la memoria de los héroes, desfigurándolos en la demagogia popular, para desorientar a los pueblos. El general Santander nos dio el ejemplo del apego a la ley. La verdad, presidente Chávez, es que no se puede burlar la ley, como usted lo hace, tratando de maltratar al general Santander, para sustituir la ley por el capricho personal.*

*La verdad, presidente Chávez, la verdad con testigos, es que no se puede desorientar al pueblo interpretando mal el legado del Libertador Bolívar. El Libertador fue integracionista, pero no expansionista. El Libertador dio la independencia a nuestras*

308

*naciones, pero no les trajo una nueva era de sometimiento. El Liber-
tador no andaba tratando de sacar del territorio estadounidense la
dominación europea, para imponer, como usted quiere hacerlo, su
propia denominación, basada en el poderío de su presupuesto, al
pueblo de Venezuela y al pueblo de Colombia.*

*La verdad, presidente Chávez, es que el pueblo de Colombia
tiene todo el derecho de derrotar el terrorismo, tiene todo el derecho
a aceptar mediaciones, pero no mediaciones que busquen el pro-
tagonismo político, el enseñoramiento político del terrorismo. Me
preocupa mucho que usted, afanado por pretensiones electorales,
ahora trate de apelar al viejo truco de estimular en Venezuela el odio
contra Colombia y contra el gobierno de Colombia, para buscar su
favoritismo electoral.*

*La verdad, presidente Chávez, es que los antecedentes de mi
gobierno muestran que en nuestra difícil lucha contra el terrorismo hemos sido respetuosos de todos los gobiernos y de todos los
países del mundo. Apelo a la reflexión, y a la conciencia del pueblo
de Venezuela para examinar este tema. Mientras un gobierno no es
capaz de censurar a las FARC, sí censura injustamente al gobierno
de Colombia y la contradicción es que el gobierno de Colombia,
enfrentado a los terroristas, jamás, jamás ha irrespetado al gobierno
de Venezuela, ni al pueblo de Venezuela.*

*La verdad, presidente Chávez, es que el comunicado de ayer es
sustentado por nuestros antecedentes, por nuestros hechos y tiene testigos. La verdad, presidente Chávez, es que en cada momento se conocen
nuevos elementos. Nuestro cónsul en Estados Unidos, que acompañó a
la senadora Córdoba (Piedad) a la reunión con uno de los presos pertenecientes a las FARC que por narcotráfico están en cárceles de Estados
Unidos. Nuestro cónsul nos ha informado que la senadora Córdoba
habló de política con el preso de las FARC, está bien; de la posibilidad
de una constituyente en Colombia, está bien. Todo eso es respetable,
aunque no estemos de acuerdo. Pero la Senadora también habló de la
necesidad de un gobierno de transición en Colombia.*

*La verdad, presidente Chávez, es que eso nos da el derecho
a los colombianos a interpretar que en la mediación, a la cual lo
invitó usted la senadora Piedad Córdoba, de acuerdo con las
actitudes de la senadora y con estos comentarios, estaba más*

*interesada, esa mediación, en posibilitar un gobierno con influencia del terrorismo en Colombia, que en ayudarnos a superar la tragedia de los secuestrados y a conseguir la paz.*

*Desde Calamar (Bolívar), esta región de la Patria hoy tan azotada por las inundaciones, le digo al mundo que pedimos y recibimos ayuda, pero no aceptamos proyectos expansionistas. Desde Calamar, esta región azotada hoy por las inundaciones, le digo al mundo que aquí hay pobreza y limitaciones, pero hay dignidad. El dinero se consigue todos los días, así en unas naciones sea más escaso que en otras. Pero la dignidad, el respeto al ser social, el respeto a las libertades individuales, cuando se pierden esos valores es difícil volver a recuperarlos.*

*Nosotros seguiremos haciendo todos los esfuerzos por derrotar al terrorismo, por recuperar a nuestros conciudadanos secuestrados, pero no admitimos que se abuse de nuestra tragedia para darle la razón al terrorismo. No admitimos que se abuse de nuestra tragedia para venir a incorporar a Colombia a un proyecto expansionista que poco a poco va negando las libertades que con tanta dificultad este continente ha logrado conquistar.*

Sin lugar a dudas, con la valentía que lo caracteriza, el presidente Uribe, ha contestado todas las acusaciones e insultos que el presidente Hugo Chávez le ha hecho tanto a él como al pueblo colombiano. El presidente Uribe ha demostrado con documentos fehacientes que tiene en su poder, la participación de Chávez con las FARC. Existen fotos que muestran al vicepresidente de la República, así como a otros miembros del ministerio de relaciones exteriores departiendo en la cancillería venezolana con Raúl Reyes, miembro de las FARC y considerado uno de los criminales más grandes de la America Latina. Qué más pruebas se necesitan para los señores Chávez y para el presidente Correa, del Ecuador. Que Dios, Nuestro Señor, se encargue de cuidar al presidente Uribe, de esta clase de hombres que solo buscan el mal como miembros activos de la maldita izquierda.

# Nuevo presidente

A Dios gracias, Colombia tiene un nuevo presidente de derecha Juan Manuel Santos, que estamos seguros será de la estatura del presidente Uribe. En Google se pueden ver las fotos y leer lo siguiente: "Juan Manuel Santos es un líder con capacidad de trabajo y resultados contundentes, don de mando, visión de futuro, disciplina de estudio, presencia y credibilidad internacional, características que ha logrado consolidar a través de su experiencia como dirigente cafetero, periodista, creador de la fundación Buen Gobierno, Primer Ministro de Comercio Exterior, designado a la presidencia de la República, Ministro de Hacienda y Crédito Público, Ministro de Defensa Nacional y actualmente director del partido de la U.

El presidente Santos en su interesante discurso el día de su toma de posesión el 7 de agosto de 2010, no dejó ningún tema importante sin mencionar, entre ellos el reconocimiento al presidente saliente Álvaro Uribe, que gracias a él, hoy los colombianos tienen un mejor país.

Fue muy aplaudido cuando al referirse a los presidentes mediadores del presidente Chávez, que estaban en la toma de posesión, debido a que Chávez no estaba porque había roto relaciones con Colombia, dijo en su discurso más o menos las siguientes palabras: "Agradezco la intención de los presidentes aquí presentes, sin embargo, prefiero un diálogo directo, franco y de cara a cara, con el presidente Chávez". Chávez recogió de inmediato sus frases para solicitar una reunión que se realizó en territorio colombiano tres días después de la toma de posesión de Santos y donde se logró poner fin a la ruptura de relaciones comerciales y diplomáticas.

# Capítulo XVI

## España

Espaňa, lamentablemente, tiene una fuerza de izquierda que no ha podido desaparecer a pesar del sufrimiento y las grandes desgracias que tuvieron durante la época en que los rojos españoles quisieron instaurar el comunismo y pertenecer a la órbita de Rusia. Hoy los rojos españoles, que son muchísimos, se disfrazan bajo diferentes partidos: Socialistas, Izquierda Unida y muchos otros.

Sin embargo, tuvieron la suerte de encontrar un hombre fuerte con claridad de pensamiento y convencido de que los comunistas llevarían para siempre la desgracia a su país, este hombre fue, el generalísimo Francisco Franco, quien salvó a España de las garras del comunismo, instauró nuevamente la monarquía y desde entonces los reyes de España, con absoluta sabiduría, la cuidan, respetando en lo político las decisiones del pueblo español en sus elecciones de gobierno. Lamentablemente, después de la muerte del generalísimo Francisco Franco, llegó un gobierno socialista que logró, con los votos, apoderarse del gobierno: Felipe González, hombre de principios izquierdistas que, no solamente afectó a su patria, sino que también, como miembro de la Internacional Socialista, salió al mundo a apoyar gobiernos de izquierda como el de Cuba, Nicaragua, Irán y muchos otros.

Los izquierdistas españoles, víctimas de sus propios fracasos, mantienen una envidia nata contra los estadounidenses, esta envidia desarrollada por las izquierdas se basa en el propio fracaso que ellos han tenido mientras, el noble pueblo estadounidense, con su trabajo, ha logrado ser el mejor país desarrollado del planeta. No hay que olvidar que, en su momento, España fue una potencia mundial, cuando descubrió América, sin embargo, poco a poco su poderío fue disminuyendo, no sin antes dejar las malas y buenas costumbres en los suelos americanos.

Uno de los primeros actos, como líder de la izquierda española, de Felipe González fue iniciar las relaciones con el tirano Fidel Castro. Su admiración por el tirano cubano puede verse en diversas fotos, publicadas por la prensa mundial, donde abraza, complacido, a este monstruo, uno de los más grandes criminales que ha tenido la humanidad. La admiración de Felipe González por Fidel Castro es producto de la lucha de este último por instaurar gobiernos de izquierda en América Latina que, al final, serán gobiernos enemigos de Estados Unidos y del mundo libre. Las terribles izquierdas se admiran, se ayudan y, con su temible cinismo engañan a los tontos útiles de todo el mundo.

A todos los países con gobiernos de izquierda, los españoles han ido a comprar propiedades y a realizar negocios millonarios, especialmente con propiedades robadas como en el caso de Cuba y Nicaragua. Por otra parte tenemos la España de derecha, que rechaza las actuaciones de los socialistas, tal y como lo fue el gobierno del presidente Aznar. Los españoles de izquierda realizan toda clase de actos que puedan afectar a las democracias y, por consiguiente, a la derecha mundial. Lo hemos visto con el famoso juez izquierdista Baltasar Garzón, quien logró enjuiciar en Inglaterra al general Pinochet de Chile.

Pinochet fue un gran luchador contra la izquierda de su país, cuando se estaba instaurando el comunismo en el mismo. Chile comenzaba a vivir las tragedias de los países de izquierda, sin embargo, el Gral. Pinochet logró salvarlo. Las izquierdas utilizan su fuerza internacional para afectar la derecha de cualquier país, como es el caso, ya mencionado, del juez Garzón y el Gral. Pinochet. Sin embargo, Baltasar Garzón, no enjuicia a verdaderos tiranos que mantienen secuestrados a sus países como lo son Fidel Castro en Cuba y Daniel Ortega en Nicaragua, más bien los admira, sin importarles los miles de fusilamientos que ha hecho Castro ni los miles de asesinatos cometidos por los sandinistas.

# El juez Garzón se ensañó contra el Gral. Pinochet

Baltasar Garzón se dedica, principalmente, a enjuiciar a todos los gobernantes que han luchado contra el comunismo o sea contra la izquierda. Solapadamente busca, con los socialistas españoles, destruir la monarquía española, orgullo de la humanidad y, con mayor razón, del pueblo español. Ha logrado, con los socialistas en el gobierno, eliminar todas las esculturas del generalísimo Francisco Franco. En el año 2008 llegó a Colombia con el propósito de ayudar a los terroristas de las FARC, por suerte, el excelente gobierno de derecha de Álvaro Uribe no se lo permitió.

Baltasar nació en Torres, Jaen, España, es magistrado, juez titular del Juzgado Central de Instrucción Número 5. Estos juzgados investigan los delitos cuyo enjuiciamiento corresponden al Juzgado Central de lo Penal o a la Audiencia Nacional, enjuician en primera instancia los delitos con implicaciones en todo el territorio nacional; sin embargo, nos preguntamos: ¿Quién les ha dado la autoridad para enjuiciar a los luchadores por la libertad en diversas partes del mundo? ¿Por qué enjuician a los que han luchado contra los comunistas? ¿Por qué no enjuician, si quieren ser justos, a los tiranos de América Latina, o a los mismos españoles como Felipe González, y a Rodríguez Zapatero, quienes tanto daño le han causado a España.

Lamentablemente, los españoles de derecha son los menos, como se demostró en las elecciones donde el partido de Aznar perdió el poder, víctima de un error de la policía española que afirmó que fueron los famosos terroristas de la ETA quienes habían colocado las bombas en la estación del metro de Madrid, donde murieron muchísimos españoles. Hoy día, aprovechando el gobierno izquierdista de José Luis Rodríguez Zapatero, se están reabriendo procesos de los izquierdistas enjuiciados y fusilados durante la Guerra Civil Española, en la que el generalísimo Francisco Franco venció a los rojos.

Las acciones de Garzón tienen dos fines: a) Revolver los ánimos entre los españoles para cooperar con Rodríguez Zapatero en la destrucción de España. b) Eliminar la monarquía española, los izquierdistas, llamados también socialistas, buscan la forma de destruir la monarquía Española. Afortunadamente, hay muchos españoles que son

314

antiizquierdistas, o antisocialistas, sin importar qué nivel económico tengan, ellos reconocen el daño y el peligro que significan para España estos gobiernos.

Recientemente, en un viaje de placer por España, me dio gusto conocer a dos conductores de taxis que detestaban a los socialistas, uno de ellos en Cádiz, el Sr. Joaquín González Marín, decía: "No comprendo cómo los españoles, sabiendo el daño que los socialistas hicieron en la época de Felipe González, puedan haberle dado nuevamente su voto a Zapatero; lo que persiguen, en el fondo, es destruir la corona española y empobrecer cada día más a España". De igual forma me comentaba, en Málaga, el taxista José Luis Torres, quien además acusaba a los socialistas del gobierno de Rodríguez Zapatero, de corruptos y aprovechados, en perjuicio de España.

Ojalá que los buenos españoles abran los ojos y se den cuenta de las estrategias que persigue el gobierno de izquierda que tienen con Rodríguez Zapatero. Ojalá lleguen a comprender que no existen buenas intenciones en ninguna de las izquierdas, llámense como se llamen, ellos solamente persiguen destruir al hombre de éxito, para poner a todos al mismo nivel de los fracasados e idiotas que se deja adormecer por sus cantos de sirena.

# Tribunal en España considera juzgar a exfuncionarios del gobierno de Bush

Payasada maquiavélica la del famoso izquierdista español Baltasar Garzón, quien se considera el juez del planeta Tierra para encausar a defensores de la democracia como por ejemplo al presidente Bush y a su gobierno. Ahora Baltasar responsabiliza y acusa de criminales a seis exfuncionarios del gobierno de Bush, por su responsabilidad en las violaciones de los derechos humanos, afirmó *The New York Times* según publicación del *Diario Las Américas* del 30 de marzo del 2009.

El juez Baltasar Garzón envió a la fiscalía el expediente de un posible proceso contra el exsecretario de justicia Alberto González y otros exfuncionarios estadounidenses. Según Baltasar estos funcionarios violaron, en la base naval de Guantánamo, la ley internacional cuando proveyeron el marco legal que justificó la tortura de los terroristas capturados en Irán por Estados Unidos.

Se habrá visto semejante disparate y maldad de este juez izquierdista, quien solamente pretende que se toquen todos los tambores de la izquierda mundial para seguir afectando a Estados Unidos. Según dijo Baltasar, es muy probable que la causa progrese en los tribunales españoles para emitir orden de arresto, como lo logró con el Gral. Pinochet por haber salvado su país de la izquierda.

Según expertos estadounidenses, aun si se extendieran órdenes de arresto, su significado sería más simbólico que práctico, si los funcionarios no salen de Estados Unidos. Sin embargo, además de aprovechar la prensa de izquierda, para tocar todos sus tambores al unísono en contra de la derecha, siempre existe el peligro de que en países controlados por la izquierda se logren hacer barbaridades.

Es muy posible que cualquiera de esos funcionarios sea encarcelado lográndose así hacer daño a Estados Unidos y, sobre todo, a la derecha o auténtica democracia que se practica en Estados Unidos.

El 31 de marzo de 2009 el *Diario Las Américas* publicó: "Tribunal en España considera juzgar a exfuncionarios del gobierno de Busch" según el reportaje un juez español ha dado los primeros pasos para la apertura de una investigación criminal de seis exfuncionarios del gobierno de Bush. Los acusan de violaciones de los derechos humanos, en dicho reportaje informan que el juez Garzón envió a la fiscalía, el expediente de un posible proceso contra el secretario de justicia, Alberto González y otros exfuncionarios estadounidenses. La acusación que hacen los españoles, se refiere a los terroristas que fueron apresados en Irak y llevados a las cárceles de Guantánamo, en Cuba. Realmente este es el colmo de la astucia y cinismo de la izquierda española que, seguramente está alineada con la izquierda mundial, con pretensiones de llegar hasta los cimientos de la democracia norteamericana.

# José María Aznar, expresidente de España, un hombre ejemplar del pueblo español, y digno ciudadano del mundo

El expresidente del gobierno español entre 1996 y 2006, José María Aznar, fue un verdadero líder contra las izquierdas del mundo, él es un hombre de pensamientos claros y sabe el daño que le hacen a la humanidad los políticos de izquierda. Aznar viajó a Colombia para apoyar al gobierno democrático de derecha de Álvaro Uribe. Uribe ha sido atacado por la prensa mundial por haber dado muerte al terrorista jefe de las FARC Raúl Reyes, protegido de los presidentes de izquierda Hugo Chávez de Venezuela, Rafael Correa del Ecuador y Daniel Ortega de Nicaragua. El expresidente Aznar declaró en Bogotá que hay algunas personas que necesitan buscar enemigos externos cuando las cosas se les complican en casa, refiriéndose al mandatario Venezolano.

José María Aznar, conjuntamente con el expresidente de Bolivia, Jorge Quiroga Ramírez; el de México, Vicente Fox y el de El Salvador, Calderón Sol, son los pocos expresidentes que están abiertamente combatiendo a las izquierdas del mundo, ellos están convencidos del daño moral y material que le están haciendo a la humanidad.

El 7 de mayo, en el diario *El País*, se informó en primera plana que el presidente de la patronal, el Sr. Gerardo Díaz Ferrán, culpaba de la crisis a "los años de Rodríguez Zapatero" en el Gobierno. Por otra parte, el mismo día, *El País* informó que "el socialista Patxi López suprime la referencia a Dios en su toma de posesión" sustituye la *Biblia* por los "Estatutos", para aceptar su nuevo cargo en la región vasca de España. Estos dos artículos del mismo día nos pueden dar una mejor comprensión de la crisis española y la nueva estrategia de la izquierda en función de perseguir otros valores que nunca han sido de la mayoría de los españoles, como lo es la destrucción de la religión católica que tratan de perpetrar.

# Madrid y Caracas ponen fin a disputa sobre la ETA y las FARC

Así lo informa *El Nuevo Herald* del día 7 de marzo del 2010. Zapatero le puso fin rápidamente a la acusación que un juez español le hizo a varios miembros de la ETA que operaban desde Latinoamérica y que, conjuntamente con la participación del gobierno de Chávez, las FARC y la ETA han querido asesinar, entre otros, al presidente Álvaro Uribe durante su visita a España. Esta gravísima acusación, como se trata entre gobiernos de izquierda, la manipulan y la entierran para protegerse entre ellos, sin importarles las consecuencias y responsabilidades que tiene España en aclararlo.

El expresidente del Gobierno, José María Aznar, sigue siendo atacado por la izquierda mundial y, con mucha rabia, por la izquierda española. Valientemente, una de las figuras con mayor prestigio mundial en su lucha contra la izquierda, José María Aznar, respondió recientemente con la hombría que le caracteriza a la izquierda española, que pretende remover la Guerra Civil para distorsionar la imagen de los líderes que salvaron a España de haberse convertido en un país más de la elite de Rusia.

Aznar los acusó de haber sido "injuriado y difamado hasta límites extremos" por la izquierda que ahora dirige Rodríguez Zapatero. Por supuesto que dichas acusaciones no asustaron al líder mundial y paladín de la democracia. Desde la época del izquierdista Felipe González, en 1996, estos han luchado por ensombrecer y desacreditar a la derecha española, que salvó a España del régimen más criminal que haya existido en la historia de la humanidad. Nunca el mundo debe olvidar que las doctrinas socialistas (izquierda) han causado a la humanidad más de cuarenta millones de víctimas solo en Rusia y sus países satélites, todo en nombre de los pobres, de quienes abusan y a quienes han llevado a la miseria más extrema.

Lo triste en la situación actual del mundo es que aún existen regímenes perversos, que mantienen a sus países secuestrados como son los casos de Nicaragua, Venezuela y Cuba, en América Latina.

Si analizamos el régimen de José Luis Rodríguez Zapatero, este ha venido cumpliendo con todas las doctrinas de la izquierda. España es hoy un país con problemas económicos (2010), con un porcentaje de desocupación laboral considerado el más alto de Europa. El gobierno de Rodríguez Zapatero ha logrado irrespetar valores importantes de la historia de España, como ha sido su religión católica, ha aceptado el matrimonio entre personas del mismo sexo, el aborto y muchas otras prácticas de los regímenes de izquierda. El expresidente Aznar es atacado fuertemente por la izquierda española y mundial porque mientras gobernó España, los españoles experimentaron grandes mejoras sociales, creando más de seis millones de empleo, logró poner a España en un nivel mundial como nunca antes lo había estado.

Aznar también ha sido reconocido mundialmente por su lucha contra los terroristas de la ETA, con quienes jamás aceptó realizar componendas que solo los favorecerían a los terroristas, prohibió toda clase de contactos y vías de comunicación que el gobierno de Felipe González mantenía con esa temible organización. La izquierda mundial pretende ensombrecer el "descubrimiento de América", haciéndoles creer a muchos latinoamericanos que los españoles solo pensaban en el aprovechamiento del oro y otras riquezas que se llevaron del nuevo continente. El presidente Chávez, con frecuencia, en muchos de sus discursos se refiere al Día de la Hispanidad, como el día de la "resistencia indígena". Daniel Ortega dice: "Es un día de dolor y tristeza para América Latina". Los grandes valores que la derecha defiende, sobre el descubrimiento de América, son atacados por la izquierda calificándolo como un acto despreciable que la historia registra.

Los movimientos de izquierda realizan grandes esfuerzos para convertir el Día del Descubrimiento de América en un día de luto para el nuevo el continente. El Día de la Hispanidad, que es celebrado el 12 de octubre, fecha del descubrimiento de América, la izquierda mundial lo quiere convertir en el día que todo el continente de América debe de estar de luto. Los españoles además de robarse el oro y otras maravillas del continente, explotaron y asesinaron a muchísimos indios, es lo que constantemente dicen en sus discursos las izquierdas latinas. Toda la grandeza que logró España impregnar, sobre todo la religión católica, las izquierdas lo quieren ignorar y destruir, aprovechándose de medias verdades y falsificando otras. Evo Morales, Hugo Chávez y Daniel Ortega, principalmente, no se cansan de desacreditar a España, a la que acusan de haber exterminado a muchísimos indios para robarles sus tierras y sus riquezas.

El rey de España, en la reunión de la cumbre iberoaméricana de mandatarios, le dijo a Chávez: "¿Por qué no te callas?", esa frase le dio la vuelta al mundo con grandes aplausos para el rey de España. Chávez en uno de sus discursos, dijo que Venezuela no necesitaba de las inversiones españolas, además acusó al rey Juan Carlos de prepotente, cuando este le dijo que se callara en la cumbre iberoamericana.

Chávez no perdió oportunidad para amenazar a los españoles, que tienen bastantes inversiones en Venezuela y, entre ellas, mencionó al Banco Santander y al Banco Bilbao, además se refirió a los españoles que viven en Venezuela y que salieron con banderas españolas para generar conflictos que no permitiría, dijo. También se refirió a José María Aznar, a quien calificó de fascista porque, según él, Aznar apoyó el golpe de estado en su contra, en 2002. Chávez además, en sus ataques contra el rey de España, porque este lo mandó a callar, dijo que había que recordar la historia, donde se reflejaban los 500 años de prepotencia española sufrida en el continente de América.

Chávez además informó a los medios de comunicación, que junto a sus colegas Daniel Ortega de Nicaragua y Evo Morales de Bolivia, se había reunido con el rey para que escuchara las quejas de los latinoamericanos, y que era posible que después de hacerles tantos reclamos de nuestra parte, explotara el día que le dijo "¿Por qué no te callas¿". Entre las barbaridades que dijo Chávez del rey de España, está el recordarle que se hizo rey,gracias al dictador Francisco Franco, el caudillo que para la desgracia de España lo nombró rey. Ojalá que los españoles, de una vez y por todas, se den cuenta de los desaciertos y las maldades del los gobiernos socialistas, que en nombre de los pobres buscan cómo destruir a la hermosa España.

El ministro de asuntos exteriores nombrado por Rodríguez Zapatero, Miguel Ángel Moratinos, a pesar de haber visitado Cuba y de comprobar el estado de gravedad en que se encuentran muchos presos políticos y del secuestro de la isla por más de 50 años, le pidió a la Unión Europea una nueva oportunidad en  las relaciones con Cuba; esto salió publicado en el *Diario Las Américas* del 28 de julio de 2010. La izquierda no descansa sobre cómo lograr que el mundo apoye a regímenes tiranos mientras estos sean de su bando. Luchar por crear una imagen diferente de Cuba, ante la Comunidad Europea, es una barbaridad inhumana de los socialistas españoles. La juventud española no analiza que la pérdida de principios es la destrucción de ellos mismos; que Dios salve a España de la izquierda.

# Capítulo XVII

## Ecuador

Rafael Correa logra la presidencia en el Ecuador y, desde el principio de su mandato, se enfila con las izquierdas mundiales y en especial con las de Latinoamérica e Irán; vocifera contra EE. UU. y les retira sus bases aéreas. Así debuta en su nuevo gobierno, y con relación a Colombia le ha demostrado su participación en la ayuda al grupo terrorista más cruel del continente, las FARC. Logró el apoyo de los medios de comunicación de izquierda del Ecuador y del resto del mundo, quienes mantuvieron por más de un año su protesta contra Colombia por haber dado muerte en la frontera con el Ecuador al terrorista Raúl Reyes, habiéndoles capturado además varias computadoras y otras pruebas que comprometían seriamente a Ecuador y, por supuesto, a Venezuela.

Su aversión contra Estados Unidos se explica porque su padre fue encarcelado por tres años en ese país, por contrabandear cocaína colombiana hacia el mismo y, luego, al poco tiempo de haber salido de la cárcel, se suicidó. El resentimiento contra EE. UU. es muy grande, a pesar de haber obtenido un doctorado en Economía en la Universidad de Illinois. Correa aparece en varias fotos con el terrorista Daniel Ortega del Frente Sandinista, con el depuesto presidente de Honduras, Miguel Zelaya, con Hugo Chávez y con Evo Morales, así como con el presidente de Irán y con el terrorista Raúl Reyes.

Todos esos personajes son enemigos jurados de Estados Unidos, dispuestos a desarrollar el terrorismo internacional, con miles de latinoamericanos que podrán colarse fácilmente, por las extensas fronteras entre EE. UU. y México. El domingo 30 de noviembre de 2008, despertó al pueblo ecuatoriano con la sorpresa de que se iniciarían las confiscaciones de tierras para dárselas a los campesinos; las nuevas reformas que había logrado en la Constitución le permiten confiscar tierras, supuestamente "improductivas", para dárselas a los campesinos, partiendo del mismo concepto de todos los países controlados por la izquierda.

Correa inició un segundo mandato el 10 de agosto de 2009, para lograrlo, realizó la misma jugada de Hugo Chávez, o sea, reformar la Constitución para ampliar los poderes presidenciales. El 10 agosto del 2009 Patricio Realpe (AP) tomó una foto que publicó en *El Nuevo Herald*. En ella, el presidente cubano, Raúl Castro, alza su puño en el balcón del palacio presidencial de Quito, mientras el presidente Correa, ríe después de haber anunciado que se formarían los Comités de Defensa para defender la Revolución Bolivariana. Estos famosos Comités de Defensa los hicieron antes los cubanos y los sandinistas, copiando a los países comunistas que los habían implantado con mucho éxito desde los principios de la revolución comunista.

Según publicaciones de *El Nuevo Herald,* el 13 de agosto del 2009, la ministra del gabinete del presidente Correa defiende la creación de los Comités de Defensa, y al igual que los sandinistas y los castristas en su momento también lo decían, ella repitió: "Los cambios en la democracia tienen que ser defendidos por la ciudadanía". Estos Comités se forman para enemistar familias contra familias, hermanos contra hermanos, padres contra hijos, en fin, es una de las armas de éxito que los comunistas han practicado y que, por supuesto, Fidel y los sandinistas los han implantado en sus respectivos países.

En Nicaragua no lograron perfeccionarlos gracias a la contrarrevolución que apoyó el presidente Ronald Reagan. Los jefes de estos Comités de Defensa, que se organizan por manzanas, están comprometidos con los controles que desea el gobierno, y son los responsables de vigilar su manzana. El jefe del comité de barrio procede a vigilar el comportamiento de su vecino, para que cumpla con las directrices de la revolución. Si no cumple o simplemente no lo considera su amigo, no le firma la famosa boleta que implantan para que el ciudadano pueda ser atendido en un hospital o simplemente comprar alimentos, es decir, sin la boleta semanal el ciudadano no puede tener ningún servicio.

El presidente Correa les dijo a los ecuatorianos que "el gran desafío en esta nueva etapa de la revolución era crear en cada casa un Comité revolucionario, en cada barrio un Comité de Defensa del gobierno nacional y de la revolución ciudadana, para estar preparados frente aquellos que quieren desestabilizarnos", y agregó: "somos vulnerables, podemos ser presa fácil de grupos pequeñitos pero con gran poder económico social que podrían buscar desestabilizar al gobierno".

Estos famosos comités son importantes para consolidar la izquierda, para que permanezca en el poder por largo tiempo. De estos comités es que salen las turbas que son enviadas a cualquier lugar en donde pueda haber una protesta pacíficamente ciudadana; esas turbas, más el control del ejército y los demás poderes, han permitido a las izquierdas permanecer por varias décadas en el poder, temor y miseria, son los aliados de estos dirigentes.

## Pobre Ecuador

El presidente de Ecuador, Rafael Correa, está creando unos lazos con Rusia que influirán nefastamente sobre el porvenir del pueblo ecuatoriano; de igual manera lo está haciendo con Hugo Chávez, de Venezuela y con Daniel Ortega, de Nicaragua y, por supuesto, con Cuba. Claro que la Rusia de ahora no es la de Stalin, ni la de Jrushov, pero ese país, a la larga, quiere influir ideológicamente, dando zarpazos de dominio, como lo demuestra la historia. Correa cree que está haciendo bien, pero después se lamentará y lo peor es que querrá perpetuarse en el poder. Carlos Alberto Montaner escribió un artículo hace un tiempo que abre los ojos a los que creen que el totalitarismo es la solución. Entre sus principales puntos de vista, este filósofo de nuestro siglo plantea lo siguiente:

*Un comunista es alguien convencido de cuatro supersticiones fatalmente condenadas:*

*La primera es que existe un destino fulgurante para ellos y para la humanidad.*

*La segunda es que ese destino "maravilloso" depende de la erradicación de la propiedad privada, engendradora de comportamientos codiciosos y de perversas relaciones de poder.*

*La tercera es que existe un agente que propicia los cambios en la dirección de ese mundo fascinante: la clase trabajadora.*

*La cuarta es que ellos, los comunistas, saben que se llega al paraíso porque Marx descubrió el camino y las "leyes" que gobiernan en la historia.*

Por esto, Rafael Correa es un ciego que no quiere ver. ¡Pobre Ecuador!

## Ecuador se vuelve centro de operaciones criminales
### (Publicado el 4 febrero del 2010)
### (por Gerardo Reyes, de El Nuevo Herald)

*Submarinos que zarpan cargados con cocaína, guerrilleros colombianos que manejan clínicas y cuentas bancarias, narcotraficantes mexicanos que operan a sus anchas y bastiones de la mafia rusa que vende armas y tráfico de indocumentados procedentes de la china.*

Estos y otros males son parte del desolador panorama actual del Ecuador que descrito en un amplio reporte publicado en febrero del 2010, por un grupo de análisis (*think tank*) de Washington, D.C., bajo el atrevido título de "Ecuador: drogas, bandidos y la revolución ciudadana".

"El Ecuador, que por mucho tiempo estuvo por fuera del radar internacional, se está convirtiendo rápidamente en un importante cruce de caminos en el que las organizaciones criminales internacionales se reúnen y hacen negocios con muy poco temor de que sus actividades sean perturbadas o detectadas", señaló el informe de *International Assesment and Strategy Center* (*IASC*).

La principal preocupación de los analistas es el incremento de las actividades políticas y los negocios del narcotráfico de las Fuerzas Armadas

Revolucionarias de Colombia (FARC) en el país, así como su capacidad de infiltración en el gobierno del presidente Rafael Correa.

Preparado por los exreporteros Douglas Farah, de *The Washington Post*, y Glen Simpson, de *The Wall Street Journal*, el estudio de 77 páginas consideró serias las denuncias de que la campaña de Correa recibió aportes monetarios de las FARC. También dio crédito a las acusaciones de que altos funcionarios de Correa, no solamente han apoyado al grupo rebelde, sino que han estado involucrados en negocios de narcotráfico con líderes de esta guerrilla. Apoyándose en entrevistas con analistas, fuentes de inteligencia y exmilitantes de las FARC, el estudio destacó además como factores preocupantes:

*La creciente presencia de organizaciones criminales de Rusia y China.*

*El cada vez más activo papel del Ecuador como lavandería de dinero, lo cual se facilita por la utilización del dólar como moneda oficial.*

*El funcionamiento, con permiso oficial, de instituciones financieras de Irán, un país bloqueado por Estados Unidos.*

Todo esto agravado, agregó, por un estado general de corrupción administrativa y señales intimidatorias del presidente para silenciar a los medios de comunicación.

IASC es una organización sin fines de lucro que realiza estudios relacionados con temas de seguridad y su impacto en Estados Unidos. Recibe fondos de fundaciones, universidades, corporaciones, donantes privados y de contratos con el gobierno de Estados Unidos, según su sitio en internet.

Miami no escapó al mapa de los escándalos de corrupción reseñados por el documento de IASC. El Pacific National Bank, un banco controlado por el gobierno ecuatoriano, que opera en esta ciudad, se menciona como una de las instituciones que participó en una cuestionada maniobra de manipulación de los precios de bonos de la deuda pública ecuatoriana en 2007.

"Existen evidencias sustanciales de que el gobierno de Correa ha estado comprometido durante varios años en un audaz y lucrativo esquema de manipulación de los mercados internacionales de la deuda a través de la invención de crisis", afirmó el informe.

Quizás uno de los más reveladores aspectos del estudio es el capítulo que los reporteros le dedican a Oliver Solarte, alias El Gordo, a quien identifican como el zar de las drogas de las FARC. Con su base de operaciones en la población de Puerto Nuevo, al norte del país, Solarte se considera "la persona más importante de la organización en el Ecuador en materia de tráfico de drogas", aseguró el estudio. Solarte controla varios laboratorios de procesamiento de cocaína, es el encargado de comprar y vender la droga y maneja, desde las cuentas bancarias más importantes de las FARC en ese país, hasta dos clínicas para atender a combatientes heridos de la guerrilla, una en Quito y otra en la población de Lago Agrio, fronteriza con Colombia.

Una de sus más importantes misiones ha sido mantener una buena relación con los carteles de la droga de México. Su enlace con el Cartel de Tijuana es un delegado de esta organización identificado como Jefferson Otaiza, alias Cachi, agregó el estudio. Los mexicanos han logrado una estrecha relación con las FARC en Ecuador según lo descrito por una fuente de los analistas entrevistada en una prisión. "Hay una sociedad entre las organizaciones mexicanas y los comandantes de las FARC. El nivel de confianza ha crecido", dijo la fuente. "Si los mexicanos necesitan coca, la pueden tomar y pagan después. El dinero siempre llega".

Gran parte de la droga se saca de Ecuador hacia Centroamérica en sumergibles construidos con fibra de vidrio, que se han convertido en el medio de transporte preferido de los narcotraficantes, por cuanto son de difícil detección por las mal equipadas fuerzas navales de los países centroamericanos. Aunque esto no lo dice el informe, tanto Nicaragua como Honduras, participan en las operaciones de narcotráfico; en este último país, en tiempos del presidente Zelaya, recibieron el apoyo total para la distribución de la droga.

Los carteles mexicanos han encontrado en Ecuador otro negocio lucrativo: la alianza con mafias de contrabando de humanos. Según los autores, dado que Ecuador es uno de los países con las leyes migratorias más laxas del mundo, las redes chinas, hindúes y africanas utilizan el país como punto de embarque para despachar a los indocumentados hacia Centroamérica o México y de allí a Estados Unidos. El estudio concluyó que no hay duda de que para que Ecuador pueda combatir las amenazas transnacionales que se derivan de la presencia de las FARC, debe unirse con Colombia

"Sin un frente unido en los temas más vitales de la Seguridad Nacional, poco se puede avanzar contra grupos armados irregulares que son realmente transnacionales en alcance y más ricos que cualquier Estado", afirmaron los autores.

"El desafío para Correa es llevar a cabo su 'Revolución Ciudadana' en un marco democrático al tiempo que lidia con los retos transnacionales que pueden destruir a Ecuador".

Lamentablemente, Ecuador está siguiendo los pasos del Socialismo del Siglo XXI con los ejemplos de Chávez, Fidel y Daniel Ortega. La descomposición del ser humano, que es la estrategia principal de los grupos de izquierda, hará del Ecuador un país que lamentablemente no sirva, el nuevo ser que están desarrollando, enemigo del capital, con odio a los estadounidenses y a los europeos, convertirá a Ecuador en un país de alta peligrosidad.

# Capítulo XVIII

## Sandinistas arrepentidos

Al hijo de doña Violeta Chamorro lo atropellan sus antiguos compañeros. Carlos Fernando Chamorro es uno de los cuatro hijos de doña Violeta, viuda de Chamorro, que participó activamente con los sandinistas en la década de los ochenta. Fue el director del periódico sandinista *Barricada* y el jefe de la agitación y propaganda sandinista. Con su pluma atropelló a muchas personas, no importándole que se tratara de calumnias, arriesgando poner en prisión a los que atacaba porque desistían de las doctrinas de la izquierda que los sandinistas querían implantar en Nicaragua.

Según muchos nicaragüenses que vivieron la terrible década de los ochenta con los sandinistas al mando, sus publicaciones en *Barricada* llevaron a muchas personas a la cárcel y otras fueron asesinadas por el régimen. Al igual que muchos otros sandinistas, se robó la casa donde vivió por muchos años, hasta que ya siendo su madre, doña Violeta, presidenta de Nicaragua, su legítimo propietario lo llegó a sacar pistola en mano, porque no quería desalojar la casa robada.

Manejó a las masas sandinistas para atropellar a la indefensa ciudadanía que protestaba contra los sandinistas. Hoy, Carlos Fernando parece que se ha separado de la cúpula sandinista, motivo por el cual está recibiendo la misma dosis que las izquierdas le dan a los que se separan de ellos, y está siendo atacado por los que fueron sus compañeros en todas las atrocidades que realizaron juntos durante la primera década de los ochenta del gobierno sandinista. Hay muchos nicaragüenses que no olvidan que fueron vilmente atacados por Carlos Fernando desde el periódico *Barricada* y por las turbas sandinistas que él manejaba.

Personalmente, no estoy seguro si ha dejado de ser un sandinista, pero lo interesante es que a las izquierdas no les importa cuánto trabajo o cooperación tuvo con ellos, lo importante es que si hoy difieren de sus jefes deben ser eliminados o, al menos, atropellados. Lo extraño de esta nueva situación del Sr. Chamorro es que él conoce la forma en que trabajan sus antiguos compañeros.

# Muerte silenciosa de un honorable nicaragüense durante el gobierno de doña Violeta

Desde el periódico sandinista *Barricada*, Carlos Fernando contribuyó con su pluma a causar la muerte de un honorable nicaragüense, miembro del gobierno de doña Violeta, quien trabajaba en una de las instituciones del gobierno. Carlos Fernando, aun sabiendo que estaba levantando una calumnia contra dicho señor, quien fuera un ciudadano impecable, incapaz de involucrarse en actos de corrupción, lo calumnió en el famoso diario sandinista *Barricada*. Carlos Fernando lo acusó de que estaba lucrando en una operación millonaria en contra del Estado, al vender unos artículos que los sandinistas habían comprado de USA, vía Canadá-Panamá, y después llegaban a Nicaragua con precios de muchos miles más que su costo real, el cual fue, tal vez, de solo unos trescientos dólares.

La acusación era completamente falsa, lo sucedido realmente fue que eran los propios sandinistas quienes compraban esos artículos en USA a través de una oficina que tenían en Canadá, que a su vez refacturaban para enviarlos a otra oficina que ellos tenían en Panamá con precios más altos, y esta oficina de Panamá los enviaba a precios millonarios a Nicaragua. Estos artículos los sandinistas los tenían registrados en los libros de sus bodegas por un valor de más de tres millones de dólares, sin embargo el precio del fabricante no llegaba a los trescientos mil dólares.

En estas operaciones que se llamaban de triangulación, aprovechaban para robar cantidades que ascendían a millones de dólares por la empresa formada por Canadá, Panamá y Nicaragua.

Cuando ganó doña Violeta, formaron empresas que se dedicaron a vender a la empresa privada todo lo que tenía concentrado el gobierno sandinista. Este señor, que administraba una de esas empresas, se encontró con que el inventario de la bodega que tenían los sandinistas valorado en más de tres millones de dólares, no valía, en los libros de los fabricantes, más de trescientos mil dólares, por lo que procedió a ofrecerlo al mejor ofertante, a un precio con descuento, este señor no sabía que los sandinistas tenían interés de apropiarse de ese inventario para seguir robando, por consiguiente lograron, con la ayuda de Carlos Fernando, levantar calumnias en contra del mismo, evitando así que se diera la venta.

El gobierno de doña Violeta reaccionó sacando de su puesto a este funcionario, sus ministros alardearon de que estaban sacando a un corrupto, sabiendo algunos de ellos que eran puras calumnias. Todo esto fue publicado en el diario *Barricada* que manejaba Carlos Fernando, además de salir en otros medios de comunicación y por más pruebas que se dieron, los medios controlados por los sandinistas y los mismos funcionarios de doña Violeta, hicieron caso omiso. El funcionario de Doña Violeta, no resistió ser víctima de todas estas calumnias que había levantado Carlos Fernando, y a pesar de que con toda hombría las protestó, se deprimió, enfermó y murió.

Después, el gobierno de doña Violeta sacó estos artículos a licitación pública y los sandinistas, que ofrecían un poco más de cincuenta mil dólares, perdieron la licitación contra una empresa americana que ofreció casi los cien mil dólares. El Gobierno declaró desierta la licitación y por segunda vez la sacaron a licitación que también perdieron los sandinistas y nuevamente la declararon desierta. Finalmente, los artículos no salieron más a licitación, y los sandinistas se los llevaron de las bodegas sin pagar nada por ellos.

A continuación lo publicado en el *Diario Las Américas* sobre el acoso del presidente Ortega contra Carlos Fernando, su antiguo fiel amigo y compañero. Es bueno que el lector comprenda que las izquierdas no respetan ni a su madre, ellos van tras sus metas y quien se les oponga lo eliminan; espero que esta lección le pueda servir, no solamente al Sr. Chamorro, si no a las miles de personas que en el mundo creen, y cooperan con las izquierdas.

# Diario guatemalteco se solidariza con Chamorro por acoso de Ortega
*(Diario Las Américas)*
*(Publicado el 10-14-2008)*

Guatemala (EFE). El diario de Guatemala, *El Periódico*, se solidarizó hoy con el periodista nicaragüense Carlos Fernando Chamorro Barrios por el "acoso" que sufre de parte del presidente de Nicaragua, Daniel Ortega. "Chamorro y Cinco (Centro para la Investigación de la Comunicación) enfrentan el acoso por diferentes vías del gobierno del presidente Daniel Ortega debido a sus revelaciones de corrupción y otros abusos en aquel país", señaló el diario en su edición de este lunes. Chamorro Barrios, hijo de la expresidenta de Nicaragua, Violeta Chamorro (1990-1997), se ha declarado "en estado de indefensión y de completo desamparo", tras el allanamiento, el sábado pasado, de las oficinas de Cinco, por parte del fiscal Douglas Vargas.

Según ha denunciado el periodista, las diligencias judiciales realizadas contra la institución que dirige están basadas "en nulidades y en ilegalidades", ya que no le han informado oficialmente el objetivo de las mismas. El periódico precisó que "los ataques de todo tipo (en contra de Chamorro) han escalado de manera peligrosa", y detalló que los mismos van "desde denigraciones explícitas por parte de funcionarios, acusaciones difamatorias y persecución fiscal, incluidos los allanamientos y amenazas físicas". Además denunció que "por expresarse libremente y ejercer la crítica al gobierno de Ortega", también han sido perseguidos en Nicaragua los diarios *La Prensa* y *El Nuevo Diario*, así como el escritor Ernesto Cardenal, los cantautores Carlos y Luis Enrique Mejía Godoy, la feminista Sofía Montenegro, y el periodistas Jaime Arellano. El periódico demandó de las autoridades de Nicaragua "el respeto a la libertad de expresión de todos sus ciudadanos".

A continuación otras publicaciones que han aparecido en diferentes medios, donde se le acusa de haber preparado a esas turbas sandinistas que hoy están contra él:

"Carlos Fernando Chamorro recibiendo fuertes dosis de su propia medicina: en la década de los 80 fue director de *Barricada* y Jefe de Agitación y Propaganda del Frente Sandinista".

"Carlos Fernando Chamorro está bajo fuego de la propaganda

331

sandinista, señalándolo como miembro de la mafia capitalista. Él no debiera quejarse porque mucho de los fuertes ataques que hoy lanzan contra él, pues él mismo lo hizo cuando fue director del diario sandinista *Barricada* y Jefe de Agitación y Propaganda del Frente Sandinista, atacó a miles de nicaragüenses".

"Carlos Fernando Chamorro cayó en desgracia con el Frente Sandinista y hoy lo atacan como miembro de la mafia piñatera, ya que también él intentó quedarse con una casa robada".

Él no debería quejarse porque él fue implacable en sus ataques, principalmente contra los exilados a quienes calumniaba desde las páginas del diario sandinista, *Barricada*. Además de ser el director del periódico oficial del sandinismo, encargado de enlodar y calumniar a los enemigos del régimen, fue jefe de Agitación y Propaganda Sandinista, organización de turbas para atacar a los ciudadanos que protestaban contra el régimen.

Quienes hoy atacan a Carlos Fernando son los mismos que él les dio entrenamiento y se sienten traicionados porque él no quiso seguir de director del diario sandinista cuando no le pudieron pagar su sueldo en 1990. Además estaba seguro de que su madre, doña Violeta, que había conquistado la presidencia como representante de la UNO, le daría algún puesto o concesión en el Gobierno, lo que no sucedió. Ahora Carlos Fernando pide solidaridad del periodismo nicaragüense, sin embargo, él no tuvo compasión cuando ocupó los cargos del Frente Sandinista, por el contrario, fue implacable con sus mentiras y cinismo, causando perjuicio a miles de nicaragüenses, hoy "pide la compasión que no tuvo cuando él fue victimario".

## Otro sandinista arrepentido, Dionisio Marenco, exalcalde de Managua

Fabián Medina del Diario *La Prensa* de Managua, realizó un reportaje el 31 de agosto del 2008, muy interesante, sobre el exalcalde de Managua, debido a la separación pública que ha tenido con Daniel Ortega, su comandante.

Una amistad de 45 años está rota. Daniel Ortega y Dionisio Marenco exalcalde de Managua, públicamente se han distanciado. Los nicaragüenses esperan que no le suceda lo que les sucedió a los otros sandinistas arrepentidos, uno de ellos públicamente asesinado frente a un canal de televisión, el periodista Carlos Guadamuz. El otro asesinado o al menos muerto en condiciones que sus hijos no aceptan, fue el tres veces campeón Alexis Argüello, supuestamente dicen los sandinistas que se suicidó, sin embargo sus hijos lo desmienten.

También murió de forma muy extraña el exalcalde Herty Lewites con una rara fluoroscopía que le practicaron un día domingo sin haberle suspendido aparentemente una medicina, que según médicos debe suspenderse varias semanas antes de una intervención quirúrgica. El médico que atendió al Sr. Lewites, lo despachó del hospital el mismo día para su casa, a pesar de que había sido intervenido quirúrgicamente del corazón años antes, muriendo esa misma tarde en su casa.

Dionisio Marenco fue tan allegado al tirano sandinista Daniel Ortega, que lo nombró alcalde de Managua, participó en muchísimos actos delictivos con el Frente Sandinista, fue uno de sus colaboradores de mayor ascendencia en el Frente. Participó en los famosos pactos entre Daniel Ortega y Arnoldo Alemán, del opositor Partido Liberal, famoso pacto corrupto por la magnitud de su corrupción jurídica, económica y política.

Según narra en su publicación de *La Prensa* el periodista, Fabián Medina: "Marenco se hizo amigo incondicional de Daniel Ortega cuando este logró salir de las cárceles en 1974".

La victoria alcanzada por los sandinistas, en diciembre de 1974, al secuestrar a más de cincuenta personas en la casa del Dr. José María Castillo, durante una fiesta que ofrecía al embajador de EE. UU., y asesinarlo por ser un funcionario del gobierno liberal del Gral. Anastasio Somoza Debayle. Ellos lograron que a cambio de soltar a los secuestrados, Somoza sacara de las cárceles a más de 50 sandinistas, entre ellos a Daniel Ortega, otorgándoles cinco millones de dólares y un avión para trasladarlos a Cuba.

Marenco fue el primer ministro de Construcción y Transporte que nombró Daniel Ortega cuando triunfó su revolución (1979). Fue una figura importante en el secuestro de Nicaragua logrado por los sandinistas. Según él son muy pocas las personas que son amigos de Daniel Ortega, y él se considera que estaba entre sus 15 amigos de confianza, según relató a *La Prensa*. Ortega es un hombre poco social, sus verdaderos amigos fueron los que estuvieron presos con él, entre ellos Carlos Guadamúz a quien mandó a asesinar por haberse separado de él y narrar detalles de su vida privada. Lenin Cerna es su hombre de total confianza y es, además, el que planea y ejecuta sus órdenes de asesinatos y robos. Herty Lewites fue también uno de sus más allegados, murió en los momentos que se peleaba con él y, además, pretendía enfrentarlo en las elecciones presidenciales. Según Marenco él no tenía la gran amistad que tenían sus difuntos amigos Guadamuz y Lewites, por lo que espera no ser asesinado.

# El pacto sandinista con Violeta Chamorro y Alemán

En1990 los sandinistas, presionados por la contrarrevolución que había iniciado el presidente Reagan, con el propósito de salvar al continente de la influencia de las izquierdas, fueron a elecciones, las que perdieron contra la candidata doña Violeta Chamorro quien representó a todos los partidos de oposición. La UNO como se llamaba la coalición de partidos, ganó las elecciones, sufriendo los sandinistas una completa derrota y desmoralización, se quedaron sin fuerza política y prácticamente sin los continuos ingresos que tenían antes al controlar todos los poderes.

Algunos sandinistas se separaron de Ortega, como lo hizo su vicepresidente Sergio Ramírez, incluso, su propio hermano Humberto Ortega comandante del ejército, quien muy inteligentemente decidió trasladarse a Costa Rica, donde vive tranquilo con su familia y con mucho dinero. Joaquín Cuadra, otro de los militares que más tarde fue también comandante del ejército del Frente Sandinista, se le distanció un poco.

Ante esta situación Daniel y su hermano Humberto planearon con Dionisio Marenco y otras dos personas del Frente Sandinista el famoso pacto con el hombre fuerte del Partido Liberal Dr. Arnoldo Alemán. Alemán, a su vez, nombró a sus secretarios de confianza: Jaime Morales Carazo y Alfredo Fernández para las negociaciones del pacto, todo lo que se acordaba en el pacto se llevaba a la Asamblea para su inmediata aprobación.

Hay que recordar que antes de las elecciones, en 1990, los sandinistas negociaron con el yerno de doña Violeta Chamorro, Antonio Lacayo, que dicho sea de paso, fue el hombre fuerte en su gobierno, aceptándoles la anmistía y los indultos que se habían recetado días antes de entregar la presidencia, con el objeto de evitar ser llamados a los tribunales.

Dentro de las negociaciones, doña Violeta los fortaleció aceptándoles que se quedaran con el ejército, la policía y todo lo que se habían robado. Ella le otorgaría bonos a los afectados, en vez de haberlo hecho al revés, dictar un decreto para devolverle sus propiedades a todos los afectados y darle bonos a los usurpadores, lo que se esperaba que ella hiciera.De esa manera doña Violeta hubiera evitado una gran injusticia y un desastre total al país que aún después de 30 años sigue teniendo problemas de reclamaciones de propiedades injustamente confiscadas por los miembros sandinistas para robárselas.

Posteriormente los sandinistas se fortalecieron aún más con el pacto que logran hacer con el líder del Partido Liberal, Arnoldo Alemán, consiguiendo la presidencia al bajarles a un 35% los votos necesarios para ser presidente. Según el criterio de muchísimos nicaragüenses, jamás los sandinistas se hubieran levantado si no hubieran tenido el arreglo con doña Violeta.

Marenco, en declaraciones a la prensa, ha dicho que Daniel Ortega está actuando muy encerrado en sí mismo, es poco comunicativo y se mantiene a la defensiva, él está actuando como hacían los romanos en la famosa "paz romana", acabar con el enemigo antes que este pueda atacar.

A continuación el artículo publicado en *La Prensa* de Nicaragua el 19 de octubre de 2008 "El Estado se comporta como pandilla".

Una narración de un exsacerdote jesuita, que fue suspendido por el propio pontífice, Juan Pablo II, Ernesto Cardenal. Lamentablemente esta información se divulgó en la Internet y no sabemos quién la escribió, sin embargo, es muy buena para dar a conocer la clase de personas que han conformado el Frente Sandinista.

# El poeta Cardenal y Chichi Fernández

Dice el reportaje: "Ernesto Cardenal Martínez, sacerdote jesuita suspendido de por vida por el propio recordado pontífice, Juan Pablo II, fue exaltado a la condición de eximio poeta de vanguardia por la izquierda internacional".

Su producción literaria deja mucho que desear y contribuyeron a darle cierta beligerancia las publicaciones hechas en la página literaria del diario nicaragüense *La Prensa* sobre todo por las réplicas recibidas de parte de quienes no simpatizaban con su forma de entender lo que es poesía.

No cabe dudas de que tuvo actuación destacada en la formación de los Comités de Solaridad con el Frente Sandinista (FSLN) cuando estos terroristas se encontraban en la clandestinidad, el dinero de los asaltos bancarios, a empresas, etc., se lo entregaban a él para que se lo hiciera llegar a los Comandantes de la Revolución que se encontraban en Costa Rica.

El sacerdote Cardenal se encargaba de presentar, desde su púlpito, a los terroristas como el "supremo ideal de los nicaragüenses". Su participación en la toma del poder y la implementación de un régimen marxista-leninista en Nicaragua, está fuera de toda duda o discusión. El padre Cardenal fue recompensado por los sandinistas con el cargo de Ministro de Cultura del Gobierno de Reconstrucción Nacional, donde tuvo actuación destacada en la promoción de actividades culturales propias del "marxismo-leninismo". Atentó contra el patrimonio religioso y espiritual del pueblo nicaragüense. Firmó cientos de decretos represivos, cuyas consecuencias, más de treinta años después, siguen vigentes, como fue el de las confiscaciones, la creación de tribunales populares, etc.

El padre Cardenal no perdía oportunidad, en sus conferencias de prensa con extranjeros, para establecer una división radical entre los nicaragüenses, acusándolos de somocistas, vende patrias y amigos del enemigo de la humanidad: los estadounidenses. Convenció a mucha juventud para que ya desde los 12 años empuñaran un arma para combatir los estadounidenses, y a los contrarrevolucionarios, que ya se habían organizado con la ayuda del presidente Reagan de EE. UU. Asimismo, fomentó el odio y la lucha de clases entre los nicaragüenses y la destrucción entre las familias.

El sacerdote Cardenal era de la línea dura del sandinismo, sin embargo, cuando la contrarrevolución comenzó a derrotar al ejército sandinista y colapsaba el comunismo en la URSS, fue uno de los que contribuyó a convencer a los nueve comandantes sandinistas de que negociaran, de que aprovecharan a Óscar Arias, a quien habían designado para lograr acuerdos entre las partes, que recordaran que Arias lucharía por ellos, para que no se perdieran los avances logrados.

Afortunadamente el Santo Padre lo había destituido como sacerdote años antes, así que su famosa misa campesina y *El Evangelio de Solentiname,* lleno de puras blasfemias, que había grabado en discos y casetes, fueron decayendo, de igual forma sus actuaciones como exsacerdote.

Se retiró a vivir en la bella isla Solentiname, situada en el gran lago de Nicaragua, donde se apropió del hotel que habían construido los sandinistas en el programa de turismo que él como Ministro manejaba,y que tiene por nombre "Moncarrón".

Otro sandinista arrepentido es Francisco de Asís Fernández Arellano a quien llaman Chichi. En 1965 el Gral. Somoza Debayle le confirió una beca para estudiar medicina en la Universidad Central de Madrid. No teniendo capacidad para estudiar en la universidad española, regresó a Nicaragua aficionado por la poesía, y logró, con otro aficionado, Beltrán Morales Fonseca, escribir en *La Prensa Literaria* de Nicaragua, una poesía asquerosa donde comparaban a la Santísima Virgen María con una gallina. Ese ejemplar de *La Prensa* fue enviado, por el entonces embajador de España en Nicaragua, Don Pepe Pérez del Arco, a la cancillería española, por lo que expulsaron a los autores por vagos y blasfemos.

Cuando los sandinistas se apoderaron del país y fundaron el Ministerio del Interior, nombrando al torturador y criminal Tomás Borge Martínez (El Sastre), crearon el Sistema Penitenciario Sandinista, que era dirigido por cubanos que Fidel envió al nuevo régimen nicaragüense. Tomás Borge, además de las torturas que personalmente hacía a los presos políticos y militares, decidía, conjuntamente con los hermanos Ortega y otros miembros más del directorio sandinista, qué prisioneros serían ejecutados por los famosos escuadrones de exterminio.

Los famosos y temidos Tribunales Populares Sandinistas, dirigidos por Borge, elegían los que no serían ejecutados, sin embargo deberían pagar los famosos honorarios para evitar ser asesinados. Para el Ministerio de la Muerte, que es como llamaban al Ministerio del Interior y que manejaba Borge, fue nombrado como asistente de Borge Francisco de Asís Fernández (Chichi) quien también fue fundador de la Dirección General de la Seguridad del Estado (DGSE).

La famosa cárcel "Modelo" que instalaron los sandinistas en las grandes bodegas que pertenecían a las instalaciones de la zona industrial cerca del aeropuerto de Managua, están cerca de la propiedad de la familia Bárcenas, donde instalaron los polígonos de tiro para fusilar a los prisioneros políticos y militares. Las órdenes de asesinar venían de Francisco de Asís, para que las ejecutara el sandinista Torres Jiménez.

Fueron tantos los oficiales y alistados del ejército de Nicaragua

337

asesinados, que el coronel Guillermo Mendieta Chávez, exmiembro del ejército de Nicaragua y que fue dado de baja por conspirar contra el Ejército Nacional, favoreciendo a los sandinistas, escribió un libro *Militares centroamericanos: Centuriones a sueldo,* debido a que asesinaban sin previo juicio.

Al coronel Mendieta le dio tanto disgusto ver cómo sus compañeros de armas, en el tiempo de los Somoza, eran asesinados por los sandinistas que decidió hablar con el Sr. José Bárcenas Leví, quien estaba casado en esa época con Claudia Lucía Chamorro, la hija de doña Violeta Chamorro, quien ostentaba el título sandinista de "Comandante Cayetana"; sin embargo el Sr. Bárcenas le comunicó al coronel Mendieta que no se podía hacer nada para evitar los fusilamientos porque eran somocistas.

Por otra parte, a Chichi Fernández lo pasaron a secretario del Ministerio de Cultura, donde fortaleció su amistad con el exsacerdote Cardenal Martínez, quien fungía como ministro de esa cartera. En la época de la presidencia de doña Violeta, contó con la protección del ingeniero Antonio Lacayo Oyanguren, primer ministro del Gobierno.

Chichi Fernández tuvo el descaro de visitar Miami donde existía una población de casi 400 mil nicaragüenses exilados, en noviembre de 1997. Como era de esperar, tuvo un repudio unánime durante su visita. Inexplicablemente este asesino fue invitado por El Miami Dade Community College, quien organiza todos los años la Feria Internacional del Libro, donde poetas e intelectuales de diferentes corrientes presentan sus libros y dan charlas de verdadero contenido cultural. Los prisioneros políticos nicaragüenses, residentes en Miami, recordaban muy bien todos los crímenes de lesa humanidad que cometió cuando fue Director del Sistema Penitenciario Sandinista.

También la Federación Internacional de Prisioneros Políticos Cubanos, se unió a los nicaragüenses y, juntos, desataron una virulenta campaña en radio y televisión que obligó al doctor Eduardo Padrón, presidente de la Junta Directiva del mencionado centro universitario, a retirar a Chichi Fernández de cualquier presentación. Son estos poetas, con otros poetas izquierdistas de diferentes países, los que han dado su apoyo al poeta Cardenal Martínez, logrando que le otorgaran un premio en Viena, Austria, antigua metrópoli imperial.

Muchos nicaragüenses han aceptado la petición de los sandinistas de que "hay que olvidar" los crímenes de lesa humanidad, sin embargo los siguen cometiendo sin que nadie los pueda controlar. Hasta aquí lo relatado en la Internet sobre el exsacerdote Ernesto Cardenal Martínez y Chichi Fernández.

El *Diario Las Américas* también se refirió en algunas de sus publicaciones a que el sandinista Ernesto Cardenal, exjesuita, ahora acusaba a Daniel Ortega de estar usurpando propiedades privadas. Para muchos nicaragüenses el daño causado por el exjesuita Ernesto Cardenal, expulsado por el mismo Santo Padre en su visita a Nicaragua, así como por el exsacerdote Miguel D' Escoto en la década de los ochenta, debe ser castigado severamente por los tribunales. Esperamos que la mano de la justicia alcance algún día a estos asesinos que disfrutan impunemente de todo lo robado

# Capítulo XIX

## Los sandinistas en el Segundo Período (2007-2012)

Desde el principio del Segundo Período del sandinismo, ya se observa en toda Nicaragua un inaudito conformismo, mucha apatía y la aceptación del tirano para más períodos presidenciales. Las elecciones fueron ganadas por el partido de izquierda de Daniel Ortega con solamente 36%, debido al sucio pacto que el expresidente Arnoldo Alemán efectuó con Ortega para que el Partido Liberal entrara dividido.

Entre los dos candidatos liberales: Eduardo Montealegre (34%) y José Rizo (24%), que fue el candidato que se prestó al juego del expresidente Alemán para que los sandinistas ganaran, hay una mayoría absoluta en contra del sandinismo. La suma de los dos liberales divididos por Alemán llegan al 58%, es decir que Ortega, por voluntad del pueblo, jamás hubiera ganado, si no hubiera sido por el pacto de Alemán y la idiotez o sencillez del nicaragüense de no comprender lo que significaba reducir al 35% los votos necesarios para ser presidente.

"Acusan a Ortega de manipular la justicia", se publicó en *El Nuevo Herald* el 30 de noviembre del 2008, los mismos disidentes sandinistas lo acusan de "intimidar y reprimir a sus opositores". También esto se debe a las elecciones municipales del 9 de noviembre del 2008, que fueron robadas descaradamente por los sandinistas. Para realizar su robo, los sandinistas no permitieron ningún observador internacional. Las actas de los resultados las secuestraron e hicieron de ellas lo que quisieron a pesar de las protestas del pueblo, la Iglesia, la comunidad internacional y diferentes organizaciones nicaragüenses.

Los propios disidentes sandinistas están llamando a todas las fuerzas políticas opositoras, a los movimientos sociales y gremiales y a los ciudadanos independientes a formar una "gran unidad nacional contra la dictadura de Daniel Ortega", sin embargo, de nada servirá mientras los sandinistas tengan su ejército y la policía.

## Ortega desafiante contra EE. UU.

Igual que en su Primer Periodo (1979-90), Ortega desafía a EE. UU. Está esperanzado en Rusia e Irán, este último importantísimo por lo que puede aportar para el desarrollo de terroristas. Ortega escucha a su compinche Hugo Chávez; nos imaginamos que la reunión con el presidente ruso Dmitry Medvedev y Hugo Morales, de Bolivia debió haber sido para planear cómo afectar a Estados Unidos y sus aliados.

El *Diario Las Américas* publicó el 28 de noviembre del 2008 "Ortega desafiante con EE. UU." "Está esperanzado en Rusia, mientras se esfuma el apoyo de países amigos". Esta determinación de Ortega se debió a que el presidente Bush, aún faltándole pocos días para entregar la presidencia a Barack Obama, tomó la determinación de congelar la ayuda que estaba recibiendo Nicaragua, por 175 millones de dólares, en el programa de ayuda llamado la "Cuenta Reto del Milenio" (un regalo del pueblo estadounidense a Nicaragua). Esta válida reacción del presidente Bush la realizó como respuesta al descarado robo de las elecciones municipales del 9 de noviembre de 2008 y a sus repetidas violaciones de los Derechos Humanos y por los continuos robos de propiedades cometidos en Nicaragua. Ortega confía en que el plan de Hugo Chávez, con la Alternativa Bolivariana para las Américas (ALBA), sea más amplio que el de EE. UU..

Los seguidores sandinistas, como el vicecanciller Manuel Coronel, destacan en informaciones periodísticas que "no habrá cambios en las políticas gubernamentales" (estas mismas declaraciones fueron dadas por Chávez en Venezuela, con la presencia de Ortega, Evo Morales y Rafael Correa). Ortega dice que buscarán nuevos programas de cooperación con Rusia, quien ya los asistió estupendamente en la década de los ochenta de forma generosa y que, dicho sea de paso, fue el primer periodo desastroso de los sandinistas en el que hicieron retroceder a Nicaragua 74 años, según los informes del Banco Mundial.

Los sandinistas sacaron a sus turbas a las calles y sus voceros para atacar la decisión de EE. UU. de paralizar su ayuda debido a las irregularidades electorales municipales del 9 de noviembre del 2008. Ellos dicen que ahora que los imperialistas les paralizaron la cooperación del Milenio, se sienten más seguros con el ALBA creado por Hugo Chávez. Algunos voceros han expresado que tienen aliados que, de un solo plumazo, resuelven esa limosna que Estados Unidos les estaba dando en cooperación a Nicaragua, "limosna" que, es bueno recordar, era para aliviar la miseria que los mismos sandinistas dejaron en Nicaragua desde que la secuestraron en 1979.

Algunos servidores sandinistas, entre ellos los miembros de la Corte Suprema de Justicia, ya están creando el ambiente para que los nicaragüenses recordemos que Cuba mantiene el mismo sistema de gobierno desde hace cincuenta años, pese a las sanciones internacionales. Ellos sostienen que los yanquis nunca han podido influenciar en Cuba porque es un país que mantiene su propio criterio y que Nicaragua es igual a Cuba y que además allí se vive mejor que en EE. UU..

Otros gobiernos como los de Alemania, Finlandia, Gran Bretaña y Suecia han suspendido también su ayuda a Nicaragua, por las mismas irregularidades de las elecciones municipales. La comunidad internacional recuerda cómo los sandinistas, en la década de los ochenta, despilfarraron y se robaron más de quince mil millones de dólares que constituye la deuda externa que tiene Nicaragua y que además Nicaragua, llegó a tener una hiperinflación de treinta y ocho mil por ciento, la más alta del mundo en esa época.

Algunas publicaciones en Nicaragua y, en especial, el periódico *La Prensa*, han descrito cronológicamente los primeros 85 días del izquierdista Daniel Ortega en el poder, es decir, del 9 enero al 5 de abril del 2007 así:

**10 de enero de 2007**: *La Prensa* dice: "Presidente critica neoliberalismo y anuncia un "nuevo camino" que permita a las familias nicaragüenses vivir con dignidad.

¿Qué dignidad es la que ofrece Ortega? ¿La que han vivido los pueblos esclavizados por las izquierdas: Rusia, Cuba, la misma Nicaragua en la década de los ochenta? ¿Será que la miseria, la falta de trabajo, la corrupción, los crímenes los consideran vivir con dignidad? Todos los actos del gobierno están dirigidos a lograr, en el menor tiempo posible, llevar a Nicaragua de la pobreza a la miseria tal y como lo lograron exitosamente en la década de los ochenta, en que gobernaron con todos los poderes del Estado.

**13 de enero de 2007**: Ortega anuncia "reformas profundas a la Constitución" para cambiar el régimen institucional que rige Nicaragua, promoverá, dice, el "Poder Popular" para que el "pueblo ejerza el poder", el famoso populismo de todas las malditas izquierdas.

**15 de enero de 2007**: *La Prensa* sigue diciendo: "Ortega busca más poder, eliminando los Ministerios de Defensa y de la Policía Nacional con el objeto de ser controladas a través de la ley, directamente por él" pero, en realidad, ya desde 1979 los controla a su voluntad y sin ley en mano.

**16 de enero de 2007**: *La Prensa* informa: "Ortega manejará el ejército y la policía", manda reformas al Congreso para controlarlas, ahora con la ley en la mano.

**17 de enero de 2007**: Ortega pretende reformar las leyes de Participación Ciudadana y de Municipios, crearía las Asambleas de Poder Ciudadano que, día a día, serán más dependientes de su gobierno por la miseria en que deberá poner al pueblo.

**11 de febrero de 2007**: De gobernar desde abajo, como lo hizo en las presidencias de doña Violeta Chamorro, Arnoldo Alemán y Enrique Bolaños, a mandar por decreto siendo ahora presidente, entre sus arbitrariedades por decreto ha realizado las siguientes:

*El cambio de la Casa Presidencial, según su esposa, presidenta de la "Brujería Internacional", Ortega no debe usarla porque todos los presidentes que la han utilizado han tenido alguna tragedia familiar.*
*La creación de Consejos por Decretos, atribuciones ministeriales dadas a su esposa Rosario Murillo.*
*La manipulación de los símbolos patrios.*
*Violaciones a la Constitución, la que maneja a su antojo.*

Todas estas arbitrariedades las ha realizado dentro de los primeros 30 días de su gobierno.

**15 de febrero de 2007**: según *La Prensa*: Ortega se ha comprometido a defender a Irán en los foros mundiales, conforme al acuerdo suscrito entre él y su homólogo Mahmoud Ahmadinejad, a pesar de las sanciones impuestas por el Consejo de Seguridad de la Organización de las Naciones Unidas (ONU) y la Unión Europea (UE), por su programa nuclear de enriquecimiento de uranio.

Ortega sabe que su compromiso de respaldar a Irán incomodará a ciertos países, sin embargo, la mayoría de los países controlados por las izquierdas, lo favorecerán de alguna manera.

**6 de marzo de 2007**: Hugo Chávez, de Venezuela, promete invertir en Nicaragua 430 millones de dólares para construir una refinería, ayudar en programas de salud y otros, Nicaragua pretende sumarse al Banco del Sur para oponerse al Fondo Monetario Internacional (FMI).

**23 de marzo de 2007**: *La Prensa* publicó que Gaddafi recomienda a Ortega implementar los Consejos de Poder Ciudadano, para que no repita los errores del socialismo de la década de los ochenta, naturalmente que este consejo del izquierdista Gaddafi fue puesto en acción inmediatamente por Ortega.

**1 de abril de 2007**: Gerardo Miranda, Procurador sandinista, instiga a la gente a invadir propiedades privadas colindantes con el mar.

Meses más tarde Daniel Ortega instigó a la población a ocupar los predios y residencias vacías, al igual que lo habían hecho en la década de los ochenta. El temor de los nicaragüenses a las arbitrariedades sandinistas nuevamente se les está presentado, tal y como les sucedió en la década de los ochenta.

Me gustaría saber qué dicen los idiotas nicaragüenses que decían que los sandinistas, ahora que eran capitalistas, ya no afectarían más a Nicaragua.

# La SIP devela supuesto plan de Ortega contra opositores

Enrique Santos, presidente de la Sociedad Interamericana de Prensa (SIP) y Ricardo Trotti, director de Libertad de Prensa de la misma organización, visitaron a Nicaragua y pudieron comprobar que, una vez más, el Presidente utilizaría el Poder Judicial para "castigar" a sus críticos y adversarios.

El 3 de febrero del 2009 el *Diario de Las Américas* publicó el plan de Daniel Ortega para eliminar a sus opositores, entre ellos al más importante, Eduardo Montealegre, por ser el verdadero líder transparente que se tiene hoy en Nicaragua.

Eduardo Montealegre era un hombre capaz llegar a controlar el país por los caminos del progreso y la paz, mediante el voto; el bienestar que podría desarrollar en Nicaragua favorecería a todos los nicaragüense por igual, sin embargo, tuvo que luchar contra la idiotez del nicaragüense que aun sabiendo que para 2011 no había mejor candidato que él, muchos lo atacaban porque no les gustaba la esposa, pues decían que era muy sofisticada y otros se quejaban de Eduardo porque decían que era muy pretencioso. En otras palabras, muchos nicaragüenses no pensaban en el bienestar general que el país tendría y que hasta sus mismos enemigos (gratuitos) se favorecerían, sin embargo, por causa de la envidia prefirieron que los sandinistas ganaran.

Ya se vio en las elecciones presidenciales del 2006, donde todo nicaragüense comprendía que la decisión de Alemán de poner otro candidato (José Rizo), era para que los sandinistas ganaran. Ya Alemán había utilizado la misma táctica para que en las elecciones de la alcaldía de Managua, donde ganaba Pedro Joaquín Chamorro contra el sandinista Dionisio Marenco, la elección se perdiera porque retiró a Chamorro y puso a uno de sus allegados poco conocido en ese entonces por los nicaragüenses.

Los sandinistas le temían a la transparencia, la inteligencia y la honestidad de Eduardo Montealegre, por su popularidad nacional e internacional. Debido a eso, ellos presionaron al expresidente Alemán para que nuevamente dividiera el voto liberal y las nuevas elecciones 2011 se perdieran. Si Alemán hubiera sido el candidato del Partido Liberal,

345

hubiera sido más fácil poner las condiciones necesarias para que los sandinistas continuaran controlando todos los poderes, incluido naturalmente la presidencia, porque Alemán perdería las elecciones intencionalmente para cumplir con el Pacto Sandinismo-Alemán. Si los votos de los ciudadanos nicaragüenses fueran tan abrumadores contra los sandinistas, entonces Alemán tomaría la presidencia con el firme compromiso de garantizar los principales poderes a favor de los sandinistas, entre ellos por supuesto el ejército, la policía y la Corte Suprema de Justicia.

El plan de los sandinistas era suspender la inmunidad que tenía Eduardo Montealegre como diputado, con el objeto de ponerlo en prisión; fabricarle cualquier causa, que para ellos era facilísimo porque controlaban la Corte Suprema de Justicia. Sin embargo, una acción de esta naturaleza pudiera haber generado grandes protestas en la población nicaragüense y se hubiera logrado un Eduardo Montealegre, otra vez víctima del sistema sandinista, y eso le preocupaba tanto a Ortega como Alemán.

Daniel Ortega y su cúpula sandinista pudieron llegar a la conclusión de que sería mejor asesinarlo, tal y como lo habían hecho con otros opositores, que aunque los primeros días causarían algunas revueltas en el país, después de un tiempo, las cosas se calmarían y ellos quedarían sin un contrincante con prestigio nacional e internacional. Una acción de esta naturaleza tendría la ventaja de atemorizar a la población que quisiera sublevarse contra ellos, dicho sea de paso es una práctica muy normal entre algunos izquierdistas.

El director de Libertad de Prensa de la Sociedad Interamericana de Prensa (SIP) en una reciente visita a Nicaragua fue confidencialmente informado de que dentro de los planes de Ortega estaba el plan que los sandinistas llamaban "Plan Semana Santa" (2009) con el que afectarían a medios de comunicación y opositores. El Sr. Ricardo Trotti así lo denunció a la prensa y, agregó, este es un plan de Ortega para afianzarse en el poder.

Ante las denuncias de los miembros de la SIP que visitaron a Nicaragua, Montealegre afirmó que conocía el plan, que sabía perfectamente que Ortega, conjuntamente con los sandinistas que se robaron los bancos y las propiedades de los nicaragüenses, querían hacer creer, cínicamente, que fueron funcionarios de los gobiernos anteriores los que hicieron los fraudes. En realidad, a los gobiernos de doña Violeta, Alemán y Bolaños, no les quedó más alternativa que pagar con bonos los robos de propiedades que habían realizado los sandinistas. Y para cubrir los robos a los bancos, tuvieron que sacar títulos bancarios llamados Cenis, que vendieron en la Banca Nacional; algunos de estos Cenis tuvieron intereses altos que naturalmente favoreció a un solo banco.

Eduardo Montealegre fue acusado por los sandinistas de tener participación en la distribución de los Cenis, cuando fue Ministro de Hacienda durante la presidencia de Alemán, con el objeto de empañar su honorabilidad, por supuesto que en ningún momento tuvo participación directa en el caso de los Cenis, por más mentiras y calumnias que le hicieran. La trama periodística que lograron montar los sandinistas para confundir a la nación, fracasó porque el pueblo nicaragüense conocía que esta estrategia sandinista era para desacreditar a Montealegre y ponerlo en prisión para que no pudiera ser candidato y opositor de ellos. Además necesitaban que no siguiera reclamando el robo de las elecciones municipales, porque la Comunidad Europea y Estados Unidos les tenían retenidos fondos de ayuda a Nicaragua, hasta que se hicieran nuevas elecciones municipales supervisadas.

Montealegre también se refirió a que esta estrategia de Ortega era una práctica que hacían no solamente para afianzar su poder dictatorial, sino también para mantener a la población bajo cortinas de humo y así esconder la ineficiencia y la incapacidad que tenían para gobernar democráticamente.

Además, el director de la SIP se refirió a que la Corte Suprema de Justicia está totalmente en manos de Daniel Ortega, quien como toda Nicaragua conoce, hace y deshace lo que quiere en esa corrupta institución de justicia. También ha manifestado el Sr. Trotti que "el presidente Daniel Ortega sigue haciendo gala de la intolerancia que le ha caracterizado durante todo este nuevo ejercicio, con una clara intención de crear zozobra en la sociedad civil, polarizar al país, quebrar los medios de comunicación y disolver todo tipo de oposición política que pudiera hacerle perder espacios de poder".

# La SIP teme que dejen libres a asesinos de periodistas

"María José Bravo y Carlos Guadamuz, fueron cobardemente asesinados por el Frente Sandinista", fue titular en varios periódicos del mundo.

El *Diario Las Américas* publicó, el 7 de febrero del 2009, la información de que los funcionarios de la Sociedad Interamericana de Prensa (SIP), comunicaban al mundo que los asesinos que utilizó el Frente Sandinista para eliminar a sus dos adversarios periodistas, fueran dejados en libertad.

En el mes de febrero del 2004, Carlos Guadamuz fue asesinado por Willian Hurtado García a la entrada de la televisora del canal 23. Hurtado, asesino a sueldo del Frente Sandinista, fue capturado en la escena del crimen por el mismo hijo de Guadamuz y varios compañeros de la televisión quienes lograron filmar con amplia claridad al asesino. Hurtado fue condenado a 21 años de prisión, sin embargo, al poco tiempo la Corte Suprema de Justicia, alegando que estaba enfermo, le dio su casa por cárcel. Hoy este asesino se pavonea libremente por las calles de Nicaragua.

Guadamuz había sido uno de los periodistas de confianza del Comandante Daniel Ortega durante su periodo de 1979 a 1990, por lo que conocía de sus crímenes y salvajadas hechas al pueblo. Por razones que se desconocen, se distanció del Frente Sandinista y comenzó a informar en su programa de televisión en el canal 23, las barbaridades que se cometieron en la década sandinista. Él conoció bien lo de la hijastra de Ortega, Zoilamerica, y estaba a punto de informar los crímenes que directamente había cometido el dictador, cuando fue asesinado a la entrada del canal de televisión.

María José Bravo, corresponsal del diario *La Prensa,* fue asesinada por Eugenio Hernández González, alcalde sandinista de la región de Chontales. En noviembre del 2004, el asesino fue condenado a 25 años de prisión, pero a los pocos meses, los jueces sandinistas alegaron y les aceptaron un recurso procesal al calificar el crimen de "homicidio culposo", lo que permitió al procesado salir de la cárcel en poco tiempo.

Los asesinos de estos dos periodistas han tenido privilegios y beneficios penales en el supuesto "cumplimento de sus condenas"; los nicaragüenses saben que como fueron criminales sandinistas tendrán todos los privilegios y no cumplirán sus condenas, además de haber recibido, seguramente, alguna cantidad de dinero por sus crímenes.

Los miembros de la SIP visitaron, en la Corte Suprema de Justicia, a su vicepresidente, el sandinista Rafael Solís a quien le expusieron su inconformidad por los casos de Guadamuz y Bravo; sin embargo no hicieron absolutamente nada, simplemente son sandinistas a sueldo, importantes para seguir cumpliendo órdenes.

La misión de la SIP estuvo encabezada por Santos Calderón y Ricardo Trotti, director ejecutivo y director de la SIP, e integrada por:

*1- Gonzalo Marroquín, vicepresidente de la SIP, Prensa Libre, Guatemala*
*2- Bob Rivard, presidente de la Comisión de Libertad de Prensa e Información, del San Antonio Express-News, Estados Unidos.*
*3- Jorge Canahuati, presidente de la Comisión de Asuntos Internacionales de la Prensa, Honduras.*
*4- José Roberto Dutriz vicepresidente regional de la Comisión de Libertad de Prensa e Información, de la Prensa Gráfica, El Salvador.*
*5- Ed McCullough de la Associated Press, Estados Unidos.*
*6- Liza Gross, de The Miami Herald, Estados Unidos.*

## Otros crímenes sin castigo

En el interesante libro *Crímenes sin castigo,* escrito por un exmilitar sandinista, Víctor Boitano Coleman, se describen las múltiples atrocidades cometidas por el Frente Sandinista, entre ellas, se revelan los asesinatos de:

**Jorge Salazar Argüello** el día 17 de noviembre de 1980, por la Seguridad del Estado, siendo su jefe uno de los principales torturadores y asesinos del Frente Sandinista, Tomás Borge Martínez. El crimen de Salazar fue planeado por la terrible organización del Ministerio del Interior con un grupo superior de miembros del ejército, entre ellos, además de Tomas Borge, Lenin Cerna Suárez, Álvaro Baltodano Cantarero, Luis Carrión Cruz, Roger Mayorga y Néstor Moncada Lau y con la cooperación de otros sandinistas. Este crimen fue muy comentado por los nicaragüenses, ya que el Sr. Salazar ostentaba la vicepresidencia del Consejo Superior de la Iniciativa Privada, (COSEP), cuando sus asesinos lo acribillaron a balazos.

Según se narra en el libro *Crímenes sin castigo,* los sandinistas aprovecharon que Álvaro Baltodano Cantarero, vinculado por una gran amistad a Jorge Salazar y a su familia, ya que se habían conocido desde pequeños, además habían sido vecinos en el reparto conocido en Nicaragua como "reparto Bolonia", por lo que a este le resultó fácil tenderle una trampa para asesinarlo. La razón de su asesinato fue que, en una reunión de cafetaleros en la ciudad de Matagalpa, con el comandante sandinista Jaime Wheelock Roman, quien dirigía la Reforma Agraria en la década de los ochenta, Wheelock manifestó:

"Que los burgueses debían irse del país", a lo que Jorge Salazar, muy valientemente, le protestó y le dijo públicamente: "Ni nos vamos a Miami, ni nos sometemos, y si nos vamos a la montaña es a seguir produciendo divisas con nuestros cafetales".

En su libro también se menciona al criminal que utilizan los sandinistas para la mayoría de sus crímenes, Néstor Moncada Lau, quien es conocido como el hombre de los servicios invisibles, y los utiliza el Frente Sandinista para asesinar a sus adversarios. Este señor, Moncada Lau, también se conoce como el "Mensajero de la Muerte". A pesar de que lleva más de treinta años cometiendo asesinatos, anda completamente libre, y algunas veces hasta es utilizado como el chofer personal de Daniel Ortega y sus familiares.

Alexis Argüello, tres veces campeón de boxeo, se adhirió estúpidamente a los sandinistas ya que le ofrecieron, debido a su popularidad como excelente boxeador, que se postulara como alcalde de la ciudad de Managua, le dijeron que no se preocupara por la victoria, ya que esta sería asegurada por el Frente Sandinista, como en efecto sucedió. Luego, Alexis fue asesinado por los sandinistas, estos hicieron el montaje de que había sido un suicidio, sin embargo, era conocido en el país, que Alexis no estaba de acuerdo en que le hubieran quitado todos sus poderes como alcalde.

Los sandinistas de confianza de Ortega lo acechaban en la oficina de la alcaldía y además ellos se convirtieron en los que manejaban la misma por instrucciones de Ortega y su mujer Rosario. Las autoridades nicaragüenses informaron que estaban investigando, por supuesto que al igual que en los demás miles de crímenes, en este, también los asesinos quedarán impunes.

A continuación la carta de Alexis Argüello, que circuló en la Internet gracias a sus hijos:

*A mi familia, mis amigos y a mi pueblo:*

*Cuando lean esta carta, la noticia la conocerá todo el mundo. La decisión fue difícil, pero ya estaba cansado de vivir con la tortura de verme prisionero en mi misma cárcel de la envidia, el egoísmo, la falsedad y el engaño. Mi vida siempre fue difícil, pero gracias a Dios encontré a gente buena como el Dr. Eduardo Román, Renzo Bagnariol, Edgar Tijerino, Francisco López, Evelio Áreas Mendoza, Enrique Armas, el Dr. Pedro Sequeira y muchos otros amigos. La fama siempre me trajo complicaciones como las mujeres, los vicios y el desorden; por eso me casé 4 veces y tuve 8 hijos, con 3 nietos, a quienes adoro y les pido perdón.*

*No culpo a nadie por mi decisión pero quiero dar testimonio de algunas cosas que me obligaron a partir de este mundo. Yo no tenía necesidad de meterme en la política; lo hice porque me lo pidió Francisco López, un hombre honesto y bueno que me ayudó a salir del mundo de las drogas en varias ocasiones. Por eso acepté ser vicealcalde con Nicho.*

*Cuando ganó la presidencia el compañero Daniel yo le pedí que me diera el Ministerio de Deportes, porque quería ayudar a la juventud, pero la compañera Rosario me dijo que el comandante Daniel tenía otra idea para mí: la alcaldía de Managua. No quería aceptar pero me convenció Chico López, a quien yo le debía mi salvación cristiana.*

*En la campaña, trabajamos con la compañera Rosario, Cuaresma, Nicho, Payo Ortega, José Luis Villavicencio, Lenin Cerna, Fidel Moreno y otros más; algunas veces, incluso, el comandante Daniel participó en las reuniones de trabajo.*

*La elección no fue como esperábamos y tuvimos que hacer cosas que a mí no me gustaron. Yo hubiera querido ganar limpiamente porque yo estaba seguro de que la gente me conocía y votaría por mí, pero al final, todo se vino abajo, porque la gente del partido no salió a votar y eso empañó mi triunfo.*

*Después de asumir la alcaldía, las intrigas, los pleitos y las serruchaderas de piso de Daysi Torres y Fidel Moreno, quienes diariamente llevaban chismes a Daniel y Rosario, me hastiaron. No me dejaban ni nombrar a un CPF y eso me molestó mucho.*

351

*El jueves pasado, le pedí a Fidel Moreno que me ayudara a conseguir una reunión con el Presidente y con la compañera Rosario y me dijo que iba a hacer la gestión. El lunes le pregunté y me dijo que los compañeros estaban ocupados con el problema de Honduras. Yo llamé a varios teléfonos de la compañera Rosario y me contestó, finalmente, el lunes en la mañana y me pegó una regañada como si yo fuera su hijo menor y me dijo que ya estaba cansada de mis locuras.*

*Esa noche, el lunes caí nuevamente en el refugio de las drogas; ya tenía 4 meses de estar limpio como bien sabe Chico López, porque él me mandaba a hacer los exámenes de* doping *semanalmente. Bebí y me drogué todo el lunes y el martes en la mañana llamé a la secretaria y me dijeron que no podían atenderme ni la llamada.*

*Después me llamó Payo Ortega para decirme que me iban a mandar a Cuba para que me atendieran unos siquiatras, porque estaban cansados de mis jodederas y que estaba loco y que ellos estaban ocupados para estar oyendo las quejas de un drogadicto. Eso me dolió muchísimo.*

*No pude dormir y tomé la decisión de escribir esta carta de despedida.*

*No quiero condecoraciones, ni discursos, ni banderas roja y negra, ni nada que venga de Daniel y Rosario, ni de su hijo Payo ni de Cuaresma, ni de los otros que me hicieron daño.*

*Únicamente reconozco como hermano a Chico López, con quien varias veces compartí mis problemas en la alcaldía y con compañeros del frente. Él sabe que lo que digo, es verdad.*

*Ojalá que reflexionen y que no les suceda a Daniel y Rosario lo que le pasó al presidente de Honduras, pues al paso que van, eso les va a suceder, pues solo viven pensando en reelecciones y en que los CPC manden y controlen a todo el mundo.*

*Le pido perdón a mi esposa, a mis hijos y a todos mis amigos. Me cansé de la política, la hipocresía y el engaño. No quiero seguir siendo usado, otra vez. Le pido perdón a todos los que me quieren también. Cuiden la democracia y no se dejen engañar por los que me engañaron a mí.*

*Alexis Argüello*

Otro de los crímenes narrado en su obra por el Sr. Boitano Coleman, y que ha quedado sin castigo, es el que cometió Humberto Ortega, hermano de Daniel, quien aniquiló a más de trescientos líderes de la Resistencia Nicaragüense. En 1990 los líderes de la Resistencia Nicaragüense entregaron patrióticamente sus armas, con la promesa de protección que les dio la nueva presidenta de Nicaragua, Violeta Barrios de Chamorro. Estos engañados patriotas nicaragüenses que pelearon por la liberación de Nicaragua, apoyada por el presidente Ronald Reagan, son apenas unos cuantos de los miles que el ejército sandinista ha asesinado.

El 28 de febrero del 2009 el diario *La Prensa* de Nicaragua publicó en la sección política, "PLC confirma, hay ofertas inmorales":

"Escándalo en Asamblea será discutido por la directiva. El Partido Liberal Constitucionalista (PLC) reafirmó que la bancada oficialista del Frente Sandinista, ofrece a los diputados del PLC que voten a favor de ellos, becas universitarias para sus hijos, cincuenta mil dólares en efectivo y mujeres jóvenes y bellas para favores sexuales".

Lamentablemente es tal la corrupción implantada por el exgobernante Arnoldo Alemán, creador y responsable de los pactos con los sandinistas, que seguramente estos diputados del PLC aceptarían dichas ofertas, de esta forma Daniel Ortega podría pretender la reelección indefinida como lo hicieron Fidel Castro y Hugo Chávez, además de que se acepten leyes que atenten contra la democracia.

También en la misma edición del 28 de febrero del 2009 aparece, en primera plana, que la Unión Ciudadana por la Democracia (UCD) recomienda marchar, sin miedo, a miles de nicaragüenses preocupados por la pérdida de las libertades civiles que día por día se incrementa en Nicaragua. Además de todas las barbaridades que comete el Frente Sandinista diariamente, ha tomado todas las rotondas con centenares de delincuentes armados con varillas de acero, bates de madera, cuchillos y muchas otras armas silenciosas, para golpear y amedrentar a la manifestación pacífica. Es más, el propio presidente Ortega ha llamado a las filas sandinistas para que los maltraten con la excusa de proteger los valores revolucionarios.

## Más protestas ciudadanas por robo de las elecciones municipales

De forma descarada, los sandinistas se robaron las elecciones municipales en más de 120 municipios, incluida la capital, Managua, donde por un amplio margen de votos, ganó el Dr. Eduardo Montealegre, al igual que sucedió en los otros municipios.

La Comunidad Internacional, que observó desde afuera dichas elecciones, protestó y pidió al gobierno de Daniel Ortega que entregara a revisión las boletas electorales para comprobar el resultado de las mismas. Por supuesto que los sandinistas no las entregaron a pesar de varias marchas ciudadanas que se realizaron en todo el país en señal de protesta contra el régimen dictatorial de los sandinistas. El 1.° de marzo del 2009 se celebraron marchas pacíficas en todo el país; como en todas las anteriores, fueron apedreados, les tiraron morteros, además de balas y golpes directos a ciudadanos indefensos; muchos salieron heridos seriamente, por lo que tuvieorn que ser hospitalizados, de todo ello hay constancia en las fotos publicadas por el diario *La Prensa* de Managua de esa fecha.

## Sandinistas disparan a matar para impedir marcha contra ellos

El líder de los liberales, Dr. Eduardo Montealegre, recibió más de 500 000 firmas de ciudadanos que pedían que se repitieran las elecciones municipales con la presencia de observadores internacionales, para que las mismas fueran vigiladas y no robadas, como burdamente lo fueron las del mes de noviembre del 2008. Las protestas y, por consiguiente, los heridos y muertos seguirán, sin embargo los sandinistas no dejarán el poder a no ser que se les saque de la misma forma que entraron, es decir: mediante la insurrección armada. Lamentablemente, en estos momentos de crisis mundial, el mundo no está en condiciones de ayudar a un pequeño país que representa muy poco en la comunidad internacional.

En 2010 las protestas del pueblo de Nicaragua contra Ortega continuaron, en especial porque quería reelegirse como presidente vitalicio.

# Nicaragua, democracia degradada

Este mensaje lo dice todo claramente: Ortega violó a su hijastra, a la Constitución y a la Patria. El *Diario La Nación,* de Buenos Aires, Argentina, publicó en su edición del miércoles 4 de marzo del 2009 un artículo bajo el título: "Nicaragua, democracia degradada", en el cual relatan que el afán de reelección indefinida del presidente Daniel Ortega, causará serios daños a las instituciones del país.

Podríamos agregar que, desde 1979, están secuestrados todos los poderes, con la excepción de la época de los tres presidentes en que al menos el Poder Ejecutivo, no lo tuvieron. Es muy factible que Ortega se salga con la suya, haciendo lo mismo que hizo Fidel Castro en su oportunidad y que también quiere hacer Hugo Chávez, en Venezuela y logre reelegirse a cualquier precio, en todo caso, el ejército con su policía están listos para atender sus deseos.

El descaro del Frente Sandinista, para satisfacer los deseos de su líder Daniel Ortega, ha llegado al extremo de que una joven diputada de ese partido, haya sido acusada de ofrecer favores sexuales a un diputado opositor, a cambio del apoyo de este a las leyes que permitan la reelección de Daniel Ortega. Según informa el diario de Buenos Aires, esta joven diputada, además de los favores sexuales, ofrecía cargos diplomáticos, becas universitarias en el exterior para sus hijos y grandes sumas de dinero, según la denuncia formulada en la Asamblea por el jefe del bloque opositor del Partido Liberal, Ramón González.

A los sandinistas, que controlaban también la presidencia, les fue fácil cometer fraudes electorales, como las elecciones municipales, en las que no permitieron observadores internacionales como lo solicitaba el Partido Liberal bajo el lema: "Vamos con Eduardo". Al no permitir observadores internacionales, pudieron robarse las elecciones a pesar de que la oposición tenía en su poder las copias de las actas que demostraban que, por mayoría, ganó el Dr. Eduardo Montealegre en Managua y casi todos los candidatos liberales en el resto del país.

Los sandinistas, que tienen secuestrado el país desde 1979 cuando tomaron el poder, continúan haciéndolo, al llegar doña Violeta Chamorro a la presidencia como candidata de la unión de todos los partidos, la UNO, y comete el error de aceptarles que gobernaran desde abajo tal y como fue dicho por Ortega cuando perdió las elecciones.

En el nombre de la paz, doña Violeta les aceptó que se quedaran con el ejército y la policía, además les permitió suficientes controles en el Poder Judicial, el Poder Electoral, la Contraloría, la Fiscalía General de la República y casi también en la Asamblea Nacional, la que posteriormente controlaron por los pactos que hizo el gobernante liberal Arnoldo Alemán. También les permitió quedarse con todo lo que se habían robado y para calmar la situación, ya que los nicaragüenses protestaban, procedieron a darles bonos de compensación a los afectados. Posteriormente los sandinistas consiguieron que Alemán, con su mayoría en la Asamblea, lograra reducir de un 45% a un 35% los votos necesarios para llegar a la presidencia.

Eduardo Montealegre corría un gran peligro en Nicaragua debido a que los sandinistas, al ver que podían perder la presidencia, tratarían de eliminarlo ya fuera a través de mentiras y calumnias, o bien, mandándolo a asesinar. Todos los opositores de importancia en contra del sandinismo fueron asesinados. En el mes de mayo de 2009, Daniel Ortega dijo que los miembros de la Asamblea que no aprobaran sus leyes irían a la cárcel.

Es triste comprobar que el pueblo nicaragüense, a pesar de ver el país destruido, saqueado, degradado, sin futuro, empobreciéndose cada día más, no sea capaz de darse cuenta de que el único camino es la lucha pacífica para quitarle el poder a la izquierda. Muchos se preguntan ¿cómo? Quitándoles el principal poder que tienen: su ejército; si los nicaragüenses se proponen, como lo hicieron los costarricenses en la década de los cuarenta, se puede sustituir el ejército por escuelas, esto incluiría la policía sandinista, única forma de acabar con cualquier tirano.

Ahora Ortega pide unidad latinoamericana para luchar contra Estados Unidos, por las bases que han puesto en Colombia. El 9 de noviembre de 2009 se publicó la noticia del discurso de Daniel Ortega en que pidió la unidad latinoamericana para luchar contra Estados Unidos, tal y como ya lo hizo el Gral. Augusto César Sandino en su lucha contra los estadounidenses en el siglo pasado, quien llamó a los latinoamericanos a luchar contra el imperio de los yanquis. Ortega indicó que las bases militares son "símbolos de guerra" y calificó de "traidores" a los que permiten que Estados Unidos use su territorio para fines militares, en este caso calificó al presidente de Colombia de traidor.

Mientras Ortega continúa su lucha internacional para cooperar con la destrucción del capitalismo y seguir atacando a Estados Unidos, Nicaragua se hunde cada vez más en la miseria. No es la crisis mundial lo que afecta a Nicaragua, sino más bien ser un país secuestrado, sin capacidad de salir de semejante tragedia. El Frente Sandinista seguirá afectando toda la región centroamericana al no permitir la paz, el progreso, la felicidad que tanto anhelan muchos centroamericanos.

El 21 de junio del 2010 se publicó en el *Diario Las Américas*, que el presidente de Irán, Mahmud Ahmadineyad aumentaría la cooperación entre ambos países. ¿Qué puede ofrecerle Nicaragua a los iraníes? Únicamente sus montañas que pueden unirse, en un descuido político, con las de Honduras; de esta forma, la unión de ambas montañas con frontera con El Salvador, convertiría a Centroamérica, con la ayuda directa de Venezuela y otros países izquierdistas, en un campo de entrenamiento para terroristas que podrían atacar a Estados Unidos.

Esto es algo que está a la vista de miles de nicaragüenses y de muchas gentes de todo el mundo, la gran pregunta es por qué los estadounidenses, conociendo esta estrategia que en su momento Ronald Reagan, en la década de los ochenta, combatió contra los sandinistas para evitarlo, ahora cierran los ojos y se tapan los oídos.

Son millones y millones de dólares los que han gastado los estadounidenses en protegerse, tienen una guerra contra el terrorismo que es digna de aplaudir, sin embargo, en sus propias narices Irán, con Cuba, Venezuela y Nicaragua, están preparando una invasión de terroristas a EE. UU. y no la ven. El Pentágono tiene que saber que Estados Unidos será atacado por miles de terroristas que entrarán por sus fronteras caminando, capturarán a algunos, pero la inmensa mayoría, llegará y cumplirá sus objetivos. ¿Será que los estadounidenses no ven que la invasión de drogas, que exitosamente realiza la izquierda en suelo estadounidense, es mucho más difícil que enviarles terroristas? ¿Por qué será que este problema tan grave no lo atacan de inmediato, como lo hizo el presidente Reagan cuando los sandinistas secuestraron a Nicaragua?

# La miseria en Nicaragua

Según publicaciones en medios nicaragüenses, ocho de cada diez personas viven en extrema pobreza y con apenas dos dólares al día. ¿Dónde están las famosas promesas de campaña del Frente Sandinista?

Ellos ofrecían hacer un país más justo, con menos pobreza, con más trabajo. ¿Qué se han hecho esas promesas? Lo que sí han logrado es seguir abusando del control que tienen en la Corte Suprema de Justicia; dicha corte ha decidido, mediante trampas judiciales, permitir la reelección de Daniel Ortega, burlándose de la Constitución de la República, que no permite la reelección. Sin embargo los sandinistas han logrado el compromiso con la izquierda mundial para asegurar su poder por largo tiempo, no importan los medios; el fin los justifica.

La miseria es una de las principales reglas de la izquierda para gobernar por largos períodos de tiempo, esta regla la han cumplido cabalmente, estratégicamente han logrado insultar a las comunidades donantes para que suspendan su ayuda a Nicaragua, de esta forma aceleran el proceso de la pobreza a la miseria.

Es una pena que internacionalmente consideren a los nicaragüenses como borregos o un pueblo de idiotas, ya que se adaptan a la descripción del libro que escribieron Álvaro Vargas Llosa, Carlos Alberto Montaner y Plinio Apuleyo, algunos nicaragüenses, tristemente, encajan perfectamente en esa descripción. El nicaragüense, en un pequeño porcentaje menor del 30%, definitivamente pertenece a la clase de borregos o de idiotas, es decir, los sandinistas. El resto, que es la mayoría del pueblo de Nicaragua, no lo es, lo que sucede es que la tiranía sandinista intimida con su ejército y su policía, dos instituciones sandinistas formadas y controladas por ellos.

En realidad, los sandinistas han sido muy astutos al gobernar en este nuevo periodo de 2007 a 2012, como en la década de los ochenta. Poco a poco van consiguiendo lo que necesitan para destruir al ser humano y todo lo productivo del país. A más de ochocientas mil personas que salieron del país en la década de los ochenta, se tendrán que agregar muchos cientos de miles más, la juventud no tiene futuro, la confianza para la inversión no existe, el robo es continuo a todos los niveles.

Ahora los sandinistas, para aterrorizar más a la población, están impulsando una reforma tributaria para aumentar la recaudación que han perdido por los donantes que le suprimieron sus donaciones y préstamos, de igual forma las remesas al país han bajado sustancialmente. Con estas reformas, se aseguran de asestarle un golpe muy fuerte a la población, para seguirla empobreciendo, los nuevos impuestos atacan al sector privado para destruirlo con las leyes, y no como lo hicieron en los ochenta, robando las propiedades y negocios pistola en mano.

Ortega, mientras tanto, con dinero de los nicaragüenses, ha comprado para él y su familia, dos helicópteros MI-17 de fabricación rusa a un precio que oscila entre tres y cinco millones de dólares por unidad.

La nueva estrategia del Frente Sandinista es utilizar la coerción fiscal, el acoso administrativo, el chantaje judicial y sus preferidas turbas para reprimir a la población. Naturalmente que la policía y el ejército son simples espectadores; todas las rotondas de la capital están tomadas por estas turbas que duermen y comen para vigilar que no existan manifestaciones en contra de los sandinistas. Cada vez que hay algún intento de manifestaciones contra el sandinismo, de inmediato las rotondas se llenan de estos vándalos.

"Cumplirle al pueblo, es cumplirle a Dios", dicen las más de doscientas vallas puestas por toda Nicaragua, son tan cínicos que a pesar de que la mayoría de ellos son ateos, escriben o mencionan la palabra de Dios para confundir a los idiotas.

El gobierno de Ortega es altamente corrupto, así lo informa *El Nuevo Herald* del 18 diciembre de 2009. El eurodiputado liberal holandés Johannes Van Baalen, quien pasó por Nicaragua, pudo comprobarlo y afirmó que Daniel Ortega es "altamente corrupto", él no está interesado en resolver los problemas de los nicaragüenses, sino sus propios intereses, según publicaciones en diferentes medios. Debido a estas circunstancias, refirió el Sr. Van Baalen, es que la Unión Europea le suspendió la ayuda a Nicaragua. Además, calificó al sandinista Ortega de "cobarde y antidemocrático".

El gobierno de Dinamarca, uno de los mayores donantes, recortó en diez millones de dólares la ayuda que le estaba dando a Nicaragua, por la falta de gobernabilidad, de democracia y por el robo de las elecciones municipales; es muy posible que toda la ayuda sea suspendida en cualquier momento. Dinamarca ha apoyado a Nicaragua para combatir su pobreza y es, después de Japón, China-Taiwán y la Unión Europea el mayor donante, según el Banco Central de Nicaragua.

# Exsacerdote Miguel D'Escoto nombrado DDHH

Cómo es posible que con todas las barbaridades cometidas por los sandinistas, el *Diario Las Américas* del 21 de junio del 2010 tuviera que dar la noticia de que el "Gobierno de Nicaragua celebra nombramiento de D'Escoto para el Consejo de DDHH".

El exsacerdote y encubridor de crímenes y robos de los sandinistas, Miguel D'Escoto, no solamente fue nombrado presidente en las Naciones Unidas cuando Honduras fue atacado por los gobiernos de izquierda, sino que ahora lo nombran como miembro del Comité Asesor del Consejo de Derechos Humanos de la Asamblea General de las Naciones Unidas.

La gran pregunta que nos debemos hacer es: ¿Queda alguna duda de las zanganadas que hacen los gobiernos de izquierda para luchar por su causa en la destrucción del sistema capitalista y los estadounidenses?

El *Diario Las Américas* el 27 de marzo de 2011 informa: "Ortega envía a su excanciller para interceder por Gaddafi en la ONU.

Nicaragua lleva más de treinta años con un gobierno "limosnero y con garrote", que es una de las expresiones que se escuchan de parte de los nicaragüenses. A los sandinistas no les importa despilfarrar entre 450 y 500 millones de dólares que reciben anualmente. Han atacado al Salvador enviando armamento a la guerrilla y terroristas, hechos ya denunciados en los medios de comunicación.

Por ejemplo, en una publicación de *El Nuevo Herald* del 21 diciembre de 1985 se plantea lo siguiente:

Las Fuerzas Armadas de Honduras, que a Dios gracias no son de izquierda, como lo demostraron al defender la Constitución de la República, informaron a la comunidad que habían capturado cargamentos de armas dirigidas al FMLN de El Salvador. Las acusaciones del presidente Ronald Reagan contra el grupo terrorista de los sandinistas, fueron confirmadas, por eso pedía con insistencia al Congreso, el presupuesto que necesitaba la Contra para combatir a los sandinistas.

No le ha bastado al sufrido pueblo de Nicaragua llevar más de treinta años secuestrado, lastimosamente muchos nicaragüenses aún no lo advierten a pesar de que cada día se empobrecen más y sus hijos están condenados a tener un futuro mediocre o, simplemente, a no tener futuro.

Los sandinistas aprovechándose de que tienen a su disposición el ejército, la policía y la Corte Suprema de Justicia, saben que pueden aprovecharse de la ingenuidad o la estupidez del nicaragüense para hacer lo que quieran.

Daniel Ortega y su compañera, hoy "esposa", Rosario Murillo, han seleccionado un nuevo grupo de sandinistas "valiosos" para realizar atrocidades contra el pueblo de Nicaragua, recientemente han declarado que entre las nuevas estrategias sandinistas está la "Recuperación de los derechos revolucionarios perdidos". Para implementarlos se requiere una nueva Constitución Política, en la que se reformen todos los poderes del Estado, restándole y quitándole completamente las cuotas de poder a los liberales, así se terminará para siempre con el chantaje y los pactos, y nuestros adversarios no podrán recuperar el poder en los próximos 25 años, le podríamos agregar en los póximos 70 años.

Entre sus primeras estrategias está ganar adeptos en las filas de las Fuerzas Armadas que apoyen sin cuestionar las decisiones del sandinismo, hay que adoctrinarlos en la mística sandinista y convencerlos de que son los defensores del pueblo y que todos sus bienes serán respetados y que podrán, de acuerdo a su comportamiento, recibir más gratificaciones de parte del Estado.

Aquí transcribimos el documento sandinista que ha circulado entre los nicaragüenses y dice así:

Estas reformas garantizarían las transformaciones necesarias en los campos político, económico, social, cultural, y hasta religioso. Abarcando la ciudad y el campo, principalmente en la posesión de la educación, salud, viviendas populares, agricultura y otros programas emblemáticos claves, como el Poder Ciudadano, resurgimiento de las cooperativas y reconversión de la policía y el ejército.

## Principales lineamientos

*I- Conducir en el marco del Socialismo del Siglo XXI y La Alianza Bolivariana para los Pueblos de Nuestra América, ALBA, el enfrentamiento popular contra la oligarquía y el imperialismo. Minimizar las figuras de Estados Unidos y los europeos, resaltando la solidaridad venezolana y el liderazgo del Comandante Hugo Chávez.*

*II - Establecer el Poder Ciudadano como la figura central de lide-*
*razgo y organización revolucionaria, que sustituirá a la Dirección*
*Nacional histórica del antiguo FSLN. Reestructurar el partido con*
*un nuevo liderazgo donde el Comandante Daniel Ortega y el Po-*
*der Ciudadano serán el símbolo por excelencia de la matriz de la*
*Segunda Revolución Sandinista.*

*III- Transformar a las instituciones del Estado en bastiones inexpug-*
*nables del sandinismo, cumplirlo lo más secreto posible, incluyendo*
*a las Fuerzas Armadas, policía y ejército, vinculándolos directamente*
*con el partido y sus organizaciones del Poder Ciudadano. Rápidamen-*
*te se tiene que volver a sentir entre el pueblo a las "fuerzas armadas*
*del Poder Ciudadano". Para esto es necesario implementar jornadas*
*revolucionarias nacionales. En donde participen juntos, sin ninguna*
*delación, militantes, militares y policías junto al pueblo.*

*IV- Romper el vínculo que pueda existir entre los miembros de las*
*Fuerzas Armadas y la derecha, y adoctrinarlos en los nuevos con-*
*ceptos revolucionarios, bajo la cooperación de nuestros hermanos*
*venezolanos y cubanos.*

*V- Profundizar el debilitamiento y la división de la oposición polí-*
*tica, aprovechándose de sus debilidades, por las vías y métodos que*
*fueran necesarios, monopolizando la asamblea nacional, la Corte*
*Suprema de Justicia y el Consejo Supremo Electoral.*

*VI- Impulsar una alianza táctica con los empresarios, concentrando*
*nuestros esfuerzos en el otorgamiento de prebendas y políticas que*
*les generen ciertos espacios mínimos para que se constituyan en alia-*
*dos y no en enemigos del FSLN. Concentrarse en sus características*
*de liderazgos personales para ganar su apoyo a nuestro sistema.*

*VII- Recuperar la ciudadanía sandinista, que en los gobiernos*
*neoliberales se había sentido derrotada, perdida, desmoralizada,*
*desmovilizada o desertada, haciéndola protagonista de su nueva*
*Revolución Sandinista y beneficiaria de las políticas partidarias y*
*gubernamentales.*

*VIII- Recuperar a cualquier costo los espacios perdidos en el campo mediático, invirtiendo recursos económicos y humanos hasta dominar totalmente este campo tan estratégico para nuestra lucha. Revertir las tendencias en contra del sandinismo, llevando la guerra mediática al seno de la sociedad nicaragüense.*

## Acciones para garantizar el Poder Popular Revolucionario

Hay que asegurar mantenerse en el poder por más de tres mandatos continuos de sandinismo. Es decir, más de 45 años de gobierno revolucionario. Hay que obtener las reformas constitucionales que cambien el panorama político basado en 5 soportes esenciales:

*1- Lograr la hegemonía y controlar los poderes del Estado y las instituciones consideradas claves:*
*A- Controlar la Asamblea Nacional*
*B- Controlar la Corte Suprema de Justicia*
*C- Controlar el Consejo Supremo Electoral*
*D- Controlar al 100% la policía y el ejército*
*E- No confrontar a la Empresa Privada (COSEP)*

*2- Recuperar los derechos revolucionarios perdidos y de los cuales dependen el apoyo y el voto popular:*
*A- Políticos*
*B- Económicos*
*C- Sociales*
*D- Educativo-Culturales*
*E- Religiosos*

*3- Aprobar leyes que modifiquen totalmente las políticas nacionales que rechacen el modelo capitalista salvaje:*
*A- Económicas*
*B- Salud*
*C- Educación*

*D- Gubernamentales*
*E- Agrarias*
*F- Sociales*

## 4- Recuperación de la ciudadanía sandinista.

*En esta actividad descansará la participación y movilización popular, concentrándonos fundamentalmente en los sectores más desposeídos y marginados del país.*

*Igualmente debemos socavar y arrebatarle simpatizantes a todos los partidos políticos.*

*En tiempo record debemos de ser el partido más numeroso, fuerte y masivo.*

*Los compañeros de los Consejos del Poder Ciudadano serán los interlocutores confiables y preferidos dentro del partido y el gobierno, a quienes debemos apoyar en todo momento con todos los recursos disponibles.*

*Garantizaremos la conformación de dos millones de militantes sandinistas antes de las próximas elecciones del año 2011. Soporte suficiente para agenciarnos el triunfo.*

### Tareas a realizar:

*Reestructuración y organización partidaria y comunal con los CPC hasta el nivel de localidad.*

*Actualización de las bases de datos (fichaje de cada ciudadano).*

*Cartelización (cédulas) de preferencia a los sandinistas.*

*Activar la vida orgánica, todos en el territorio, nadie debe quedarse en su casa.*

*Premiar y estimular a nuestros afiliados con empleos en el gobierno, las alcaldías, etc.*

*Ejecutar actividades políticas movilizativas y combativas constantemente.*

*Mantener activos a los Comandos Electorales en función de ser utilizarlos como fuerzas de apoyo ante cualquier eventualidad.*

## 5- *Fortalecer nuestra posición de fuerza contra la Iglesia católica oficialista.*

*Resaltando la figura del Cardenal Miquel Obando y Bravo, como símbolo de nuestra alianza con la Iglesia que apoya al Gobierno de Reconciliación, Paz y Unidad Nacional. En este momento son decisivos los aportes de los miembros de la Convergencia Nacional y algunos sectores adversos, pero actualmente nuestros aliados son: La Resistencia Nicaragüense, los Pastores evangélicos, los desmovilizados, las personalidades notables y otros.*

## 6- *Resaltar los logros de los programas emblemáticos de la administración del presidente Daniel Ortega:*

*Hambre cero, casas para el pueblo, calles para el pueblo, usura cero, el bono productivo, la alfabetización, etc.*

## 7- *Creación del bloque "Sandino vive".*

*Conformarlo con compañeros leales y fogueados, para enfrentar y anteponerlos a cualquier grupo armado que impulse la derecha y especialmente monseñor Abelardo Mata.*

## 8- *Impedir la unidad de las llamadas "Fuerzas Democráticas".*

*Negociar y torpedear hasta donde sea posible los líderes liberales "franqueables" para mantener la imagen del pacto viva y sea pieza angular para profundizar sus contradicciones y divisiones.*
*Los no "franqueables" debemos crearles situaciones confusas que nos permitan desacreditarlos o hasta llevarlos a las cárceles.*

## 9- *Mantener la compartimentación, el secreto de nuestros planes y la disciplina partidaria y gubernamental.*

*Fortaleciendo los grupos de choque del sandinismo para que defiendan el proyecto "Hermandad Revolucionaria".*

*10- En caso de una intervención extranjera de los Estados Unidos, si fuera necesario podríamos convocar y establecer la participación "Patriótica Ciudadana" defensores de la soberanía nacional e incluyendo a miembros del ALBA.*

*Managua, Nicaragua*
*Secretaría Frente Sandinista de Liberación Nacional*

Estas son las estrategias o planes que el Frente Sandinista tiene para el presente y el futuro del país, si lo analizamos profundamente, nos daremos cuenta de que son capaces de hacer todo eso y mucho más, debido al control que ejercen con el ejército y la policía. A esto hay que agregarle el dinero que aporta Venezuela para que los sandinistas puedan comprar los votos de sus "supuestos" adversarios.

El 25 de junio del 2010 *El Nuevo Herald* informaba en primera plana a grandes titulares: "Ortega usa dinero de Chávez para acallar a la oposición". ¿Cuál es la única opción viable que tenemos los nicaragüenses que no deseamos que el país continúe secuestrado? Convencernos de que nuestra única solución es sustituir el ejército por escuelas, solo así salvaremos el futuro de nuestra descendencia. Nicaragua sin ejército, jamás volverá a tener tiranos. Sabemos, por la apatía que nos caracteriza a los nicas, que será un paso difícil, pero no imposible.

Era tristísimo oír a la gente pensante y a gran parte pueblo nicaragüense, cuando se referían a las futuras elecciones decir: Ortega arrasará y será nuevamente presidente; Alemán volverá a traicionar a Nicaragua y dividirá al Partido Liberal. ¿Será que los nicaragüenses no comprendemos que con un periodo más que logren obtener la presidencia, los sandinistas destruirán por completo el sistema capitalista y acabará Nicaragua siendo otra Cuba? ¿Será que el libro llamado *El regreso del idiota* es perfecto para calificar al nicaragüense?

Las instrucciones de los sandinistas no paran allí, ahora se preparan con nuevas estrategias para reelegir a Ortega en el 2011, aquí el documento que los sandinistas han enviado a sus miembros:

## *Lineamientos Estratégicos Elecciones 2011*
*A: Miembros Dirección Nacional del FLSN*
*A: Miembros de la Asamblea Sandinista*
*A: Secretarios políticos*
*A: Cuadros históricos*
*A: Líderes sandinistas de base*

El gobierno sandinista en el poder, dirigido acertadamente por el Comandante de la Revolución Daniel Ortega Saavedra, ha obtenido logros importantes sobre los enemigos del proceso revolucionario y la oligarquía nicaragüense, alcanzando una ventaja decisiva, para la profundización de la Revolución de la Nicaragua socialista, cristiana y solidaria.

"Vamos por más victorias" ha pasado de ser una consigna, a una realidad, gracias al trabajo de miles y miles de compañeros que desde sus diferentes trincheras de lucha hacen posible los sueños de nuestros héroes y mártires. El neoliberalismo y sus más fervientes defensores, los traidores burgueses, oligarcas y lacayos criollos nicaragüenses están derrotados, desunidos, fracasados y en pugnas. Incluso muchos de ellos, se han pasado a nuestras filas, hastiados de tanto derrotismo y divisionismo dentro de sus debilitadas organizaciones. Igualmente ha sucedido con los exmiembros de la Resistencia Nicaragüense y la Convergencia, que hoy mantienen una estrecha alianza con el Frente Sandinista de Liberación Nacional.

Los miembros de nuestro partido, un análisis de la situación política del país, y la visión revolucionaria de la compañera Rosario Murillo, nos han llevado al consenso absoluto de que ya es el momento histórico propicio para oficializar a nuestro único candidato presidencial para las elecciones de 2011, el compañero, Comandante de la Revolución Popular Sandinista, Daniel Ortega Saavedra.

Aunque los sectores más recalcitrantes y proimperialistas de nuestro país han despotricado e insistido en que nuestro candidato único no puede reelegirse, la verdad es que ya hemos garantizado legalmente que se sí puede, hemos negociado ya con los diputados de la oposición y lo más importante es que contamos con la supremacía en todos los poderes del Estado.

Hermanos militantes:

No tengan ningún temor, les aseguramos que no habrá ningún obstáculo para reelegir a nuestro líder máximo e indiscutible y mantener el poder revolucionario sandinista las veces que sean necesarias, detalle que se explica y pusimos en su conocimiento en el histórico documento: Proyecto del Socialismo del siglo XXI-Hermandad Revolucionaria. Como siempre lo hemos hecho, "Vamos por más victorias" y ganaremos esta gran batalla de las elecciones del 2011.

En ese sentido, es determinante adoctrinar y esclarecer a todos los compañeros y compañeras, haciendo suyas las palabras del fundador del FSLN, comandante Tomás Borge; "Cueste lo que cueste, el FSLN no debe permitir el retorno de la derecha a la toma del poder, al costo que sea necesario" y "aquí se puede permitir todo, menos el regreso de la derecha, sería como si nos diera un cáncer terminal, no se puede permitir el regreso del pasado". Ya es hora de pasar a la ofensiva revolucionaria.

En este sentido, los últimos obstáculos ya los hemos superado en su totalidad. El poder revolucionario sandinista, conducido por el presidente Daniel Ortega, ha sido impuesto y aceptado, aunque en contra de sus voluntades, por el gobierno de Estados Unidos de Norteamérica, los empresarios privados del COSEP, un grupo numeroso de sacerdotes de la Iglesia católica y muchos e importantes personeros del mundo político de nuestro país.

Además, las acertadas estrategias de las Alianzas Tácticas Coyunturales, nos han dado un excelente resultado, aunque tenemos que reconocer, que económicamente los costos han sido muy altos, porque las prebendas y compromisos materiales con estos señores, llamados de la oposición, han sido triste y amargamente necesarios. Lo hemos hecho de esa forma, compañeros, porque no teníamos otra salida; el desgaste que nos provocaba estarnos enfrentando violentamente con ellos era algo que, ante los ojos de la comunidad internacional, nos causaba un severo daño. Principalmente después del mal llamado "fraude electoral" que estos traidores a la patria nos señalaron injustamente.

Sin embargo, ha sido importante para la estabilidad y avance del sistema socialista del ALBA, que una buena parte de nuestros acérrimos adversarios y enemigos históricos del pueblo, nos hayan prometido respaldo y apoyo. Hoy estamos en una posición mejor que cuando tomamos el poder hace 4 años, es una posición privilegiada, y tenemos que reconocer que solo fue posible alcanzarla gracias al sacrificio y al esfuerzo de todos nuestros miembros. Los sandinistas hoy somos más de un millón doscientos mil miembros, lo que nos coloca como el partido más poderoso y disciplinado del país.

Por todos esos logros conquistados hemos decidido pasar a una ofensiva ininterrumpida, haciéndole un llamado a nuestra militancia y colaboradores para que no esperen más, ya estamos en campaña y debemos convencer a todos los ciudadanos de este país, para que en las próximas elecciones voten por el FSLN. Durante los próximos años en que estemos en el poder, desarrollaremos muchas acciones reivindicativas que beneficiarán a nuestro pueblo, le cumpliremos a los obreros y campesinos dándoles las tierras, las fábricas, alimentación, trabajo, educación, salud gratuita, etc, etc.

La lucha, compañeros, es ardua y difícil, todos unidos alrededor del liderazgo sandinista defenderemos las conquistas alcanzadas, y así contribuiremos a consolidar la segunda etapa de la Revolución Popular Sandinista. Por eso es importante atajar desde sus inicios, cualquier manifestación de divisionismo que nuestros enemigos quieran implementar entre nuestras filas.

Los CPC, Jóvenes Sandinistas, los Comités de Base, y todas las demás fuerzas partidistas, con el apoyo incondicional de los hermanos del ejército y la Policía Nacional, deben estar atentos y vigilantes, siguiendo las instrucciones emanadas por la Secretaría del Frente Sandinista. A más de 30 años del triunfo de la Revolución Popular Sandinista, un nuevo amanecer prometedor nos abriga, acompañado solidariamente por los hermanos revolucionarios latinoamericanos organizados en el ALBA y coordinados por el Comandante Hugo Chávez.

## Lineamientos y acciones a cumplir en el 2010-2011

*1- Defender los logros alcanzados por el Gobierno de Reconciliación y la Unidad Nacional: "el pueblo presidente".*

*2- Consolidar la unidad del FSLN, fortaleciendo los lazos con nuestros aliados de la Convergencia y otros factores políticos como el Partido Conservador.*

*3- Impulsar decididamente la candidatura del comandante Daniel Ortega, para un segundo mandato, estar preparados con el plan B, por cualquier contingencia o presión exterior.*

*4- Mantener el posicionamiento sobre los medios de prensa de todo tipo e impedir que los llamados demócratas vuelvan a monopolizarlos.*

*5- Impulsar estrategias de movilización y lucha en las calles para sujetar, neutralizar y amedrentar a nuestros adversarios políticos, el control de las calles no lo podemos perder.*

*6- Continuar manteniendo el acompañamiento táctico con el COSEP.*

*7- Mantener el dominio absoluto de todos los poderes del Estado, el pacto no debe ser obstáculo para manipular a nuestro favor los estados de opinión y en contra de nuestros opositores.*

*8- No negociar cuotas de poder dentro del Consejo Supremo Electoral, esto es decisivo para impulsar la segunda etapa de la Revolución Sandinista.*

*9- Mejorar las relaciones exteriores y darle legitimidad a las autoridades electorales y a los procesos que se deriven del mismo.*

*10- Desmontar la campaña política de los grupos armados irregulares, asignándole a las Fuerzas Armadas y a combatientes históricos, la estrategia de inteligencia y seguridad para bloquear estas actividades conspirativas de la derecha.*

*11- Impulsar los escenarios de normalidad y estabilidad para que ganemos un estado de opinión favorable sobre los avances económicos, sociales y políticos del gobierno del presidente Daniel Ortega.*

*12- Garantizar que todos nuestros miembros y simpatizantes defiendan las victorias alcanzadas y estén preparados para defender el voto en las próximas contiendas electorales.*

*13- Limpiar de infiltrados y oponentes a nuestro proyecto revolucionario a todos los empleados públicos y personas dentro de nuestras estructuras partidarias.*

"Adelante compañeros… Sandino vive, la lucha sigue…. Viva el FSLN… Viva Daniel Ortega. Vamos por más victorias…" son algunas de las tantas consignas de los sandinistas.

Si los nicaragüenses, en el siglo XVII, fueron capaces de derrocar al pirata de William Woker de la presidencia de Nicaragua, por qué ahora no serán capaces de sacar del poder a los sandinistas, que han sido peores que William Woker o que cualquier otro gobierno existente en la historia del país.

## Sí se puede: sacarlos del poder

Obama, contra todas las predicciones, logró conquistar la presidencia de Estados Unidos, convenciendo a los estadounidenses de que: "Sí se puede".

Con un poco de sacrificio de cada nicaragüense, con amor a su propio ser y al de su familia: Sí se puede sustituir el ejército por escuelas. He aquí algunas recomendaciones que se podrían seguir, las que deben ser variadas según las circunstancia del momento:

*1- Seleccionemos dos horas por la tarde de cualquier día de la semana entre lunes y jueves, puede ser a las 4:00 p. m., hora en que ya las empresas pueden sacrificarse para dejar ir a su personal una hora o bien hora y media antes de que cierren sus puertas.*

*2- Esa hora y día seleccionados, deben ser siempre los mismos, sin variaciones, para que se puedan reunir miles de nicaragüense en el lugar previamente seleccionado.*

*3. Nuestra manifestación y protesta de todos reunidos, deberá ser para sustituir el ejército por escuelas y contra las pretensiones del Frente Sandinista de continuar con Nicaragua Secuestrada.*

*4- Tenemos que hacer conciencia a todos los niveles de que Nicaragua no puede seguir secuestrada, por el futuro de nuestros hijos.*

*5- Recojamos el número de firmas necesarias para que el Congreso se vea obligado a ponerlo en su agenda, podemos, entre algunos cientos de ciudadanos, recoger las cincuenta o cien mil firmas que fueran necesarias.*

*6- Entreguemos testimonio de las firmas al Cuerpo Diplomático acreditado en Nicaragua, o de los documentos necesarios para eliminar el ejército y la actual policía sandinista.*

*7- Sí se puede derrocar tiranos sin la violencia, basta la decisión organizada de la oposición. Hay que considerar que los tiranos siempre tienen a la policía y al ejército a su favor, por lo que utilizar la violencia en la lucha, solo conducirá a muertos y heridos, ya que ellos tienen todo el armamento y las fuerzas represivas, esto no debemos olvidarlo.*

*Los tiranos basan su permanencia en el poder en la sumisión del pueblo, si se les logra quitar esta, se tambalean y caen, ejemplo de ello son los regímenes de Egipto y otros más que han caído.*

*Naturalmente que en el caso nicaragüense es un poco más difícil, porque hay que llegar a entender que es en el sandinismo donde radica el mal de Nicaragua, y mientras se pretenda negociar con ellos, el país continuará igual o, más bien, se robustecerán más.*

*A los tiranos, con el ejército y la policía a su favor, les es fácil mantener la opresión, el temor y el miedo que se apodera de la población.*

*8- Si dentro de los diputados en el Congreso, sabemos que alguno de ellos es comprable por el sandinismo, hagamos lo mismo, consigamos el doble del dinero que ofrecen los sandinistas para tener mayoría y así puedan pasar la ley de eliminar el ejército y la actual policía sandinista.*

Aunque esta recomendación es penosa y el soborno nunca debería ser una práctica, desgraciadamente, si no seguimos al sandinismo en sus ofertas para mejorarlas, jamás se aprobará la ley que sustituya al ejército por escuelas; Nicaragua no dejará de seguir secuestrada. La Asamblea tiene muchos traidores que han sido y seguirán siendo comprables por los sandinistas.

América Latina, con la excepción de unos pocos países, se está perdiendo y se convertirá en una lacra humana dentro del continente; el continuo ataque de la izquierda contra la democracia es devastador. Actualmente, dentro de una aparente "democracia", la izquierda logra conquistar el poder utilizando el populismo y sus falsas promesas. Después que estos líderes llegan al poder, con el voto popular, a nadie de la comunidad internacional, por ejemplo la OEA, le importa que rompan la sagrada

Constitución de sus países para implantar una tiranía. Todos los latinoamericanos sabemos que siempre la izquierda hace lo que quiere porque tiene el respaldo de las Fuerzas Armadas, las que son corrompidas de forma inmediata cuando un líder de izquierda sube al poder.

El objeto de la izquierda es manejar las masas del pueblo como ganado, para quedarse gobernando por largos periodos, sin importarles la destrucción de su país, solo en América Latina vemos como en Cuba, Nicaragua y ahora Venezuela, se han destruido las democracias y se han arruinado estos países. Las nuevas estrategias de la izquierda en el siglo XXI, es construir dictaduras con fórmulas democráticas que rápidamente aplican en su país y que después exportan a otros países.

Entre sus estrategias, siempre estará conquistar las Fuerzas Armadas a través de la corrupción, la eliminación de los oficiales que consideran que les serán un estorbo, dejando el ejército a cargo de militares que pueden corromper.

El caso de Nicaragua ha sido peor porque doña Violeta aceptó que el ejército y la policía fueran sandinistas, a pesar de que recibió el mensaje del presidente Bush de que tanto la Unión Europea como Estados Unidos, la respaldaban si eliminaba el ejército. La decisión de ella fue rotunda al contestar: "yo me encargaré de ellos, no se preocupen".

De igual forma la izquierda utiliza la misma fórmula de corrupción con la Corte Suprema de Justicia, así atemorizan a la ciudadanía que se convierte en víctima de unos jueces cínicos y corruptos que hacen imperar la injusticia. Desarrollan el terrorismo fiscal como medio de atemorizar al sector productivo del país. Una vez desarrolladas sus malignas estrategias, suprimen a todos los que puedan protestar contra ellos, ya sea por medio de calumnias o del asesinato. Así, dejan al pueblo indefenso, sin sus libertades tradicionales, convirtiéndolo en un pueblo sometido a las cadenas de la doctrina de la izquierda.

La izquierda está convencida de que en poco tiempo controlarán la mayoría de los países, ellos ya son mayoría a nivel mundial, como organización. Dentro de poco tiempo si los que profesamos la auténtica democracia, no actuamos, seremos controlados y harán de nosotros lo que ellos quieran.

Estoy absolutamente seguro de que el nicaragüense, aunque pretenda no admitirlo, sabe que la izquierda destruirá el sistema capitalista de Nicaragua, muchos de ellos que no han logrado éxito en sus vidas, aceptan esa posición más como un ser lleno de envidia que como un ser tonto. Estas personas no quieren aceptar que ellos, sus hijos y el país, tendrán que vivir sometidos a la voluntad de unos pocos terroristas y que, por consiguiente, no tendrán ningún futuro, y cada día su posición económica será peor.

Hoy tenemos en América Latina a un nuevo monstro, Hugo Chávez, gobernando uno de los países más ricos de la región, cuando hablamos con un venezolano, auténticamente democrático, no entiende cómo llegó la izquierda a apoderarse del país y convertirse Chávez en el nuevo Fidel del continente. Siempre que puedo, aprovecho para recordar que el venezolano, muy ocupado en sus negocios, no le dio importancia cuando Carlos Andrés Pérez les daba dinero y la protección de Venezuela a los sandinistas.

Es más, Carlos Andrés fue uno de los más responsables de consolidar la izquierda en América Latina, abiertamente cooperó y financió a los sandinistas, aun sabiendo que eran terroristas entrenados en Cuba y Rusia.

Hugo Chávez recorre ahora América Latina repartiendo sus petrodólares, ayudando a sus aliados a que compren a sus adversarios políticos y se aseguren de llevar a la población a la miseria, única forma de garantizar la estabilidad de una política de izquierda. Estoy seguro de que Chávez conociendo la importancia que tienen las montañas de Honduras para lograr, con Nicaragua y El Salvador, entrenar a miles de terroristas que se enviarán de diferentes maneras a Estados Unidos, como se ha hecho con las drogas, no descansará en sus objetivos, más ahora que tiene a Irán y Siria apoyando esta realidad. En cualquier pequeño descuido de un gobierno débil en Honduras, conseguirán sus propósitos de convertir a Honduras en otro país secuestrado.

Los medios de comunicación de izquierda no paran de hablar del golpe de estado en Honduras, siguen dando espacios a Miguel Zelaya como víctima y no como lo que es, un izquierdista que quiso, con los petrodólares y la ayuda internacional de la izquierda, convertir a Honduras en otro país secuestrado. Zelaya subvaloró al pueblo heroico de Honduras y al presidente del Senado, Roberto Micheletti, quien con decisión y firmeza tomó la presidencia y defendió a su patria. Lo triste de todas estas situaciones es que a muy pocas personas les interesan luchar por sus libertades.

La prensa mundial le dio poca cobertura al acto de terrorismo que sufrieron los madrileños, en la estación metropolitana de la Virgen de Atocha, en cuanto a que los terroristas árabes que lo cometieron, algunos de ellos tenían pasaporte nicaragüense y movían millones de petrodólares por

Centroamérica. Ellos fueron capturados cuando intentaron mover la cantidad de diez millones de dólares al banco estatal, Banco Popular.

Este escándalo de árabes con pasaporte nicaragüense y petrodólares en cantidades importantes, no perjudicó la imagen del Frente Sandinista ni la de Hugo Chávez, quienes fueron los proveedores de los pasaportes nicas y del dinero venezolano. Los terroristas que atacaron las torres gemelas de Nueva York también llevaban pasaportes nicaragüenses al igual que los de España. Los pasaportes nicaragüenses, en manos de los terroristas, son prueba irrefutable de la culpabilidad de los sandinistas en estos crímenes aborrecibles y demuestra que están involucrados en el terrorismo internacional. Es conocido que los pasaportes se emiten y son controlados únicamente por las oficinas del ejército sandinista de Nicaragua.

¿Por qué será que algunos países como Estados Unidos y España, quieren ignorar el peligro que significan los sandinistas?

¿Por qué no habrá países con presidentes valientes como lo tuvo Estados Unidos en la época de Ronald Reagan; si en el mundo tuviéramos más presidentes de derecha y con valentía, que se opusieran a relacionarse con países secuestrados, otro mundo tendríamos hoy. No obstante, hay que destacar que algunos presidentes como Álvaro Uribe de Colombia y Roberto Micheletti, de Honduras, han hecho historia durante sus gobiernos y han sido auténticos combatientes contra la izquierda, lo han demostrado en sus respectivos países y al mundo.

# Al-Qaeda busca SAM-7
## *(Dice Rose Likins desde Washington)*

"La red terrorista Al-Qaeda busca afanosamente en Europa cómo adquirir misiles tierra-aire SAM-7, para atentar contra vuelos aéreos comerciales, y han mencionado a Nicaragua como un país con posibilidades para conseguirlos. Así lo aseguró a CNN Radio, la embajadora Rose Likins, Secretaria Adjunta Interina del Departamento de Estado de Estados Unidos.

Likins declaró, desde Washington, que el Buró de Asuntos Políticos y Militares ha obtenido información de que desde 1999 el grupo terrorista de Osama Bin Laden busca cómo adquirir la mayor cantidad posible de cohetes tierra-aire, conocidos como SAM-7. Apuntó también que, recientemente, un alto funcionario estadounidense encontró evidencias de que Al Qaeda buscaba este tipo de misiles en Europa, y mencionó a Nicaragua como uno de los países que los poseían y en donde podían ser comprados.

Likins dijo, sin embargo, que existe un compromiso del gobierno de Nicaragua y un alto interés del gobierno estadounidense por destruir la totalidad de los misiles en poder del ejército actualmente. Apuntó que no existe ninguna amenaza para Nicaragua que justifique la posesión de los SAM-7.

"La decisión de las autoridades competentes de Nicaragua es que no hay este tipo de amenazas que necesite esta clase de armamentos, pero sí que este tipo de armas representa una amenaza al mundo de la aviación civil y a la seguridad internacional", dijo Likins. Destacó que desde los años 70, se han registrado 40 ataques con este tipo de misiles SAM-7 en contra de la aviación civil o comercial por parte de los terroristas.

Likins reconoció que para la destrucción de los polémicos cohetes en manos del ejército nicaragüense han contado con la colaboración y disposición de las autoridades, pero el caso se ha politizado y eso ha estancado el proceso de negociación para que más de mil de los artefactos sean destruidos totalmente. Este acontecimiento se puede ver en Youtube, el link es: http://www.youtube.com/watch?v=Ua5nUdcnU4

Es importante que esto sea leído por muchos incautos nicaragüenses que piensan que el ejército y la policía no responden a la voluntad del régimen tirano de los sandinistas. Cuánta equivocación de los nicaragüenses, que aún no comprenden el daño que hacen a la nación el ejército y la policía sandinistas; si no luchamos con constancia para sustituir el ejército por escuelas, seguiremos secuestrados por muchas décadas más y nuestro país, cada día será más pobre.

Nunca hay que olvidar que la estrategia principal de la izquierda latinoamericana, es asegurarse de que sus países sean otra Cuba, el modelo que consideran perfecto, y que con tal de conseguir sus propósitos no les importa calumniar, crear leyes destructivas, robar, asesinar, etc.

Es posible que con la excepción de los ejércitos de Cuba y Nicaragua, que han sido 100% formados por líderes malignos de la izquierda, se pueda encontrar en otros ejércitos, militares que prefieran la honestidad y un mejor futuro para su descendencia, esto brindaría la posibilidad de que si se rebelan contra el régimen tirano, el país se pueda salvar.

En todo caso, si nos proponemos sustituir el ejército por escuelas, lograremos la liberación de Nicaragua para siempre.

# Capítulo XX

## Ortega y el ejército sandinista

Muchos nicaragüenses creen y comentan con frecuencia que el ejército sandinista es profesional y, por consiguiente, independiente de la dirección del Frente Sandinista que maneja Daniel Ortega y Rosario Murillo. Ellos creen que dicho ejército está a la orden de la justicia y solo para cuidar los intereses de Nicaragua. Cuánta inocencia y falsedad, porque, desde sus inicios, ese cuerpo militar se formó de sandinistas y seguirá siendo sandinista a la orden de Ortega o de su esposa Rosario.

El ejército es parte de la doctrina de la izquierda en cualquier país del mundo que ellos gobiernen. Hay excepciones, como sucedió en Chile donde, gracias al Gral. Pinochet, la izquierda no pudo destruir sus bases democráticas, de igual forma tenemos el ejemplo de España.

Dentro de la doctrina de la izquierda el lema es "si quieres gobernar, el ejército tienes que controlar", esto es una las principales reglas que estos tiranos utilizan. Si los nicaragüenses observan a la mayoría de los miembros importantes del ejército todos ellos, de una forma u otra, tienen propiedades robadas, tienen los mejores carros, gozan de ingresos fuera de sus sueldos y, naturalmente, son los ciudadanos consentidos del sandinismo. ¿Cómo se van a virar contra los que los están haciendo ricos?

Ortega y su camarilla saben, que pueden hacer de Nicaragua lo que se les antoje, porque controlan al ejército y también a la policía. Nicaragua está secuestrada porque los sandinistas, tienen su ejército, la Corte Suprema de Justicia, el Poder Electoral, la Asamblea y todos los demás poderes del Estado; sin ejército no pudieran controlar ninguno de esos poderes.

El expresidente Enrique Bolaños, (2004-2007), no pudo realizar ningún cambio de importancia porque el ejército sandinista lo hubiera derrocado del poder y, en su caso, por ser de la derecha, la famosa OEA y demás instituciones, no hubieran considerado favorecerlo en nada, tampoco la prensa le hubiera dado mayor cobertura como lo hicieron con el caso de Honduras. La izquierda sí tiene cobertura y protección mundial, pero no así la derecha.

Cuando la oposición a los sandinistas ha querido salir a protestar contra su régimen, se pueden ver las turbas sandinistas controlando cada rotonda de la capital con machetes, bates, piedras, armas blancas, pistolas, rifles, etc., la policía y el ejército ven las barbaridades que están haciendo las turbas y actúan como si no vieran nada; más claro solo el agua.

Además, el ejército mantiene en su poder varias decenas de los famosos misiles SAM-7 de alta peligrosidad, que no han querido destruir a pesar de que solo pueden servir para derrumbar aviones comerciales o helicópteros, por lo que se consideran armas peligrosísimas y excelentes para actos de terrorismo. Estados Unidos les ha ofrecido millones de dólares en dinero o alimentos, medicinas, etc., pero ellos no aceptan y por excusa ponen que tienen que proteger la soberanía nacional, dado el caso de que algún otro país los invadiera.

Lo que sucederá con estos SAM-7 es que algún día los veremos en manos de terroristas, sean de las FARC, de la ETA, o de algún otro grupo de terroristas afines al Frente Sandinista. El ejército sandinista es el más grande de todos los ejércitos centroamericanos, y cuenta con el mayor presupuesto de la nación. En la segunda etapa del gobierno sandinista (2006-2011), con Daniel Ortega como presidente, se estima que tienen un presupuesto superior a los sesenta millones de dólares. Muchos miembros del ejército, tienen grandes propiedades robadas.

Los nicaragüenses se quejaban de la época de los Somosa, porque les regalaban a los miembros del ejército de Nicaragua, entrada libre de aranceles para la compra de sus automóviles, licores y algunas otras bagatelas, esos eran los "grandes robos" del ejército en tiempo de los Somosa. Ahora el ejército sandinista no solamente recibe la entrada libre de aranceles para sus automóviles, sino que también reciben sus automóviles gratis, préstamos bancarios que no pagan, propiedades robadas, tienen hospitales y se podría decir que son los ciudadanos de primera categoría conjuntamente con la cúpula sandinista.

El ejército sandinista, o bien los matones que utilizan los sandinistas, han logrado asesinar a todos los altos jefes de la llamada contrarrevolución, que fue apoyada por el presidente republicano Ronald Reagan. Dentro de las izquierdas, los ejércitos, conjuntamente con la Corte Suprema de Justicia, son los principales objetivos para lograr que un pequeño grupo de izquierdistas controle toda una nación. A Nicaragua la controlan menos de 100 personas, entre ellas, menos de 50 son militares, el resto son políticos corruptos que están al servicio del Frente Sandinista.

En cualquier país que haya sido controlado por las izquierdas se observan los mismos principios para su éxito:

*1- Actividades y ofrecimientos populistas para llevar a los "pobres", supuestamente, al poder.*

*2- Control del ejército, la policía y la Corte Suprema de Justicia, una vez controlado esos poderes, tienen el país en sus manos.*

*3- Asesinato de todas aquellas personas que puedan ser obstáculos para sus propósitos.*

*4- Llevar lo más pronto posible al país de la riqueza o la pobreza a la miseria.*

*5- Una vez que el pueblo se encuentra en la miseria, pueden gobernar con facilidad por décadas, por no decir por muchos años, como ha sucedido en casi todos los países que han sido víctimas de las izquierdas.*

*6- Logran institucionalizar la corrupción a todos los niveles, de esa forma facilitan el que unos pocos puedan controlar todo un país.*

Estos seis principios básicos establecidos como doctrina por las izquierdas, es absolutamente necesario establecerlos en cuanto toman el poder, y si por alguna circunstancia pierden, por ejemplo, la presidencia como fue el caso de Nicaragua, mantendrán siempre bajo absoluto control, al ejército y a la Corte Suprema de Justicia. Los sandinistas llevan más de 30 años desde que tomaron el poder en 1979, según la experiencia mundial, faltan fácilmente más de 70 años para poder salir de ellos, las probabilidades de salvarnos de ellos en menos tiempo, son pocas, a no ser que la mayoría de los nicaragüenses lleguen al convencimiento de que:

*No necesitamos ejército y, por consiguiente, se debe eliminar, en cambio sí necesitamos más y mejores escuelas.*

*No podríamos atacar a ningún país, tampoco nos atacarían a nosotros, nos pasaría como a Costa Rica, que el mundo los defendería.*

*Con el presupuesto del ejército, que supera los sesenta millones de dólares, podríamos mejorar de inmediato el salario de los maestros existentes, que es de un promedio de solamente de 150 dólares mensuales, veamos en detalle los números.*

Escenario de una Nicaragua sin ejército:

| | |
|---|---|
| *Presupuesto anual de la República* | *$60 000 000* |
| *Nuevo salario para maestros* | *$600* |
| *Número de nuevos maestros* | *80 000* |
| *Valor total a pagar a 80 000 nuevos maestros* | *$48 000 000* |
| *Otros gastos para educación* | *$12 000 000* |
| *Total* | *60 000 000* |

Si se vende el armamento en poder del ejército, que se estima en unos mil seiscientos millones de dólares, por el 50% de su valor, o sea, por ochocientos millones, tendríamos la posibilidad de construir mejores escuelas a un promedio de veinte mil dólares cada una, veamos los números:

| | |
|---|---|
| *Venta de armamento* | *$800 000 000* |
| *Valor promedio de cada nueva escuela* | *$20 000* |
| *Número escuelas a construir* | *40 000* |

Como podemos observar si Nicaragua cambia el ejército por escuelas, como lo hizo Costa Rica en la década de los cuarenta del siglo pasado, en diez años habríamos transformado a Nicaragua de un país en la miseria y sin futuro, en un país próspero, con educación y posiblemente uno de los mejores de Centroamérica. Se acabarían los tiranos, nunca más retrocederíamos, nuestras leyes serían respetadas y Nicaragua se convertiría en un país que podría ser orgullo de la humanidad.

A continuación veremos la clasificación económica por programas declarados por el ejército sandinista en el año 2009, se encuentran detallados en la moneda nicaragüense, córdoba y convertido a dólares a 20 por 1 dólar. Para 2011 en que terminamos este libro según informaciones confidenciales de un sandinista miembro del ejército, los programas superan los sesenta millones de dólares.

| Presupuesto del ejército, clasificado por programas, según los informes presentados por el mismo, en córdobas. Año 2009 (cada año lo varían según conveniencia) | | | | |
|---|---|---|---|---|
| **Programa** | **Corriente** | **Capital** | **Total** | **Dólares 20 x 1** |
| **Actividades centrales** | 14 492 375 | 103 000 | 14 595 375.00 | 729 768.75 |
| **Defensa Nacional** | 903 025 825 | 20 000 000 | 903 025 825.00 | 45 151 291.25 |
| **Maquinaria Eq. oficina varios** | 20 103 000 | | 20 103 000.00 | 1 005 150.00 |
| **Totales según presupuesto** | 937 621 200 | 20 103 000 | 937 724 200.00 | 46 886 210.00 |
| **\*Gastos confidenciales** | 70 550 000 | | 70 550 000.00 | 3 527 500.00 |
| **\*Otros gastos no clasificados** | 152 850 000 | | 152 850 000.00 | 7 642 500.00 |
| **Totales** | 1 031 021 200 | 20 103 000 | 1 051 124 200.00 | 58 056 210.00 |

Según el ejército sandinista, ellos distribuyen los gastos por la clasificación del tipo de cargo, tal y como lo podemos ver en el siguiente cuadro.

| Distribución de los gastos | |
|---|---|
| **Tipo de cargos** | |
| Oficiales | 1500 |
| Sub oficiales | 302 |
| Clases | 1200 |
| Soldados | 6410 |
| Civiles en el ejército de Nicaragua | 904 |
| Civiles en actividades centrales | 49 |
| Funcionarios en ejército Nicaragua | 189 |
| Total | 10 554 |

¿Será posible y justo que el nicaragüense tenga que estar condenado a vivir en la miseria, para mantener un ejército que respalda a un partido político como lo es el sandinista? ¿Hasta cuándo, compatriotas nicaragüenses, estaremos sin entender que nuestra liberación es posible si sustituimos el ejército por escuelas? Cada militar nicaragüense debe darse cuenta de que le está quitando al pueblo su derecho a la educación y, a la vez, está cooperando para que el país se mantenga secuestrado.

Los miembros del ejército saben que en la corrupción está la fortaleza de los sandinistas, la mayoría de los miembros del ejército no reciben más que migajas, porque son pocos los que se benefician del sistema. Los nicaragüenses debemos iniciar campañas permanentemente hasta que logremos los resultados de vivir sin ejército, pero con mejor educación para nuestra niñez. Los miembros del ejército podrían recibir respaldo para que se hagan empresarios o bien obtener trabajo en las empresas existentes.

Para liberarnos debe ser un compromiso de cada nicaragüense, que llegue a comprender que el país está secuestrado y, por consiguiente, no tiene futuro, para que contribuya de la mejor forma que pueda a mantener el eslogan por todo el país, en rótulos, campañas periodísticas, radio, televisión, etc.

Si los hondureños le demostraron al mundo que a pesar de la presión e injusticia mundial que se cometió contra su pueblo, cuando no aceptaron que el presidente Zelaya les impusiera un régimen de izquierda; ¿Por qué el pueblo nicaragüense no va a poder sustituir el ejército por escuelas? El nicaragüense, para lograr su libertad del terrible secuestro y miseria a que está sometido desde hace más de treinta años, debe realizar el sacrificio de:

*Organizar en todo el país, a partir de las 4:00 a las 6:00 p. m. un jueves de cada semana o cualquier otro día que consideren apropiado, cerrar sus negocios y concentrarse todos en manifestaciones pacíficas pidiendo escuelas por ejército, el gran grito de la concentración, debería ser: "Queremos escuelas y no ejército".*

Es mejor sacrificar unas pocas horas de un día cada semana, que vivir secuestrado y condenado a la miseria y a la injusticia. El nicaragüense debe de comprender que cada día que pasa se viene empobreciendo, sin que importe que tenga capital o no. El progreso para cada nicaragüense vendrá cuando nuevamente sea libre.

El dinero venezolano ya está corriendo en Nicaragua para distribuirse en todos los sectores, lo importante es confundir y hacer creer a la población, y al mismo sector privado, que con los sandinistas el país está mejor. Eso estaba pasando en 2010 en Nicaragua. La ciudadanía entera deberá aprovechar la Internet o cualquier otro medio, para difundir el continuo mensaje "escuelas por ejército", los diarios nicaragüenses que efectivamente estén contra el secuestro a que estamos sometidos, deberán escribir en muchas de sus páginas las tres simples palabras "escuelas por ejército", no les cuesta mucho, pero ayudarían muchísimo a la salvación del país.

Los nicaragüenses debemos hacer sentir a los miembros del ejército, que son responsables de la situación del país y, por consiguiente, de la miseria del pueblo. Hay que hacer comitivas de las diferentes organizaciones nicaragüenses, para hacer conciencia en todos los países donantes de que el país no necesita ejército y que, en cambio, sí necesita escuelas con profesores mejor pagados.

El dinero del ejército, con todo lo que esto conlleva, es de los niños y no de los sandinistas. Estoy seguro de que vendiendo todo el armamento que tiene Nicaragua, es posible que se cambie su destino de miseria. Si analizamos fríamente el desgaste que significa tener un ejército, nos daremos cuenta de que es un crimen que un país en la miseria como lo está Nicaragua, tenga el ejército con el único propósito de garantizar la estabilidad de los sandinistas en el poder.

Observemos el abuso de poder de los sandinistas, *El Nuevo Herald* publicó en 2010, que los sandinistas le dieron asilo político al segundo hombre terrorista de las FARC, Rubén Darío Granda, con el cual, dice que ya son cuatro los terroristas de las FARC a quienes, públicamente, se les ha dado asilo en Nicaragua.

El 23 de diciembre de 1983 el diario *La Nación,* de Costa Rica, ya publicaba los nexos entre los sandinistas y la ETA, es decir, desde que tomaron el poder están involucrados con los grupos terroristas de cualquier parte del mundo. "ETA en Costa Rica, más tensión en Centroamérica", sigue publicando *La Nación* de ese país. Los miembros de ETA fueron enviados por los sandinistas para asesinar a varios líderes de la contrarrevolución que apoyaba el presidente Reagan.

Felipe González (socialista) anunció que pedirá la extradición de los terroristas que estaban en Costa Rica, con el objeto de llevarlos a España, seguramente durante su extradición los terroristas desaparecerán. En el mencionado artículo se informa que Felipe González es partidario del supuesto plan de paz que promueven los socialistas José López Portillo, Carlos Andrés Pérez y sus demás seguidores. El objeto principal de estos presidentes consistía en proteger a los sandinistas que eran fuertemente atacados por la contrarrevolución, ellos querían asegurarse de que los sandinistas, aunque perdieran la presidencia no perdieran su ejército para que mantuvieran su poder.

¿Creen ustedes que si Nicaragua no tuviera ejército, se hubieran atrevido los sandinistas a brindarle protección a estos temibles terroristas? La respuesta sería un "no" rotundo. Es una pena que el nicaragüense, con la experiencia ya vivida en su historia y sobre todo en la época sandinista, no contribuya para salvar a nuestro país, al liberarlo del yugo que significa el ejército y la policía sandinista. Mientras tengamos ejército, tendremos tiranos. Sin ejército sería muy difícil tener funcionarios y congresistas corruptos. Nicaragua, con la ayuda de países amigos, podría llegar a construir una verdadera policía profesional, mejor pagada y sobre todo con mayor educación y responsabilidad civil.

El nicaragüense debe recordar que hemos sido un pueblo pobre, con limitaciones pero con dignidad, nunca hemos vivido en la miseria que hoy tiene nuestro pueblo con los sandinista. Hasta cuándo podremos resistir: cuarenta, setenta o más años, eso es lo que no queremos los nicaragüenses, por eso lucharemos para que desaparezca de nuestra historia, para siempre, el ejército con su actual policía sandinista.

# Daniel Ortega acusa a eurodiputado de sondear golpe en Nicaragua
### El Nuevo Herald (EFE)
### (16 de noviembre de 2009)

*El presidente de Nicaragua, Daniel Ortega, acusó al eurodiputado holandés Hans van Baalen de haber sondeado, con los altos mandos militares nicaragüenses, durante su visita al país, un posible golpe de estado en su contra, informaron el domingo fuentes oficiales.*

*Van Baalen "estaba valorando si era posible encontrar aquí un ejército como el de Honduras para intentar un golpe militar (en contra de su gobierno)", denunció anoche el mandatario nicaragüense durante una reunión con los mandos de la Policía Nacional, según publica el domingo el portal oficial digital "El 19".*

*El eurodiputado holandés, también presidente de la Internacional Liberal, habría analizado ese posible golpe de estado durante una reunión privada que sostuvo con el jefe del ejército nicaragüense, el general Omar Halleslevens, y otros altos oficiales, bajo el pretexto de felicitarlo por el 30 aniversario del ejército, dijo Ortega.*

*Van Baalen "quería conocer hasta dónde el ejército nuestro tenía la misma actitud del ejército de Honduras, pero se encontró con una actitud patriótica, una actitud dentro del marco de las leyes y de rechazo de parte de nuestro ejército", agregó el líder sandinista.*

*El portavoz del ejército de Nicaragua, el general de brigada Adolfo Zepeda, dijo el domingo: "Tradicionalmente lo que el Presidente (Ortega) dice, no lo comentamos".*

*"El Presidente (Ortega) lo dijo, para nosotros, por supuesto, quedó dicho", agregó, sin dar más detalles.*

*Van Baalen, que estuvo de visita en Nicaragua, entre el lunes y miércoles pasado, instó a la unidad a las agrupaciones políticas liberales y calificó como "golpe constitucional" un fallo de la Sala Constitucional de la Corte Suprema de Justicia que abre el camino para que el presidente Ortega opte por la reelección.*

*Asimismo, el gobernante nicaragüense criticó a Van Baalen, a quien tildó de "pirata sinvergüenza" y "sargento holandés", por haber nombrado como vicepresidente de la Internacional Liberal al presidente de facto de Honduras, Roberto Micheletti.*

*Según Ortega, ese organismo liberal está empeñado en fortalecer y premiar "a los golpistas", al igual, consideró, que lo está haciendo el gobierno de Estados Unidos que reconocerá, según afirmó, los comicios del 29 de noviembre próximo en Honduras.*

También reiteró que los medios de comunicación de su país incitan a la población a asesinarlo, aunque sin presentar prueba alguna. El nicaragüense sabe que todas estas bravuras de Ortega son puras mentiras y cortinas de humo para distraer a la ciudadanía cada vez que tiene objeciones de la oposición. Lo que sí pudo haber sido cierto es que el Sr. Van Baalen quiso comprobar si es verdad que el ejército es independiente del poder ejecutivo, pero comprobó todo lo contrario, siguen los mismos pasos que cualquier otro ejército que haya sido controlado por la izquierda.

Desde Washington, Rose Likins dice: "Al-Qaeda busca SAM-7". La red terrorista Al-Qaeda busca afanosamente cómo adquirir misiles tierra-aire SAM-7 para atentar contra vuelos aéreos comerciales y mencionaron a Nicaragua como un país para conseguirlos. Así lo aseguró a la CNN, la embajadora Rose Likins, Secretaria Adjunta Interina del Departamento de Estado de Estados Unidos.

La decisión de las autoridades nicaragüenses es que no existe ninguna amenaza que justifique este tipo de armamentos, pero esta clase de armas sí representa una amenaza para la aviación civil y la seguridad internacional, dijo Likins. Destacó también que se han registrado 40 ataques a naves comerciales con este tipo de misiles SAM-7 por parte de los terroristas. El periodista también aseguró en Washington, que el Buró de Asuntos Políticos y Militares ha obtenido información que confirma que desde 1999 el grupo terrorista de Bin Laden busca cómo adquirir los SAM-7 en Nicaragua. En efecto, la Organización de Estados Americanos (OEA) tiene en su poder un informe en el que se asegura que un agente de armas libanés, capturado en Europa y vinculado a Al-Qaeda, intentó adquirir, entre otras armas, 20 SAM-7 del ejército sandinista. La misma FARC, en la década de los '80, adquirió de Nicaragua varios SAM-7 para sus actos terroristas en Colombia. El SAM-7 es requerido por los terroristas porque es atraído por el calor del motor y tiene un alcance de hasta 2000 metros de altura. Hasta aquí el reportaje del Sr. Likins.

El único camino que nos queda a los nicaragüenses, si es que queremos salvar a Nicaragua y vivir en un mundo mejor, es de forma pacífica y constante: pedir escuelas por ejército. Solamente, cuando lleguemos a comprender esta gran verdad y necesidad, seremos libres de la izquierda o de cualquier otro tirano que quiera secuestrar el país. Adelante nicaragüenses, librémonos del yugo del secuestro y tendremos una verdadera Nicaragua libre, justa y donde todos, poco a poco, iremos saliendo del estado de miseria y sufrimiento que nos han dejado los sandinista con el tirano Daniel Ortega a la cabeza.

Eliminemos para siempre a los tiranos, eliminemos el ejército y seremos un país libre, un país de leyes, un país con educación. En menos de diez años nos recuperaríamos, tendríamos la mejor educación para la juventud, el ingreso a las Universidades se incrementaría de forma impresionante, los inversionistas tendrían mucha confianza en nuestro país. La agricultura, la ganadería, la industria, el comercio, etc., pasarían a ser negocios muy rentables y con apoyo de créditos del mundo internacional.

# The Washington Post declara hipócrita a la OEA

El diario más famoso de Estados Unidos, *The Washington Post*, llamó hipócrita a la OEA, por su silencio respecto a Nicaragua, escribió el *Diario Las Américas* el 21 de octubre del 2010.

Las violaciones que el presidente de Nicaragua, Daniel Ortega, ha perpetrado a la Constitución de su país fueron fuertemente criticadas en un editorial publicado este miércoles por *The Washington Post,* que también llamó hipócritas a los países de la región que condenaron en Honduras, hace varios meses, el derrocamiento de Manuel Zelaya, y ahora silencian las arbitrariedades de Daniel Ortega en Nicaragua.

El rotativo llamó la atención sobre las reacciones que mostraron varias naciones, incluso la Organización de Estados Americanos (OEA), ante los hechos producidos en Honduras, cuando agentes de la Guardia Nacional apresaron e hicieron salir del país al presidente Zelaya por haber intentado violentar artículos de la Carta Magna. "¿Qué sucede entonces con la vecina Nicaragua?" pregunta *The Washington Post*, "donde el presidente Ortega es un izquierdista al igual que Zelaya y también ha manipulado la justicia y empleado métodos totalmente ilegales para facilitar el camino a su reelección, a pesar de que ese acto esté explícitamente prohibido por la Constitución de esa nación centroamericana".

El diario se refirió también a que el secretario general de la OEA, José Miguel Insulza, defendió al mandatario ecuatoriano, Rafael Correa, cuando este proclamó un intento de golpe de estado tras un enfrentamiento con la policía, y "sin embargo, en el caso de la autoproclamada Corte Suprema de Nicaragua, integrada en su totalidad por sandinistas, que ordenaron a la autoridad electoral aceptar a Ortega como candidato, la OEA y su presidente han guardado absoluto silencio".

*The Washington Post* refiere que el gobierno estadounidense ha puesto al descubierto las manipulaciones de Daniel Ortega, y cuestiona, asimismo, a los gobiernos de Brasil y Argentina, que se erigen como "campeones de la democracia", por estar guardando silencio ante la situación de la nación centroamericana. La realidad que se observa, insiste el rotativo, "invita a preguntarse": ¿Qué era verdaderamente lo que se estaba defendiendo en Honduras?

## Más detalles

Washington (EFE). El diario *The Washington Post* llamó hoy hipócritas a los países de la OEA que se apresuraron a condenar el golpe militar en Honduras, pero continúan guardando silencio sobre las "violaciones de la Constitución" que a su juicio ha cometido el presidente Daniel Ortega en Nicaragua. En un editorial titulado "Nicaragua, Honduras y la hipocresía", el diario se pregunta sobre los verdaderos motivos que llevaron a los países miembros de la Organización de Estados Americanos (OEA) a condenar el derrocamiento de Manuel Zelaya en junio del 2009 y a suspender de inmediato al país en el organismo. "¿Era realmente la democracia lo que estaban defendiendo en Honduras", indica el editorial. Según el diario, la organización hemisférica ha tomado un papel "hipervigilante" en el caso de Honduras, mientras que con su vecina Nicaragua, cuyo presidente "es un populista de izquierda igual que Zelaya", ha mantenido un "completo silencio".

El periódico subraya que Ortega ha utilizado "decretos descaradamente ilegales, la manipulación de los mandatos judiciales y la violencia de las mafias" para trazar el camino hacia su reelección, "incluso cuando está explícitamente prohibido por la Constitución". Además, indica que el secretario general de la OEA, José Miguel Insulza, se apresuró a validar un "dudoso reclamo" del presidente de Ecuador, Rafael Correa, según el cual "una bronca con la policía" de su país, el pasado 30 de septiembre "era un intento de golpe de estado". "Pero el señor Insulza no tuvo nada que decir sobre una decisión judicial emitida la misma semana por un Tribunal Supremo compuesto en su totalidad por miembros del movimiento sandinista de Ortega, que ordenó a la autoridad electoral a aceptarle como candidato", señala el editorial.

Cuando el Congreso se negó a retirar su veto a Ortega para las elecciones del 2011, dice el *Post*, el presidente recurrió a la corte, firmando decretos para extender el servicio de los jueces que le eran afines y reimprimiendo la Constitución, para asegurar que no perderían sus asientos. "El asalto del señor Ortega a la Constitución de Nicaragua hace que tanto Zelaya como el ejército de Honduras parezcan tímidos", sentencia.

El "exdictador marxista" perdió cuatro elecciones consecutivas, la primera de ellas en 1990, y "nunca ha recibido más del 38 por ciento de los votos", recuerda el diario. "La administración de Barack Obama ha condenado estas manipulaciones", afirma. "¿Pero qué hay de los campeones de la democracia en Honduras, como Luis Ignacio Lula de Silva en Brasil o Cristina Fernández de Kirchner en Argentina? Sin comentarios", concluye EFE, hasta aquí el fenomenal escrito.

Este escrito de *The Washington Post* refleja el complot mundial que la izquierda tiene organizado para ir destruyendo al mundo. En este libro no nos cansamos de repetir que la estrategia de la izquierda es que Honduras sea también un país secuestrado como lo está Nicaragua, con el objeto de aprovechar sus montañas conjuntamente con las de Nicaragua para que,

con la cooperación de Irán, Venezuela y Cuba, principalmente, se puedan sacar miles de terroristas centroamericanos que llegarían caminando a
Estados Unidos. Estados Unidos, es cierto que podría capturar unos cuantos miles, pero nunca la cantidad que los llegaría a invadir; sería más fácil
para estos terroristas introducirse dentro de EE. UU., que la introducción
de las mismas drogas, de las cuales, a pesar de los esfuerzos que se realizan, pasan miles de toneladas.

Los latinoamericanos debemos comprender que si la izquierda logra
su objetivo de secuestrar también a Honduras, afectará a todo el continente, de igual forma al continente europeo por lejos que crean que se encuentran; por eso todos los ciudadanos del mundo que creemos en la libertad y
la democracia, debemos cooperar para que el heroico pueblo de Honduras
no sea capturado por estas lacras humanas.

En el *Diario Las Américas* del 21 de abril de 2011, se publicó que:
"La Senadora Ros-Lehtinen denuncia presión internacional para que Zelaya vuelva a Honduras". La presidenta del Comité de Relaciones Exteriores de la Cámara de Representantes de EE. UU., Ileana Ros-Lehtinen
denunció la "presión internacional" para forzar el retorno del expresidente
hondureño Manuel Zelaya.

La congresista indicó en un comunicado que "la presión internacional [ … ] usurpa la soberanía de Honduras, porque Zelaya fue retirado de
su cargo por violar la Constitución hondureña". En otro de los párrafos del
mencionado artículo dice: "En primera instancia fue un gran error remover
a Honduras de la Organización de Estados Americanos (OEA)", expresó
Ros-Lehtinen.

Mientras la OEA tenga al Sr. Insulza al frente, será imposible que la
izquierda no la utilice para lograr que Honduras caiga y se convierta, conjuntamente con Nicaragua y El Salvador, en los mayores exportadores de
terroristas a EE.UU.

# Capítulo XXI

## El impredecible Arnoldo Alemán

El abogado Arnoldo Alemán Lacayo conquistó la presidencia de Nicaragua por su lucha permanente de reagrupar al principal partido de los nicaragüenses, el Liberal. Con el derrocamiento y asesinato del Gral. Anastasio Somoza Debayle, dicho partido quedó destruido y acéfalo; el trabajo que realizó el Dr. Alemán le dio los frutos, sobre todo, porque se presentaba como un fuerte enemigo y combatiente contra los sandinistas. Es así como recibió el apoyo total del pueblo y del pequeño capital de los nicaragüenses.

Durante su período, del 10 de enero de 1997 al 2002, realizó las mayores obras desarrolladas en la nueva era de Nicaragua, sin embargo, se rodeó de amigos y funcionarios corruptos que lo envolvieron en fraudes por lo que fue acusado, durante el período del gobierno del Ing. Enrique Bolaños, de robo por varios millones de dólares, lo juzgaron los jueces sandinistas y fue encarcelado. Estados Unidos también lo acusaron de lavado de dinero, y de igual forma fue acusado por el gobierno de Panamá. No obstante, gracias al pacto que realizó con los sandinistas, en 1999 fue excarcelado, pero a cambio aceptó reducir a un 35% los votos necesarios para alcanzar la presidencia en vez del 45% que nunca hubieran podido conseguir los sandinistas.

Esta traición a la patria la pudo hacer el expresidente Alemán debido al control que tiene sobre los corruptos congresistas liberales. Sin embargo, los sandinistas, a pesar del pacto, lo cogieron preso para conseguir más prebendas en el Congreso y, a cambio de su libertad con un sobreseimiento definitivo, les han seguido concediendo todo lo que requieren para que los sandinistas controlen a Nicaragua. Además de lo más importante que les concedió, la reducción al 35% de los votos necesarios para alcanzar la presidencia, faltaba un elemento indispensable para garantizar que los sandinistas tomaran nuevamente el poder, esto fue, entrar en las elecciones de 2006 dividiendo el Partido Liberal. En efecto el candidato de preferencia de la oposición en las elecciones de 2006 era el Dr. Eduardo Montealegre, sin embargo el Dr. Alemán, para asegurar la victoria de los sandinistas, puso a correr por parte del Partido Liberal Independiente al Dr. José Rizo y, naturalmente, con su participación se aseguró la victoria de los sandinistas.

Alemán ya había logrado dividir el voto liberal y confundir. Un año antes de las elecciones presidenciales, eliminó como candidato para alcalde de Managua, a Pedro Joaquín Chamorro hijo, y puso a Wilfredo Navarro, liberal poco conocido en ese entonces en Managua, para que perdiera contra el candidato del Frente Sandinista, Dionisio Marenco. Los votos que dieron la victoria al Frente Sandinista en las elecciones presidenciales del 2006, según el consejo supremo electoral (manejado por los sandinistas), fueron así:

*Daniel Ortega, por el Frente Sandinista, 854 316 votos, equivalentes al 38,7%.*

*Eduardo Montealegre, por la Alianza Liberal, 650 879 votos, equivalentes al 29%.*

*José Rizo, por el PLC, Partido Liberal (Alemán), 588 304 votos, equivalentes al 26,51%.*

*Edmundo Jarquín, por el partido Sandinista Renovado, 144 596 votos, equivalentes al 6,44%*

Si sumamos los votos de Eduardo Montealegre de la Alianza Liberal y José Rizo del PLC tenemos la suma de 1 239 183 votos, equivalentes al 55,51%, es decir, jamás el pueblo de Nicaragua le hubiera dado la presidencia al terrorista Daniel Ortega, si no hubiera sido por la estratégica confusión que Alemán preparó con José Rizo. En realidad el pueblo fue engañado, además muy pocos recordaron los diez años sufridos durante el período sandinista en la década del ochenta. Solamente, por la trampa realizada por el Dr. Alemán para garantizar su libertad, fue posible que Daniel Ortega nuevamente tomara, además de los otros poderes que ya tenía, la presidencia. Los sandinistas saben que mediante los votos, jamás controlarían la presidencia. Es por ese motivo que Daniel Ortega seguirá condescendiendo con el Dr. Alemán, para que este le asegure su permanencia en el poder.

Una gran mayoría de los congresistas que están en la Asamblea representando al Partido Liberal son corruptos e incondicionales del Dr. Alemán, y si a esto le agregamos el ejército, la policía, la Corte Suprema de Justicia, el Poder Electoral y todos los demás poderes del Estado que siguen estando en poder de los sandinistas, es fácil comprender por qué los sandinistas harán sufrir a los nicaragüenses por muchos años más.

El pacto de 1999 cambió dramáticamente el curso del país. En una serie de concesiones sin precedentes, Alemán, desde la presidencia, otorgó a Ortega la mitad de los asientos de la Corte Suprema de Justicia y de la Corte Suprema Electoral; además, el crimen más grande que cometió fue violar la Constitución de la República, la que exigía un 45% como mínimo para ser presidente. Este pacto en lo político, más lo que ya les había concedido doña Violeta en lo militar y en las propiedades robadas, causó júbilo en las filas sandinistas, ellos sabían que con el 35% les sería fácil controlar el único poder que no tenían, la presidencia.

Algunos sandinistas, como Dionisio Marenco, alcalde de Managua por el Frente Sandinista, se expresaron refiriéndose al pacto como: "un guante hecho a la medida". La expresión de otro temible sandinista, torturador de cientos de nicaragüenses, Tomás Borge, fue: "es como un regalo en bandeja de plata". Ni el propio Daniel Ortega lo podía creer. Según Marenco, minutos después de la histórica concesión, Daniel, bajando de la residencia del Dr. Alemán, que queda en El Crucero (a 25 km de la capital) le preguntó: "¿Por qué me habrá cedido, el gordo, esto?"

Para celebrar el infame pacto Alemán-Ortega, el cual permitió que el secuestro de Nicaragua continúe por muchas décadas más, lo acompañaban varios traidores de la patria que se prestaron al mismo. El ingenuo pueblo nicaragüense no comprendió que en el momento en que la Asamblea nicaragüense aceptó, dos años antes de las elecciones, bajar a un 35%

los votos necesarios para ser presidente, se estaba cometiendo el mayor fraude de la historia para favorecer a los sandinistas. Ahora a los sandinistas les será fácil manipular cualquier robo de elecciones con solamente unos pocos votos, como en efecto sucedió en las elecciones presidenciales entre Ortega y Eduardo Montealegre, en el 2007. Como también en las elecciones municipales, que descaradamente robaron en el 2008, donde se estima no llegaron ni a un 20% sus votos.

# Capítulo XXII

## Los sandinistas se roban las elecciones municipales

El pueblo quemó banderas sandinistas y se enfrentó a la policía sandinista. Los nicaragüenses protestaron masivamente por el robo de las elecciones municipales del 5 de noviembre de 2008. A los sandinistas no les bastó el robo que hicieron al pactar con el expresidente Alemán, y disminuir el porcentaje de los votos para obtener la presidencia con solo 35%, sino que también, en las elecciones municipales, se robaron descaradamente los votos en más de 100 alcaldías, en las que, legítimamente, había ganado la oposición. Entre muchas de las tantas acciones fraudulentas de los sandinistas tenemos:

*No permitieron observadores internacionales en las elecciones municipales.*

*Las copias de las actas firmadas en poder del Partido Liberal y que están también firmadas por los sandinistas, no concuerdan con las que ellos anunciaron declarándose victoriosos por radio y televisión ante el pueblo de Nicaragua.*

*Todas las informaciones indican una diferencia de más del 10% a favor del Partido Liberal.*

*En la alcaldía de Managua, por ejemplo, las copias de las actas reflejan que del 93,17 % contadas, más del 51,6% era a favor del candidato del Partido Liberal, Eduardo Montealegre.*

*Los sandinistas, con sus turbas, asaltaron con piedras, pistolas, palos, morteros, etc., a la población que, dignadamente, se manifestó en las calles de la capital.*

*La policía y el ejército sandinista veían complacidos cómo las turbas atropellaban a la indefensa ciudadanía y no hacían nada por defenderla.*

De nada le sirvió al nicaragüense que protestara en todo el país por el robo cometido por los sandinistas, ellos impusieron, como siempre, su voluntad. Organizaciones internacionales como la OEA, lamentablemente manejada por un izquierdista, no atendió la protesta formal que la oposición al sandinismo realizó con más del 60% de apoyo de la población. Mientras los sandinistas tengan el ejército y la policía a su total disposición, el pueblo nicaragüense seguirá oprimido. Consideramos de mucha importancia el pronunciamiento de todos los arzobispos católicos de Nicaragua. Dicho comunicado tuvo un gran impacto, no solamente entre los nicaragüenses, sino también en la mayoría de las misiones diplomáticas existentes en Managua.

Ante esta situación, el Consejo Supremo Electoral anunció, a las 48 horas, que haría un recuento de los votos, aunque esto no garantizaba que el robo se pudiera revertir pero, al menos, indicaría que el pueblo podía demandar a sus autoridades y que los nicaragüenses aún no tenían miedo. Sin embargo, las promesas del Consejo Supremo Electoral no pasaron de ser solo palabras, ya que los sandinistas no permitieron realizar ningún recuento de los votos.

A continuación se puede ver un cuadro publicado en Managua referente a los resultados, donde se nota al partido opositor al gobierno —actual Partido Liberal Constitucionalista "PLC"— con mayoría de votos, sin embargo, los sandinistas no quisieron perder las alcaldías importantes y estaban dispuestos a robárselas, al igual que lo han hecho con todo lo que les viene en ganas.

# Votos por Partidos

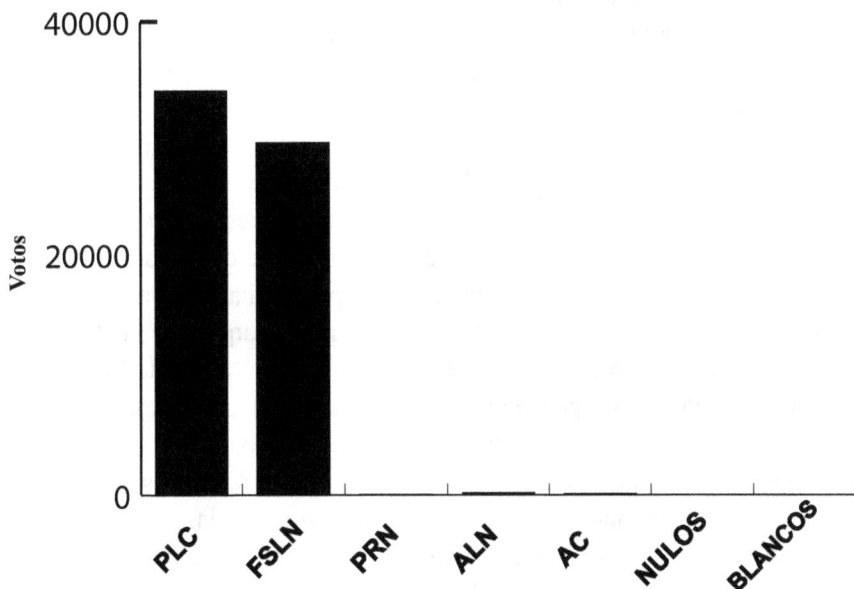

| | PLC | FSLN | PRN | ALN | AC | Nulos | Blancos |
|---|---|---|---|---|---|---|---|
| Votos Válidos | 31422 | 27413 | 89 | 198 | 140 | | |

Muchos de los que actuaron como fiscales en las elecciones municipales informaron, que durante todo el proceso de votación estuvieron amedrentados por la mayoría sandinista que se encontraba en el recinto de votación. Aseguraron que en sus actas, la mayoría de los votos fue para Eduardo Montealegre del PLC, sin embargo, esas actas no fueron ni leídas ni presentadas, simplemente desaparecieron.

Las fiscales Tania Campos y Ana Carrión, quienes trabajaron juntas, escribieron una carta que publicaron en la Internet, informando que en el barrio Hilario Sánchez, en la escuela Misión Posible, centro de votación # 840, junta 9481, donde ellas participaron, fue mayoría la votación a favor del PLC. De acuerdo a lo establecido, procedieron a entregar las boletas con las actas firmadas en el sitio acordado por el gobierno sandinista, que fue en el Estadio Nacional, sin embargo, su acta nunca fue leída, de igual forma ocurrió con las del recinto donde sus abuelos votaron, porque fueron también mayoría para Eduardo Montealegre.

El diario *El Nuevo Herald* publicó el 12 de junio de 2009, que

Estados Unidos canceló la ayuda a Nicaragua a causa de "irregularidades" en las elecciones municipales. EE. UU. había concedido un préstamo por 175 millones de dólares que se ha llamado "Cuenta Reto del Milenio", el cual se otorgó para desarrollar la región del occidente del país, que fue afectada por un huracán.

El embajador de EE. UU., Robert Callahan, explicó, en rueda de prensa efectuada en la embajada ubicada en Managua, la decisión de su país de cancelar 62 millones de dólares que estaban pendientes de entregar, debido a las comprobaciones nacionales e internacionales de las diferentes irregularidades que se dieron en todo el país el día de las elecciones municipales (2008), además, protestó por el brutal ataque que las turbas sandinistas cometieron contra una indefensa población que protestaba por el robo de las elecciones porque los sandinistas no permitieron la llegada de observadores internacionales para vigilar las elecciones.

Esto demuestra que el robo de las elecciones municipales lo tenían planeado con anticipación, al igual que lo hicieron con las de las presidencia, cuando dos años antes de las mismas lograron pactar con políticos corruptos, dirigidos por el expresidente Arnoldo Alemán.

También recordó el embajador que los sandinistas habían destruido miles de votos adversos a ellos en diferentes urnas electorales, y que el Consejo Supremo Electoral no cumplió con las leyes de anunciar los resultados de las elecciones, lo cual hizo semanas después.

Para los sandinistas fue un triunfo que les hayan quitado esta ayuda, porque de esta forma aceleraban los procesos para llevar a la población de la pobreza a la miseria, regla y doctrina, *sine qua non,* las estrategias de la izquierda mundial no podrían asegurarles decenas de años en el poder.

## Se suicida el tres veces campeón y alcalde de Managua, Alexis Argüello

Alexis Argüello, un boxeador que logró obtener tres títulos de campeón, que lamentablemente cayó en las drogas y, lo peor de todo, se incorporó al Frente Sandinista, que le había robado su casa en Managua y que se la regresó cuando se unió a ellos. Alexis fue la persona que, por su popularidad dentro de Nicaragua, utilizó el Frente Sandinista para robarle las elecciones a Eduardo Montealegre, quien aspiraba a la alcaldía de Managua. Posteriormente, molesto con los sandinistas, Argüello los amenazó con informar a la nación sobre el robo de las elecciones. Según los sandinistas él se suicidó, sin embargo, el 2 de julio de 2010 *El Nuevo Herald* publicó que los hijos de Alexis están seguros de que su padre no se suicidó, sino que fue asesinado por el régimen sandinista, esta versión de sus hijos es la que circula en Nicaragua por todos los medios del pueblo.

# Sandinistas relevantes viviendo en Costa Rica

Además de Humberto Ortega quien se fue a vivir a Costa Rica, una vez que el Frente Sandinista perdiera las elecciones en 1990, tenemos al supuesto hombre de confianza de Arnoldo Alemán y Daniel Ortega, viviendo en una mansión en San José. La confianza entre el presidente del Consejo Supremo Electoral, Roberto Rivas, tramposo y benefactor de la familia Ortega en varias elecciones robadas, no puede ser más real cuando el periódico más importante de Costa Rica *La Nación* descubrió: "Rivas hospeda a hijos de Ortega, en Costa Rica, quienes habitan en el complejo residencial, Villa Real en una vivienda de la Finca P10-A".

Maurice y Laureano Ortega Murillo, hijos del tirano Daniel Ortega y Rosario Murillo, viven en una casa que es parte del condominio Vista Hermosa, un complejo habitacional con cuatro residencias que le pertenecen a la sociedad Chibilú de Oeste S. A., cuyos socios son Roberto Rivas y su esposa Ileana Delgado Lacayo. Su otro hijo, Rafael, que es quien desarrolla y maneja el imperio económico de Daniel Ortega y su esposa Rosario, cuando llega a San José se hospeda en la casa de Roberto Rivas. En el complejo habitacional también viven los hijos de Roberto Rivas que estudian en la Universidad de Ciencias Médicas (Ucimed), mientras los hijos de Ortega estudian la carrera de Cine y Televisión, en la Universidad Veritas, en Zapote.

A continuación lo que fue publicado en San José de Costa Rica:

# Rivas preside sociedad dueña de cuatro viviendas en Santa Ana

*Las casas que posee en Costa Rica el máximo jefe electoral nicaragüense, Roberto Rivas, no están inscritas a su nombre, sino que aparecen registradas a favor de cuatro sociedades anónimas distintas, cuyas acciones le pertenecen a la sociedad Chibilú del Oeste S. A. El magistrado conformó esta sociedad el 21 de enero de 2005, según consta en el protocolo del abogado Efraín Carvajal Madrigal. Los socios y apoderados generales de Chibilú del Oeste S. A. son: Roberto Rivas, su esposa Ileana Delgado Lacayo, y la hija de ambos, Stephanie Josephine.*

*El condominio Vista Hermosa, ubicado en la Finca P10-A del residencial Villa Real, fue desarrollado por los empresarios Mario Schaechter Loewe, Roberto López Pérez y Ricardo Schaechter, en el 2002. El 13 de noviembre del 2001 la Municipalidad de Santa Ana les aprobó el permiso para construir.*

*En mayo y junio del 2001, los empresarios crearon cuatro sociedades: Vista Hermosa RL Uno S. A., Vista Hermosa JM Dos S.A., Vista Hermosa CD Tres S. A. y Complejo Habitacional Maridor S. A.*

*En julio de 2003, una vez construidas las viviendas, inscribieron cada una de ellas a nombre de dichas sociedades y constituyeron el Condominio Vista Hermosa S. A. Posteriormente, Chibilú del Oeste S. A. adquirió las acciones de tres de las sociedades que conforman el condominio.*

*El 7 de febrero de 2008, el abogado Benjamín Gutiérrez Contreras protocolizó tres poderes otorgados a Ileana Delgado Lacayo, esposa de Rivas, y Berta de la Peña, su asistente, para representar a tres de las viviendas de Vista Hermosa en la asamblea de condominios del residencial Villa Real. En estos poderes se detalla que el capital social de las sociedades dueñas de dichas viviendas le pertenece a Chibilú del Oeste.*

*La cuarta residencia —propiedad de Complejo Habitacional Maridor S. A.— la adquirió la familia Rivas el 14 de octubre de 2008, mediante un traspaso de acciones por parte de sus antiguos dueños: Mario Schaechter y Dorothy Gruenwursel.*

*En los últimos dos años, la administración de Villa Real le ha llamado la atención en varias ocasiones al magistrado Roberto Rivas y a su asistente Berta de la Peña, debido a que los habitantes de Vista Hermosa parquean sus vehículos en la calle, fuera del condominio, algo que no está permitido.*

*En una carta que Catalina Castro, supervisora del condominio, le envió a Rivas el 19 de junio de 2007, donde le advierte de "algunas situaciones que incomodan a los vecinos del sector" y le señala que "las áreas verdes se están viendo dañadas por las llantas de los vehículos".*

## La policía sandinista saca de sus oficinas al alcalde Hugo Barquero

El Alcalde Hugo Barquero (alcaldía que no pudieron robar con los votos) fue sacado por la policía sandinista y sus turbas a golpes, de las oficinas de dicha alcaldía. En las discusiones entre el alcalde y la policía, este estuvo a punto de ser asesinado, sin embargo, al final se dejó que lo llevaran preso, en contra de la voluntad de miles de ciudadanos que lo respaldaban. El Sr. Barquero quiso evitar alguna desgracia, que seguramente las turbas sandinistas y la policía podrían haber ocasionado. La población de Nicaragua cada día amanece con alguna sorpresa estúpida emanada del Sr. Ortega el 7 de octubre de 2008 se publicó en el diario *La Prensa* de Nicaragua:

## Daniel Ortega propone confiscaciones

Daniel Ortega propone confiscaciones, de esta manera trata de resolver la crisis de viviendas en el país. Esta acción de los sandinistas no debe causarle sorpresa a nadie en Nicaragua, ya que en la década del ochenta lo hicieron, con la única diferencia de que en aquel entonces lo hacían violentamente, usando el ejército: sacaban de sus propiedades a sus legítimos dueños a golpes o bien llevándoselos presos, ahora me imagino que lo hará con alguna estúpida ley.

La violencia ya no es necesaria, tienen los instrumentos de la ley para hacer lo que quieran en cuanto a robo de propiedades se refiere. Según

401

las informaciones de los medios de comunicación nicaragüenses, Ortega efectuará las confiscaciones pagándolas al precio catastral. La nueva ley que emitirá al Congreso o Asamblea nicaragüense, será la de facultar al Instituto de Vivienda Urbana y Rural para que cree un banco de tierras adquiribles por compra, canje o declarándolas de "utilidad pública". Según Ortega, el déficit habitacional se debe a que el modelo "capitalista salvaje" que impera en Nicaragua, igual al de EE. UU., es el principal obstáculo para la solución del problema de la vivienda y que el déficit habitacional es de 500 mil viviendas.

En otras palabras, Ortega entregará casas o terrenos robados al pueblo y a sus legítimos dueños los dejará sin vivienda o sin sus terrenos. Qué maravilla de solución socialista. Muchos nicaragüenses que vivieron en la década del ochenta conocen que los sandinistas, además de usurpadores de tierras, casas, negocios, bancos, etc., son también asaltantes iracundos cuando quieren realizar sus propósitos malignos. Espero que muchos nicaragüenses, a quienes se les oyen decir: "ahora que ya tienen dinero ya no robarán más", reconozcan que están equivocados, los sandinistas continuarán con sus asaltos y robos, con su cinismo, sus calumnias y sus asesinatos, esta maldición solo desaparece con la muerte.

## Los Derechos Humanos

Los Derechos Humanos realmente funcionan única y exclusivamente para protección de la izquierda, en muy pocas ocasiones los vemos defendiendo los auténticos valores democráticos. Basta tocar un dedo de un izquierdista y todos los miembros de los Derechos Humanos del mundo protestan.

Si un izquierdista es encarcelado o cae en combate, no importa que sea un terrorista ampliamente conocido y buscado. como han sido los casos de varios terroristas de las FARC de Colombia, los Derechos Humanos están listos para realizar grandes protestas, aprovechándose de que la mayoría de la prensa mundial es de izquierda.

En Nicaragua o en Cuba, donde tanto Daniel Ortega como sus compinches Fidel y Raúl Castro, con su maquinaria asesina han realizado crímenes de lesa humanidad, sin embargo, los Derechos Humanos cierran sus ojos y muy difícilmente admiten casos y, si los admiten, nunca se pronuncian, veamos la publicación sobre la izquierda, salida en el diario *La Prensa* de Managua, Nicaragua.

Es lamentable que tantas personas, especialmente latinoamericanas, sean idiotas como lo han declarado en sus famosos libros: *El manual del perfecto idiota latinoamericano* y, el más reciente, *El regreso del idiota*, los escritores Álvaro Vargas Llosa, Alberto Montaner y Plinio Apuleyo Mendoza.

Muchos latinoamericanos, por inocentes o por idiotas, no se dan cuenta de que siempre es un pequeño grupo el que disfruta de las riquezas del país, este pequeño grupo es el que controla los crímenes, los robos y cualquier otra fechoría, saben que los Derechos Humanos nunca estarán contra ellos.

Muchos de ellos hacen toda clase de fechorías y cuando son llevados sus casos a los Derechos Humanos, o no los reciben o bien nunca le dan solución. Las organizaciones de Derechos Humanos saben y conocen bien el desastre que hace la izquierda, sin embargo no le dan importancia.

El futuro de América Latina es negro (2010), ya hay muchos países que han caído en manos de la izquierda y aparentemente seguirán otros más por la falta de acción de la derecha.

En la celebración del 60.ᵐᵒ Aniversario de los Derechos Humanos en Nicaragua, los que fueron protegidos por esta organización, ahora son atacados, porque el pueblo enardecido, que protesta pacíficamente por el robo de las elecciones municipales, que descaradamente realizaron los sandinistas, no pudo realizar sus protestas por los ataques de que fueron víctimas.

# Daniel Ortega manda a apedrear y golpear a defensores de los Derechos Humanos

Los sandinistas han montado en cada rotonda construida en la capital de Managua por los presidentes liberales, un grupo de terroristas a quienes les pagan cinco dólares, más arroz y frijoles, para que se dediquen a atacar a cualquier grupo de protesta de ciudadanos. Muchos nicaragüenses enardecidos por el robo de las elecciones municipales, salieron a la calle, esto trajo como consecuencia que los sandinistas, dirigidos personalmente por Daniel Ortega y su esposa Rosario Murillo, según denuncia el CENIDH

(Centro Nicaragüense de Derechos Humanos), tomaron todas las rotondas existentes en Managua con sus famosas turbas sandinistas.

Desde dichas rotondas apedrearon, acuchillaron e hirieron a muchos inocentes ciudadanos; obviamente los manifestantes salieron huyendo ante la impávida actitud de la policía y el ejército que, viendo las agresiones, no hicieron absolutamente nada, quedándose como simples espectadores.

El director ejecutivo del CENIDH, Bayardo Izabá, condenó la agresión de que fueron objeto por los sandinistas, usados por el gobierno como fuerzas de choque, aunque esto es una acción bochornosa, a los sandinistas no les importó en lo absoluto.

El director Izabá comentó a los medios de comunicación que "el Presidente es el primero que debería respetar los derechos de los demás", además comentó que "para reprimir al pueblo, el gobierno está utilizando a vándalos que son instrumentalizados a cambio de arroz y frijoles, porque son trabajadores públicos",

El director Izabá dijo que presentará una denuncia ante la organización de los Derechos Humanos y la Organización de Estados Americanos (OEA), aunque en esta última no tiene esperanza de ser escuchado porque está presidida por un protector de la izquierda latinoamericana. El director Izabá es un hombre de derecha, por eso tratará de ayudar dentro de su organización, para evitar que se sigan cometiendo injusticias con el pueblo nicaragüense. Sus posibilidades de ayudar, dentro de una maquinaria estructurada principalmente por izquierdistas, le será arto difícil.

# Capítulo XXIII

## Combatiendo la izquierda

En esta primera década del siglo XXI han sido muy pocos los líderes que con valentía se han enfrentado a las izquierdas, hay miedo a las reacciones, hay temor por parte de los miembros de la derecha. Es cierto que el cinismo con que actúan los líderes izquierdistas, apoyados por los medios de comunicación de izquierda infunden temor y pánico hasta a los más valientes. La destrucción de un ser humano que se oponga o denuncie las atrocidades de la izquierda, la hemos podido ver en diferentes países, donde estas personas han sido objeto de confiscaciones, acusaciones cínicas, impuestos ridículos y, finalmente, si conviene a la dirección de la izquierda, lo asesinan a él o a algún miembro de su familia.

El cinismo de los países gobernados por izquierdistas continúa con la nueva doctrina implantada por Hugo Chávez, a la que llama, con toda pompa, "El Socialismo del Siglo XXI". Es tan crítica la situación de algunos gobernantes o gobiernos que no son de izquierda, que aun conociendo el daño que hacen los gobiernos de izquierda, se hacen de la vista gorda y mantienen relaciones con gobiernos tiranos como el de Fidel Castro, Hugo Chávez, Daniel Ortega y otros más. En otras palabras, los gobernantes de derecha tienen un profundo miedo a los gobernantes de izquierda, con la excepción de unos pocos presidentes, como han sido los ejemplos que han dado al mundo Álvaro Uribe, de Colombia y Roberto Mitcheletti, de Honduras.

La terrible FARC de Colombia, por ejemplo, es un grupo de secuestradores y terroristas que han realizado crímenes espantosos como degollar
a varios de los secuestrados, tenerlos encadenados en la selva colombiana
por más de diez años, asesinar niños y mujeres, sin embargo, es apoyada,
financiada y aplaudida por gobiernos de izquierda.

Qué bien hizo el rey de España, cuando le dijo a Chávez en una
reunión de presidentes: "por qué no te callas"; el mundo democrático
aplaudió el gran gesto de España; sin embargo, el gobierno socialista de
Zapatero, logró posteriormente que el rey recibiera a Chávez y de esta
forma, al recibirlo, daba una señal que a nivel mundial se interpretó como
la disculpa que daba a semejante monstruo del mal.

La izquierda mundial seguirá luchando arduamente en cualquier parte del mundo para conseguir el poder, acabar con el capitalismo y combatir
a los estadounidenses, se encuentren donde se encuentren. Al paso que
vamos, pronto veremos a la izquierda como una organización mundial gobernando los destinos de cualquier país del mundo, todo en nombre de los
pobres. La decisión mundial de la izquierda de destruir el capitalismo y a
los estadounidenses, ya está tomada, es solo cuestión de tiempo.

Los regímenes de izquierda tienen la ventaja de que seguirán con
su proceso de empobrecer sus países, atemorizar a sus pueblos, destruir
la propiedad privada, eliminar la justicia, mantener la corrupción y au-
mentarle su poderío a las fuerzas armadas; todo ello como política indispensable para gobernar por largos período de tiempo. La pasividad con
que la derecha ha tomado los avances de la izquierda está destruyendo
al mundo, lo está empobreciendo, el temor existente, provocado más por
los medios de comunicación que por otra cosa, está dando como resultado que a crímenes, secuestros y robos no se les de la importancia que
deben tener.

El concepto que impregna la izquierda, aun siendo ellos los que realizan estas monstruosidades, es que el capitalismo y los estadounidenses
son los culpables. Muchos países creen que son inmunes a las izquierdas
y, por consiguiente, nunca caerán; así les pasó a los venezolanos cuando
Carlos Andrés Pérez apoyó a los sandinistas.

Recuerdo el caso de Nicaragua que fue destruida y secuestrada hace
más de treinta años por los sandinistas, en ese entonces, Carlos Andrés
Pérez, presidente de Venezuela, entre otros venezolanos decía: "a nosotros
no nos puede pasar nunca lo que les ha pasado a los nicaragüenses o los

cubanos, somos un país rico en petróleo, los estadounidenses nunca lo permitirán" y así se expresaban otros líderes.

Pocos años después, Venezuela es destruida por Hugo Chávez, ahora están en la misma situación de cualquier país secuestrado, llevan ya más de 10 años; ¿Qué dirán hoy día, los venezolanos que antes aseguraban que a ellos no les podía suceder? No importa el país del mundo que haya sido tomado por la izquierda, siempre observaremos en todos ellos las mismas argucias para lograr sus propósitos:

*Mantienen en total desinformación a la población y usan la propaganda y el engaño, a través de los medios de comunicación, los que juegan un papel importantísimo en este aspecto.*

*El cinismo, que lo saben utilizar con maestría.*

*Hacen las guerras o revoluciones, que fueron la vía principal utilizada en el siglo pasado para llegar al poder, ahora han descubierto el populismo a través del voto, como medio más efectivo.*

*Usan el secuestro, los asesinatos, la corrupción y los fraudes para lograr sus objetivos.*

*Crean el pánico entre la población, ya sea por miedo a perder sus bienes, o a ser apresados o asesinados.*

El periódico *El Nuevo Herald* de enero 12 de 2009 publicaba, que en Venezuela con solo 10 años de izquierdismo de Hugo Chávez han sido asesinados 101 147 personas, que solo en 2008 se asesinaron a veinte mil. Recientemente, en agosto de 2010, los medios de comunicación informaban que en Venezuela había más violencia y muerte que en la guerra de Irak.

Por otra parte, cómo se puede entender que siendo Venezuela uno de los países más ricos del continente latinoamericano, su población haya pasado de la pobreza a la miseria. La misma situación, con algunas variantes, se ha presentado en Cuba, Nicaragua, España, Grecia y Portugal, solo para mencionar algunos países que la izquierda controla.

¿Qué le pasa al ser humano, que no puede ver que quienes provocan la miseria y desestabilizan al mundo son las izquierdas?, no importa que se disfracen de socialistas, Pueblo Unido, sandinistas, FARC, FMLN, Sendero Luminoso, etc., siempre persiguen los mismos objetivos: destruir para gobernar.

Cuáles son los países que están en crisis en Europa, por ejemplo, únicamente los países gobernados por las izquierdas: Grecia, España y Portugal. Son las izquierdas la causa y efecto de la miseria, la destrucción de los valores que el mundo ha conquistado con tanto esfuerzo, simplemente porque quieren acabar con el capitalismo, con las pocas monarquías que aún quedan, y sienten un gran odio por el país más desarrollado del mundo. ¿Será la envidia lo que causa el odio contra los estadounidenses? ¿Será que, al ser el país más desarrollado y generoso del mundo, siempre son los primeros en auxiliar a cualquier país que cae en desgracia? ¿Será que esto les produce a los izquierdistas un odio visceral?

Sin embargo, hay que mencionar a hombres valientes, con suficiente claridad de pensamiento, como por ejemplo el gran presidente de Estados Unidos, Ronald Reagan (q. e. p. d.), que dándose cuenta del mal que hacen las izquierdas, luchó hasta lograr conseguir la apertura de Rusia al mundo y, por consiguiente, destruir la doctrina del "comunismo", pero lamentablemente no le dio tiempo de destruir la izquierda mundial. Luchó contra los sandinistas que habían secuestrado a Nicaragua y querían extender su dominio a El Salvador y a otros países del continente. No pudo acabar con los sandinistas por culpa los demócratas estadounidenses, que defienden las izquierdas. Durante sus ocho años de gobierno le hicieron la vida imposible porque era un luchador constante contra la injusticia del mundo; y contra las izquierdas.

Hoy día tenemos un gran líder en América Latina, quien ha luchado heroicamente contra los secuestros, el terrorismo y que logró cambiar a Colombia de un país sin esperanza a un país próspero de América de Sur, nos referimos al expresidente Álvaro Uribe, odiado, como es natural, por los líderes izquierdistas. También tenemos hombres de la talla del expresidente José María Aznar, quien con su claridad de pensamiento logró avances jamás logrados en España, y combatió de frente y sin miedo a las izquierdas.

Ahora tenemos otro gran líder que ha puesto a su país en el marco de los héroes, nos referimos a Honduras, con su valiente presidente Roberto Micheletti, quien sostuvo con hombría y heroísmo los principios de la Constitución de su país, a pesar de las presiones que recibió de la OEA, manejada por el izquierdista José M. Insulza. También ha nacido un nuevo presidente de derecha en Panamá, Ricardo Martinelli quien ya, de frente y sin miedo, le ha dejado claro a los gobiernos izquierdistas que con Panamá no se metan. Por otro lado, en Chile, a Dios gracias, ganó las elecciones la derecha, con el acaudalado hombre de negocios Sebastián Piñera, veremos un salto hacia el progreso y la felicidad de los chilenos que será envidia en el resto del continente. A todos estos hombres verdaderos luchadores por las democracias debemos, a nivel mundial, ofrecerles nuestro soporte, ellos pueden hacer mucho por un cambio mundial.

## Hombres honorables
## de los últimos años

José María Aznar, presidente de España (1996-2004); Vicente Fox, de México (2000-2006); Álvaro Uribe, de Colombia (2002-2010); Roberto Micheletti, de Honduras (2009-2009); Ricardo Martinelli, de Panamá (2009-2014); Sebastián Piñera, de Chile (2010-2014) y Jorge Fernando (Tuto) Quiroga Ramírez, de Bolivia (2001-2002). Cada uno de estos expresidentes y presidentes de comienzos del siglo XXI, unidos al gran presidente de EE. UU., Ronald Reagan (q. e. p. d.), son las únicas personalidades que han combatido con hombría a las izquierdas del mundo, al menos en América Latina, sus posiciones son claras, no existen ambigüedades en cuanto a sus posiciones auténticamente democráticas.

José María Aznar ha dado diversas conferencias en varios países del mundo alertándolos sobre el peligro de la unión que tiene la izquierda a nivel mundial. El 13 de enero de 2009 salió publicado en *El Nuevo Herald* que el expresidente español denunció en Chile la creciente cercanía entre los líderes de Venezuela, Rusia e Irán, quienes, a su juicio, buscan tejer alianzas frente a sus enemigos, las naciones libres.

La alianza de Hugo Chávez con Medvedev y los Ayatolas, y de todos ellos con Daniel Ortega, de Nicaragua; Evo Morales, de Bolivia, Rafael Correa, del Ecuador, debe preocuparnos porque todos ellos buscan la desestabilización de América Latina. Persiguen como fin principal atacar a Estados Unidos a través del terrorismo y fortalecer las vías para introducir las drogas en el país del Norte.

Honduras fue atacada intensamente por las izquierdas con el objeto de que el derrotado presidente Zelaya, regresara nuevamente al poder para disponer de las montañas de ese país, las que, conjuntamente con las de Nicaragua, servirían para entrenar a miles de terroristas con instructores iraníes y cubanos. El mundo no debe olvidar que El Salvador es fronterizo con Honduras y que tiene la mayor densidad de población del continente, con más de doscientos mil maras registrados.

Las izquierdas trabajan las 24 horas, los 365 días del año en sus propósitos maquiavélicos; en Nicaragua, por ejemplo, han logrado una revisión ideológica profunda de la izquierda para desmantelar la democracia liberal; en las escuelas lo que más se enseña es el odio contra el capital y los estadounidenses que, según ellos, son la causa y efecto de la pobreza y la injusticia mundial.

Hay miles de nicaragüenses que se han convertido en turbas asesinas al servicio de sus líderes sandinistas, estas turbas tienen el respaldo del ejército y la policía; son el bastión del éxito de la izquierda nicaragüense, generalmente los mantienen en las rotondas de la capital, en grupos menores o mayores de cien personas dependiendo de las circunstancias; los sandinistas les llaman los "Vigilantes de la Revolución".

En el nombre de la pobreza y la inequidad social, los izquierdistas ofrecen el "poder popular o el poder ciudadano" como soluciones a los pueblos, que no teniendo nada que perder, se arriesgan a entregarles su voto a quienes serán más tarde sus verdugos. En realidad, la pobreza es causa y efecto directo de las izquierdas, por las inseguridades que provocan con sus amenazas que atemorizan a los inversionistas a largo y mediano plazo. El capital busca retornos más rápidos, previendo que la izquierda se encuentra siempre al acecho, preparada para, si no consiguen el poder, al menos lograr impuestos absurdos sobre los proyectos de desarrollo.

Las izquierdas atacan ferozmente a las democracias. Dentro de las democracias, que podemos llamar la derecha, es posible crear empresas eficientes y competitivas que producen bienes o servicios que mejoran las condiciones del ser y reducen la pobreza. China, país comunista, una vez iniciado el desarrollo de empresas, comenzaron a mejorar sus condiciones. Rusia y los países de su órbita, sufrieron miseria porque el comunismo o la izquierda que es lo mismo, destrozaron sus países para que unos pocos fueran los que gozaran a lo grande de todas sus riquezas.

Vicente Fox ha creado su Centro Fox como un medio extraordinario para combatir a la izquierda, además de otros objetivos que tiene dicho centro, realiza viajes defendiendo los principios democráticos atacados por las izquierdas, viajó a Nicaragua en el 2007 para ofrecerle su respaldo al líder democrático Eduardo Montealegre, firme adversario de Daniel Ortega; e hizo declaraciones contundentes en defensa de la democracia nicaragüense. Durante su gobierno (2000-2006) no permitió las relaciones con el gobierno dictatorial de Cuba, y siempre señaló su peligrosidad, al igual que la de otros gobiernos de izquierda existentes en América Latina. Sus posiciones claras sobre lo que significa la izquierda mundial no se han dejado de escuchar y leer permanentemente.

Álvaro Uribe, el gran presidente colombiano que volvió a darle esperanza a ese gran país destruido por secuestros, asesinatos, guerrilleros, narcotraficantes, etc., ha combatido con hombría todos esos males, recuperando para el pueblo colombiano las fuerzas de trabajo y productivas que han convertido a Colombia en uno de los mejores países del continente latinoamericano.

Los gobiernos izquierdistas de América Latina como el de Hugo Chávez, de Venezuela; Rafael Correa, del Ecuador; Evo Morales, de Bolivia, Daniel Ortega, de Nicaragua y Fidel Castro, de Cuba, a pesar del apoyo que le han dado a la banda de secuestradores y asesinos de las FARC, que tanto sufrimiento les han causado a los colombianos, no han podido afectar la firme dirección del presidente Álvaro Uribe de combatirlos. Por lo general, estos izquierdistas que hoy manejan varios países del continente, no tienen educación, y son personas que hablan, aun ante las cámaras, con palabras soeces. Recientemente, en la reunión de presidentes que se realizó en República Dominicana, se pudo ver en televisión cómo el presidente de Colombia, Álvaro Uribe, con toda educación y hombría, fue a estrechar la mano del presidente del Ecuador, Rafael Correa, mientras este, con un gesto de displicencia, apenas le extiende su mano. Si el capital, al menos el latinoamericano, no desarrolla una estrategia para defenderse, poco a poco se verán más afectados e inseguros en sus tomas de decisiones.

Lo que podríamos hacer para defendernos es:

*1- Agrupar en una organización pagada con capital latinoamericano y europeo a expresidentes de la talla de: José María Aznar, Vicente Fox, Álvaro Uribe, Roberto Micheletti, Jorge Quiroga*

*Ramírez, Ricardo Martinelli y Sebastián Piñera, estos últimos dos, cuando terminen sus períodos, para que puedan dirigir la misma, con una oficina y capital suficiente para defender a cualquier país que esté siendo atacado por la izquierda.*

*2- Crear, en cada país latinoamericano, organizaciones regionales que estén directamente conectadas con la oficina central, que bien podría tener como sede, Miami o Panamá.*

*3- Suprimir o censurar, con toda la valentía que se requiere, los programas o anuncios publicitarios en los medios de izquierda.*

*4- Apoyar los libros, las revistas, los periódicos, las estaciones de televisión, etc., que defiendan la derecha.*

Con estas cuatro acciones que pudiéramos realizar, tendríamos una verdadera defensa de nuestra democracia, mejoraríamos, dentro del mismo sistema capitalista, aquellas imperfecciones existentes con el objeto de que el empresario mejore sus actitudes sociales. La democracia puede trabajar conjuntamente con el capital existiendo reglas claras, el avance del bienestar de la población podría ser impactante, sobre todo, si se logran eliminar los ejércitos corruptos que existen en algunos países con la misión principal de mantener gobiernos tiranos e indeseables. Evitemos que la pobreza avance hasta la miseria, si logramos eso, las izquierdas estarían derrotadas, quiere decir, que no podrían triunfar con su populismo, su corrupción y sus crímenes.

Si queremos salvarnos de las destructivas izquierdas y eliminar la miseria del mundo, lo cual es fácil, al menos en Nicaragua, se podría hacer lo siguiente:

## El ejército
*Por lo general se lleva la mayor parte del presupuesto de la Nación, hay millones de dólares entregados fuera del presupuesto que generalmente utilizan los sandinistas para tener comprado a muchos de sus miembros. Se estima que el presupuesto del ejército de Nicaragua supera los sesenta millones de dólares, y se calcula que en armamentos tienen fácilmente aproximadamente más de mil ochocientos millones de dólares.*

## Seguridad jurídica

*Nicaragua tiene completamente destruida su seguridad jurí-
dica, porque está secuestrada por los sandinistas que hacen lo que
quieran, desde arrancar las páginas de los registros públicos para
robar propiedades, hasta asesinar sin ser condenados.*

Si el ejército fuera suprimido, los sesenta millones de dólares se
utilizarían para mejorar los sueldos de los maestros y para aumentar la
cantidad de ellos. Con solo vender o canjear el armamento que tiene Nicaragua, se podrían construir más de veinte mil escuelas equipadas con
tecnología moderna, que en pocos años le estarían brindando educación
a toda su población, con la ventaja de que les daría una mejor educación
que le permitirá a la juventud entusiasmarse para llegar hasta las universidades.

Nicaragua no necesita ejército, no pretendemos invadir a Costa
Rica y recuperar el territorio del Guanacaste, por ejemplo, tampoco, a
Honduras, para recuperar el territorio que en una época estuvo en litigio.
Si quisiéramos invadir a Costa Rica, que no tiene ejército; la comunidad
internacional lo defendería de inmediato, imposibilitando cualquier pretensión de Nicaragua. Si queremos declararle la guerra a Colombia para
recuperar la isla San Andrés, nuestro ejército y armamento no aguanta-
rían un día de lucha. Si no tenemos ejército, la comunidad mundial nos
defendería.

También se lograría:

*Simplificar la burocracia a su mínima expresión, es seguro
que más del 50% de los empleados podrían eliminarse, trasladando
estos recursos a obras de infraestructuras necesarias para desarrollar mejores trabajos, que finalmente beneficiarían a estos mismos
empleados retirados.*

*Fomentar el desarrollo empresarial, creándole oportunida-
des que los incentiven para convertirse en una verdadera fuente de
producción, única alternativa para mejorar las condiciones humanas y económicas.*

413

*Con creatividad, esfuerzo y honestidad se pueden fomentar decenas de miles de pequeños empresarios que, poco a poco, llegarían a formar las bases sólidas de la economía.*

*Fomentar la inversión extranjera mediante la seguridad jurídica y concesiones especiales que permitan crear miles de fuentes de trabajo.*

Con solo aplicar estas políticas, por lo menos en Nicaragua, se podría eliminar la miseria en un par de años. En diez años, Nicaragua sería un ejemplo para el resto de los países que mantienen ejércitos.

## La izquierda o socialismo

La izquierda, el socialismo, el comunismo, la izquierda unida, el Frente Sandinista, las FARC, etc., todos esos sistemas trabajan para la destrucción del ser humano, pretenden construir un nuevo ser a imagen y semejanza de la doctrina izquierdista, veamos en detalle algunas de sus características:

*1- Un izquierdista, por lo general, pierde su propia motivación para alcanzar el éxito, a cambio de una aceptación pasiva de una vida fácil, es una persona frustrada, agresiva y violenta.*

*2- Un izquierdista lucha agresivamente para disminuir su propia capacidad de trabajo y, por consiguiente, sus horas de trabajo, no comprende que la deficiencia y la envidia que invaden su alma son causa directa de su propia desgracia económica y, posiblemente, amorosa.*

*3- Un izquierdista justifica su propio fracaso sentimental, profesional o económico, atacando sin piedad y con cinismo el éxito sentimental, profesional y económico de los hombres y mujeres que se esfuerzan en sus trabajos.*

*4- Un izquierdista alimenta su espíritu con la envidia y el odio hacia los demás.*

*5- Muchos izquierdistas se convierten en seres humanos acondicionados para conspirar en asesinatos y causar desgracias a sus semejantes que tienen éxito.*

*6- El robo, las acciones de terrorismo, la mentira y el cinismo se convierten en parte de su ser o bien como simples encubridores*

## Algunas estrategias para combatir a la izquierda

Como estrategia principal, en América Latina, debemos concentrarnos más en la ideología y la cultura ciudadana, que directamente en la política. Debemos desarrollar grandes grupos de países que se dediquen a instruir a la ciudadanía, explicando en qué consiste la izquierda y lo que significa la derecha, para que lleguen a comprender sus diferencias. Esta instrucción ciudadana debe estar acompañada por grandes campañas de los medios de comunicación, explicando el terror, el desajuste económico y la corrupción que significan las izquierdas.

Es importante impregnar la ideología de la derecha en cada ciudadano, porque, si bien las izquierdas realizan este adoctrinamiento a favor de su causa izquierdista, dentro de la derecha no hay nada o hay muy poco. Es más fácil realizar mejoras para el bien ciudadano en la derecha, que en la izquierda. También hay que combatir y castigar ejemplarmente a los políticos corruptos de derecha.

En Nicaragua, como ha sucedido en Venezuela y en todos los países caídos en la abominable izquierda, se han desarrollado campañas para señalar a los estadounidenses y al sistema capitalista como los malos del mundo, esto hay que combatirlo para demostrar que es todo lo contrario. Hoy la mayoría de las personas toleran las izquierdas, justificándolas como un medio, como una necesidad de la población para expresarse, mas no se dan cuenta de que el avance que estos grupos alcanzan es peligrosísimo, porque, poco a poco, el terrorismo, la injusticia, la falta de moral, el aborto y el nuevo ser que está adoctrinando la izquierda gobernarán al mundo.

# La ingenuidad mundial

Recientemente fueron apresados, como espías de Rusia, la periodista peruana de izquierda, del diario La Prensa de Nueva York, Sra. Vicky Peláez con su marido, quien se hace llamar Juan Lázaro Fuentes y se presenta como uruguayo, sin embargo, es de nacionalidad rusa. La Sra. Peláez, a pesar de ser una defensora de los terroristas de las FARC, así como gran defensora y admiradora de Hugo Chávez y Daniel Ortega, trabaja en Nueva York en un periódico en el cual, a pesar de su tendencia izquierdista, pudo trabajar más de 16 años, hasta que fue descubierta como una espía de Rusia.

Los que piensan que el comunismo o la izquierda se terminaron en Rusia, están muy equivocados, creen que la guerra fría terminó, pero, en realidad, cuando la teoría de la izquierda penetra al ser humano es casi imposible que salgan de él la envidia y los malos pensamientos.

Desde que Lenin, en 1917, formó su temible policía política, que en su momento se llamó la Cheka, le han venido cambiando de nombre según las conveniencias del momento hasta llegar a la famosa KGB conocida por todos, sin embargo, esta organización que basaba sus principios en la temible policía política de 1917, ahora le cambian nuevamente su nombre a SIE (Servicio de Inteligencia Extranjera).

La ingenuidad no puede ser tan dominante, ahora, con esta simple detención de los espías rusos en Nueva York, nos damos cuenta de que ellos no descansarán hasta destruir el sistema capitalista y que los países sean gobernados por tiranos que logren controlar a sus pueblos, como es el caso actual de Cuba, Nicaragua y Venezuela en América Latina.

Hay que llegar a comprender que los medios de comunicación los ayudan; pueden ser reportes de la Guerra de Irak, donde los soldados estadounidenses han ganado una batalla matando a cientos de terroristas y en la que tal vez murieron algunos estadounidenses. Sin embargo, las noticias de la guerra con Irak saldrán en los medios de comunicación así: "Cinco estadounidenses más muertos en Irak", esta clase de periodismo puede convertir una victoria en derrota, tengamos presente que la prensa, cada vez que puede, llama a los terroristas "insurgentes" o cualquier otro calificativo, menos el que le corresponde de asesinos o terroristas.

Así como la Guerra de Irak está siendo considerada una derrota para Estados Unidos, también sucedió con la Guerra de Vietnam debido a los frecuentes ataques negativos de los medios de comunicación de tendencia izquierdista.

Algunos oficiales del gobierno comunista de Vietnam, abiertamente dicen que perdieron en los campos de batalla, pero ganaron en los medios de prensa estadounidenses, así lo confirman oficiales del gobierno comunista de Vietnam, lo que ha significado que una victoria lograda con el sacrificio de muchísimas vidas estadounidenses se ha convertido en derrota.

Los izquierdistas no paran, se esfuerzan día a día para lograr la destrucción mundial. El izquierdista sandinista, exsacerdote católico, Miguel D' Escoto, logró conseguir ser presidente de la Asamblea General de la ONU, con el objeto de proteger, y respaldar la izquierda mundial. El 23 de mayo de 2009, el Diario Las Américas, en la sección Cuba y el Caribe, publicó la visita que realizó Miguel D' Escoto a Fidel Castro en Cuba, su amigo por muchas décadas.

Declaró Escoto que Fidel estaba estupendo, que almorzó con él durante tres horas, siguió diciendo en la publicación del Diario Las Américas que le pidió a Dios que le permitiera volver a verlo, porque "Fidel ha sido su inspiración" y agregó "que ha hecho de Cuba un país millonario, porque es riquísimo en amor". Cualquiera diría que Escoto no conoce el sufrimiento del pueblo cubano, ni de los asesinatos, robos, etc., que ha cometido Fidel.

En realidad lo que buscaba el izquierdista Miguel d'Escoto era que, siendo presidente de la ONU, su visita y comentarios fueran noticias para la causa de las izquierdas. Este peligroso izquierdista, quien durante el régimen de derecha de los Somoza obtuvo becas de estudio y su padre, grandes concesiones que alimentaron su riqueza, ha mantenido propiedades robadas para él y para toda su familia.

Los izquierdistas promueven el paternalismo como medio para dominar al ser humano. Sus fracasos en todo lo que planifican son impresionantes, si no están legítimamente gobernando el país para llevarlo a su completo desastre, están desde abajo, o como ellos llaman, presionando por más impuestos, más leyes, que supuestamente beneficien a los obreros, aunque dichas leyes, en la mayoría de los casos, son para provocar desastres económicos que causan desempleo, alejan al inversionista extranjero y nacional, al hombre honrado que con el fruto de su trabajo quiere una vida mejor para su familia.

Sus discursos populistas están llenos de cinismo y de odio, sus palabras van dirigidas contra los ricos y contra la clase media, a pesar de que son estos los que, día a día, mejoran sus condiciones de vida. A los estadounidenses, hasta le hacen canciones, que en el caso de los sandinistas, la han declarado su himno, el cual en una de sus estrofas dice: "luchemos contra el gringo enemigo de la humanidad".

Sus palabras para expresarse de los capitalistas o estadounidenses, son siempre venenosas, culpan a la globalización del desempleo, sabiendo que el estatismo laboral explica el elevado desempleo causado por ellos mismos. Algunos empresarios de derecha, por miedo, apoyan a grupos de izquierda, les dan publicidad en las emisoras de televisión, los periódicos, las revistas, etc. Sin embargo, cuando ya gobiernan un país, la extorsión a los empresarios es permanente. Mantienen sistemáticamente, en sus discursos y en los medios de comunicación, ataques a todo lo productivo del país, lo que importa es afectarlos para así llevar lo más pronto posible el país a la miseria.

Es impresionante la tolerancia o ceguera del capital, algunos llegan a ser tan idiotas, que hasta les auspician sus campañas publicitarias; cooperan en todo lo que ellos quieran, porque piensan que serán respetados, tremenda equivocación; los izquierdistas por lo general no creen ni en su madre, con tal de lograr sus objetivos. Nunca debemos olvidar lo que decía Wiston Churchill: "El socialismo es la filosofía del fracaso, el credo de la ignorancia, la prédica de la envidia. Su virtud es la distribución de la miseria en forma igualitaria para el pueblo".

Antes de la revolución (1979) el nicaragüense era, por lo general, un hombre honrado, trabajador, sano y deseoso de quedar bien con el prójimo. Bastaron los primeros 10 años de sandinismo para que una gran mayoría de nicaragüenses, en especial algunos que no salieron a otros países, se volvieron haraganes, deshonestos, cínicos y hasta se enamoraron y absorbieron la doctrina sandinista. Dentro del sistema o filosofía izquierdista, cuando el gobierno entrega algo es porque se lo ha quitado a alguna otra persona. El despilfarro que lograron hacer los sandinistas en los primeros diez años de su gobierno, además de los robos, fue impactante.

Las izquierdas se encargan, con su cinismo, de destruir cualquier líder que pueda aparecer en contra de ellos, las calumnias, las falsificaciones de documentos, la persecución fiscal, etc., son impresionantes y, por último, si no lo pueden destruir por esos medios, lo mandan a asesinar.

Para alcanzar la auténtica libertad, en los países atrapados por las izquierdas, es indispensable que el ser humano se convenza de que se deben sustituir los ejércitos por escuelas. Si se logra pagar mejor a los profesores y se construyen miles de escuelas más, Nicaragua saldría de su retraso en pocos años.

El armamento existente se puede vender para construir escuelas. En la lucha para sustituir el ejército por escuelas debemos de saber que no podemos contar con el apoyo de los idiotas, estos siempre estarán más a disposición de la izquierda que de la derecha, a pesar de que también serán afectados.

Tenemos que luchar para cambiar el rumbo de Nicaragua y el de otros países que sufren como los nicaragüenses, hay que alzar nuestras voces de "escuelas por ejército"; si no logramos eliminar el ejército, jamás los nicaragüenses, los cubanos y los venezolanos podremos volver a tener libertad.

El nicaragüense tiene que llegar a comprender que el Frente Sandinista se apoya en el ejército, y es ahí donde está la miseria y la continuidad del sandinismo, mientras el nicaragüense no logre entender esta ecuación, el país seguirá inservible. En julio del 2010 los sandinistas preparándose para las elecciones de 2011 en las que quieren, contra la Constitución de la República, reelegir a Daniel Ortega, dirigieron su mensaje preparativo a los miembros de la dirección nacional del FLSN, a los miembros de la Asamblea Sandinista, a los secretarios políticos, a los cuadros históricos y a los líderes sandinistas de base sus "Lineamientos estratégicos para las elecciones de 2011", y en una de sus partes dice:

Los CPC, los jóvenes sandinistas, los comités de base y todas las demás fuerzas partidistas, con el apoyo incondicional de los hermanos del ejército y la Policía Nacional, deben estar atentos y vigilantes siguiendo las instrucciones emanadas por la secretaría del Frente Sandinista.

Cuántas pruebas más se pueden dar para que se comprenda que son el ejército y la policía actual de Nicaragua son los que la tiranía usa para mantenerse por muchísimas décadas más en el poder. Además, en el caso de Nicaragua, los sandinistas controlan al principal líder del partido mayoritario que es el Partido Liberal, ya que este está comprometido para entrar divididos en las elecciones y de esta forma facilitar el triunfo de los sandinistas.

En el caso de Nicaragua, debemos dar nuestro apoyo al líder que se logre levantar en los momentos de crisis, hoy por hoy, tenemos en el país, a Eduardo Montealegre, quien ha demostrado su lucha constante contra los sandinistas, con cualidades de ser honesto, transparente, graduado de la Universidad de Harvad y con capacidad de poder ayudar al país. Los sandinistas, basándose en mentiras y cinismo, han querido destruir la imagen de Montealegre, sin embargo, el pueblo nicaragüense sabe que ellos inventan historias para desacreditar la imagen de los líderes que no están de acuerdo con su ideología política, estas son estrategias muy utilizadas por las izquierdas.

Los nicaragüenses no podemos seguir con los ojos vendados y dejar destruir al mejor líder existente para las elecciones de 2011, si lo permitimos, los sandinistas se saldrán con la suya y obtendrán nuevamente la presidencia, y jamás saldremos de semejante tragedia.

Los que luchamos por el respeto al derecho ajeno, al trabajo honesto, con la ambición de un país mejor, debemos comprender, sin vacilación, que es en la economía de mercado, en el capitalismo o la libre empresa donde está el verdadero combate contra la pobreza y, consecuentemente, la mejoría de la calidad de vida del ser humano.

La creatividad del hombre solo es posible cuando existe libertad. Dentro de un gobierno de derecha siempre hay más oportunidades para mejorar, existen leyes que respetan la economía de mercado y, consecuentemente, mejoran al ser humano y a la nación; esta condición, con los gobiernos de izquierda, es imposible.

## Por qué necesitan destruir la libre empresa

Para la izquierda, la condición de libre empresa representa un sistema de interacciones económicas, sociales y culturales que motivan al ser a mejorarse dentro de un ambiente de prosperidad que rechaza automáticamente los conceptos izquierdistas llamados también socialistas, comunistas, sandinistas, FARC, etc.

En otras palabras, la libre empresa, por principio, rechaza a los grupos destructores, es decir, a la izquierda. Ella está en permanente conflicto con los grupos que la amenazan. El factor principal de la libre empresa es la propiedad privada, que es el premio al esfuerzo físico e intelectual del trabajo de cada persona. Las izquierdas, en cuanto toman el control de un país, proceden a destruir la propiedad privada; algunos lo hacen de inmediato y, otros, poco a poco, según convenga a sus estrategias políticas.

Las izquierdas saben que la libre empresa es la única que es capaz de disminuir la pobreza en forma sostenida, proporcionar alimentos, fomentar la compra de viviendas, llevar la salud aun a las pequeñas poblaciones; de esa forma van creando una variedad de bienes de consumo que aumenta el confort y la calidad de vida, y produce el estímulo para que el ser humano se esfuerce en su trabajo. Este, al ser recompensado con el esfuerzo de su trabajo, de su creatividad, continúa desarrollándose y desarrollando la prosperidad de todos, él sabe producir y gastar mejor que cualquier gobierno, sobre todo, si este es de izquierda.

La libre empresa busca su competitividad para mantenerse productiva. La izquierda busca la igualdad reprimiendo el desarrollo del ser humano, el incentivo de la creatividad lo eliminan como factor de seguridad para gobernar por largo tiempo.

Los socialistas o izquierdistas, tan pronto como toman el poder, van directo a destruir, a romper las tradiciones del país, especialmente a eliminar la religión de los colegios, a quitar los crucifijos, sin importarles cuán católicos hayan sido sus habitantes. España lo hizo recientemente con el gobierno socialista o izquierdista de Rodríguez Zapatero.

Ellos cambian la moral capitalista por la socialista o de izquierda, en especial la de la juventud, de esa forma se aseguran de enterrar tradiciones que son enemigas. La izquierda, una vez en el poder, procede a eliminar las personas o familias ricas, no importa si cooperaron con ellos para alcanzar el poder, más temprano que tarde, las van eliminando. La familia es una prioridad a destruir, los izquierdistas saben que el amor es uno de sus grandes enemigos, por eso el respeto a los demás deja de existir, la mujer se entrega como objeto, abusan de ella, para después dejarla como trasto viejo.

Si el ser humano llegara a comprender que en los gobiernos de izquierda es un pequeño grupo el que lo controla todo, por lo general, menos de un centenar, y son los únicos que tienen todas las prerrogativas y riquezas del país. El resto de la población debe sacrificarse en beneficio de la revolución. Solamente con discursos populistas y con la cooperación de los medios de comunicación pueden mantener confundidos a tantos tontos útiles.

La liberación de los países controlados por las izquierdas tarda muchas décadas por varios factores, entre ellos:

*1- Por el control que obtienen con las fuerzas armadas o el ejército con su policía.*

*2- Por la envidia, que no deja que surjan líderes que puedan levantarse contra ellos; en algunos países como Nicaragua por ejemplo, todos quieren ser presidentes, la izquierda se aprovecha de esta idiotez del nicaragüense.*

Estos son, posiblemente, los dos factores más importantes que les permiten a estos indeseables permanecer tanto tiempo en el poder. Los que creemos que la empresa privada y la libertad individual constituyen los caminos por donde veníamos creciendo hasta que fue interrumpido por una *robo-lución* de izquierda, tenemos la obligación de superar la situación negativa que hoy se apodera del país, y encontrar soluciones que puedan marginar a los indeseables, he aquí dos seguras soluciones:

## Escuelas por ejército
*Si esto se logra, será fácil que los monstruos que gobiernan el país, desaparezcan, y que la población y el país, al cambiar los gastos del ejército por profesores mejor pagados y más alumnos en las escuelas, en menos de diez años tendríamos un cambio impresionante.*

## Suprimir, a costa de nuestros ingresos, la publicidad en medios de comunicación izquierdista.
*Si los medios tienen una gran audiencia, al suprimirles la publicidad de nuestras ventas se puedan afectar, es un mal menor que en un futuro perder toda la empresa.*

Estas simples reglas, que requieren ante todo un convencimiento individual de cada habitante, sacrificio y perseverancia, harán la diferencia entre tener un país libre o un país condenado a la miseria. Una vez libre de la izquierda, el progreso del país viene automáticamente, la superación del ser humano que, al verse en libertad, vuelve a trabajar con ahínco, con futuro; su ilusión para obtener su propiedad lo hará esforzarse más, creando mejoras para la nación, la envidia desaparecerá, comprenderá que tienen las mismas oportunidades, la diferencia se establece por sus propios esfuerzos, con creatividad y constancia.

Una vez que el país sea libre desaparece la creencia de que la riqueza trae pobreza, que el odio al rico es un concepto erróneo, se comprende que cuantos más ricos existan en un país, se generan las posibilidades para que más personas sean ricas. Solo el esfuerzo de un trabajo arduo con honestidad, creatividad, innovación, con amor y con fe en el futuro harán posible la recompensa o gratificación a las personas.

## El peligro de los supuestos izquierdistas moderados

Con mucha frecuencia se escucha en diferentes conversaciones, o aun en los medios de comunicación, la clasificación de izquierdistas moderados, y ponen de ejemplo en la época actual, al presidente de Brasil, Lula da Silva, que en efecto su gobierno ha sido moderado, y cuidadoso al no dar su respaldo frontal a los grupos izquierdistas.

Sin embargo, hemos podido observar que en su etapa final de la presidencia no ha dudado de dar respaldo a izquierdistas altamente perjudiciales para el bienestar de América Latina como fue en el caso de Honduras, donde se prestó para tener al expresidente destituido, Miguel Zelaya, en la Embajada de Brasil permitiendo un sin número de abusos que sucedieron en dicha Embajada.

EL 16 de marzo de 2010, el diario *El Nuevo Herald* publicó: "Crece la influencia islámica en América Latina". Lula da Silva, informa el diario, visitará Teherán en el mes de mayo, reciprocando la visita que hizo Mahamound Ahmdinejad en el mes de noviembre, visita que fue bien recibida y con toda pompa por el presidente Lula, sin importarle la amenaza que significa este presidente, calificado como terrorista por europeos, estadounidenses y por otros países del mundo.

El Sr. Lula da Silva sabe muy bien que Irán es el patrocinador del grupo terrorista Hezbolá, que se ha introducido en América Latina con fuerte presencia en Venezuela, Nicaragua y Cuba, representando un peligro para la región; en realidad la hermandad con los grupos terroristas islámicos se inició con el famoso Foro de Sao Paulo en 1990, "Encuentro de partidos y organizaciones de izquierda y antiimperialistas de América Latina", Lula da Silva es el resultado de ese zoológico político, informó el diario *El Nuevo Herald*, de Miami.

Lo que realmente buscan todos estos izquierdistas es la oportunidad que tuvieron con Carter, cuando fue presidente de Estados Unidos, que lograron atacarlo con la droga como nunca antes lo habían hecho, ahora esperan la oportunidad para invadir de terroristas el suelo estadounidense.

Desde que el presidente Carter entregó a Nicaragua a los sandinistas, las izquierdas no descansan buscando formas para entrenar terroristas en las montañas de Nicaragua y Honduras, pues como sabemos, Honduras es fronteriza con El Salvador, que es el país más codiciado por las izquierdas debido a su alta población, y a que se estima que tiene más de doscientas mil maras, también conocidas como salva truchas.

Los que pertenecen a los grupos de las maras, son asesinos que matan por cualquier motivo, muchas veces hasta por diversión, se les conoce como una plaga muy seria para Centroamérica, la mayoría de ellos ha llegado de EE. UU., de donde fueron expulsados.

En la década del ochenta, cuando los sandinistas tenían el control de todos los poderes, cientos de terroristas de las FARC, de Colombia y del FMLN, de El Salvador fueron entrenados en las montañas de Nicaragua; esta fue una de las razones principales por la cual el presidente Reagan, formó la famosa Contra que logró las elecciones en las que se vieron forzados a participar los sandinistas.

Con mucha frecuencia escuchamos a las izquierdas referirse a lo que ellos llaman "capitalismo salvaje", los líderes izquierdistas como Ortega, Chávez y los Castro la utilizan con mucha frecuencia en sus discursos. Para ellos, el Estado funciona mejor controlándolo todo, incluso al propio ser humano, sin embargo, olvidan lo que hicieron los rusos con los países que ellos gobernaron, también olvidan a Cuba y a Nicaragua, países que dan lástima por su miseria.

Los izquierdistas, sin importar de qué país sean, todos van por el mismo objetivo, o sea, la destrucción del capital y el empobrecimiento igualitario para el pueblo; como muy bien lo expresó Wiston Churchill. Mientras el mundo no se enfoque en "las causas justas y nobles", la insatisfacción del ser humano continuará y las izquierdas lo aprovecharan para sus malignos propósitos.

El Ronald Reagan que conocimos, con una claridad de pensamiento impresionante, sabía reconocer al instante a los izquierdistas y no dudaba que eran los verdaderos enemigos de la humanidad. Hombres como él, lamentablemente, tardan muchos años en repetirse, a no ser que la humanidad se dé cuenta del daño que hacen los grupos izquierdistas y no se dejen influenciar por la prensa de izquierda, que manipula a favor de ellos la destrucción mundial. Hoy tenemos cinco expresidentes que han sido y siguen siendo auténticos luchadores en contra de las injusticias, de los secuestros, los robos y los asesinatos, que han sido un verdadero ejemplo para el mundo, ellos son: José María Aznar, de España; Álvaro Uribe, de Colombia; Jorge (Tuto) Quiroga Ramírez, de Bolivia; Vicente Fox, de México y Roberto Micheletti, de Honduras.

Los que estamos por un mundo mejor, que deseamos eliminar la miseria, las injusticias y demás desastres que provoca la izquierda, deberíamos juntar a estos personajes para que puedan manejar una organización que defienda los auténticos principios democráticos cada vez que estos sean atacados en cualquier país.

# Capítulo XXIV

## Cómo terminar con la miseria en Nicaragua y en otros países

Aunque parezca imposible: ¡Sí se puede eliminar la miseria en Nicaragua!, y en muchos otros países, con solo tomar decisiones heroicas que favorecerán a toda la población. La receta es fácil, lo primero que tenemos que aceptar es que algo hemos estado haciendo mal, y ese mal, lo hemos dejado crecer con las mentiras, el cinismo, el robo, la envidia, todas esas características propias de las izquierdas que se aprovechan de tontos útiles o, bien, de gente inocente que cree en líderes populistas que no hacen más que prometer villas y castillas y que nunca llegan a cumplir.

Hay tres factores importantes para eliminar la pobreza:

*1- Sustituir las fuerzas armadas por escuelas*
*2- Asegurarnos de la educación de cada niño*
*3- Aplicar fuertes castigos a los violadores de las leyes*

## Sustituir las fuerzas armadas

Las fuerzas armadas, en países como Nicaragua, son innecesarias, solo sirven para mantener a tiranos en el poder. Especialmente en Nicaragua donde el ejército y la policía son 100% sandinistas. Hemos visto como Costa Rica, sin ejército desde la década del cuarenta del siglo pasado, jamás ha sido atacada por ningún país. Se estima que si se vendiera el armamento del ejército de Nicaragua, cuyo valor se calcula en aproximadamente mil seiscientos millones de dólares, por el 50% de su valor, tendríamos ochocientos millones de dólares de los que invertiríamos 500 millones en la construcción de 25 000 escuelas a un costo de 20 000 dólares cada una y que podrían albergar fácilmente a 200 alumnos o más, cada una de ellas. Los otros 300 millones se podrían destinar a infraestructuras sanitarias en las pequeñas comunidades donde no tienen agua ni luz y, mucho menos, una clínica o un pequeño hospital.

Es decir, con este programa de las 25 000 escuelas, estaríamos dándoles educación a 300 mil alumnos, más los que ya existen hoy en el país. Con el presupuesto anual del ejército, que supera los 60 millones de dólares, se pueden contratar cuatro profesores por escuela, con un salario mínimo de 500 a 600 dólares en lugar de los 150 que ganan hoy día.

Finlandia, por ejemplo, no tiene muchos recursos naturales, sin embargo posee una economía altamente industrializada, con una producción per cápita superior a las del Reino Unido, Francia, Alemania e Italia. Los gobernantes finlandeses comprendieron que la mejor fuente de riqueza estaba en la educación, por eso invirtieron en ella. Así han logrado que sus ciudadanos puedan llegar tan lejos como su capacidad y esfuerzo se lo permitan. La política de los finlandeses es que la educación hay que mantenerla durante toda la vida, y que al niño tienen que facilitársele sus estudios para que se convierta en un ciudadano con un alto nivel educacional.

La misma educación del finlandés ha permitido que en su país no exista la corrupción, ellos han constituido un país ejemplar; la transparencia de sus gobiernos ha sido admirada en el mundo, la filosofía de los finlandeses es que un pueblo educado sabrá elegir a dirigentes honestos y competentes, por consiguiente, no permitir corruptos ni incompetentes, ni líderes falsos que pronuncien discursos demagógicos. Un pueblo educado prospera aun en condiciones adversas.

Lo contrario tenemos en Nicaragua, donde la izquierda sabe que un pueblo ignorante desperdicia sus recursos y se empobrece, el nicaragüense vive de ilusiones frustradas, no sabe diferenciar un discurso serio de una prédica demagógica. Un pueblo ignorante es un pueblo abonado para la demagogia, cuanto más ignorante sea el pueblo más corrupción cometerán sus líderes y más perdurarán en el poder.

## La educación de cada niño

Una vez que el mundo conozca que Nicaragua eliminó su ejército para convertirlo en escuelas y profesores para la educación de los niños, se realizarían coordinaciones con las fundaciones no gubernamentales existentes en el mundo para que apoyen los programas educacionales. La animación que se podría obtener a nivel mundial sería impactante para lograr sacar de la miseria al país. Solamente, con estos firmes pasos, volveremos a ver a aquel hombre nicaragüense de vigor, amable, amistoso y creativo que siente orgullo por dejar a su descendencia un mejor país que el suyo.

## Aplicar fuertes castigos a los violadores de las leyes

Hay muchos que pudieran pensar que la derecha o auténtica democracia, tiene grandes imperfecciones, ya que es muy benévola al aplicar las leyes, lo cual es cierto, sin embargo, dentro de un régimen de derecha, es más fácil corregir a los infractores y delincuentes con leyes drásticas y, dependiendo del caso, que reciban la sentencia adecuada, que puede ser la cárcel. Costa Rica nos ha dado el ejemplo de haber enjuiciado a dos presidentes por supuestas corrupciones, las leyes son respetadas por todos sus ciudadanos y se sienten orgullosos de ello.

Al no tener Nicaragua un ejército y una policía sandinista, se formaría una nueva policía profesional que garantizaría el orden con el cumplimiento de las leyes, recibiría entrenamiento de otras escuelas de policías, como por ejemplo la norteamericana, la española, etc., y estoy seguro de que sobrarían países que se motivarían a ayudar a Nicaragua.

Cada miembro de la policía deberá, al menos, haber aprobado su bachillerato, se darían promociones especiales a los miembros de la policía que ostenten grados universitarios, la policía nicaragüense se convertiría en un orgullo nacional, ellos serían los responsables de acatar las órdenes judiciales y hacerlas cumplir.

# Si somos capaces de salir del ejército, seremos capaces de salir de la miseria

Aunque hayamos hecho muchas cosas mal, los nicaragüenses auténticamente democráticos, nuestra realidad es que somos un país secuestrado desde 1979, estoy seguro de que podremos liberarnos algún día para convertirnos en la nación que éramos antes de la era sandinista. Dejaremos de ser un país sin futuro, ni esperanzas para nuestros hijos y para las siguientes generaciones.

Si por el contrario dudamos, y las fuerzas opositoras al sandinismo no nos encaminamos en una sola dirección y bajo un solo líder honesto, inteligente, podremos estar seguros de que seguiremos secuestrados, en cambio, si superamos estas imperfecciones y nos unimos, acabaremos con el secuestro más rápido de lo que pensamos. Si no nos unimos, nuestro retroceso como seres humanos llegará a ser tan desastroso, que seremos fácilmente rechazados por cualquier otra sociedad.

Si hemos hecho algo tan mal, como aceptar el sandinismo por tantas décadas, podemos, de forma heroica, reivindicarnos con la abolición del ejército y su policía sandinista. Tenemos que luchar contra el odio que han impregnado los sandinistas contra los estadounidenses y el capital. La izquierda, muy astutamente, con la cooperación de los medios de comunicación, nos han puesto como los malos de la película.

La izquierda envidia a los estadounidenses porque desde 1750 que eran tan pobres como el resto del mundo, lograron, a base del trabajo y de no conocer la envidia, desarrollar su creatividad luchando por la paz; esto los hizo una gran nación. Los latinoamericanos, por ejemplo, tuvimos universidades primero que los estadounidenses, sin embargo, la dedicación al trabajo de los estadounidenses y el interés por mejorar a sus hijos, en pocos años superó con mejores universidades a los latinoamericanos, que nos quedamos entre guerras, envidias y corrupciones.

Cuando ocurrió la famosa revolución industrial, que cambió prácticamente al mundo, los latinoamericanos la ignoramos, algunos prefirieron la haraganería, al esfuerzo del trabajo. Es impresionante el resultado de la comparación de la riqueza de los países latinos con el resto del mundo; en las últimas décadas; por ejemplo, hace unos 50 años, Honduras tenía mayor riqueza per cápita que Singapur, sin embargo, hoy Singapur tiene un ingreso per cápita de más de $40 000 anuales. ¿Qué le pasó a

Honduras? México era más rico que Portugal y ahora, si lo supera, es gracias a su mercado con sus vecinos de Estados Unidos.

La falla en la mayoría de los países latinoamericanos ha sido la falta de educación y la corrupción, esta última ha sido posible porque en algunos países sus ejércitos han sido corruptos, manteniendo a gobernantes tiranos. En países tan pobres como Nicaragua, el propio nicaragüense no advierte que su desgracia y su empobrecimiento vienen como producto de regímenes tiranos apoyados por ejércitos que roban lo que correspondería a la educación del nicaragüense. Si algún día se lograra prohibir la izquierda a nivel mundial, como se prohibió en muchos países el comunismo, la pobreza del mundo se terminaría, los recursos que se destinan hoy en armamentos, se utilizarían en el mejoramiento humano, lo que incluye además de la educación, la salud.

Los tiranos de izquierda, al darse cuenta de que el mantenimiento de las fuerzas armadas es el verdadero causante de la pobreza de sus respectivos países, no lo eliminarán porque significaría que su país, al ser libre, se convertiría en un país de leyes, con una población con educación y salud, que no permitiría nunca más la tiranía. No olvidemos que la izquierda mantiene a la población entretenida en discusiones sobre ideologías estúpidas, con frecuencia atacan al capitalismo y a los estadounidenses a quienes achacan la causa del mal en el mundo.

Finalmente, si queremos eliminar la miseria, al suprimir la izquierda, debemos fortalecer las instituciones que garanticen la democracia respetando sus leyes, debemos aceptar la existencia de un mercado libre, y garantizar la educación, promoviéndola para lograr que la juventud llegue hasta las universidades.

Es un error mundial pensar que la izquierda debe tener su espacio, que como partidos políticos, al tomar el poder tienen el derecho, en nombre de los pobres, de destruir sus economías, implantar la corrupción, fomentar los secuestros, los robos, los crímenes, destruir los valores que ha tenido el país en su religión, su familia, su amor al trabajo, etc., en otras palabras; destruir al ser humano para construir un nuevo ser al servicio e imagen de ellos. Mientras las izquierdas (comunismo, socialistas, izquierda unida, sandinistas, FARC, etc.) no sean prohibidas, el mundo seguirá empobreciéndose y destruyéndose, la envidia, el odio de clases, seguirán avanzando hasta conseguir la destrucción del ser humano.

Se necesitan líderes al estilo de Ronald Reagan (q. e. p. d.), de

Estados Unidos; Álvaro Uribe, de Colombia; Roberto Micheletti, de Honduras; Jorge (Tuto) Quiroga, de Bolivia y otros tantos que han existido en el mundo, que tengan el valor de combatirlos para no permitir la destrucción de sus países y, por consiguiente, la destrucción del mundo.

# Capítulo XXV

## Conclusiones

*L*as izquierdas son destructivas, buscan como objetivo principal la destrucción del ser humano, para construir un nuevo ser,
que puedan manejar como idiota o borrego.*

*No importa cómo se llamen sus agrupaciones: Izquierda Uni-
da, Socialistas, Socialismo del siglo XXI, Fidelistas, Sandinistas,
FARC, FMLN, Tupamaros, etc., todos, como izquierdistas, persiguen la destrucción del ser humano, la destrucción del capitalismo
y de los estadounidenses.*

*Apoyan y justifican el terrorismo, la droga y los secuestros
y, aunque muchos de los izquierdistas no se involucren directamente, basta ver la tolerancia existente en gobiernos socialistas o
izquierdistas contra esos crímenes. Por ejemplo, Cuba, Nicaragua,
Venezuela y Bolivia apoyaron a Manuel Zelaya en el caso de Honduras, etc.*

*Van convirtiendo la pobreza, poco a poco, en miseria, de esta
forma garantizan su estabilidad para perpetuarse en el poder.*

*La corrupción y el cinismo, son medios importantísimos que
utilizan con destreza para lograr sus malignos propósitos.*

*Menos de 100 personas, de absoluta confianza de los supuestos líderes, son las que controlan un determinado país, en países con poblaciones superiores, por ejemplo Cuba, podrían ser un poco más de 100 personas.*

*Mientras se tengan gobiernos de izquierda en países con ejércitos de prestigio como el de Chile, España, Honduras, Colombia, las destrucciones que logran hacer las izquierdas, aunque importantes, son pequeñas, por lo general no logran destruir las instituciones democráticas, por temor al respeto que infunden sus ejércitos.*

*Entre las principales acciones que realizan los líderes de izquierda, que buscan apoderarse de un determinado país, está lograr la corrupción dentro del mismo ejército y de la Corte Suprema de Justicia.*

*Los tontos útiles, que usan las izquierdas para complementar la parte política, les prometen el cielo y la tierra y a algunos los involucran en la corrupción para tenerlos bajo su completo control.*

*Ningún país secuestrado por las izquierdas, donde ellas tengan el control absoluto de las fuerzas armadas (ejército y policía), se podrá liberar de sus secuestradores, a no ser que se llegue a comprender que solamente suprimiéndolas, los secuestradores dejan de existir.*

Pareciera fácil la solución pero es difícil, porque los seres humanos, con grandes sufrimientos, como son los habitantes de Cuba, Nicaragua y hoy Venezuela, no llegan a entender que es gracias a las fuerzas armadas que los tiranos se sostienen. Es obvia la diferencia cuando se trata de ejércitos como el de Chile, donde el liderazgo del general Pinochet no permitió que ese país fuera destruido, y el de España, formados en su mayoría por hombres con principios cristianos, gracias al generalísimo Francisco Franco.

Al ejército de Honduras que demostró respetar y guardar con el mayor cuidado los principios de la Constitución hondureña, su desempeño durante la crisis cuando fueron atacados por la OEA y casi todos los países, orquestados por la izquierda mundial, hizo de Honduras y de su presidente Roberto Micheletti los primeros héroes del siglo XXI, al salvar a Honduras de las garras de la izquierda.

# Soluciones para algunos países como Nicaragua

*Que la mayoría de la población llega a pedir, a gritos y con la máxima constancia posible, la necesidad de sustituir el ejército por escuelas, única forma de acabar con los tiranos y la miseria en que vive el país.*

*Desarrollar grupos en cada ciudad del país, recogiendo firmas que obliguen al Congreso a respetar la decisión del pueblo de cambiar el ejército por escuelas.*

*Utilizar la Internet como un medio que nos permita la comunicación masiva entre los que estamos en contra de las izquierdas.*

*Presentar con frecuencia al mundo las injusticias que viven los pueblos secuestrados por la izquierda como es el caso de Cuba, Nicaragua y hoy Venezuela.*

*No contribuir con ningún medio de comunicación que esté a favor de la izquierda atacando el capitalismo y a los estadounidenses.*

*Contar a nuestros hijos, nietos, etc., el mal que han hecho al mundo las izquierdas, explicarles que no existe un país en el mundo que ellas hayan controlado, donde no hayan causado miles de asesinatos y hasta millones como sucedió en Rusia.*

*Poner los ejemplos de Cuba, con más de 50 años, y Nicaragua, con más de treinta años de estar secuestradas, donde lo único que tienen sus pueblos es miseria, sufrimiento y desesperanza.*

*Nunca en la historia de Nicaragua, ni siquiera en la época de William Woker, se había sufrido tanto dolor humano y miseria, como ahora con los sandinistas, al tenerla secuestrada.*

*Enseñar a nuestros hijos y demás miembros de la familia lo que representan las izquierdas en cualquier parte del mundo, incluida por supuesto Cuba, Nicaragua y ahora Venezuela.*

*Estar atentos a los mensajes y actuaciones de la izquierda en contra de la religión.*

*Por ningún concepto aceptarles sus mensajes y acciones camufladas en contra de Dios.*

*Darnos cuenta de que la política de suprimir el cristianismo y todo aquello que lo refleje, como es un simple crucifijo colgado en el aula de los estudiantes, conlleva a asegurar que el nuevo ser humano en formación, sea un ser sin valores, sin moral y respeto a los demás.*

*Protestar y no permitir en las escuelas públicas el adoctrinamiento que están impartiendo a los niños en favor de la izquierda y sembrándoles odio contra el capital y los estadounidenses; esto afectará a toda la sociedad, en especial, a la nicaragüense, la venezolana, la boliviana y otras, lo que persiguen es el secuestro del país por varias generaciones más.*

*Hagamos de Nicaragua un ejemplo para los demás países dominados por la izquierda, demostrémosle que somos capaces de sustituir las fuerzas armadas por escuelas.*

*Crear para las fuerzas armadas incentivos para que se conviertan en empresarios o, bien, trabajadores dentro de una empresa privada.*

*Pidamos la ayuda de gobiernos que puedan cooperar en la formación de una nueva policía completamente profesional.*

# Solución internacional
## contra la izquierda

Una de las formas en que la libre empresa y la auténtica democracia se puedan salvar de la destrucción que persigue la izquierda, es creando una organización que pueda tener dirigentes excelentes, como lo han sido los expresidentes Álvaro Uribe, de Colombia; Jorge Quiroga, de Bolivia; José María Aznar, de España; Roberto Micheletti, de Honduras y Vicente Fox, de México.

Con estas personalidades al frente se puede construir una organización con abogados, periodistas y suficiente personal, tanto en la oficina central, que podría estar en Miami o Panamá, por ejemplo, así como en los diferentes países para salir en defensa, de forma inmediata, contra los ataques y barbaridades que realizan las izquierdas.

Los medios de comunicación serían de inmediato contratados para complementar las acciones de defensa que organicen estas personalidades, que demostraron al mundo no solamente su valentía sino su firme convicción de que: **es en la izquierda donde está el mal y la pobreza del mundo.** El capital hispano podría, sin problemas, entre muchos donar miles de dólares, que se conviertan en millones para que la organización tenga la fuerza necesaria para su éxito, lamentablemente, solo con un buen presupuesto nos defenderemos de la izquierda.

Si la libre empresa y la auténtica democracia analizan la conveniencia de esta organización, comprobarán que actuando solos muy poco podemos hacer, es más, la mayoría, para no ser destruidos, bajan sus cabezas, debido al temor por sus vidas o la de su familia, o a la destrucción de sus empresas y por muchas otras circunstancias que los obligan a no defenderse. Consecuentemente, esta organización será nuestro escudo en la defensa contra las injusticias, los crímenes, los secuestros y el terrorismo, que siempre está propiciando la izquierda.

La izquierda, que es la organización más grande y temible del mundo, finalmente tendrá en frente una organización que, con mucha valentía, nos defenderá contra todas sus injusticias. Espero que de una vez por todas, los hombres que buscamos vivir en paz y con el respeto al derecho ajeno puedan, por sus propios medios, contactar a esta nueva organización una vez que salga a luz pública, para que puedan respaldarla, no solo en lo económico si no en todos los procesos que será necesario llevar adelante. Que Dios, nuestro señor, bendiga esta organización para que pueda cumplir a cabalidad su lucha contra la izquierda que es el mal que afecta a la humanidad.

## Nota aclatratoria de la Casa Editorial CBH Books

Las opiniones vertidas en este libro son de exclusiva responsabilidad del autor, y no reflejan, en ningún sentido, la opinión de la Editorial.

La editorial Cambridge BrickHouse, Inc.
ha creado el sello CBH Books
para apoyar la excelencia en la literatura.
Publicamos todos los géneros, en todos los idiomas
y en todas partes del mundo.
Publique su libro con CBH Books.
www.CBHBooks.com

De la presente edición:
*Nicaragua secuestrada*
por Gabriel Antonio Serrano V.
producida por la casa editorial CBH Books
(Massachusetts, Estados Unidos),
año 2011.
Cualquier comentario sobre esta obra
o solicitud de permisos, puede escribir a:
Departamento de español
Cambridge BrickHouse, Inc.
60 Island Street
Lawrence, MA 01840
U.S.A.

www.ingramcontent.com/pod-product-compliance
Lightning Source LLC
Chambersburg PA
CBHW070300290326
41930CB00040B/1499